KB216592

동학의 한울 교육사상

동학의 한울 교육사상

정혜정 지음

자기 안의 한울을 기른다

수운은 성리학의 인의예지가 아닌 성경신을 교육 방법으로 제시한다.

성경신誠敬信은 해월 최시형에 와서는 삼경三敬으로 재해석되어 실천된다.

성리학의 인의예지는 인간 본성으로서 이理이자 군신·부부·부자·장유 등 상하 수직적 사회질서의 이理이다

그러나 동학은 위계적·봉건적 이理가 아니라 인간과 만물에 모셔진 평등한 한울님을 말하고

그 중 한울님을 모셨음을 아는 인간을 주체로 설정한다. 인간과 만물이 동귀일체한다는

전일적 한울님 이해는 천지 만물에 대한 감사와 인간에 대한 정성과 공경으로 실천된다.

천지가 주는 곡식을 먹고 인간은 생명을 영위하고 이를 통해 인간은 세계를 돕고 성장·변혁시킨다.

도서출판 모시는사람들

머리말

우리 교육학을 위하여

교육학을 연구하면서 항상 아쉬운 것은 우리의 교육 이론과 우리의 교육학은 없는가 하는 것이었다. 이성 중심, 인간 중심, 개인 중심의 서구 근대교육학을 극복하고 우리의 사유 전통에 서서 우리 눈으로 교육 현실을 경험하고 이론을 정립하는 자생적 교육학을 모색해야 할 때이다. 인간 개체의 자아를 전체와 분리시켜 이성 주체로 보고 그래서 타자와 자연을 지배하고 자기 것으로 만드는 소유 중심의 인간 생산은 더 이상 반복되어서는 안 된다. 우리 교육은 우리 역사·문화와 맞닿은 생활 세계에 뿌리를 두어야 한다.

전통 사유는 몸과 마음을 분리시키지 않았다. 몸의 지각 경험이 마음을 만들고 마음의 의지가 몸의 지각 경험을 결정한다. 이 몸-마음의 변화 생성이 세계의 생성이다. 우리는 각자의 세계를 가지고 타자의 세계와 만난다. 마음과 마음이 만났을 때 서로의 세계가 변한다. 교육은 몸-마음-세계 형성이다. 자신의 몸-마음-세계를 한 부분에 고착시키고 자기중심적으로 폐쇄시키면 소인小人이되지만 몸-마음-세계를 무한히 개방하고 더 큼을 위해 비워가며 한울과 합할 때 동학이 말하는 한울 인간(天人)이 된다. 동학의 한울(天)은 무궁히 변화하게 하는 힘으로서 불교의 '공성空性', 유가의 천인합일적 '우주전체성', 도가의 무위자연적 '주재성'을 포함하고 있다. 따라서 우리는 우주와 하나 되어 모든 생명을 살리고 기르는 한울의 인간형성으로 교육의 전환을 이루어야 한다.

한울 인간은 모든 존재가 갖고 있는 각자의 세계 중심을 포괄한다. 그러기에 무궁히 변하고 성장하는 것이다. 절대적 자아를 상정한 절대중심이나 고정불변한 세계란 없다. 유한한 존재들이 다양한 시·공적 삶의 맥락에서 생성·소멸하는 다양한 세계들이 있을 뿐이다. 그 세계를 존중하고 살리며 함께 더 보편적인 세계로 나가고자 함이 동학의 '한울' 교육이다.

첫째로, 동학의 한울교육은 생명이 살아 움직이는 그 활동에 관심 갖는 교육이다. 의암은 이 활동성을 '활활발발活活潑潑'이라 했다. 즉 인간이 생명을 받는 순간에서 죽을 때까지 경험을 통해 몸-마음을 성장시키면서 세계를 만들고 변화시키는 그 활동 내용에 주목하는 교육이다. 살아 움직이는 상태를 바람직한 가치로서 인정하고 받아들여 생명을 소중히 하고 자신과 모든 생명이 살아 움직이고자 함을 서로 도와주고자 하는 인간 이해와 활동에 주목하는 교육이다. 무기물을 포함해 모든 생명은 살아 존재하려고 애쓰고 있다. 그 애씀의 힘겨움, 고통, 생명의 무게를 공감하고 서로의 생명을 소중히 하며 그 생명 성장을 서로 돕는 교육을 지향한다.

둘째로, 동학의 한울교육은 인간 형성의 무궁성에 관심 갖는 교육이다. 동학은 '불연不然이 기연其然되고 기연이 불연 되는 무궁한 변화'를 강조하고 있다. 모든 것은 끊임없이 변화하며 무엇을 형성해 간다. 인간 자체는 실체가 없다. 타자와의 만남으로 자신을 변화시키고 형성해 가는 무궁자이다. 기존의 자신을 비우고 없이 하는 가운데 새로운 있음을 형성시키는 존재이다. 진정한 '나'라는 것은 비어 있음 가운데 우주를 자신으로 하는 전일아의 한울님이다. 이렇게 없이 있으며 모든 변화하는 것을 움직이며 되어가도록 하는 것을 동학에서는 조화자造化者의 한울님으로 말한다. 그것은 모든 존재의 유래이며 근거이고 존재하는 모든 것 안에서 활동하고 있는 내유신령內有神靈한 힘, 활동하는 무無이다. 우주의 모든 곳에 모셔져 있고 간섭하지 않음이 없으며 명령하지 않음이 없이 우주적 생명을 유지·보존하고 있는 무궁한 존재를 동학은 한울(天)이라 명명한 것이다. 우리는 변화하는 모든 것에서 특히나 살아 움직이는 모든 것에서 한울을 알아보고 그것들의 성장을 기르고 도와야 한다.

셋째, 동학이 지향하는 삶은 하늘과 땅 그리고 사람이 하나가 되어 세상을 위하고 세상을 기르는 천지인 삼재三才 합일의 삶이다. 천지인이 하나의 거대한 우주적 생명체를 이루고 어느 하나가 없으면 나머지도 성립될 수 없는 삼재의 인간, 삼재의 한울이다. 인간 안에서 활동하고 있는 이러한 한울을 깨달을 때 인간은 곧 우주와 한울이 되어가기에 사람이 곧 한울(인내천)인 것이다. 존재하는 모든 것에 한울님이 모셔져 있지만 한울을 섬기고 공경하여 한울과 교통할 수 있는 사람만이 그 우주적 근원인 한울을 깨닫고 존재하는 모든 것을 '스스로 그러함(自然)'에로 해방시킬 수 있다. 이제 우리는 자기 중심을 한울 중심으로, 넓고 깊게 우주로, 존재의 핵심을 돌려야 한다. 우리는 한울 존재로서 자신과 우주 존재 안에서 활동하는 한울과 하나로 어우러져 우주생명을 생성하고 유지하는 데 함께 참여할 수 있어야 한다.

서양 교육학은 이성 주체를 무한히 확대하고 전체와 분리된 개체적 자아의 실현을 추구한다. 그러나 내가 전체와 분리되어 있고 '나'라는 개체가 독립되어 있는 것 같이 보이지만 나는 우주 전체·삼라만상과 연결되어 있고 함께 살아서 움직이며 서로 기대어 살아가고 있는 것이다. 동학은 이를 '천지부모'·'이천식천以天食天'이라 했다.

넷째, 한울님은 '큰 나(大我)', 한울아(天我)이며 절대공이다. 그러므로 교육은 개체적 자아실현이 아니라 한울아 실현이다. 우주 전체를 한울이라 하고 이 전체 속에서 만물이 찰나 속에 존재하다가 무로 사라진다. 생성소멸이다. 그러므로 수운은 "무궁한 나 무궁한 한울"이라 했다. 한울은 무한 공간과 무한 시간 속에서 생성·소멸·변화하는 그 모든 것을 다 포함한 절대존재로서의 한울님을 말한다. 한울님은 텅빔 속에서 일어나는 모든 사건을 주재한다는 관점에서 지칭되는 신령함이다.

"대우주 전체는 언제나 자기가 아니면서 자기다. 자기가 아니라는 것은 계속 변해 간다는 말이다. 계속 변하여 자기가 없어지지만 대우주는 여전히 대우주라는 것이다. 한울님은 변하지 않는 무無와 변하는 유의 양면을 가졌기에 전체로는 변하지 않고 변하지 않으면서 변한다. 우리는 정신을 무지를 깨달아 잊어버린 전체를 찾아야 한다. 한울은 온전하다. 모든 것이 이 한울을 얻자는 것이다. 한울은 내 안에 있다(이돈화)."

한울은 우주 전체, 모든 만물을 담아내고 변화시키는 주재성을 지닌다. 동경대전 수덕문에 "수이련지修而煉之 막비자연莫非自然"이라 한 것처럼 인간이 자신을 닦고 정련시키면 자연 아님이 없게 되고 무위이화의 '조화옹'이 되는 것이다. 이러한 주재성은 도가적 무위자연의 주재성이라 할 것이지만 수운은 이를 특히 '지기至氣'로 표현하였다. 인간에의 지기부여는 전통 성리학의 기氣처럼 단순히 형이하자가 아닌 만물의 근원인 본체개념으로 무사불명, 무사불섭, 허령창창의 주재성을 지니는 것이다. 이는 시천侍天, 즉 한울님을 모심과 같다. 동학에서 지기는 한울님과 병칭되고 있다. 동학의 지기는 혜강 최한기가 말하는 본체개념으로서 '운화기運化氣'처럼 우주를 가득 메우는 단순한 자연법칙적 또는 유형만의 에너지가 아니라 명령하고 간섭하면서 허령창창하다. 세상 모든 것에 깃들어 주재하지 않음이 없는, 그러면서도 비고 신령하여 무궁하다. 인간이 이러한 지기를 몸에 부여받아 마음을 형성할 때 한울님을 자각하여 스스로 지기와 하나 될 때 인간은 무궁자·변혁자로서 우주근원, 생명의 근원인 힘을 발휘하는 주체가 된다. 여기서 무위이화의 후천개벽이 시작된다.

해월은 외유기화外有氣化를, 상부상조로써 서로가 서로를 육성하고 기르는 것이며 동시에 한울이 한울을 키우는 것이라고 하였다. 물물천 사사천(물건마다 한울이요 일마다 한울이라)하는 것은 곧 이천식천으로 이어지며 이것은 사물과 인간들이 자신의 생명을 실현하도록 서로 돕는 모든 우주적 상호 작용을 가리킨다고 하겠다. 내유신령한 자들이 수심정기하면 자기도 모르게 자연스럽게 외유기화한다는 것이다. 그러므로 기화의 결과는 무위이화 즉 조화이다. 신령은 우리의 내적인 본질을 가리킨다면, 기화는 우리와 다른 존재들과의 올바른 관계를 가리킨다. 이것이 교육에 있어 한울아의 실현이다.

다섯째, 수운은 성리학의 인의예지가 아닌 성경신을 교육 방법으로 제시한다. 성경신誠敬信은 해월 최시형에 와서는 삼경三敬으로 재해석되어 실천된다. 성리학의 인의예지는 인간 본성으로서 이理이자 군신·부부·부자·장유 등 상하·수직적 사회질서의 이理이다. 그러나 동학은 위계적·봉건적 이理가 아니라 인간과 만물에 모셔진 평등한 한울님을 말하고 그 중 한울님을 모셨음을 아는 인간을 주체로 설정한다. 인간과 만물이 동귀일체한다는 전일적 한울님 이해는 천지만물에 대한 감사와 인간에 대한 정성과 공경으로 실천된다. 천지가 주는 곡식을 먹고 인간은 생명을 영위하고 이를 통해 인간은 세계를 돕고 성장·변혁시킨다. 그러므로 생명에 대한 공경과 세계를 기르는(養天) 주체자로서 한울님의 교육 인간상이 제시된다 할 것이다. 성·경·신은 곧 양천으로 양천의 의미는 자기 안의 한울을 기른다는 의미와 함께 세상 만물을 기르는 이천식천의 기화이기도 하다.

오늘날 공교육에 있어 우리 학문의 부재는 전통의 단절과 타문화를 이해하는 토대로서 자신의 문화를 배제해 온 결과를 초래했다. 오늘날의 신자유주의적 세계화의 비인간적이며 생태 파괴적인 상황 속에서 대안적인 세계관과 삶의 방식 등 해방적인 메시지가 담겨 있는 사상, 이미지, 경험, 개념, 언어, 상징들을 발견해 내고 그것들을 체계적으로 재구성하여 설득력 있는 프로그램을 형성해 내는 것이 오늘날의 교육학의 우선적인 과제라고 생각한다. 이에 동학의 삼교합일로부터 나온 한울의 교육사상은 자생적 교육학의 자양분으로 주목되어야 할 것이다. 동학은 전통 사유의 결산이요 우리 학문이다. 우주와 하나되는 전일적 사유와 세상을 여는 개벽의 사유는 동학의 독특함이며 현대 교육에 기여할 수 있는 귀중한 자산인 것이다.

이 책은 필자가 "동학·천도교의 교육사상과 실천의 역사적 의의(2001)"로 박사논문을 쓴 이후 보다 관점을 명확히 해 가고 심화시켜 가는 가운데 발표한 논문들이다. 주로 한울에 대한 이해와 동학의 한울교육사상 그리고 통일교육의 기초 이념으로서 동학을 연구한 것이다. 미흡한 글들을 또다시 세상에 내놓게 되어 죄송스럽다. 그럼에도 불구하고 출판을 제의해 주신 한울을 '모시는사람들' 박길수 대표님께 감사드린다.

2007.11. 가을 끝 무렵

정 혜 정

동학의 한울 교육사상

차 례

제1부

유·불·도 삼교 합일을 통한 한울 이해

제1장 동학과 불교의 '공성空性'

제2장 허응당 보우의 '인즉천'과 동학의 '인내천'

제3장 동학 의례와 수심정기의 유·불·도 삼교적 이해

제1장 동학과 불교의 '공성空性'

1. 머리말

동학사상은 한국 고유의 사상이자 삼교합일의 무극대도라 칭해진다. 이는 시대의 산물로 근본적 계급 질서의 타파와 새로운 사유를 원했던 시대적 열망에서 동학은 등장하였고, 그 새로운 사상에 민중사상과 삼교합일이 기초가 된다.

조선 사회에 있어 불교는 유학자들의 비판 대상이었다. 불교는 충과 효의 인간 도리를 다하지 못하고 출가를 하여 면벽과 좌선을 일삼는 허무와 적멸의 도로 유학자들에 의해 비판되었다. 이에 불교는 그러한 성향에 치우친 예는 있어도 본래의 가르침은 결코 적멸의 도가 아님을 항변해 왔다. 일찍이 득통 기화는 불교가 깨달음으로써 더 큰 효를 이루고자 하고 진공묘유로서 유有와 무無를 함께 아우르는 도道이지 적멸과 허무의 도가 아님을 말했다.[1] 또한 조선 사회에서 민중반란에는 승려가 끼지 않은 적이 없었다. 수운은 계급 체제를 떠받치고 있는 성리학을 대체할 이념으로서 삼교를 동학 안에 포함시켰고

---

1 득통 기화, 「현정론」.

특히 불교의 사유와 민중성은 기존 계급 체제를 대신할 이념으로서 동학에 녹아들었다고 볼 수 있다.

수운은 자신의 동학을 삼교합일의 무극대도라 했지만 불교에서 접근한 연구는 거의 전무한 편이다. 단지 있다면 수운의 불연기연이 연기緣起사상이라고 말한 조용일[2]의 연구가 있으나 간략하게 몇 줄 언급할 뿐이다. 또한 수운과 불교와의 사상적 측면의 연관보다는 불교계와의 교섭 관계를 밝힌 박맹수[3]의 논문이 있다. 동학과 불교계와의 우호적 관계는 기본적으

---

2 조용일은 수운의 불연기연을 불교의 緣起로 설명하였다. '제법이 인연을 좇아 생겨남'이란 없던 것의 자기 불연이요, '제법이 인연을 좇아 멸함'은 바로 그 있던 법의 자기 불연적 소치라 한다. 수운이 '무궁한 그 이치를 불연기연 살펴내'라고 했던 것도 있던 것이 없게 되고 없던 것이 있게 되는 연기성 자체로서의 이치라는 것이다(조용일, 『동학조화사상연구』, 서울: 동성사, 1988, 43, 320쪽).

3 박맹수, 「동학과 한말 불교계와의 교섭」, 『신인간』500호, 1991.11., 44~57쪽. 이 글에서 박맹수는 수운의 구도과정에서 불교계와 활발한 교류가 있었음을 기술하고 있다. 첫째, 을묘천서를 수운에게 가지고 온 유점사 승려와의 문답은 수운의 의식 속에 불교계에 대한 우호적인 인식이 있음을 보여준다는 점(1855). 둘째, 이것이 계기가 되어 양산 통도사의 말사인 내원암에 입산하여 49일의 기도를 행하게 되고 이때 불교사상과 직접적인 만남이 있었을 것이라는 점(1856-1857). 셋째, 1860년 수운이 무극대도인 동학을 창도하여 포교 활동을 나서던 중 탄압을 받을 때 처음 피신한 곳이 전라도 남원에 있는 은적암이었고, 이 암자에 칩거하여 도수사와 동학론(논학문), 권학가를 지었다는 점이다. 또한 도통을 이어 받은 해월의 경우도 불교와의 교섭이 이어지고 있음을 밝히고 있다. 첫째, 이필제의 선동으로 일어났던 영해교조신원운동의 실패 후 해월은 혹독한 탄압을 피해 갈래산 적조암에 입산하여 49일의 수도를 하였고, 이때 염주를 쥐고 2, 3만 독에 이르

로 당시의 불교계가 지닌 사회적 지위와 민중적 성격 때문에 수운과 해월 등의 민중 지향적 의식과 일치될 수 있었다. 성리학은 지배계층의 이념을 떠받쳐 주는 것이라면 불교는 민중과 함께 억압받으면서 민중성을 지녔기에 수운은 불교계와의 흔연한 협조를 수용하지 않을 수 없었을 것이다. 한편 박맹수는 불교사상과의 교섭 증거로 한 가지를 제시하고 있는데 『동경대전』 좌잠의 '불파진념기不怕塵念起 유공각래지唯恐覺來知'라는 문구가 불교의 『종경록』이나 지눌의 『수심결』에 나오는 '불파념기不怕念起 유공각지唯恐覺遲'에서 수용되었음을 언급하고 있다.[4]

동학이 불교적 면모를 지닌다는 것은 모든 만물이 한울님을 모시고 있고 생명에 있어 평등하며 전체와 개체가 둘이 아닌 한울타리요, 한울타리인 세계가 끊임없이 생성되고 개벽된다는 무궁적 이치에서

는 주문 수련을 했는데, 이것이 동학교문의 재건의 계기를 이룬다는 점(염주와 주문 사용 역시 불교적 면모이다), 둘째, 1880년대 해월이 호남지방에 동학 포교에 주력할 때 그 포교의 전진기지가 익산 미륵산록에 자리 잡고 있는 사자암이었다는 점, 셋째, 마곡사 가섭암에서 해월은 49일의 기도를 행하고 한울님의 강서를 받아 교문 조직의 정비와 도약을 이루었다는 점이다. 이상과 같이 동학은 불교계의 개방성과 포용성에 힘입었던 사실이 있다. 이 외에도 동학과 불교 간의 교섭 관계를 볼 수 있는 것으로 정의행의 논문이 있는데 동학혁명 당시 적지 않은 승려들이 농민봉기에 가담하였고 혁명 전야 선운사 미륵불 복장에서 꺼냈다는 비결사건 등으로 보아 불교의 민중신앙이 팽배했기에 동학의 민중성과도 결합될 수 있었을 것이라는 점과 또한 전봉준의 스승이자 전봉준과 함께 남접의 우두머리였던 서장옥 역시 승려였다는 점에서 불교와 동학의 민중성의 교류를 시사하고 있다(정의행, 『인물로 보는 한국불교사』, 밀알, 1994, 362~369쪽).

4 박맹수, 위의 글, 57쪽.

이다. 동학은 이를 불교적 용어를 통해 설명해 내고 있고, 불교처럼 비실체적 본체관을 보여주어 오늘날의 반정초주의와 다양성의 탈근대적 사유를 나타내기도 한다.

이에 본 연구는 동학의 한울님과 지기至氣, 불연기연, 무왕불복, 무위이화 등을 불교사상으로 조명하여 삼교합일의 무극대도로서 혹은 한국의 전형적인 고유사상의 체계로서 전체적 맥락을 파악하는 데 기여하고자 한다.

2. 동학의 한울님과 불교

수운은 한울님으로부터 받은 영부가 "이름은 선약仙藥이요 그 형상은 태극太極과 같고 또 그 형상은 궁궁弓弓과 같다."고 하였다.[5] 여기서 수운은 자신의 도를 선약이라 하여 선적仙的으로 명칭을 표방하나 그 모습과 형상은 태극과 궁궁으로 유교와 불교의 이미지를 나타내고 있다. 해월은 궁을은 곧 '심心 자字'로,[6] 오지영은 궁궁을 마음 심 자의 초서형을 본딴 것으로 말한다.[7] 또한 궁궁은 『정감록』에서도 보이

---

5 『동경대전』, 포덕문, "吾有靈符 其名仙藥 其形太極 又形弓弓 受我此符 濟人疾病 受我呪文 敎人爲我則 汝亦長生 布德天下矣"

6 『해월신사법설』, 영부주문, "弓乙其形 卽心字也 … 太極 玄妙之理"

7 "弓弓 二字는 수운 선생 득도 초 降筆로써 된 靈符에 나타나 있는 그림이다. 그 그림 형상이 天然 마음 心字의 草書形으로 되어 있어 마치 활 弓字와 방불하였다."(오지영, 『동학사』, 1936, 2쪽)

지만 수운 자신이 체험한 도를 형상으로 나타낸 것으로 심心을 상징한다고 할 때 이는 불교적 담론과 연결된다.

또한 수운은 『용담유사』 「몽중노소문답가」의 한 대목에서 궁궁이 일심一心임을 말하고 있다. 불사약 즉 궁궁은 곧 자기 마음으로 사람이 그 마음 하나만 잘 찾으면 세상의 모든 악질은 스스로 없어진다 함인데 여기서 일심은 불교의 본체이기도 하다. 수운은 매관매직하는 권세가, 전곡을 쌓아 두고 사는 부유한 첨지나 유리걸식하는 패가자, 바람에 나부끼는 대로 사는 자, 모두가 일심(한울님)을 갖고 있어 이 마음 하나만 잘 찾으면 이 세상의 모든 변란은 스스로 없어진다 말한다.[8] 세상 사람들은 살 길이 제 몸에 있는 줄 알지 못하고 첩첩 산중을 헤매거나 서학에 입도하여 궁弓 자만을 찾는다. 이는 궁궁이 제 마음인 것을 깨닫지 못한 까닭이라는 것이다. 수운은 마음을 '심본허心本虛 응물무적應物無迹', 해월은 '성성적적惺惺寂寂 허령불매虛靈不昧' 또는 '심시허령心是虛靈'이라 하였으며, 의암은 '진진여여眞眞如如, 공공적적空空寂寂'의 무체無體로 말했는데, 이 모두 불교적 면모를 보이는 부분이다.

동학의 한울을 이해함에 있어서 불교의 공성을 간과하면 동학을 제대로 이해할 수 없다. 공성이 있기에 인간 자신이 무궁한 한울이 될 수 있고 무궁한 우주 전체가 되며 끊임없이 변혁(개벽)될 수 있는 것이다.

---

8 『용담유사』, 몽중노소문답가

1) 해월의 경심과 불교의 공성

해월은 한울이 곧 마음으로[9] 그 마음은 '심시허령心是虛靈 조화무궁造化無窮'[10]한 것이라 하였다. 마음이 허령하기에 조화가 무궁하고, 무궁한 이치가 된다. 허령虛靈이란 텅 비어 있으면서도 신령한 것으로 이 역시 공空하면서도 만물을 존재케 하는 불교적 사유를 드러낸다. 따라서 자신의 도를 무궁한 이치라고 표현한 수운이나 허령으로 표현한 해월의 말은 불교의 본체론과 같이 비실체론에 터하여 말했던 것임을 알 수 있다.

> 경에 말하기를 '마음은 본래 비어 있어 물건에 응하여도 자취가 없다'. 빈 가운데 영이 있어 깨달음이 스스로 난다. 그릇이 비었으므로 만물을 담아낼 수 있고 공간이 비었기에 사람이 능히 거처할 수 있다. 천지가 비었음으로 모든 물건을 용납할 수 있으며 마음이 비었으므로 일만 이치를 능히 통할 수 있다. … 없는 데서 생기어 빈 데서 형상을 갖추니 없는 듯 비인 듯하다. 보려 하나 보이지 아니하고 들으려 하나 들리지 아니한다. 빈 것이 능히 기운을 낳고 없는 것이 능히 이치를 낳고 … 이 비고 없는 기운을 체로 하여 비고 없는 이치를 쓰면 비고 신령한 것이 참된 데 이르러 망령됨이 없어진다. **참이란 것은 빈 가운데서 실상을 낳은 것이니**(강조 필자) 천지의 지극히 公共된 것이요 망령이란 것은 허한 가운데서 생긴 거짓이니 천지의 공로가 없어

---

9 『해월신사법설』, 天地・鬼神・陰陽, "心卽天 天卽心"

10 『해월신사법설』, 天地・鬼神・陰陽, "心是虛靈 造化無窮"

지는 것이다.[11]

공空은 빈 가운데서 만물을 존재하게 하는 힘을 갖고 있고 빈 가운데 실상을 낳는 신령함이다. 없는 데서 생기어 빈 데서 형상을 갖추게 한다. 의암은 이 허虛(空)가 능히 기운을 낳고 능히 이치를 낳는다고 말한다. 따라서 참이란 빈 가운데서 실상을 낳음이다. 해월에게 있어 수운이 말한 한울은 곧 본연마음으로 천지만물이 본래 일심이다.[12] 마음이 본래 비어 있고 자취가 없기에 일만 이치를 능히 통섭할 수 있다고 말하는 해월의 사상에는 불교의 무자성(空)의 논리가 전승되어 있다.

불교에서 우주의 본체인 일심一心은 자기라 고집할 것도, 고정된 그 무엇도 없으면서 변화와 생성을 지어낸다. 스스로 고집할 본성이 실재하지 않기 때문에, 즉 무자성이기에 모든 만물을 통섭할 수 있는 것이다. 즉, 해월이 말한 '심시허령心是虛靈'과 수운의 '심본허心本虛 응물무적應物無迹'은 원래 불교의 다음과 같은 말에서도 이해될 수 있다.

> 비어 있으면서도 신령하고 空하면서도 묘한 작용이 있다. 작용이 있으

---

11 『해월신사법설』, 虛와 實, "經曰 心兮本虛 應物無迹 虛中 有靈 知覺自生 器虛故 能受萬物 空虛故 能居人活 天地虛故 能容萬物 心虛故 能通萬理 … 無生有也 有生無也 生於無 形於虛 無無如 虛虛如 視之不見 聽之不聞 虛能生氣 無能生理 … 體此虛無之氣 用此虛無之理 虛虛靈靈 至眞無妄 眞者 虛中生實 天地之至公 妄者 虛中生欺氣 天地之無功也"

12 위의 책, 靈符呪文, "心者 在我之本然天也 天地萬物 本來一心"

> 면서도 근근하지 않고 고요할 때에는 밝음으로 돌아가 한 본원에 거한다.(虛而靈 空而妙 用處不勤勤 寂時還皎皎 據一如之本源)[13]

> 虛靈不昧, 이는 내 마음이 스스로 空함이다. 사물이 와서 마음에 응하니 이는 내 마음이 스스로 있음이다. 空과 有는 상즉하니 이는 내마음이 스스로 中한 것이다. … 그런즉 虛靈하나 사물에 응하는 것이다. 즉 '應物而虛靈'이다.[14]

이렇게 볼 때 동학의 한울님은 불교의 공성空性이 하나의 축을 형성한다고 할 것이다. 그러므로 한울님 모심은 자기 안의 '비고 신령한' 마음을 섬기는 것이므로 해월은 '향아설위向我設位'를 말하고, 의암은 '아시아천我侍我天' '자심자배自心自拜'를 말하게 된다. 한울이 마음이요 마음이 한울이기에 인간은 자신의 일상마음이 한울(一心)과 합하도록 노력하는 수행을 통해 한울이 된다. 따라서 마음 다스림은 곧 한울을 믿는 것이라 주장한다.

> 마음을 믿는 것은 곧 한울을 믿는 것이 되고 한울을 믿는 것은 곧 마음을 믿는 것이다.[15]

---

13 『宏智禪師廣錄』, 卷1, 大正藏 48, 16c.

14 『淨土生無生論』, 大正藏 47, 383a, "虛靈不昧 此吾心自空者也 物來斯應 此吾心自有者也 空有相卽 此吾心自中者也 … 然則卽虛靈而應物也 卽應物而虛靈也"

15 『해월신사법설』, 성경신, "人人敬心則 氣血泰和 人人敬人則萬民來會 人人

해월은 성경신을 통해 마음공부(心學)를 독실하게 공부하면 이루지 못할 것이 없다고 한다. 마음공부는 반드시 한 마음(一心)으로부터 시작된다. 또한 해월은 마음에 욕념과 티끌이 일지 않으면 한울의 정신이 전부 한 몸 안에 돌아오고 반대로 마음이 맑고 밝지 못하면 우매하게 된다고[16] 하였다. 이는 불교에서도 말하는 바다. 인간은 티끌이 일지 않은 '비고 신령한' 마음을 공경하여 항상 한울마음이 되도록 해야 한다.[17]

> 내 마음을 공경치 않는 것은 천지를 공경치 않는 것이요 내 마음이 편안치 않은 것은 천지가 편안치 않은 것이다. … 늘 조용하여 성내는 마음이 일어나지 않게 하고 늘 깨어 혼미한 마음이 없게 하는 것(惺惺無昏昧之心)이 옳다. 내 마음을 내가 공경하면 한울 역시 기뻐한다.[18]

한울이 곧 내 마음이므로 내 마음을 공경치 않는 것이나 혹은 편안치 않은 것은 곧 한울이 그러한 것이다. 이는 불교의 수행과 다르지

敬物則 萬相來儀偉哉 敬之敬之也夫 … 億千萬事 都是在信一字而已 … 信心卽信天 信天卽信心"

16 『해월신사법설』, 수심정기, "人能淸其心源 淨其氣海 萬塵不汚 慾念不生 天地精神 總歸一身之中 心無淸明 其人愚昧 心無塵埃 其人賢哲 … 身體心靈之舍也 心靈身體之主也 心靈之有爲一身之安靜也 慾念之有爲一身之擾亂也"

17 위의 글.

18 『해월신사법설』, 수심정기, "我心不敬 天地不敬 我心不安 天地不安 … 寂寂無忿起之心 惺惺無昏昧之心 可也 … 我心我敬 天亦悅樂"

않은데, 여기서 '성성무혼매지심(惺惺無昏昧之心, 혼매하지 않고 깨어 있는 마음)'이 불교에서 말하는 '성성불매惺惺不昧'19이다. 특히 해월은 '경천敬天'을 '경심敬心'으로 표현하는데 자기 안의 한울님은 결국 '심心' 이다. 그러므로 해월은 '향아설위'와 더불어 '경심'을 말한다.

2) 의암의 '성심'과 공성

수운이 말한 '한울님을 모심(侍天)'이란 안으로 신령함이 있고 밖으로 기화가 있음을 말함인데 의암은 이를 영靈(한울)의 유기적 표현을 가리킨 것으로 보아 "우주는 한울(靈)의 표현"20이라 하였다. 일찍이 해월이 인내천의 심법을 받아 '향아설위向我設位'를 정한 것도 우주의 정신이 곧 억조의 정신인 것을 표명함과 아울러, 다시 억조의 정신이 곧 인간 한 개체의 정신인 것을 밝힌 것이라 하였다. 그러므로 한울이 곧 사람이요(天是人), 사람이 곧 한울(人是天)이라 하였다.21 의암은 이러한 한울을 성심신삼단性心身三端 공적활발空寂活潑로써 한울님 이해를 나타내고 있다. 영성靈性은 본래 한울이요 마음(心)은 몸(身) 뒤에 오는 한울이다. 그러므로 의암은 성性과 심心·신身을 합하여 성심性心이란 말로 한울(영성)을 표현하기도 한다. 인간의 성심은 비유비무非有

---

19 『禪宗永嘉集』, 大正藏 47, 390b, "惺惺謂不生昏住無記等相 … 以惺惺治昏住" / 『無門關』, 大正藏 47, 299b, "惺惺不昧 帶鎖擔枷 思善思惡 地獄天堂 佛見法見二鐵圍山 念起卽覺"

20 『의암성사법설』, 性靈出世說

21 『해월신사법설』, 天地人·鬼神·陰陽

非無[22], 무선무악無善無惡, 무시무종無始無終, 본래청정本來淸淨한 것이요, 성성불매惺惺不昧 공적활발空寂活潑한 것이다.[23] 성性과 심心은 하나로서 성리가 없으면 마음이 없는 목인木人과 같고 심기가 없으면 물 없는 고기와 같다.

> 性은 이치니 성리는 空空寂寂하여 가이 없고 양도 없으며 움직임도 없고 고요함도 없는 원소일 뿐이다. 마음은 기운이니 심기는 圓圓充充하여 넓고 넓어 흘러 물결치며 움직이고 고요하고 변하고 화하는 것이 때에 맞지 아니함이 없다. … 성리가 없으면 마음이 없는 木人과 같고 심기가 없으면 물 없는 곳의 고기와 같다.[24]

종래 성리학은 인간의 이理로서의 성性을 인의예지라 규정했고 심心은 성과 정情을 아우르지만 성만을 본체로 삼았다. 그러나 의암은 성리性理를 공공적적이라 말하고 심기心氣는 원원충충한 현상을 나타내는 비유비무의 유무일치有無一致적 '한울'을 제시하는데 이는 지극

---

22 『의암성사법설』, 後經(二), "以無觀無則 無亦有之 以無觀有則 有亦無之 定其無有 … 眞眞如如 無漏無增 無漏無增 性心之始也"

23 『의암성사법설』, 後經(二), "性心本體 … 如虛如空 … 往來自在 常無主處 微妙而難見難言 然而人能自動自用 … 性心修煉 必有妙法 惺惺不昧焉 心入性裏則 空空寂寂 性入心裏則 活活潑潑 空寂活潑 起於自性自心 自性自心 吾心本地 道求何處 必求吾心"

24 『의암성사법설』, 성심신삼단, "性理也 性理空空寂寂 無邊無量 無動無靜之原素而已 心氣也 心氣圓圓充充 浩浩潑潑 動靜變化 無時不中者 … 無性理如無心木人 無心氣如無水魚子"

히 불교적이다.

(1) 성심의 무체성

성심의 한울은 본래 처음이 없고, 처음도 없는 무체성이다. 나고 죽는 것이 있지 아니하여 진진여여眞眞如如한 것이다.[25] 새는 것도 없고 더함도 없는 것은(無漏無增) 성품과 마음의 처음이다. 그러므로 본성의 인연 없이 생함이 있음[26]을 알라고 의암은 말한다.[27] 가는 것도 없고 오는 것도 없는 내 마음을 길이 지키어 옮기지 아니하고 바뀌지도 아니하는 큰 도를 창명하라면서 무형유적은 우리 도의 조화[28]라 하였다. 이는 무자성無自性, 즉 무체無體를 바탕으로 하기에 응물무적應物無迹, 무형유적無形有迹이 성립한다. 나도 없고 몸도 없고 마음 또

---

25 『의암성사법설』, 後經(二)

26 불교 화엄사상에서 모든 것은 인연으로 말미암기에 인연(연기) 이전에는 존재가 있을 수 없다. 하지만 이를 性의 입장에서 보면 緣 이전에 성기(性起)의 법체가 있다.(『韓國佛敎全書』6冊, p.779b, 「法界圖記叢髓錄」, "問若緣起法隨起無側者 唯是緣前無法之義耶 答就緣論之 緣前無法 就性論之 緣前有法 何者 就緣論時現於今日緣中之五尺是緣起本法無側而立 故緣以前無一法也 就生論時 本有性起法體也") 무자성이기에 본성의 인연없이 중중무진(重重無盡)하게 존재(법계)를 일으킨다. 화엄불교가 가지는 세계관은 유형과 무형이 동시에 결합된 본체로서 有無中道觀을 갖고 있고, 현상 속에서 본체가 구체화됨을 말하며 본체란 무자성임을 제시하고 있다.

27 『의암성사법설』, 위의 책.

28 『의암성사법설』, 降書

한 없는 것이다.[29] 비고 빈 가운데 만물이 생멸하면서 존재를 떠받치고 있다. 세상의 삼라만상은 늘어남도 줄어듦도 없이 텅 빈 가운데 존재를 변화시킨다. 의암이 표현하는 한울님(性心)은 무선무악無善無惡[30], 불생불멸不生不滅, 무시무종無始無終, 진진여여眞眞如如, 무체성無體性, 공공적적空空寂寂, 활활발발活活潑潑이다. 한울이 공성을 갖추기에 내 마음이요 천지요 삼라만상이다.[31] 이는 불교에서 말하는 공공적적空空寂寂, 불생불멸不生不滅, 무거무래無去無來하는 일심一心이다.[32] 의암에게 있어서도 수심修心이라는 것은 티끌에 가려진 거울을 닦는 것처럼 마음을 닦는 것으로 본래 마음이 티끌에 가려지지 않도록 지키는 것이다.

3) 야뢰 이돈화의 '사람성 무궁'과 불교

수운은 "무궁한 이 이치를 무궁히 살펴내면 무궁한 이 울 속에 무궁한 내 아닌가."라고 했는데, 이돈화는 이 말 한 마디만으로 수운이

---

29 『의암성사법설』, 詩文

30 수운의 표현으로 하면 '不擇善惡'하는 자이다.

31 『의암성사법설』, 무체법경, 신통고, "侍天主之侍字 卽覺天主之意也 天主之主字 我心主之意也 我心覺之 上帝卽我心 天地我心 森羅萬象 皆我心之一物也"

32 의암은 이 외에도 여러 글에서 이들 용어를 인용하고 있다(『의암성사법설』, 降書, "無去無來 吾心永守 不遷不易 大道枛明"/ 『의암성사법설』, 無體法經, "性心玄玄妙妙 應物無迹 如有如生 性本無無 無有無現 無依無立 無善無惡 無始無終 心本虛 萬事萬量 億古億今 無形無迹)."

만국의 사표가 되는 대각자라 한다. 여기서 '무궁한 이치'란 것은 신神의 이념 인격을 이름이며 '무궁한 이 울'이란 것은 신의 이념이 형상으로 표현된 대우주 전체를 이름이며 '무궁한 내'라는 것은 유한인이 무한신에 합일된 대아大我의 경지를 이름한다 하였다. 또한 이돈화는 반대일치의 원리로서 한울님을 새롭게 정립하였다. 이는 두 가지 특성을 가지는데 '반대일치되는 신관'과 '물심物心 합치의 신관'이 그것이다. 그에게 있어 신이란 무궁이기에 영구불변하면서 변하는 것이다. 여기서 변하는 것은 세상이며 사상事象으로 생멸적 무상無常이다. 생멸이 없는 본체는 죽은 본체이고 지속이 없는 생멸은 일종의 환상에 지나지 않는다. 지속과 생멸은 한울의 이위일체二位一體적 행위이다.[33] 이는 한울의 공성을 드러내는 것이다.

> 생물의 생사는 생물의 본체를 지속케 하는 방법이며 수단이며 현상이다. '무릇 형상이 있는 것은 모두가 허망한 것이니 만약 모든 것이 모습이 없는 것임을 알아보면 여래를 본 것이다(汎所有相皆虛妄 若見諸無相卽見如來)'라 했으니 허망은 생멸을 이름이다. 무상은 변화를 이름이며 여래는 본체를 이름이다. 본체의 지속을 위하는 방법이 諸相無常의 변화이다. 이를 覺하는 자가 覺이 된다는 뜻이다. 그러므로 생멸은 실법이 아니오 방법이며 虛變이다. 實相의 본능표현이다. 실상은 영구불변의 존재이다.[34]

---

33 이돈화, 「(附)東學之人生觀」, 『新人哲學』, 천도교중앙총부, 1924, 229~230쪽.

이돈화는 본체의 순수지속과 현상의 생멸적 무상無常을 통해 한울을 설명하고 불교에서 말하는 제행무상, 제법무아의 실상을 인용하고 있는 것이다. 무상(虛變)과 영구불변의 반대일치적 결합이다. 인내천의 요의는 한울을 생멸의 만물 변화 속에서 실상을 드러내는 영구불변의 사람성 무궁으로 본다. 사람성 무궁이란 사람성과 한울성이 일치됨을 이르는 말이 된다.[35]

또한 이돈화는 우주와 세계의 생성 원리로서 물심합치의 지기일원론으로 수운의 지기를 설명하고 있다. 그는 한울의 생명운동인 지기는 물심양면을 표현하는 조화의 존재요 신령神靈이라고 했다.

> 선생은 물질 극치, 즉 지기를 물질이라는 의미로 쓰지 않고 곧 허령창창이라 형언하였다. 氣는 이미 物의 質인 것을 氣 字 위에 至 一字를 부쳐 놓고 곧 虛靈이라 命한 것이다. … 극은 무한소를 의미하는 것이므로 지기의 무한소의 극치는 어느덧 물질이 아니오 허령이 된다는 뜻이다. 그러고 보면 지기는 물질과 영계의 경계선상에 있는 어떤 존재로 보인다. 지기는 영이면서 純靈도 아니며 기이면서 純氣도 아닌 물심 양면을 표현할 가능성을 가진 조화의 존재라 할 수 있다.[36]

수운은 지기를 허령창창이라 하였다. 의암은 이를 무시부조無時不照

---

34 앞의 책.

35 이돈화, 『인내천요의』, 천도교중앙총부, 1920, 150쪽.

36 앞의 책, 238쪽.

적연부동寂然不動한 것으로 무물불유無物不遺, 즉 만물에 남기지 아니함이 없음을 뜻하는 것으로 말했다.[37] 따라서 지기는 영靈이면서 기氣이기에 무형과 유형을 함께 지칭하는 것이고, 분리할 수 없는 물심일치의 기이다. 이러한 물심일치의 지기일원론을 통해 이돈화는 우주 생명과 인간 개체가 하나임을 설명하고 있다. 지기至氣의 비어있음과 신령함 가운데에서 조화의 능력이 일어난다는 것이다. 그러므로 우주는 한울이 시간 공간의 인연법을 따라 나타난 것으로 우주는 이 유有와 무無 양자를 포함한 절대무궁의 존재이다.[38] 수운이 "나는 도시 믿지 말고 한울님만 믿었어라 네 몸에 모셨으니 사근취원 하단 말가." 하고 노래한 것도 이는 실로 인간 초월적 상제를 부인하고 사람의 지기·영성을 곧 상제라 가르친 것이라 말한다.[39] 이렇게 동학의 한울님을 의암이나 이돈화는 '영성靈性'으로 부른다.

> 무소부재한 한울님의 法性은 사람성과 따로 존재한 것이 아니요, 사람성 무궁이 곧 한울님의 법성인 것을 알아야 한다. 그러므로 天으로써 보면 사람성 무궁은 곧 천이 되는 것이요 人으로써 보면 천은 곧 사람성 무궁이 되는 것이니 이것이 한울님을 허공에 구치 아니하며 명색에 구치 아니하고 오직 사람성 무궁에서 구하는 신앙이라.[40]

---

37 『의암성사법설』, 각세진경

38 이돈화, 앞의 「(附)東學之人生觀」, 243쪽.

39 이돈화, 앞의 『인내천요의』, 27쪽.

40 위의 책, 31~32쪽.

사람의 본원은 원래 사람성 무궁에서 기인한 것으로 천지가 생기기 이전은 누가 생각하든지 일물一物도 없는 절대공絶對空이다. 한울님인 우주는 절대공으로, 공空이란 크고 작음이 없고 옛과 지금이 없으며 시작과 끝도 없고 상하 전후가 없음을 말하는 것이다. 이 역시 불교의 공성空性(無)을 바탕으로 한 사고를 보여주는 면모이다.

> 우주는 絶對空 至大無較曰 絶對오 無朕曰 空이니 空者는 無大小 無古今 無始終 無上下 無前後의 意義라.[41]

불교적 사유는 수운 이래 해월, 의암, 이돈화에 이르기까지 그 본맥이 계승되고 있음을 본다. 이돈화는 절대공絶對空을 칭하여 한울님을 영성靈性이라 하며 혹은 불佛 혹은 신神이라 한다는 것이다. 그런데 이 무일물無一物의 절대공은 자기의 창조력으로 인하여 천지가 되며 만유가 되며 생물이 되며 인류가 되어 왔다. 이렇게 보면 한울은 실로 위대한 자기의 창조력으로 영겁의 노력에 의하여 스스로 인류가 되어 온 것이다.

3. 동학의 불연기연과 불교

불교는 모든 존재를 연기緣起, 즉 인연생기因緣生起로 본다. 모든 존

---

41 이돈화, 「우주설」, 『천도교회월보』, 1912.4.

재는 끊임없이 만남을 통해 변화되어 간다. 독립된 고정불변의 실체를 인정하지 않고 모든 것이 이것이 있기에 저것이 가능한 연기의 생성 관계로 본다. 모든 존재가 끊임없이 변화하는 것은 모든 존재를 무화無化시키는 무無의 힘이 있기에 가능하다. 그러므로 모든 존재에는 무無와 유有가 하나로 결합되어 있다. 불교의 사유는 서양의 본체관과는 달리 본체와 현상이 결코 분리되지 않고 고정불변한 실체를 상정하지 않는다. 현상을 초월한 세계에서 또는 현상 속에서 본체를 찾는 것이 아니라 현상이 본체인 것이다. 현상이 본체이기에 개체와 우주는 하나가 될 수 있다. 존재 전체는 개체 가운데 구현되어 있는 까닭에 하나 속에서 무량한 전체를 볼 수 있고 하나는 전체이므로 무량한 전체 가운데서 하나를 알 수 있다. 서로가 서로에 스며들 수 있는 인연이어서 흡사 여러 거울이 서로 서로 다른 거울을 비추어 나타내는 것과 같다. 실체가 아니면서 생겨나는 까닭에 걸림이 없다는 것이다.[42] 개체와 전체는 서로를 안고 기대고 있는 불리不離의 통일체라서 걸림이 없다는 관점에 설 때 인간은 자유하게 된다. 이는 모든 존재를 무無[空]인 동시에 유有로 보는 무이無二, 그리고 모든 존재에는 고정된 자성이 없다는 무자성無自性, 고정된 자성이 없기에 머무르지 않는 무주無住로 인하여 무애자재하게 되는 것이다.

---

42 『韓國佛教全書』1冊, p.496a-b, 원효, 「華嚴經疏」 권3, "第一雙中初頌達俗無實 次頌入眞無二 第二雙者先明於人無住 後顯於法久得 第三雙者先明於法理有無後顯於佛無減增 第四雙者先明人法無所得門轉化衆生 後顯一多無障礙門得無所畏 一切法入一法故一中解無量 一法入一切法故無量中解一也 所以能得互相入者 展轉互爲鏡影而生 非實而生故無障礙"

수운은 불교처럼 비실체론을 바탕으로 불연기연不然其然의 세계관을 제시하여 세계의 실상을 보도록 한다. 나와 이 세계는 고정된 실체가 아닌 비실체의 무자성으로 무궁히 생성되는 한울이다.

> 무궁한 그 이치를 불연기연 살펴내어…
> 무궁히 알았으면
> 무궁한 이 울 속에 무궁한 내 아닌가.[43]

수운은 무궁한 이치를 불연기연을 통해 살펴내고 이를 알면 무궁한 이 세계 속에 무궁한 인간존재가 아니겠느냐고 노래한다. 수운은 근본적으로 실체를 규정하고 있지 않다. 이를 단지 무궁이라 표현하는데, 무궁한 이치, 무궁한 우주, 무궁한 인간이라 한 것은 곧 불연기연적 세계관을 바탕으로 표현된 말이다.

수운은 모든 만물에는 기필하기 어려운 불연의 측면이 있어 만물을 생성하는 근본이 됨을 말하고 있다.[44] 만약 예와 지금이 변치 않는다면 어찌 운이라 하고 회복이라 할 수 있겠느냐는 것이다. 운運이라 하고 회복이라 하는 것은 만물 생성의 측면이요 불변은 만물 생성을 근거 짓는 불연, 즉 조물자造物者를 지칭한다. 불연과 기연은 본체

---

43 『용담유사』, 흥비가

44 『동경대전』, 불연기연, "古今之不變兮 豈謂運 豈謂復 於萬物之不然兮 … 是故 難必者 不然 易斷者 其然 比之於究其遠則 不然不然 又不然之事 付之於造物者則 其然其然 又其然之理哉"

와 현상의 관계이다. 불연기연은 주자학의 인의예지와 같이 고정된 규범적 실체가 아니라 끊임없는 이사무애적 생성관을 나타낸다. 즉 그러하지 않음(理)이 그러함(事)이 되고 그러함이 그러하지 않음으로 변화하는 무궁한 세계관을 보여주고 있다.

사람들은 그러하지 않은 불연을 알지 못하는 까닭에 불연을 말할 수 없고 그러한 기연의 현상만을 보는 까닭에 기연만을 믿는다.[45] 즉 기연만의 논리를 의지하는 까닭에 불연의 이치를 못한다. 그러나 불연은 기연을 통해서 안다. 보이는 현상을 단서로 잡아 근본 이치를 찾게 되고 사물이 사물 되는 이치와 이치가 이치 되는 대업을 알 수 있는 것이지 기연을 떠나서 불연을 구할 수 있는 것이 아니다. 기연을 통해서 불연을 찾게 되면 운수가 스스로 오고 회복되는 것임을 수운은 말한다.[46] 또한 수운은 본체로서의 불연을 조물자라고도 하였는데 이는 창조주로서의 조물주를 말하는 것이 아니라 사물이 생성 변화할 수 있게 하는 주재적 근원을 의미한다.[47] 불연기연의 유무有無 일치는 고정된 실체를 부정하고 무궁한 변화의 이치를 말하여 비실체, 즉 무자성을 전제하는 불교의 공성空性을 내포하는 것이라 할 것이다. 공성이 성립하지 않는 것에는 일체는 성립하지 않는다.[48] 공空

---

45 『동경대전』, 불연기연, "則不知不然 故不曰不然 乃知其然 故乃恃其然者也"

46 위의 책, "於是 而揣其末 究其本 則物爲物 理爲理之大業 幾遠矣哉 … 運自來 而復之"

47 불연기연에 대한 자세한 분석은 졸저, 『동학·천도교의 교육사상과 실천』, 혜안, 2001, 249~261쪽 참조.

은 현상 가운데서 드러난다.[49] 수운이 말한 조물자 역시 현상을 떠나지 않는 불연으로서 사물의 근원이 되면서도 형상이 없는 불연이 있기에 변화가 가능하고 운수가 바뀌며 새로운 세계를 생성한다.

4. 맺는 말

동학사상은 한국 고유의 사상이자 삼교합일의 무극대도라 칭해진다. 이는 시대의 산물로 근본적 계급 질서의 타파와 새로운 사유를 원했던 시대적 열망에서 동학은 등장하였고 그 새로운 사상에 민중사상과 삼교합일이 기초가 된다. 수운은 계급체제를 떠받치고 있는 성리학을 대체할 이념으로서 삼교를 동학 안에 포함시켰고 특히 불교의 사유와 민중성은 기존 계급체제를 대신할 이념으로서 동학에 녹아들었다고 볼 수 있다.

동학의 한울님은 마음, 귀신, 지기, 무위이화자, 불연기연不然其然 등으로 병칭되면서 유무 회통의 공성을 내포하고 있다. 특히 해월은 한울이 곧 마음으로 그 마음은 '심시허령心是虛靈 조화무궁造化無窮'한 것이라 하여 마음이 허령하기에 조화가 무궁하고, 무궁한 이치가 된다 하였다. 허령虛靈이란 텅 비어 있으면서도 신령한 것으로 이 역시

48 『중관론소』, 사제품, 大正藏42, 151c, "第二偈上半明由空故一切法成 顯論主無過 下半明無空義一切不成".

49 鎌田茂雄, 『中國華嚴思想史の研究』, 東京大學東洋文化研究所, 1965. p.261.

공空하면서도 어떤 주재성의 작용(有)을 일으키는 불교적 사유라 할 것이다. 마음이 본래 비어 있고 자취가 없기에 일만 이치를 능히 통섭할 수 있다고 말하는 해월의 사상에 불교의 무자성無自性과 진공묘유眞空妙有의 논리가 전승되어 있다.

의암에 와서는 보다 많은 불교 용어가 동원되는데 한울님을 공적활발空寂活潑의 성심性心으로 표현하였다. 이 성심은 본래 처음이 없고, 끝도 없는 유무有無 일치의 한울님이다. 한편 이돈화는 수운이 "무궁한 이 이치를 무궁히 살펴내면 무궁한 이 울 속에 무궁한 내 아닌가."라고 한 한마디만으로 수운이 만국의 사표가 되는 대각자라 한다. 여기서 '무궁한 이치'란 한울의 이념인격을 이름이며 '무궁한 이 울'이란 것은 한울의 이념이 형상으로 표현된 대우주 전체를 이름이며 '무궁한 내'라는 것은 유한인이 무한신에 합일된 대아大我의 경지를 이름한다 하였다. 이상과 같이 수운, 해월, 의암, 천도교의 이돈화 등 핵심적으로 관통되는 하나의 사상은 유무 회통의 공空(無)사상임을 알 수 있다. 무(空)는 텅 비어 있음을 의미한다. 텅 비어 있기에 전체를 담아낸다. 한울님을 우주 전체라 하는 것은 텅 빔 가운데 만물을 담아내기 때문이다. 또한 무는 활동성, 즉 운동성을 의미한다. 무화無化시키는 없앰의 힘이 있기에 무증무감無增無減의 한울을 가능케 하고 주재성을 갖는다. 따라서 무는 변화 가능성으로서 무궁성을 의미한다. 모든 존재는 '끊임없는 생성'이다. 동학의 사유에는 전통적으로 지녀왔던 이러한 불교적 무(虛)의 사유가 녹아 있다.

동학이 공성空性의 사유를 보인다는 것은 크게 두 가지의 의미가 있다. 첫째, 한울님을 인간 안에 끌어내리면서 만물에 한울님을 부여하여 개체와 전체를 통일시키고 있다는 점이다. 인간이 한울님이라는 것은 인간 개체가 곧 전체라는 의미이기도 하다. 이는 생명사상과 인간평등, 다양성의 존중, 계급 질서를 타파하는 변혁적 사고를 가능케 한다. 그러므로 한울님은 공성의 한울님으로 우주 전체이다. 우리는 전체(한울님)를 잃어버리고 부분만을 나라고 생각한다. 잃어버린 전체를 찾기 위해서는 먼저 전체를 알아야만 한다. 이런 전체 속에서 만물들은 찰나 속에 존재하다가 무로 사라진다. 한울님은 무궁히 변화하면서 한울을 생성하는 주재자이다. 한울님은 텅 빔 속에서 일어나는 모든 일을 주재한다.

둘째, 유有·무無 일치의 한울님은 "끊임없이 없어져 가는 있음"의 무궁성으로 모든 것을 변화시키고 움직이며 되어가도록 하는 영성이다. 우리는 변화하는 모든 것에서, 살아 움직이는 모든 것에서 한울의 영성을 알아보고 우리는 모두가 우주의 생성 전개에 참여하여 서로를 돕는 하나임을 알아야 한다. 천지는 부모로서 인간의 생명이 유지되도록 돕고 인간은 천지 한울을 기르기 위하여 산다. 내 안에서 활동하고 있는 이 한울을 깨달을 때 나는 곧 우주와 하나가 되기에 사람이 곧 한울(인내천)인 것이다. 존재하는 모든 것에 영성이 있지만 한울을 깨닫는 사람만이 우주 모든 존재를 위할 수 있다. 이제 인간은 자기 육신의 편함을 위한 해방이나, 자신의 뜻을 관철하기 위한 행위의 자유로움이나, 자신의 존재를 실현하기 위한 실존적 결단의 자유 같은 좁은 자아 중심적 '자유'에서 벗어나 시야를 넓고 깊게 우주로, 존재의 핵심으로 돌려야 한다. 인간의 자유는 그렇게 한울님으로 솟아날 경우 단순히 자신만을 위한 선택이나 결단이나 의지의 자유가 아니라 바로 자기 안에, 우주의 삼라만상 안에 활동하고 있는 무의 자유임을 깨닫게 될 것이다. 해방적 자유도, 실존적 자유도, 존재적 자유도 마침내 존재하는 모든 것 안에서 한울님으로서 활동하는 무無와 하나임을 깨우쳐 아는 것임을 자각해야 한다. 인간이 '몸 나'의 욕망을 다스리고 '맘 나'의 주체심을 놓아 보내고 '한울아'로 솟아날 때 인간은 영적 존재로서 자신과 더불어 존재하는 모든 것 안에서 활동하는 한울(성령)과 하나로 어우러져 우주생명이 생성하고 펼쳐지고 유지되는 데 함께 참여할 수 있게 된다.

제2장 허응당 보우의 '인즉천'과 동학의 '인내천'

1. 머리말

동학의 인내천은 허응당 보우의 인즉천 사상에서 선구적 모델을 찾을 수 있다. 진실무망한 천지만물의 이치가 곧 인간 마음 안에 구비되어 있다는 보우의 인즉천 사상은 성리학의 천인합일 사상을 불교의 일심을 바탕으로 하여 일원화시킨 것이라 볼 수 있다. 특히 보우는 불교를 체體로 놓고 유가를 작용[用]으로 놓아 체용 일치로 나갔다. 그러나 동학은 이러한 입장을 계승하면서도 자신의 유불 결합의 사상에 유가의 상제천과 천명을 더하면서도 계급 질서적 용用은 철저히 비판했다. 먼저 보우를 보자.

숭유억불의 조선시대에 허응당 보우(?-1565)는 율곡을 비롯한 유자儒者들로부터 요승, 괴승으로 공격받던 인물이다. 그러나 그의 사상은 조선철학사에 있어서 중요한 의미를 가진다. 그는 성리학의 본체개념인 천리天理와 불교의 본체개념인 심心을 결합하여 인간이 만물의 이치를 구비한 우주 전일체로서 '인즉천'을 새롭게 제시했다. 그의 사상은 훗날 조선후기에 이르러 재현되는 유불 통합의 선구적 전통이 되었고 특히 동학의 인내천人乃天에 계승되고 있음을 부인할 수 없다. 동학의 인내천은 보우의 인즉천을 이해할 때 더 이해가 쉽고 또한 동학과 보우와의 차이점을 규명해 가는 데서 동학의 새로운 면모를 이해할 수 있을 것이다.

2. 보우의 유불 결합적 인간 이해

1) 보우가 갖는 불교의 기본 입장

보우의 선사상의 입장은 한국 선불교 전통이 그러하듯이, 중국 남종선의 전통 속에서 이어져 온 무념의 돈오적 입장이 짙게 드러난다. 일찍이 북종과 남종의 구분은 각기의 이념離念과 무념無念의 주장에서 찾는다. 북종선의 이념離念은 거울의 티끌을 털어내는 것과 같은 것이고, 남종의 무념은 본래 털어낼 티끌조차 없다고 하는 입장이다. 북종은 대체로 마음을 집중시켜 명상하고, 마음을 안정시켜 고요한 상태를 지키며, 마음을 가다듬어 외계를 통일하고, 마음을 가라앉혀 내면에서 깨달음을 구하라고 한다. 그러나 신회의 남종 입장은 명상이나 정신 집중보다 무념의 근저에 있는 자각 그 자체를 중시한다.[1] 보우 역시 무념을 구하고 삿된 생각을 떠나려 하지 말라고 말한다.

---

1 柳田聖山, 안영길 외 역, 『禪의 사상과 역사』, 민족사, 1989, 101쪽.

참현(參玄)의 귀중함은 무념을 구함에 있네.
생각 어지러이 일어나 깨달음이 더딜 것을 마땅히 두려워하라.
적적함으로 돌이켜 그 일어나는 곳을 관하고
또록또록한 정신으로 삿됨을 제거하고
사악한 생각을 떠나려고 하지 말라.
올바름에 돌아와 생각을 멈추면 바른 지혜를 얻게 된다.[2]

인간의 본래 마음은 거울 같이 밝으므로 그 마음을 깨달으면 곧바로 평상심이 도다. 보우는 도道란 원래 쉽고 가까운 곳에 있으니 험하고 먼 곳에서 구하지 아니한다고 하였다. "목마르면 개울물 세 번 손바닥으로 떠 마시고 배고프면 한 발우 죽 먹는다."[3] 이는 단斷·상常의 집착을 떠나고 중도의 이치를 깨달아 마음의 지혜를 얻으면 일상의 마음이 도道요, '새 소리 산 빛이 바로 진리의 펼쳐짐'[4]임을 말하는 것이다. 사람들이 자신의 본래 마음을 깨닫지 못하는 것은 유·무 어느 한편에 집착해 있기 때문이다.

---

2 『韓國佛教全書』, 第七冊, 普雨 虛應堂集 卷下, 7-571中, 示參玄禪客, "參玄貴在求無念 當念紛飛恐覺遲 寂寂返觀纔起處 惺惺却入未生時 去邪莫作離邪想 歸正休懷得正知"(심재열 외 역, 『대각국사문집 외』, 동국역경원, 1994, 참고)

3 『韓國佛教全書』, 위의 책, 7-556下, 聞魔僧繫獄 而死外議騰分, "道元在易邇 不在險遐求 渴飮溪三掬 飢飡粥一盂."

4 『韓國佛教全書』, 위의 책, 7-534上, 示小師, "鳥聲山色是眞源"

물을 모르고 물결에만 집착하면
물결이 잠잠할 때 마음 또한 사라지며
거울을 모르고 형상에만 집착하면
그 형상 사라질 때 마음 또한 없어진다.
촉촉한 성질 무너지지 않음을 알고
거울의 본체 늘 밝은 줄 알면
물결은 본래 空한 것이므로
형상도 저절로 적멸에 돌아가리.
그러므로 붓다의 밝은 지혜는
모든 존재와 空性을 두루 비추지만
범부의 부질없는 몸과 마음은
그림자와 같고 형상과 같네.[5]

물과 물결은 본래 하나이지만 사람들은 물결의 현상에 집착하여 이를 떠받치고 있는 공성空性의 물(본체)을 알지 못한다. 물결은 끊임없이 생겨났다 사라지는 것이고 거울에 비추인 모든 모습 또한 머물렀다 없어진다. 그러나 물의 습기와 거울 자체는 파괴되지 않는다. 깨달은 자는 모든 존재와 그 공성을 비추기에 비유비무非有非無이면서 동시에 역유역무亦有亦無인 존재임을 안다. 그러기에 실상을 여실히

5 『韓國佛敎全書』, 第七冊, 普雨 懶庵雜著, 7-576下, “迷水若執波 波寧心卽滅 迷境執彼像 像滅心卽亡 知濕性不壞 了鏡體常明 波浪本自空 影像自歸寂 故知佛鏡智 偏界而偏空 凡夫妄身心 如影亦如像”

알고 이로부터 행해지는 마음작용은 곧 평상심의 도가 된다. 보우는 이와 같이 유무일치의 중도中道사상에 입각하여 현실에서의 구체적인 행위에 관심을 가졌던 선승이었던 것이다.

2) 성리학의 수용과 유·불 회통적 사유 체계

(1) 불교와 성리학을 체용 관계로 놓음

주자가 유가적 입장에서 불교를 흡수하였다면 보우는 불가적 입장에서 유교를 수용했다고 볼 수 있다. 이는 득통[6]처럼 호교론에 입각한 유·불 결합이 아니라 유가적 본체개념이 불교와 결합되어 새로운 철학적 체계로 나간 점이 그의 사상적 특성이라 하겠다. 보우는 불교와 유가의 각 폐단을 말하고 이를 지양하면서 불교와 유교의 진의를 말하고, 불교의 진공眞空과 성리학의 인의·충서를 각각 체와 용으로 보아 양자를 결합시키고 있다.

> 이 세상에는 도교와 불교에 耽淫하여 임금과 아비를 버리는 자가 있고 한갓 허무만 일삼아서 임금과 신하, 그리고 아비와 자식의 도리가 이것이

---

6 득통 기화(1376-1433)는 무학대사의 제자로 『현정론(顯正論)』을 지어, 불교를 중심에 놓아 삼교를 결합하고, 유학자들의 불교비판을 조목조목 들어 호불론적인 변론을 한 바 있다. 본고에서 살펴보고려는 것은 유·불의 상호결합이 어떠한 사상적 변용을 가져오게 되느냐이다. 이것은 한국사상을 이해함에 있어서 짚고 넘어가야 할 과제이다.

> 큰 근본의 큰 用임을 알지 못하고 또 공자와 맹자를 스승으로 하여 인仁과 의義를 종宗으로 여기는 자는 다만 忠과 恕만을 높여 숭상하고 그것이 진공, 적멸의 이치여서 큰 용用의 큰 근본임을 알지 못한다. 이러한 두 경우의 사람들은 道가 體와 用임을 잘 모르는 것이요, 또 성현들이 혹은 權道를 하고 혹은 常道를 하면서 서로 접하여 일으키는 지극히 바르고 지극히 커서 둘이 아닌 큰 근원임을 알지 못하기 때문이다.[7]

그는 도교와 불교가 한갓 허무만 일삼아서 도리의 용用이 본체의 작용임을 알지 못하였음을 비판하고 반대로 유교가 인의, 충서만을 높이 숭상하고 집착되어 그것이 진공眞空, 적멸寂滅의 용用임을 알지 못하였다고 하면서 양자 모두를 비판하였다. 그리고 그는 체용 일치를 주장하면서 체體는 비어서 스스로 신령神靈하고 작용(用)은 실實로 있으면서도 자취가 없는 것이라 한다. 이 체용의 도리는 잠시도 쉼이 없이 음양과 사시에 운전하므로 유교에서는 이를 태초라 말하고 불교에서는 이를 원적圓寂이라 말했을 뿐 체용이 항상 같이 함을 보우는 강조했다. 즉 모든 도는 체용 일치로서 불교는 체를 강조하고 유교는 용을 강조한 감이 있으나 이제 그 둘을 나누어 보지 말자는 것이다.

---

7 『韓國佛敎全書』, 앞의 책, 普雨 虛應堂集 卷上, 詩, 次華法師軸韻, 7-538下 "夫世有淫老佛而舍君父者 徒事虛無而不知其君臣父子之道 是大本之大用 師孔孟而宗仁義者 但尊忠恕而不知其眞空寂滅之理 是大用之大本 之二者皆迷道之體用 而又不知聖之所以或權或常 而接武相興 以扶持夫至正至大無二之大源也"

한 물건이 여기에 있으니
혼연하여 예와 지금을 관통하였고
체(體)는 비어서 스스로 신령(神靈)하고
용(用)은 실實)하면서도 그의 자취가 없소
구부리거나 우러러보아도 현현(玄玄)하게 숨었고
보고 듣는 데 밝기가 역력히 밝아
음양과 사시에
운전하여 행하면서 잠시도 쉬지 않으니
유교에서는 이를 태초라 말하고
불교에서는 이를 원적(圓寂)이라고 말하네.[8]
여기 한 물건 있으나 손잡이 잡을 수 없는데
누가 능히 두 갈래로 나누겠는가.
물과 물결은 원래 모두 습한 것…
도가 어찌 유·불로 나뉘겠는가.[9]

그러므로 보우는 "적멸의 도를 섬기면서도 마음은 충효忠孝·인의仁義를 간직하고 있는 사람"[10]을 인간상으로 제시한다. 이는 임금께

---

8 『韓國佛敎全書』, 위의 책, 7-539上, 次華法師軸韻, "有物在於斯 渾成貫今昔 體虛而自神 用實其無迹 俯仰隱玄玄 視聽明曆曆 陰陽與四時 運行無暫息 儒稱此太初 佛言斯圓寂"

9 『韓國佛敎全書』, 앞의 책, 7-540下, 次華法師軸韻, "有物沒巴鼻 誰能折二瑞 水波元共濕 … 道豈分儒釋"

10 『韓國佛敎全書』, 앞의 책, 次華法師軸韻, 7-538下, "道寂滅而心忠孝者 其

충성하고 어른에게 공경하는 큰 작용이 적멸로부터 일어나고, 형상이 끊어지고 이름을 떠난 큰 근본이 사물에 늘 행해지고 있음을 깨닫고 있는 자이다. 앞에서 살펴본 바와 같이 보우가 "이 세상에는 도교와 불교에 탐음耽淫하여 임금과 아비를 버리는 자가 있고 한갓 허무만 일삼아서 임금과 신하, 그리고 아비와 자식의 도리가 이것이 큰 근본의 큰 용用임을 알지 못하고 또 공자와 맹자를 스승으로 하여 인仁과 의義를 종宗으로 여기는 자는 다만 충忠과 서恕만을 높여 숭상하고 그것이 진공, 적멸의 이치理致여서 큰 용用의 큰 근본임을 알지 못한다."고 비판했던 맥락이 그대로 그가 추구하는 인간상에서 드러나고 있는 것이다. 따라서 적멸의 도를 섬기면서도 충효·인의를 간직한 자는 부질없이 공空만 지키는 어리석은 선禪과 비교할 수 없고, 또한 의리를 등지고 있는 미친 중과 비교할 수 없는 것이라 보우는 단호히 말한다.[11] 이는 '용用'을 무시하는 선승들을 비판하고 유가의 인륜을 체體의 작용으로서 긍정하면서 적멸, 즉 공성空性을 결합시키고 있음을 말해 준다.

(2) '이일분수'와 '평상심시도'

보우는 "경전의 뜻을 자세히 생각해 보면 사람의 성품이 본래 있

惟法師歟"

11 『韓國佛敎全書』, 앞의 책, 次華法師軸韻, 7-538下-539上, "此豈比夫徒守空之痴禪 但背義而狂釋者也"

었던 것이지 없었던 것은 아니다."라고 말한다. 즉 임금이 되어서는 어질고 아비가 되어서는 사랑하며 신하가 되어서는 충성하고 자식이 되어서는 효도하는 것과 같은 성품이 있는 것은 마치 거울에 밝은 성품이 있는 것과 같다는 것이다. 원래 선가禪家에서 마음은 텅 빈 거울로 표현된다. 그런데 만물을 두루 비추는 거울의 그 밝음이 유가의 인의와 다르지 않다는 것이다. 보우에게 있어 사단四端과 오상五常은 만물과 만사의 이치로서 어디에서나 두루 있는 것이다.[12] 그렇다면 보우는 성리학에서 말하는 인간의 이理로서 인의예지의 성性을 그대로 인정함인가. 그러나 보우는 복선을 깔고 있다.

우선 보우는 성리학에서 '물고기가 못에서 뛰고 솔개가 하늘을 나는 것'이 '인간이 목마르면 샘물 마시고 배고프면 밥 먹는 것'과 모두 같은 하나의 이치라고 말한다.[13] 즉 성리학에서 물고기가 뛰는 이치, 솔개가 나는 이치, 인간이 어른 공경하고 성현을 높이는 모든 이치가 불가에서 사람이 물마시고 밥 먹는 것과 모두 같은 이치라는 것이다. 이는 유가의 '이일분수理一分殊'와 선가의 '평상심시도平常心是道'가 같은 이치로 말해지고 있음이다. 선종에서 말하는 '말하고 침묵하고 움직이고 고요한 모든 어묵동정'의 동작이 다 그대로 유가에서 말하는

---

12 『韓國佛敎全書』, 앞의 책, 普雨 懶庵雜著, 薦母印經跋, 7-580上-中, "詳原佛之說經之意 只說人之性上之所固有 不會說人之性上之所本無也 盖性之所固有者非他 爲君父則仁與慈 爲臣子則忠與孝也 人之有此性 如鏡之有明性 其四端五典 萬物萬事之理 無所不周"

13 『韓國佛敎全書』, 普雨 虛應堂集 卷上, 7-537下, "魚躍鳶飛問汝何 渴泉飢粟亦非他"

천리天理가 된다. 거듭 말하면 전체의 이理가 개체에 부여되어, 형기에 따라 각기 다른 이理를 갖추는데 특히 인간의 경우에는 '어른을 공경하고 성현을 높이는 인간의 이치'가 선가禪家에서 추구하는 평상심과 다른 것이 아니라는 것이다. 목마르면 물 마시고 배고프면 밥 먹는 것, 장작패고 물 긷고, 차 끓이는 일상의 마음이 이제 인륜의 실천으로 옮겨가는 것이다. 그러므로 보우 스스로도 임금에 대한 충성을 곳곳에서 표현하고 그것이 근본 마음의 작용임을 암시하고 있다.

이 불문에 들어온 뒤로
인간 세계 시비는 모두 잊었노라
오직 변함없는 충성은 있어
임금님 축수하는 향로 위에는 꼬불꼬불 연기 피어오르네.
아침엔 우리 임금 요순같이 되시라고 향불 사르고
저녁엔 우리 신하 부열·이윤 같으라고 등불 밝히네.[14]
충서가 무슨 작용인지 아는가.
공명이란 공허한 것 아니네.
마음도 사상(事相)을 떠난 것이 아니며
도(道)도 본래 시중(時中)에 있다.
정치가 간략하면 뜰에 풀이 한가롭고
관리가 맑으면 대중들이 그 풍조 따른다네.

---

14 『韓國佛敎全書』, 앞의 책, 山居雜咏, 7-534中, "自從入此空門後 忘却人間是與非 惟有忠誠會不革 祝君爐上篆煙飛 朝梵使主齊堯舜 夕點令臣等傅伊"

소공(召公)을 무엇 때문에 족히 부러워하리오.

백성들의 즐거움 마을 구석구석에 가득하네.[15]

또 한편 보우는 "사람이 하늘에서 얻은 것으로서 내게 있어서는 성품이 되지만 그 본체는 신령스럽고 밝아 어둡지 않으며 그 작용은 빛나고 커서 걸림이 없는 것"이라 말한다. 다시 말해서 성품으로서 마음의 본체는 영명불매靈明不昧한 것으로 이러한 신령하고 밝음을 사단으로 보아도 무방하다는 입장이다.

보우는 주자학이 말하는 인간 본성으로서 인의예지의 분수分殊를 일심의 작용으로 놓고 있다. 그러나 원래 주자의 "이는 하나로서 만물에 부여되어 있지만 개체로 나뉨에 따라 다름이 있다."는 이일분수理一分殊의 이일과 분수는 상호 모순될 수밖에 없는 것이었다. 불가에서 만물에 불성이 부여되어 있고 이는 모두 하나로서 같다고 하는 것과 주자의 이일분수는 커다란 차이가 있다. 우주 보편의 이理든 개체에 부여되어 있는 이理든 모두가 하나로서 같다. 그것은 이理가 공성이기 때문이다. 그러나 주자가 말한 분수는 각자의 개체적 기질로 나뉨에 따라 이가 달라진다는 것이다. 개체의 이가 서로 다를 수밖에 없는 것은 불교의 공성空性처럼 각자의 이가 상즉할 수 있는 것이 아니기 때문이다. 그러므로 보우는 분수를 받아들이지 않는다. 보우는 이일理一을 공성으로 놓기에 하늘이 사람 되지 않음이 없음이요, 사람

---

15 『韓國佛敎全書』, 위의 책, 奉次雙城韻, 7-542中, "忠恕知何用 功名不是空 心非離事上 道本在時中 政簡庭閑草 官淸物順風 召公何足羨 民樂滿村窮"

이 하늘 되지 않음도 없다. 단지 객기에 흔들리면 영명불매한 주인공을 잃게 될 뿐이다.[16]

그런데 한 가지 특이한 것은 그 영명불매한 마음을 잃지 않기 위한 수양법으로서 성리학처럼 경敬을 그가 강조하고 있다는 점이다. 보우는 "행주좌와와 일상생활에 시험하되 항상 경을 주로 하고 한 마음(일심)을 깨끗하게(혹은 惺惺하게) 가져서 바깥 유혹으로 말미암아 함정에 빠지지 않게 하면 지혜를 이루어 어둠이 없게 될 것"이라 했다. 그리고 "출입기거, 언동에서도 언제나 재장齋莊, 정일靜一, 계신戒愼, 공구恐懼, 긍업兢業, 전율戰慄을 잃지 않고 항상 영원靈源을 어둡지 않게 하여 사사로운 인욕을 용납하지 않고, 하늘에서 얻은 것을 완전히 하면, 저절로 이 천지 사이의 어디를 가도 걸림이 없다."[17]고 하였다. 성리학에 있어 경敬의 수양 자체가 주일무적主一無適, 상성성常惺惺으로 선가의 정혜定慧와 맥을 대고 있지만 선가의 수행목적이 청정심의

---

16 『韓國佛敎全書』, 앞의 책, 普雨 懶庵雜著, 敬庵銘幷序, 7-580下, "蓋人之所得乎天 而在我爲性者 其體靈明而不昧 其用光大而無累 正如寶鑑之空照 無一毫人僞介乎其間 而其一動一靜一語一默 渾是天理之本然 天未嘗不爲人 人未嘗不爲天也 但爲氣拘物弊 反覆垢汚 則闊大高明底物事 被他隔礙 了或未免 有時而昏 而終至於愚不肖之域 而曾莫之省者何限焉 此所謂一僞客氣之惑 而遂失靈明 常照不空之主人公者也"

17 『韓國佛敎全書』, 앞의 책, 7-580下-581上, "試於行住坐臥日用施爲 常常以敬爲主 而直使一心惺惺 而不爲外誘而陷溺其靈光 則其於致知無昏惑紛擾… 以至出入起居視聽言動之際 皆不失其齋莊靜一 戒愼恐懼 兢業戰慄 而常使靈源不昧 無所容乎人欲之私有 以全乎所得乎天者 則自然明無人非幽無鬼責 浩然天地間 無所往而不自得也"

회복에 있다면 성리학의 수행 목적은 존천리存天理에 있다. 이렇게 볼 때 보우는 천天과 청정심(일심) 양자 모두를 동일시하고 있는 것이다.

이상과 같이 보우의 유·불 결합적 사상에는 성리학의 천리天理와, 사단四端, 경敬의 수양 등 주요 개념들이 끌어져 와 있음을 볼 수 있다. 그러나 분명 보우는 선승이지 성리학자는 아니기에 그의 사상적 기반에는 공성空性의 본체개념이 깔려 있음을 염두에 두어야 한다. 이는 앞에서도 언급한 바 있다.

3. 보우의 「일정론」과 '인즉천'의 인간관

보우는 일찍이 의천·지눌 이래로 계승되어 왔던 선교일치를 주장하였다. 그리고 선사상에 기초하여 화엄적 사유를 통해 유·불을 회통시켰다. 그의 '인간이 곧 우주 전체'라는 인즉천의 사상은 선禪과 화엄론을 근간으로 하여 유가를 결합해 낸 표현이다. 음양陰陽과 사시四時, 세계 존재가 모두 붓다의 몸이다. 화엄적 사유체계에 있어서 본체와 현상은 상즉相卽하기에 유가에서 말하는 음양과 사시도 부처의 몸인 것이다. 그러므로 보우는 "물과 물결이 젖음에 있어서 하나요, 얼음과 눈은 본래 같이 차듯이 도가 어찌 유교와 불교를 나누리요. 사람들이 각기 창과 방패를 세우지요."[18]라고 말한 바 있다.

다시 말해서 보우가 말한 인즉천은 곧 심즉천心卽天으로 불교의 일

---

18 『韓國佛敎全書』, 앞의 책, 普雨 虛應堂集 卷上, 次玉師軸韻幷序.

심과 성리학의 천리天理가 결합된 것이다. 보우는 그의 일정론一正論을 통해 이를 구체적으로 설명해 나가고 있다. 우주의 체용을 나타내는 '일一'과 인간 개체에서 체용을 나타내는 '정正'은 하나(一)이다. '일一'이란 하늘의 이치로 아득하여 아무 조짐이 없으나 만상의 이치를 갖추고 있다. 정正이란 삿되지 않은 순수한 인간 마음을 뜻한다. 이 마음 역시 고요하면서 천지 만물의 이치를 갖추었고 신령하고 어둡지 않아 만물에 응한다. 따라서 우주의 일一과 인간의 정正(마음)은 같은 것이다. 그러므로 일즉정一卽正, 심즉천心卽天, 인즉천人卽天으로서 우주와 인간이 통일된다. 인간의 마음이 천지의 마음이요 사람의 기운이 천지의 기운이 되는 것이다.

> '一'이라는 것은 둘도 아니고 셋도 아니나 성실하여 망령됨이 없는 것을 말한다. 하늘의 이치이다. 그 이치는 깊고 넓어 조짐이 없으면서 만상이 삼연하게 벌려 있어서 물건을 갖추지 아니한 것이 없어, 그 체는 하나뿐으로 본래부터 둘이 되고 셋이 됨이 없다. 그러기에 하나의 기운이 행하면서 봄에는 나고 여름에는 자라나고 가을에는 열매를 맺고 겨울에는 거두어들이고 낮은 밝고 밤은 어두워서 아주 옛날부터 지금에 이르기까지 일찍 한번도 쉬는 오차가 있지 아니하다. 천하의 크고 작고 높고 낮고 날고 잠기는 동물과 식물 및 푸름과 누름과 붉음 휘어짐과 모남과 둥긂, 길고 짧은 것들이 또한 그 하나에서 생겨나서 일찍이 털끝만치의 차이도 없으니 이것이 하늘이 주신 이치로서 항상하고 하나이어서 성실하여 허망함이 없는 이유라고 하겠다.19

보우의 일一이라는 것은 둘도 아니고 셋도 아니라 하면서 우주 보편의 이치가 하나로 관통되는 이일理一을 강조함이다. 이 일一은 하늘의 이치(天理)로서 '진실무망'이요, '천리'요, '충막무짐하면서 만상이 삼연한' 체體이다. 성리학의 천리는 원형이정元亨利貞으로서 이것이 기운을 힘입으면 춘하추동春夏秋冬의 사시四時, 낮·밤, 대·소大·小, 고·저高·低, 동물, 식물, 청·황·적색, 방·원方·圓, 단·장短·長 등등 모든 개별적 이치를 드러내는데 모두 하나에서 나온 이치로서 서로 다른 것이 아니다. 또한 정正은 적연무사寂然無思한 심心으로서 성리학에서 말한 모든 만물의 이치天理를 구비하고 있다.

> 正이란 치우치지 않고 사특하지 않아서 순수하여 섞임이 없는 것을 이르는 것으로 사람의 마음이다. 그 마음은 고요하여서 사념이 없다. 그러면서 하늘과 땅과 만물의 이치를 가지고 있지 않음이 없어서 신령스러워 어둡지 아니하고 하늘과 땅과 만물의 일을 응하지 아니함이 없어서 일찍 한 생각도 사사로워서 치우치고 사특함이 있지 아니하다. 그러기에 하나의 성품이 발하면 측은한 마음과 수오하는 마음과 사양하는 마음과 옳고 그름을 따지는 마음으로부터 기뻐하고 성내고 슬퍼하고 즐거워하는 것의 온갖 일에 따라 응하는 것이 마치 거울이 물건을 비추듯 하여서 일찍 한

---

19 『韓國佛敎全書』, 앞의 책, 懶庵雜著, 一正, 7-581中, "一者 非二非三而誠實無妄之謂也 天之理也. 其理冲漠無朕而萬象森然 無物不具 然其爲體則一而已矣 未始有物以二之三之也 是以一氣之行 春生夏長 秋實冬藏 晝明夜暗 亘古亘今 未嘗有一息之謬 天下之洪纖高下 飛潛動植 靑黃赤白 方圓脩短 亦莫不各得其一以生 而未嘗有一毫之差 此天理之所以爲常一而誠實無妄者也"

> 가지의 일도 그릇됨이 없으니 이것은 사람의 마음이 본래 바르고 순수하여서 섞임이 없는 이유이다.[20]

보우는 모든 존재의 본체를 일一이라 하여 진실무망으로 설명했듯이 개체인 인간 마음 역시 '일一'과 다르지 않는 순수무잡한 인간 이치를 말하고 있다. 이 마음은 천지만물의 이치를 구비하고 있고, 고요하고 사념이 없으며(寂然無思), 신령하면서 어둡지 않다(靈然不昧). 그러므로 정正은 곧 인심으로 천지만물의 일에 응하여 치우치거나 삿됨이 없는 순수무잡이다. 원래 성리학에서는 성性을 순수무잡한 것으로 보았지 심心을 그렇게 본 것은 아니었다. 심은 성性과 정情을 통괄하는 것이므로 성즉리性卽理이지 심즉리心卽理가 아닌 것이다. 그러나 보우는 성리학의 용어를 따와 마음을 불교적 사유로 풀고 있는 것이다. 기운이 행하여 사시와 낮밤 등 갖가지 모습을 낳는 것이 일一에서 생겨났듯이, 성품이 발하여 사단과 칠정의 온갖 마음을 내는 것 역시 한 가지 이치라 한다. 즉 사람의 마음이 만물의 이치를 구비하고 있고 본래 바르고(正) 순수무잡하기 때문에 성이 발하여 생기는 사단과 칠정 역시 그러하다는 것이다. 여기서 특히 유심히 살펴볼 것은 성리학에 있어 본연지성인 측은, 사양, 시비, 수오의 사단과 기질지성인

---

20 앞의 책, 7-581中, "正者 不偏不邪而純粹無雜之謂也 人之心也 其心寂然無思. 而天地萬物之理 無所不該 靈然不昧 而天地萬物之事 無所不應 而未曾有一念之事以偏之邪之也 是故一性之發惻隱羞惡辭讓是非 以至喜怒哀樂 隨應萬事 如鏡照物 而未曾有一事之錫 此人心之所以爲本正而純粹無雜者也"

칠정(희·노·애·락·애·오·구의 일곱 감정)이 구분되지 않고 똑같이 순수무잡한 인간의 마음 작용으로 포함되고 있다는 점이다. 원래 성리학에 있어 사단四端은 순수무잡함이지만 칠정七情은 삿되고 치우치기 쉬운 것이다. 그러나 보우에게 있어서는 이 모두가 성품의 발함으로서, 하나의 올바른 작용일 뿐이다.[21]

> 理라 말하고 心이라 말하는 것이 비록 이름과 말의 다름은 있지마는 그 하늘과 사람의 이치가 일정이라는 뜻은 다름이 없다. 그러기에 하늘이 곧 사람이요, 사람이 곧 하늘이니 일一은 곧 정正이요 정正이면 곧 하나이어서 사람의 체가 곧 하늘과 땅의 기운이다.[22]

그러므로 보우는 이理라고 하고 심心이라고 하여 말의 다름이 있지만 하늘과 사람의 이치가 곧 일정一正의 이치라 말한다. 하늘이 사람

---

21 성리학자들과 보우의 사칠론(四七論)을 비교해 보면, 보우에게 있어 사단과 칠정은 모두 性이 발한 것으로 순수무잡하고, 주자에게 있어서 사단은 성에서 발한 것, 칠정은 형기(혹은 찌꺼기)에서 발한 것이다. 또한 퇴계의 경우는 성이 발한 것은 사단이요 기가 발한 것은 칠정이다. 그리고 고봉과 율곡의 입장은 이기묘합 속에서 기가 발한 것이 사단·칠정이다. 즉 여기서 사단은 칠정에 포함되는 것으로 사단, 칠정 모두가 기발의 정이다. 단지 사단과 칠정을 구분하는 것은 발한 상태에서 과불급의 차이와 절도에 따른 것일 뿐이다.

22 『韓國佛敎全書』, 앞의 책, 7-581中-下, "曰理曰心 雖有名言之有殊 其天人之理 一正之義 則未嘗有異 故天卽人人卽天 一卽正正卽一 而人之體卽天地之體 人之心卽天地之心 人之氣卽天地之氣也"

이요 사람이 하늘이며, 일이 정이요 정이 일이다. 인간의 체와 천지의 체는 다르지 않기에 인간 마음은 곧 천지의 마음이요 인간의 기운은 천지의 기운이 된다.

이제 보우는 일정론의 결론을 맺는다. "천지의 아름다운 구름과 빛나는 별과 시원한 바람과 밝은 달이 모두 사람의 마음과 사람의 기氣에서 나오지 않음이 없다. 이를 일러 하늘과 땅과 만물이 본래 나와 일체라고 하는 것이다. 그러기에 나의 마음이 바르면 하늘과 땅의 마음이 또한 바른 것이요, 나의 기가 순하면 하늘과 땅의 기가 또한 순해진다."[23] 여기서 짚고 넘어가야 할 것은 왜 "별과 바람이 인간의 마음과 기氣에서 나오고, 따라서 나의 마음이 바르면 천지가 바르고, 나의 기가 순하면 천지의 기가 왜 순해진다고 하느냐?"는 것이다. 이는 다시 불교의 세계관으로 돌아가지 않고는 이해할 수 없다. 진리는 오늘날 현상학자들이 말하는 것처럼 주객일치의 인간 실존에서 드러난다. 불교에서는 일찍이 보이는 것과 보는 나가 둘이 아님을 말해왔고, 따라서 마음은 곧 세계이다. 마음이 씻기는 만큼 세계 또한 청정하다.

또한 보우는 항상 행주좌와 가운데 그 옳음을 생각하여 반드시 한 마음을 바르게 하고(一心恒正) 사물을 대할 때에 완전한 본성에서 그 정情을 내면 성인 시대의 태평을 누릴 수가 있다고 말하는데, 행주좌와의 삼매수행

---

23 앞의 책, 7-581下, "天地之慶雲景星光風霽月 莫非人心人氣之所出興也 是所謂天地萬物 本吾一體 吾之心正則天地之心亦正 吾之氣順則天地之氣亦順者也 一正之意 豈偶然哉"

이 결국 사회적 태평성대를 지향하는 유가적 맥락 위에 놓인다. 이 역시 유가와의 만남 속에서 변화된 사유라 할 것이다.

> 바라노니 우리 귀인은 언제나 걷거나 머물거나 앉거나 눕는 가운데 돌아보고 그 義를 생각하여 반드시 한 마음을 항상 바르게 하고(一心恒正) 여러 가지 욕심이 사물과 접촉하는 곳에서도 섞이지 않게 하여 사물을 대할 때에 완전한 본성에서 그 情을 내면, 물리치지 않아도 화는 저절로 없어지며 빌지 않아도 그 복은 저절로 원만해진다. 가히 그 수명을 보존할 수 있고 능히 자손을 기를 수가 있었으며 영원토록 높은 하늘에게서 복을 받고 聖人 시대의 태평을 누릴 수가 있었던 것이다.[24]

4. 보우의 '인즉천'과 동학의 '인내천'

1) 조선 후기 유불 회통적 사유

보우는 일찍이 자신의 운명을 예감했듯이 문정왕후가 죽자 처참하게 죽임을 당한다. 그러나 그가 이루어 놓은 불교 중흥과 유불 회통

---

24 앞의 책, 7-581下, "惟我貴人 常於十二時中 行住坐臥之除 顧號思義 須使一心恒正 而不以衆欲雜之於應物之處 以渾性發之情 則自然禍不禳而禍無不滅 福不禱而福無不圓而可以能保其壽命 可以能養子孫 而永享位祿於天長聖代之太平矣"

의 사상은 조선 후기, 특히 구한말 동학의 사유 흐름에 선구적 전통이 되었음을 주목하지 않을 수 없다.

18세기에는 실학자들의 성리학 비판과 새로운 학풍이 조성됨에 따라 불교의 긍정적인 측면이 부각되어 불교가 성리학자들에게 공감을 주는 사상적 분위기를 맞게 된다. 홍대용은 시강원에서 세손 시절의 정조와 '주자를 비롯한 고명한 사람들이 불도佛道의 영향을 받은 것'에 대하여 토론한 적이 있고, 이 토론으로 정조는 불경에 대해서도 관심을 표시하며 승려들의 불서를 준봉하는 것에 대하여 높이 평가한 바 있다.[25] 또한 남인의 영수인 채제공은 유교와 불교가 일찍이 같지 않음이 없다는 말로써 그 자신의 불교관을 보여주고 있고 정조의 불교에 대한 견해를 뒷받침해 주고 있다.[26] 김정희는 백파에게 주는 편지 중에서 유교와 불교가 상충하는 것이 아님을 말한 바 있다. 즉 "우리 유가 성인이 세간의 법을 절실하게 말하면서 명命과 인仁을 드물게 말한 것은 출세간의 법을 말하지 않은 것이 아니라 범우凡愚들이 공견空見에 집착할까 염려한 때문이요, 불가는 출세간법을 절실하게 말하면서 시是와 비非를 드물게 말한 것은 세간의 법을 버린 것이 아니라 범우들이 유견有見에 집착할까 염려한 것이다. 때문에 유가의 성인聖人과 붓다의 은밀한 뜻은 범부의 지식으로 추측하거나 구필로서 보여줄 수 있는 바가 아니요, 오직 증證해야만 알게 된다."[27]고 하였

---

25 『담헌서』, 내집 권2, 규방일기, 을미년 8월 26일.

26 『번암선생집』, 권57, 碑.(김준혁, 조선후기 정조의 불교인식과 정책, 『中央史論』12·13, 중앙사학연구회, 1999, 41, 44쪽, 재인용).

다. 김정희의 이러한 유불 회통적인 입장은 보우의 유불 회통을 연상케 한다.

보우의 유불 회통적 인즉천 사상이 가장 유사하게 재현되는 것은 동학사상에서일 것이다. 19세기 후반 수운은 삼교합일의 회통적 사유를 내걸면서 보우와 유사한 사유구조로 시천주를 풀어나가고 있다. 음양과 사시四時가 곧 귀신이고 이 귀신은 곧 한울님(天)이며 인간 마음이다. 음양, 귀신, 한울님(天), 마음(心) 등이 상즉할 수 있는 것은 보우에게서도 나타났듯이 공성空性을 바탕으로 가능한 것이다.

보우가 일정론에서 언급한 바와 같이 수운 역시 성리학에서 말하는 천리의 운행이 모두 한울님의 조화와 자취임을 『동경대전』 서두에서 말한다. 해와 달, 별, 하늘, 땅이 운행하는 변함없는 질서가 한울님의 조화요, 비와 이슬을 내려주시는 자는 한울님인데 사람들이 그 은혜를 모른다고 말한다. 수운의 한울님에는 음양법칙적 천리를 인정하면서도 인간이 공경해야 할 천명을 내리는 주재적 천이 공존함을 볼 수 있다. 이는 유가천儒家天의 자연법칙적 천과 인격적 천의 흐름이 공존함이다. 이를 보우와 비교해 볼 때 보우는 인격적 유가의 상제천上帝天보다 주역의 자연법칙적 천天에 기초하여 일정론을 폈다고 말할 수 있다.

---

27 『완당선생전집』, 권7, 잡저, 서시백파.(조성산, 19세기 전반 노론계 불교인식의 정치적 성격, 『한국사상사학』13, 한국사상사학회, 1999, 324쪽, 재인용).

> 대저 아득한 옛날부터 봄과 가을이 어김없이 갈마들고 네 계절이 변함없이 제 때를 만났다가 사라져 간다. 이 역시 한울님 조화의 자취가 천하에 뚜렷하다는 본보기이다. … 이 근래에는 온 세상 사람들이 저마다 마음대로 하여 천리에 따르지 않고 천명을 돌아보지 않는다. 그리고 마음이 늘 두려움에 싸여 나아갈 바를 모른다.[28]

> 저 역괘가 나타내는 '길이 변치 않는 이법'을 살피고 하·은·주 3대에 한울님을 공경하던 이치를 자세히 음미하여 본다. 이제야 비로소 옛 선비들이 天命에 따르고 있었음을 알게 되고 후학들이 한울님을 위하는 일을 까맣게 잊고 있음을 슬퍼하게 되었다. 내가 받은 도를 잘 닦고 익혀 보니 자연의 이치 아님이 없다. 공자의 도를 깨달은즉 한 이치로 정한 바 되어 있다. 오직 나의 도를 논하면 공자의 도와 크게는 같으나 약간의 다름이 있다.[29]

수운은 주역의 '길이 변치 않는 이법'과 '삼대三代에 한울님을 섬기던 이치'를 살피면서 옛 선비들이 모두 이를 따르고 있었음을 밝힌다. 하·은·주 3대에 한울님을 공경하던 이유가 모두 그 이치에 따르고

---

28 『동경대전』, 포덕문, "盖自上古以來 春秋迭代 四時盛衰 不遷不易 是易天主造化之迹 昭然于天下也 … 又此挽近以來 一世之人 各自爲心 不順天理 不顧天命 心常悚然 莫知所向矣"

29 『동경대전』, 수덕문, "察其易卦大定之數 審誦三代敬天之理 於是乎惟知先儒之從命 自歎後學之忘却 修而煉之 莫非自然 覺來夫子之道 則一理之所定也 論其惟我之道則大同而小異也"

자 함이었는데 후대 사람들이 이를 까맣게 잊고 있다고 슬퍼한다. 그리고 수운은 한울님을 공경함으로 수련을 하니 이는 곧 자연의 이치와 합하는 것이라 하여 원시유학의 천명·상제천과 성리학의 천리를 같은 연맥상에 놓는다. 원형이정元亨利貞을 천도로 하는 자연의 이법理法적 천天과 천명을 따르고자 한 주재적 천의 유가적 흐름이 모두 수용되고 있는 것이다. 다시 말해 보우는 주역적 천의 전통을 중시한 성리학의 자연법칙적 천을 불교와 결합시켰다면, 동학은 이에 더하여 인격적 천으로서 상제의 주재천도 수용하고 있음이다. 이것은 유불결합에 있어서 보우와 동학의 차이점을 보이는 것이기도 하다. 또한 동학은 성誠·경敬·신信의 수심정기守心正氣를 제시하여 인의예지의 계급 질서적 이理를 극복하였고, 특히 해월은 한울님 공경으로서 경천敬天·경인敬人·경물敬物[30]의 삼경三敬을 주장했다. 이는 보우가 수용했던 성리학적 경 공부의 내용과 달리하는 것으로 이 역시 차이점이 될 것이다.

2) 심즉천: 천지의 이치를 구비한 인간의 마음

수운은 봄과 가을이 갈아드는 사시四時의 성쇠가 모두 한울의 조화라 말한다.[31] 앞에서 살펴본 보우의 일정론에서도 '봄에는 나고 여름에는 자라나고 가을에는 열매 맺고 겨울에 거두어들이는 사시'와 동

---

30 『해월신사법설』, 三敬

31 『동경대전』, 포덕문, 앞의 글

물과 식물 및 만물의 모습이 모두 한 기운이 움직여 나오는 하늘의 이치로 말해졌다. 이러한 천리를 구비한 것이 순수무잡한 사람의 마음으로 보우는 심즉천·인즉천을 끌어내었는데 수운 역시 '마음이란 것은 내게 있는 본연의 한울이니 천지만물이 본래 한 마음'[32]이라 하여 심즉천·인내천을 말하고 있다. 즉 인간의 마음이 천리를 구비한 것으로 곧 천지만물·우주 전체인 것이다.

의암도 "사람은 만물 가운데 가장 신령한 자로 만물의 이치를 모두 한 몸에 갖춘 자"라 말한다.[33] 한울의 조화는 만물로 표현되고 그 만물의 정신이 곧 인간을 통해 최고로 표현된 것이다. 그러므로 "사람이 바로 한울이요 한울이 바로 사람이니 사람 밖에 한울이 없고 한울 밖에 사람이 없다. 마음은 한울에 있고 한울은 마음에 있다. 따라서 마음이 곧 한울이요 한울이 곧 마음이다. 한울과 마음은 본래 둘이 아닌 것"[34]이다.

또한 수운은 "마음은 본래 비어서 물건에 응하여도 자취가 없다(心兮本虛 應物無迹)"[35]고 하였다. 해월은 이를 해석하여 "허虛가 능히 기

---

32 『해월신사법설』, 靈符呪文, "心者在我之本然天也 天地萬物 本來一心"

33 『의암성사법설』, 性靈出世說, "人是萬物 中最靈者 萬機萬相之理 總俱體者也 人之性靈 是大宇宙靈性 純然稟賦同時 萬古億兆之靈性 以唯一系統 爲此世之社會的精神也"

34 『해월신사법설』, 天地人·鬼神·陰陽, "人是天, 天是人, 人外無天, 天外無人 心在何方 在於天 天在何方 在於心 故心卽天 天卽心 心外無天 天外無心 天與心本無二物"

35 『동경대전』, 歎道儒心急

운을 낳고, 무無가 능히 이치를 낳는 것"이라 하였는데,[36] 이는 마치 그릇이 비었으므로 능히 만물을 받아들일 수 있고, 천지가 비었으므로 능히 만물을 용납할 수 있듯이, 무無의 힘이 변화를 가능케 하고 모든 만물을 구비케 한다. 마음이 비었으므로 능히 모든 이치를 통할 수 있다는 것이다.[37] 보우가 적멸의 도를 체體로 하고 유가의 인륜을 용用으로 놓았던 것처럼 수운도 불가적 본체개념인 허와 무를 그의 사상적 바탕에 깔고 있는 것이다. 따라서 보우가 '목마르면 물 마시고 배고프면 밥 먹는 일상이 모두 천리'라 한 것과 같이 수운 역시 "천리야 모를소냐 사람의 수족동정 이는 역시 귀신이오 선악간 마음 용사 이는 역시 기운이오 말하고 웃는 것 이는 역시 조화로세"[38]라 말한다. 인간의 '행주좌와行住坐臥'와 '어묵동정語默動靜'이 어느 것이나 천지·귀신·조화의 자취 아님이 없다.[39] 그러므로 "내 마음을 깨달으면 상제가 곧 내 마음이요 천지도 내 마음이며 삼라만상이 다 내 마음의 한 물건"[40]이라 한다.

그러므로 보우가 말한 '천지만물天地萬物 본오일체本吾一體'와 동학의 '동귀일체同歸一體'는 그 맥락을 같이 하고 있다. 앞에서 보우는 "천지만물이 본래 나와 일체이기에 나의 마음이 바르면 하늘과 땅의

---

36 『해월신사법설』, 虛와 實, "虛能生氣 無能生理"

37 『해월신사법설』, 위의 책.

38 『용담유사』, 도덕가.

39 『해월신사법설』, 도결, "行住坐臥 語默動靜 何莫非天地鬼神造化之迹"

40 『의암성사법설』, 無體法經, "我心覺之 上帝卽我心 天地我心 森羅萬象 皆我心之一物也"

마음이 또한 바른 것이요, 나의 기가 순하면 하늘과 땅의 기가 또한 순해진다."[41]고 하였다. 해월 역시 "내가 바로 한울이요 한울이 바로 나니, 나와 한울은 일체이다. … 그러나 기운이 바르지 못하고 마음이 옮기므로 그 천명天命을 어기고, 기운이 바르고 마음이 정해져 있으면 그 덕에 합하니, 도를 이루고 이루지 못하는 것은 전부 기운과 마음이 바르지 못한 데 있다."[42]고 했다. 그러므로 일찍이 수운은 "마음을 오직 바르게 해야만 은은한 총명이 자연히 신선스럽게 나오고 모든 일이 한 이치에 돌아가게 된다."[43]고 하였다.

> 사람이 능히 그 마음의 근원을 맑게 하고 그 기운바다를 깨끗이 하면 만진이 더럽히지 않고 욕념이 생기지 아니하면 천지의 정신이 전부 한 몸 안에 돌아오는 것이다.[44]

그리고 수운은 불교적 개념에서 한 걸음 더 나아가 "한울(天)의 조화로서 화해 난 백천 만물 가운데 오직 사람이 가장 신령하다."[45] 고

---

41 『허응당집』, 懶庵雜著, 一正, "是所謂天地萬物 本吾一體 吾之心正則天地之心亦正 吾之氣順則天地之氣亦順者也"

42 『해월신사법설』, 修道法, "我是天 天是我也 我與天都是一體也 然而氣不正而心有移故 違其命 氣有正而心有定故 合其德 道之成不成 都在於氣心之正如何矣"

43 『동경대전』, 歎道儒心急, "惟在正心 隱隱聰明 仙出自然 來頭百事 同歸一理"

44 『해월신사법설』, 守心正氣, "人能淸其心源 淨其氣海 萬塵不汚 慾念不生 天地精神 總歸一身之中"

하여 인내천의 의미를 구체화한다.

> 천지음양 시판 후에 백천만물 화해나서
> 지우자(至愚者) 금수요 최령자 사람이라
> 전해 오는 세상말이 천의인심(天意人心) 같다 하고…[46]

보우에게 있어서나 동학에 있어서 인간의 마음은 세계이다. 흔히 세계와 마음을 분리시키고 전체와 개체, 주관과 객관을 대립시켜 분리된 허상에 고착하여 끊임없는 망상을 지어내지만 인간 개체를 전체 중심에 놓고 양자를 동시적으로 사고하고 합치시켜 나간다면 보우가 말한 태평성대가 열리고 동학에서 말하는 지상천국을 건설할 수 있다. 그리고 동학에는 후천개벽의 인간 주체성이 보우보다 강하게 설정되고 있다.

4. 맺는 말: '심즉천'의 사상적 의의

허응당 보우는 유불 결합의 사유를 전개하기에 앞서 허무적멸로 흐른 불교를 비판하고, 아울러 유교의 규범적 고착화가 낳는 폐단을 지적하여 공성空性의 체와 현세적 작용이 둘이 아닌 체용 일치의 입

---

45 『동경대전』, 논학문, "陰陽相均 雖百千萬物 化出於其中 獨惟人 最靈者也"
46 『용담유사』, 도덕가

장을 주장했다. 보우가 갖는 유불 결합의 사상적 의의는 불가의 본체인 심心과 유가의 본체인 천리를 결합시켜 인간이 천지의 이치를 갖춘 세계 전체임을 제시한 데에서 찾을 수 있다. 보우와 동학의 유불 결합적 사상은 첫째, 불가와 유가의 폐단을 인식하여 양자를 비판하고 체용 일치를 강조하여 이를 바탕으로 유·불을 회통한 사유라는 점이다. 불가의 허무적멸과 유가의 절대규범성, 어느 한편에 치우치는 것을 지양하고 불가의 근본 교의인 공성은 보존시키면서도 유가의 인륜人倫을 긍정하여 이것이 평상심의 도와 다르지 않음을 주장했다. 이는 결국 체용 일치의 사유로서 현실 세계 자체를 긍정함이다.

둘째, 인간을 천지의 이치를 두루 갖춘 천지동오天地同吾, 동귀일체자同歸一體者로서 내 마음과 내 기운이 바르면 천지의 기운과 천지의 마음이 바르다는 주객일치, 개전個全 일치의 사유를 펼쳤다는 점이다. 즉 천지만물을 떠나서 진리를 구하지 않고 인간 마음 자체가 우주 전체임을 말하여 주관과 객관을 통일시켰다. 이러한 유불 결합의 사상은 "삼라만상이 모두 자기 자신이고, 하나의 이치로 꿰뚫린 천상의 차별 그 묘한 경지 홀연히 밝네."[47]라고 했던 것처럼 우주 만물과 나는 하나이고 모든 이치를 갖추었기에 차이가 없게 된다. 그러므로 만약 견성하고자 한다면 "만물을 모두 하나의 자기 몸이라 비추어보라."[48]고 말한다. 물론 이는 화엄 철학에서도 우주 법신을 이루는 비

---

47 『韓國佛敎全書』, 앞의 책, 普雨 虛應堂集 卷上, 7-534上, "一貫千殊妙忽明 萬象森羅都自己"

48 『韓國佛敎全書』, 앞의 책, 普雨 虛應堂集 卷下, 7-569上, "若要見性登三

로자나불로 제시된 바 있지만 유가적 이치로 표현된다는 점에서 새로운 것이라 할 수 있다.

또한 불가에서 인간의 일심一心을 가리켜 공적영지空寂靈知라 하고 불성佛性이라 하던 것을 보우와 동학은 이제 천(天, 우주전체)이라고 부르는 것이다. 일심을 불성, 공적영지라 하던 것을 '천天'이라고 불렀을 때 이는 추상적이지 않고 보다 구체적인 천지만물 속에서 진리의 현현을 드러내게 된다. 이는 한국불교사에 있어서도 중요한 의의를 지닌다. 자칫 허무적멸虛無寂滅로 돌아가기 쉬운 선가禪家의 폐단을 극복하는 장치가 되고, 유가가 중요시하는 구체적인 인륜과 일상에 깨달음 자체를 놓음은 궁극적으로 태평성대의 현세 갈망과 인간 주체적 역할이 강하게 자리 잡게 됨을 의미한다.

셋째로, 보우와 동학의 유불 결합의 사상은 조선 후기 특히 구한말 동학의 사유 흐름에 선구적 전례가 되었다는 점에 사상적 의의가 크다. 보우의 유불 결합은 선과 화엄을 바탕으로 유가의 자연법칙적 천天이 비중 있게 수용되었다고 한다면 동학은 유가의 자연법칙적 천리뿐만 아니라 인격적 상제천으로서 천명을 결합시킨 것에 보우와는 또 다른 특징이 있다. 또한 동학은 인내천, 심즉천뿐만 아니라 인간을 최령자最靈者라 하여 사인여천事人如天, 이천식천以天食天 등으로 인즉천 사상을 내용적으로 더 풍부하게 발전시키고 있고, 수행에 있어서도 인의예지가 아닌 삼경三敬의 사상을 말하여 주자학의 계급 질서를 극복하는 등 보다 다양한 내용을 설명하고 있다. 그러나 동학의 인내천

地 萬物都將一己觀"

사상은 보우의 인즉천 사상으로부터 접근될 때 그 유불 결합의 맥락이 이해될 수 있음은 분명하다.

끝으로 불교가 고정된 진리를 거부하고 통치 규범을 설정하지 않았던 것에 비판을 받아 왔지만 보우나 동학의 유불 회통 사상은 유가적 인륜을 수용하여 시중時中에 따르는 상대적 규범을 설정했다는 데 그 의의 또한 크다. 이는 성리학이 지니는 한계로서 이장理障이 갖는 진리의 고착성에서 오는 폐해를 극복하고, 끊임없는 생성·변화의 불교적 세계관을 살려나가 다양한 준거에 따른 주체적 실천을 갖게 하는 의미가 있다.

제3장 동학 의례와 '수심정기'의 유·불·도 삼교적 이해

1. 머리말

일반적으로 동학은 민족 전통의 사상이자 유·불·도 삼교합일의 변혁사상으로 인식되고 있다. 불교가 말하는 공성空性의 동체자비적[大我] 인간상이 '사람이 하늘(인즉천)'이라는 표현 속에서 새롭게 제시되고 도가의 '무위자연'과 유가의 천天사상이 결합된 것이 동학의 한울이라 할 것이다. 여기에는 주재적 천天이 강조되므로 인간 자신이 자기 한울을 깨달아 한울과 합하기만 하면 세계를 기르는 주체가 됨을 말하게 된다. 동학의 의례와 수심정기의 수행은 이러한 인내천 사상을 바탕으로 인간이 한울님임을 자각하고 한울되기 위해서 어떻게 할 것인가에 대한 방법적 형식을 제시한 것이라 할 것이다. 수운은 수행 방법으로 성리학의 인의예지가 아닌 수심정기의 성경신을 제시하였는데 이는 점차 동학의 오관 의례로 체계화된다. 의례와 수심정기 수행 역시 유·불적 전통을 결합하여 제시된 새로운 실천 방법이라 할 것이다.

본 장은 주문, 청수, 심고, 시일, 성미 등 오관 의례 가운데 앞의 세

가지에 초점 두어 수심정기에 바탕한 동학 의례의 성격을 유·불적 접근에서 고찰하고자 한다. 이를 위한 분석 자료는 동학 경전 및 1910년대 『천도교회월보』[1]에 나타난 의례 관계 문건을 검토하여 동학·천도교 의례에 대한 인식과 이해를 분석하였다. 이를 통해 그 당시 천도교인들의 인식이 유불도 삼교적 성향과 담론 속에서 인식·표현되고 있음을 새삼 확인하게 된다.

2. 동학 의례의 성립과 오관 의식

대부분의 종교 의례가 그러하듯이 동학의 의례 역시 동학이 담고 있는 진리에 도달하기 위해 그 방법적 수행을 담아낸 것이라 할 수 있다. 동학·천도교의 기본 의례는 오관五款이라 할 수 있는데 이는 의암 손병희에 의해 정비된 것이다.[2] 동학의 오관은 주문, 청수, 시일,

---

1 『천도교회월보』는 천도교 기관지로 조선이 한입합방을 당하기 보름 전인 1910년 8월15일에 창간호를 냈다. 망국 직후 모든 정치결사는 해산되었으나 종교결사인 천도교는 명맥을 유지할 수 있었다. 갈 곳을 잃은 지식인과 민중들이 속속 천도교로 집결했다.(김정인, 「1910년대 『天道教會月報』를 통해서 본 민중의 삶」, 『한국문화』제30호(서울대학교한국문화연구소, 2002,12) 309~311쪽)

2 동학 초기에 입도절차와 告天, 주문 등 수행 절차가 정해졌고 1884년 대신사 탄신일에 제의규범을 정하여 실행하였다. 그 후 각종 기념 행사와 향아설위의 제례 등이 추가되었고, 1900년에 입도문, 1906년에는 입교문이 있었고 1911년에 오관제도가 제정되었다.(천도교중앙총부, 『천도교의절』, (서

성미, 기도(심고)를 이르는 것으로 교인들이 마땅히 지켜야 할 다섯 가지 정성을 뜻한다. 주문 정성은 한울과 스승의 감응을 받을 수 있도록 항상 생각함, 청수 정성은 매일 오후 9시 가정에서 받들 것, 성미는 식구수대로 밥쌀에서 한 술씩 뜰 것, 시일에는 교당이나 전교실의 성화회聖化會에 참례하여 설교를 듣고 교리를 공부할 것, 특별기도시에는 절차에 따라 지성으로 축원할 것 등으로 되어 있다. 그 후 1918년 1월에 다시 개정되어 시행 방법이 구체적으로 명시되었다. 특히 주문은 '시천주 조화정 영세불망 만사지'를 무시로 외울 것과 기도는 매시일侍日(日曜日) 하오 9시에 청수와 5홉 정미를 받들고 가족 일동이 모여 기도식을 거행하고 21자 주문 다섯 번을 묵송할 것 등으로 되어 있다. 다음의 천도교의 오관 노래에는 그 의미가 개괄적으로 소개되어 있다.

> 무엇으로 수도하뇨 오관밧게 다시업네
> 한울마음 딕힐나면 청슈모셔 공경하소
> 한울은공 잇지말아 셩미써서 보답ᄒᆞ며
> 한우님게 싸인슈복 긔도ᄒᆞ야 구ᄒᆡ보세 …
> 유식무식 물논하고 심송으로 하난공부
> 주문소ᄅᆡ 털디하면 만ᄆᆡ소멸 졀노되네 …
> 주문소ᄅᆡ 털텬ᄒᆞ면 한우님이 깁버하고
> 텬디음양 조화지리 만사만법 열석ᄌᆞ를

울: 천도교중앙총부, 2000) 4쪽)

념념불망 외와너여 한울문에 어셔가소
념텬념사 경셩공경 극진심고 하온후에
씌쓸마음 시처너고 흐린졍신 말켜너여
청슈모신 그ᄌ리는 마음담난 글읏일세
졍탑상에 모셔노코 촉불발켜 분향하고
노소가족 한ᄌ리에 한잔두잔 논아마셔
내게잇는 한울마음 물과갓치 하여보세…3

마음으로 외는 주문은 그 공부를 정성스럽게 하여 모든 혼매함을 소멸하고 심고는 티끌 마음 씻어내어 정신을 맑게 한다. 청수는 마음 담는 그릇으로 나의 한울 마음을 물과 같이 하라는 것이다. 다시 말해 송주와 심고는 한울을 위하고자 티끌마음 씻어내어 마음을 맑게 하고자 함이요 청수 의식은 한울마음을 지켜 하나가 되기 위함이다.

1) 주문

기존의 연구에서는 동학의 주문을 주술적인 것으로 보거나 민간신앙의 영향을 받은 것으로서 해석하는 경향이 많았다. 주문은 한울님을 위하는 방법으로 제시된 것으로 21자의 의미를 담아낸 감응의 기제라 할 것이다. 이는 수운 최제우가 강화降話로써 제정한 것이고 원래는 선생주문先生呪文과 초학주문初學呪文, 그리고 삼칠자주문三七字呪

3 元明濬, 「오관노릐」, 『천도교회월보』 제71호, 1916.6.15.

文이 있었다. 선생주문은 '지기금지사월래至氣今至四月來 시천주영아장생侍天主令我長生 무궁무궁만사지無窮無窮萬事知'로 수운이 외우던 주문이고, 초학주문은 '위천주고아정爲天主顧我情 영세불망만사의永世不忘萬事宜'로 신입교인이 입도식을 할 때와 그 후 일정 기간 외우는 주문이다. 이 초학주문은 해월 시대에도 독송하였다. 삼칠자주문은 강령주문인 '지기금지至氣今至 원위대강願爲大降'과 본주문인 '시천주조화정侍天主造化定 영세불망만사지永世不忘萬事知'의 21자로 되어 있는데 교인들이 수련할 때나 일상생활을 하면서 수시로 외우는 주문이다. 의암 이후는 삼칠자주문을 위주로 독송케 하였다. 그러나 특별기도 기간에는 특정한 주문을 제정하여 송주토록 하였는데 종령 63호로 1907년 3월부터 3개월간 시행한 치성의식致誠儀式에는 '시천주각아장생侍天主覺我長生 무궁무궁만사지無窮無窮萬事知'라는 치성주문을 독송케 하였다.

주문은 염주4를 쥐고 21자를 외우는 것인데, 이는 한울님을 찾는 소리요, 한울님의 마음과 기운을 합하는 '감화'와 '만물화생의 근본'으로 인식되고 있음을 알 수 있다. 다음의 글은 그 당시 천도교인의 이러한 주문 의식에 대한 기본 입장을 알 수 있는 대표적인 글이다.

---

4 천도교인들은 수련할 때 항상 염주를 드는데 염주에는 21주와 105주가 있다. 수련할 때는 반드시 염주를 들어야 하며 저녁 9시 기도식과 새벽기도식 등 기도식과 모든 의식에 집례자와 참례인 모두 염주를 손에 들고 엄숙한 자세로 봉행한다. 염주는 수도생활에서 없어서는 안 되는 예품이다. 이 역시 불교적 유습이라 할 것이다.

> 주문은 한울님을 위하난 글이라 우리 한울님을 모신쟈ㅣ 되고셔야 엇지외이며 ᄉᆡᆼ각지 아니하리오 외일지라도 쎳쎳이 외일 것이오 ᄉᆡᆼ각하여도 항상 ᄉᆡᆼ각할 것이라 이것이 한울님을 찻는 소ᄅᆡ오 이것이 나된 근본을 알고져 하난 ᄉᆡᆼ각이니 잠시라도 이즈면 한울님을 져바리난 것이오 내가 나를 이져버리난 것인즉 날마다 ᄊᆡᄊᆡ로 ᄉᆡᆼ각하고 외일지어다 평상 ᄊᆡ에도 그러하거니와 마암이 불평할 ᄊᆡ에 뎨일필요한 것이 이 주문을 외이고 단정이 안자스면 자연히 마암이 화하고 긔운이 화하야 불평한 ᄉᆡᆼ각이 사라지난지라 이것을 두고 보더라도 이 주문이 감화가 잇난가 업난가 우리 인ᄉᆡᆼ에 필요한가 아니한가 가히 알 것이라 그러하고 주문은 만물화ᄉᆡᆼ의 근본이라 하엿으니 사람되고야 엇지 이것을 알고져 아니하리오.[5]

다시 말해 주문은 한울님을 찾고 한울님을 위해 외는 것으로 잠시라도 잊음 없이 항상 한울님을 생각하면 기운이 화하고 그 마음이 평안해지는 감화를 체험한다. 주문을 외는 것은 '나' 개체를 위해서가 아닌 한울을 위해 한울과 합하여 한울의 성장을 위한 것이다. 불교에서도 진언을 외는데 이는 소리를 통해서 붓다가 나에게로 들어오고 내가 붓다에게로 들어가는, 다시 말해서 우주와의 합일을 꾀하기 위한 방법이다. 진언 중에 가장 보편적인 것이 '옴마니반메훔(Ommani padmehum)'이라는 것인데 이는 "온 우주에 충만하여 있는 지혜와 자비가 모든 존재에게 그대로 실현될지라."는 뜻이다.[6] 이는 동학의 21

---

5 류재풍, 「교인은 반다시 쥬문을 외일 것 이것이 마암평화의 근본이라」, 『천도교회월보』68, 1916.3

자 주문[7]의 감응기제와 상통하는 맥락이 있어 보인다.

의암은 3·1운동을 준비하면서 매일 만 번씩 주문을 외웠다 하고 오늘날 천도교 수도원에서 수련할 때 주문을 외면서 수운이 경험했던 감응과 유사한 경험을 체험한다고 한다.

2) 청수

해월은 1875년 8월에 정선과 단양 교인들이 정성을 모아 자신의 집에서 치제를 행할 때 "과거에 각종 음식물로써 기도식의 대상으로 삼았으나 금일 이후는 일체 의식에 다만 청수淸水 한 그릇만 사용할 날이 있으리라."는 말과 아울러 "물은 만물의 근원이므로 내 또한 물로써 일체의 제물에 대용代用하노라."고 하였다. 이에 따라 천도교중앙총부는 1906년 3월 4일 종령 16호를 발하여 시일에는 청수 한 그릇을 봉전하여 시일식을 봉행하도록 정하였다. 그리고 이 해 4월 5일 천일기념식에 청수 한 그릇과 함께 향을 피우도록 함으로써 그 후 청

---

6 김무생, 「六字진언의 상징의미」, 『밀교학보』 창간호, 경주: 위덕대학교밀교문화연구원, 1999, 26쪽. 옴(Om)은 태초 이전부터 울려오는 우주의 소리(에너지)를 의미하여 보통 성음(聖音)이라 한다. 그리고 마니(mani)는 여의주…如意珠)로서 깨끗한 지혜를 상징하고, 반메(padme)는 연꽃으로서 무량한 자비를 상징한다. 마지막으로 훔(Hum)은 우주의 개별적 존재 속에 담겨있는 소리를 의미하며, 우주 소리(Om)를 통합하는 기능을 한다.

7 21자 주문은 '至氣今至願爲侍降侍天主造化定永世不忘萬事知(지극한 기운이 지금 나에게 이르기를 원하옵나니 한울님을 모시면 모든 것이 조화롭게 정해지고 이를 영원토록 잊지 않으면 만사를 알게 됩니다)'를 말한다.

수가 의식의 표준이 되었다.[8]

천도교 가정에서 청수 의식을 드리는 장면은 마치 촛불을 마주한 삼매의 명상처럼 고요하면서도 천지 기운이 휘감는 느낌을 준다.

> 영호는 방다박을 쓸고 청수상을 내려놋코 백오념주를 들고 눈을 반즘 감고 단정히 안자서 염주소리만 대각대각내고 잇다 … 福字 쓴 하얀 사발에 청수를 모셔들고 청수상 압흐로 나온다. … 방안은 잠든 듯이 고요하다 動하는 것이라고는 오직 燭불쑨 흠물흠물한다 … 염주 소리도 째각째각한다. 그들은 염천염사(念天念師)로부터 주문으로 드러갓다 … 영호의 안해가 청수를 부어 어머니게 드린다. …[9]

오늘날 천도교 가정에서는 저녁 9시가 되면 청수의식을 거행하고 기도(심고)를 하는데 먼저 기도실을 깨끗이 청소(灑掃廳堂)하고 청수를 올려놓는다. 중요한 것은 청수를 바라보면서 한울님을 관하는(以水觀天) 가운데 형성되는 마음의 비워짐과 고요함, 그리고 한울님과 합함이다. 여기서 관천觀天이라는 것은 마음속에 한울님을 관하고 진리를 염하는 실천 수행이다. 이는 불교에서 말하는 관법觀法 수행과 연결지어 이해할 수 있을 것이다. 사전적 의미에서 불교에서 관觀(paśyanā)이란 마음을 흐트러지지 않게 하나로 하여 지혜로써 진리를 관찰하고 염상하여 깨달음을 얻기 위해 힘쓰는 것을 말한다. 따라서 관법이란

---

8 위의 글, 151쪽.

9 茄子峰人, 「淸水를 모신 뒤의 家族談樂」, 『천도교회월보』122, 1920. 10.15.

마음속에 하나의 구체적인 대상을 떠올려 그것을 관찰하거나, 대상을 벗어나서 심오한 진리를 관상하는 방법을 말하는데 이는 동학의 청수 의례를 이해함에 있어 많은 도움을 준다. 맑은 물을 바라보는 가운데 마음이 가라앉혀지고 한울님과 청수가 화하여 함께 일심으로 돌아가는 천인합일天人合一[10]이기 때문이다.

한편 청수 의식은 유가의 신위神位나 불가의 불상처럼 한울님을 모상[寫像]한 상징적 모습으로 표현되기도 한다. 마음을 청수에 몰입하여 한울님의 감화를 받는 것으로 이는 청수를 모상模像으로 준적삼아 한울님을 생각하고 한울님과 합함이다. 이런 측면에서 청수의식은 도가적 수련에서 계승된 것으로 의미 지을 수도 있다. "최상의 선善은 물과 같다(上善若水)."[11] 고 하여 만물을 기르고 만물의 근원이 되는 상징으로 삼았던 도가처럼 물이 갖는 도道를 관하는 것이기도 하고 불가의 불상처럼 동학의 모상으로서 의식을 행하는 것이기도 하다.

노자는 『도덕경』 1장에서 "도를 도라 할 수 있는 것은 영구한 도가 아니다."라고 했다. 도란 만물의 근원이며 이름 붙일 수 없고, 파악할 수 없는 것이라 하였다. 모든 존재의 제일 원인이 도라면 그런

---

10 金弼奎, 「淸水觀」, 『천도교회월보』86, 1917.9.15

11 노자는 다음과 같이 말한다. "최고의 善은 물과 같다. 물은 만물을 이롭게 하지만 남과 지위를 다투는 일이 없어서 모두가 싫어하는 낮은 지대에 고여 있다. 그러므로 도에 가깝다 할 수 있다. … 천하에서 가장 유약한 것은 천하에서 가장 견고한 것에도 침투하여 마음대로 하며, 존재없는 것(無)은 틈이라곤 조금도 없는 물건에도 들어갈 수 있다. 나는 이것으로 무위가 유익함을 새삼 깨닫는다."

도는 존재일 수가 없다. 노자가 도를 무無라고 부르는 것은 이 때문이다. 여기서 무는 절대적 무로서 유와 무가 대립하는 상대적 무가 아니다. 즉 유무有無가 끊어진 절대적 무는 무위無爲로서 만물을 생성한다. 불가와 도가는 모두 유와 무를 통일, 유무불이, 또는 유무상즉의 방식을 통해서 설명하려고 하는 데 그 유사점이 있다. 장자는 먼저 세계 만물의 변화가 무궁함을 긍정하고 이 운동·변화하여 머물지 않는 특성을 가지고 세계의 시종始終 문제를 취급하려고 하였다. 사람은 만물과 함께 무에서 나와 무로 돌아간다. 그러므로 인위를 떠나고, 인간의 제한된 입장을 초월하여 자연 자체, 도 자체와 합치하면 무차별, 절대의 세계, 사물의 진상인 도의 세계가 현존한다. 이때 모든 차별이 스러지고, 일체가 평등함을 발견하게 되는 만물제동萬物齊同의 경지가 펼쳐진다. 만물제동의 입장에서 인간을 보았을 때, 인간은 자연의 일부로서 조물자造物者(무위, 절대무)의 지배를 받고 조물자와 하나가 된다. 인위를 버리고 자연, 즉 무위에 따를 때 모든 차별은 사라진다.

또 어떤 사람이 묻기를 "금과 옥·나무·돌, 등 많은 만물 가운데 왜 하필 물을 모상의 표준을 삼느냐?"고 하였다. 이에 대한 천도교인의 답변은 흥미롭다.

> 或이 又問호ᄃᆡ 大世盈盈에 萬物伊衆이어늘 何義로 不以金不以玉不以木不以石ᄒᆞ고 惟以逝者水로 寫像의 標準地를 作ᄒᆞ얏ᄂᆞᆫ고 曰水者ᄂᆞᆫ 性是天然이오 萬物의 元祖라 彼金玉木石이 總히 水氣로 因生흠이니 엇지 萬物의 元祖되ᄂᆞᆫ 物노 不以ᄒᆞ고 엇지 萬物의 一分되ᄂᆞᆫ 狹義를 用ᄒᆞ리오 洋洋乎라 水性의 好合흠이여 萬派自流에 歸海則宗一이오 淡明乎라 水光의

> 善照홈이여 金火木石으로 以示則能照收ᄒᆞ고 佛像神位로以臨則能照收ᄒᆞ고 以天以人而鑑則亦能照收ᄒᆞᄂᆞ니 水를 見ᄒᆞ고 渴者爲飮의 物로 徒認ᄒᆞᄂᆞᆫ者ᄂᆞᆫ 水의 本性을 不知ᄒᆞᄂᆞᆫ者라ᄒᆞᄂᆞ니 吾人의 鎖累歸眞者와 攻心見性者와 獻誠迎天者ᄂᆞᆫ 必淸晨靜夜에 勤孜誠心으로 淸水를 奉奠ᄒᆞ야 天靈感化를 至禱至禱홀지니 然後에 我의 靈慧靈覺이 此에 化ᄒᆞ며 我의 壽命位祿이 此에 臻홀 쥴노 信ᄒᆞ노라.12

즉 물이라는 것은 천연의 성품이요 만물의 원조이기 때문이라는 것이 그 응답이다. 물은 잘 합하는 속성이 있으므로 모든 개별의 파도가 바다로 돌아가 하나가 되고, 물의 맑음은 잘 비추는 것이므로 모든 만물을 비추어 거둔다는 것이다. 이는 도가의 상선약수의 도와 불교 화엄의 해인삼매를 떠올리게 하는 대목이기도 하다.

이와같이 그 당시 사람들은 이러한 청수 의식에 대해 많은 의문을 제기하기도 하였다.

> 或이 問호ᄃᆡ 心의 善惡과 道의 迷覺이 人의 性度淸濁과 材器高下에 在ᄒᆞ야 生而學而困而知得者의 階分이 自有홈으로 學問의 從事를 勉勵ᄒᆞ야 自然히 哲理를 貫通ᄒᆞ면 天在何方과 道係何事를 非難에 論홀지어늘 엇지 人의 心眞과 天의 感化를 無據無心ᄒᆞᆫ 溪水一勺으로 其要點의 標準을 作ᄒᆞ리오 曰此ᄂᆞᆫ 不然ᄒᆞᆫ 理由가 有ᄒᆞ니 人心은 原來是多慾者라 放逸者ㅣ 是慾이오 淫貪者ㅣ是慾이오 奸猾者ㅣ 是慾이라 一瞬萬念이 東閃西忽ᄒᆞ

---

12 金義鳳, 위의 글

> 야 居久住長의 一定地가 無ᄒᆞ면 設或 口頭耳朶에 學問을 汲汲히 ᄒᆞᆫ들 엇지 一丹의 誠心으로 天翁의 靈感을 受來ᄒᆞ기 得ᄒᆞ리오 故로 心의 所前地를 淸水의 儀式으로 其範限을 定ᄒᆞ야 一步放過를 不許ᄒᆞ고 一念如針에 侍日自若이면 千塵萬魔의 悶惱心이 稍稍鎖盡ᄒᆞ고 不染無瑕의 淸淨神이 自活ᄒᆞ야 始焉我心이 上天宇ᄒᆞ고 終焉天靈이 感我地ᄒᆞᄂᆞ니 淸水의 心箴心路心聖心天되ᄂᆞᆫ 效能이 較何如오.[13]

즉 학문에 힘써 철리哲理를 관통하면 한울님의 거함과 도의 일을 어렵지 않게 논할 수 있는 것인데 어찌 진심眞心과 한울님의 감화를 아무 근거 없는 물 한 그릇으로 그 요점의 표준을 만들 수 있겠냐는 물음이다. 그러나 인간의 마음은 욕심, 방일, 음란, 탐욕, 시기, 등으로 만 가지 상념이 끊이질 않기에, 마음이 하나로 정해지는 처소(一定地)가 없으면 학문을 열심히 해도 한울의 영감을 받을 수 없다는 것이 그 응답이다. 청수 의례 역시 불교의 삼매관법의 효과를 중요시하고 있음이다. 그러므로 청수의식으로 마음이 정해지도록 하여 일보의 방일도 허용하지 않고 한순간에 스스로 한울님을 모시면 천 가지 티끌과 만마萬魔의 번뇌심이 다 소진하게 된다는 것이다. 그리하여 마침내 청정신淸淨神이 스스로 살아나 천령天靈이 감응하고 마음이 성화되며 한울되는 효능이 발휘되게 된다.

---

13 金義鳳, 「淸水의 必要」, 『천도교회월보』1, 1910.8.15, 21~22쪽.

3) 기도 및 심고

기도는 수운의 내원암 및 적멸굴 기도를 비롯해서 해월, 의암 시대를 막론하고 동학 창도 후 줄곧 이어져온 수행 의식이다. 기도에는 개인 기도와 집단 기도가 있는데 어느 경우를 막론하고 대체로 7일, 21일, 49일, 105일 등 일정 기간을 정하여 시행하였으며 이것은 예나 지금이나 같다. 이와 별도로 1911년 2월 9일 종령 70호로 매 시일 오후 9시에 기도식을 행하도록 하였다. 이때 탁상에 청수와 함께 정미 5홉을 마련하여 삼칠자주문을 다섯 번씩 조용히 외우도록 하였다. 이것이 현행 오관 중 시일 저녁 9시 기도의 효시가 된다. 기도와 심고는 모두 한울에게 고하는 것으로 의미상 크게 차이는 없으나 때때로 전자를 집단적·형식적 개념으로, 후자를 개인적·비형식적 개념으로 쓰기도 한다. 기도의 주된 목적은 한울님과 스승과 하나가 되어 창생을 위하고자 마음을 정결히 하고 편안히 하는 데 있다.

> 우리의 ᄇᆡᆨ오일 지ᄂᆡᄂᆞᆫ 일은 쳣지 대신ᄉᆞ게옵셔 내게 좌뎡ᄒᆞ실 마음잇ᄂᆞᆫ곳을 극히 졍결히ᄒᆞ고 극히 편안히ᄒᆞ여야 될줄노아노니 이ᄣᅢ를 당ᄒᆞ야 우리가 대신ᄉᆞ의 본지를 쥬의하ᄂᆞᆫ 동시에 ᄀᆡ인슈명을 빌던 마음을 변경ᄒᆞ야 오직 창ᄉᆡᆼ의 슈명을 비ᄂᆞᆫ일노 단슌히 ᄉᆡᆼ각ᄒᆞᄂᆞᆫ 것이 뎨일 복밧ᄂᆞᆫ것이될줄노 아나이다[14]

---

14 吳知汖, 「ᄇᆡᆨ오일긔도에 ᄃᆡᄒᆞ야」, 『천도교회월보』51, 1914.10.15.

모든 오관 의식이 그러하지만 기도(심고) 역시 정성 없이는 아무 의미가 없다. 특히 심고는 마치 지나는 바람처럼 형식적으로 고하면 고하지 않음과 같을 뿐더러 오히려 한울을 속이는 것이라고 말한다.[15]

심고의 방법은 내가 내 마음에 고하고 내 마음이 나에게 고하는 것으로 심고할 때는 먼저 수심정기守心正氣하여 산란한 생각을 모두 제어하고 정신을 수습한 후에 한결같은 마음으로 한울과 스승을 묵묵히 생각하는 것이다. 이때 내 마음이 곧 한울과 스승의 마음인 줄 알아 마음으로써 마음을 지키고 마음으로써 마음을 다스리며 마음으로써 마음을 정定케 하여 순연한 한울님 마음으로 묵묵히 한울님과 합하는 것이다. 육신이 있는지 없는지 분간할 수 없고 산천초목이 보이지 아니하며 벽력이 들리지 않는 지경에 이른다. 그러므로 깨끗하고 맑은 마음으로 전일하게 고한 후에야 심고라 할 것이요, 고하더라도 육신의 일만 일삼고 세 스승의 행하신 일을 본받아 창생을 위하여 그대로 행하지 않으면 거짓 심고가 된다.

무엇보다도 심고心告의 요지는 먼저 한울님과 스승을 묵념하되 자신의 마음이 곧 천사天師의 마음인 줄 확인하여 이심수심以心守心하고, 이심고심以心告心하여 순일무위純一無爲한 마음이 되는 것에 있다. 즉 심고란 내가 모신 한울님을 염념불망하여 한울님이 원래 정한 목적에 나가기로 자심자고自心自告함이다. 그러므로 중요한 것은 자신의 심고가 정일精一한가 그렇지 않은가를 성찰하는 것이다.[16] 이러한 심고의

15 李弼右, 「거즛심고를 말일」, 『천도교회월보』65, 1915.12.15.

16 金敬慶, 「心告가 精一ᄒᆞᆫ 후에야」, 『천도교회월보』87, 1917.10.

의미에는 묵념의 불교적 색채도 강하게 나타난다. 묵념으로서 불교의 삼관三觀이 염천念天 염사念師와 더불어 하나의 가르침으로 제시되고 있는 것이다. 즉 묵념은 대관大觀에 있는 것으로 무상관無常觀, 공관空觀, 무아관無我觀을 행하는 것인데, 사사로운 자아를 버리고 대아大我의 본체와 합하여 금생에 있어서는 세계극락을 얻고 죽은 후에는 대아본체의 무량극락을 얻게 함이 본무라는 것이다.

> 默念의 不二的法門은 大觀에 在ᄒᆞ고 大觀中 三者의 妙法이 又有ᄒᆞ니 一曰無常觀 二曰空觀 三曰無我觀이라 自我라 ᄒᆞᆷ은 私我를 棄ᄒᆞ고 大我의 本體와 合하야 今生에 在ᄒᆞ야 世界極樂을 得ᄒᆞ고 死後에 在ᄒᆞ야 永世不滅卽 大我本體의 無量極樂을 得케ᄒᆞᆷ이 吾人의 本務며 男兒의 快事며 達人의 立脚地니 吾教中諸哲은 右三觀을 恒常念念注意ᄒᆞ야 無人格의 良師를 삼을지어다[17]

3. 동학 의례의 유·불적 이해

동학의 한울님은 인간 마음이자 천지의 이치를 구비한 천심으로 '천지만물이 본래 한 마음'[18]이라 하여 심즉천·인내천을 말하고 있다. 즉 인간의 마음이 곧 천지만물·우주전체요 한울인 것이다. 그러

---

17 金錫均, 「默念의 必要」, 『천도교회월보』31, 1913.2.15.

18 『해월신사법설』, 靈符呪文, "心者在我之本然天也 天地萬物 本來一心."

므로 동학의 심학은 곧 수심정기의 성경신으로 수심정기란 안으로는 마음을 지키고 기운을 바르게 하여 성령(성품과 영혼)을 닦는 것이요, 밖으로는 성경신 법을 주장하는 것이다.[19] 그 실천적 의례 형식이 청수, 주문, 시일, 성미, 기도 다섯 가지인 것이다.[20]

이상과 같이 동학·천도교 의례를 고찰한 바 동학의 한울님은 곧 인간 마음이자 삼라만상의 세계 전체로 인간이 한울아를 지켜 공심을 실현하는 데에 모든 의례의 목적을 두고 있다고 하겠다. 특히 주문, 청수, 심고의 수련이 자신의 마음인 한울과 합하고 전체아의 한울을 회복하기 위한 심心에 초점 두어지고 있는 것이다. 그러나 그 동학의 심학과 의례에는 유가적 정성[21]과 자기를 비워 한울을 위하는 불교적 사유가 녹아 있다.

1) 수심정기의 심학적 의례와 유·불적 이해

동학의 수행은 인간 마음을 지키는 것에서 시작된다. 마음은 곧 한울님이기에 마음과 하늘이 서로 화합해야 시侍·정定·지知라 이를 수 있다. 해월은 "마음과 하늘이 서로 어기면 사람이 다 시천주라고 말할지라도 나는 시천주라고 이르지 않으리라."[22] 하였다. 이러한 맥락

---

19 리종일, 「종교의 효력과 한울의 감응」, 『천도교회월보』제13호, 1911. 8.15.

20 李禎祿, 「도란 것은 心學에 있음」, 『천도교회월보』제25호, 1911. 8.15.

21 수도의 요지는 聖呪淸水로써 들이는 정성 안에 있다고 최사민은 말한다. (崔士岷, 「神師曰修道之要 在內修道」, 『천도교회월보』제29호, 1911.12. 15.)

은 앞에서도 말한 바와 같이 일제 초기 천도교인들의 의례에서도 강하게 드러나는 것이다. 동학 의례는 수심정기를 목적으로 한 수행의식이다. 인간 마음이 천심과 합하여 한울님이 되도록 매순간 주문, 심고(기도), 청수 의식을 통해 정성과 공경과 믿음을 다하고[23] 한울 전체를 위하는 삶을 사는 것에 의례의 목적이 있다. 그러나 그 한울 전체를 위하는 광제창생, 포덕천하, 후천개벽의 그 공행은 내 마음(我心)이 비어 있고(虛) 공심이 될 때 역시 가능하다고 말한다. 마음이 한울이요 본허본공本虛本空하기 때문이라는 표현은 분명 불교의 연맥 속에서

22 『해월신사법설』, 天地父母

23 수운은 '인의예지는 옛 성현의 가르침이요 수심정기(守心正氣)는 자신이 새로 고쳐 정한 바'라 하였다.(『동경대전』 수덕문) 여기에는 인간의 실존과 주체성이 부여된다. 수심정기는 곧 성경신의 수행으로 연결된다. 자신의 한울에게 믿음과 공경과 정성을 다하는 것이다. 수운의 인도(人道)는 한울님을 공경하고 정성을 다하는 것으로 이는 사람이 마땅히 행하여야 할 인사(人事)이다. 그는 세상이 한울님에 대한 경외지심이 없음을 한탄하여 인사는 아니 닦고 천명을 바라는 민중들을 향해 졸부귀불상이라 말한다. 『용담유사』 도수사에서 수운은 자신이 창도한 "도가 넓고도 간략하여 많은 말이 필요 없고 오직 성·경·신 석자에 있다(『東經大全』, 座箴, "吾道博而約 不用多言義 別無他道理 誠敬信三字")"고 하였다. 또한 "인의예지(仁義禮智)는 옛 성인의 가르친 바요 수심정기는 내가 다시 정한 가르침"(『동경대전』 수덕문)이라 하였다. 인간이 자기 한울을 알아 한울을 위하고 한울에게 비는 것은 고정된 한울이 아니라 무궁한 한울의 성장이 전제되기 때문이다. 한울을 위하지 않으면 인간도 한울도 없다. 한울을 공경하고 한울을 지킨다는 것(敬心·守心)은 결국 자신을 포함한 사회와 우주 전체에 대한 사랑을 의미하는 것으로 바른 작용(正氣)이 수반됨이다. 동학의 의례 역시 근본 핵심은 수심정기의 성경신에 있다.

이해할 수 있을 것이다.

> 천심을 합하고 吾心으로 천심을 통하면 天翁의 밀접한 혜포를 많이 받을 지니 天은 本虛本空하니 아심(我心)이 虛라야 天其位焉하고 아심이 公이라야 天其愛之어늘 …. 不容不頻煩한 자라.[24]

수심정기는 첫째, 자신 안에 모셔진 한울님을 지키고 위하는 것이지 다른 것이 아니다.[25] 인간이 자기의 한울을 지킨다는 것은 자신의 한울, 자신의 마음에게 믿음과 정성과 공경을 다하는 것이다. 인간 스스로가 한울님을 공경하고 몰입하여 마음을 지키느냐 못 지키느냐에 따라 한울님을 모실 수도 있고 잃을 수도 있다. 한울을 위한다는 것은 곧 한울 세상을 보다 낫게 성장시킨다는 것(養天主)으로 "무궁한 한울 속에 무궁한 나"[26]가 되는 것이다.[27] 둘째 수심정기란 늘 조용하여 성내는 마음이 일어나지 않게 하고 늘 깨어 혼미한 마음이 없게 하는 것이다. 셋째, 수심정기는 바로 천지를 나와 한 몸, 한 마음으로 하는 것이다.[28] 앞에서 살펴본 바와 같이 주문, 청수, 심고의 의례에는 이러한 수심정기의 수행이 그대로 반영되는데 이 모두 한울님과 합하여 감화를 받고자 하는 의례이지만 마음을 진리에 몰입하고 무란

---

24 朱昌源, 「天과 個人의 道團」, 『천도교회월보』제2호, 1910.9.

25 『동경대전』, 後八節, "不知道之所在 我爲我而非他"

26 『용담유사』, 몽중노소문답가

27 『용담유사』, 흥비가

28 『해월신사법설』, 수심정기.

무혼無亂無昏의 마음으로 전일아全一我가 되는 관법을 지니고 있다.

주문은 자신의 한울님을 찾고 한울님을 위해 외는 것으로, 잠시라도 잊음 없이 항상 한울님을 생각하는 것이다. 이로부터 기운이 화하고 그 마음이 평안해지는 감화를 체험하기 위함이다. 청수 역시 맑은 물을 바라보는 가운데 마음이 가라앉혀지고 한울님과 청수가 화하여 함께 일심으로 돌아가는 동체대비이다. 또한 심고할 때는 먼저 수심정기守心正氣하여 산란한 생각을 모두 제어하고 정신을 수습한 후에 한결같은 마음으로 한울과 스승을 묵묵히 생각하는 것인데 심고(기도)의 주된 목적 역시 한울님과 스승과 하나가 되어 창생을 위하고자(광제창생/홍익중생) 끊임없이 마음을 정결히 하고 편안히 하는 데 있다. "마음이 대천大天에 귀환하여 이전의 진장심塵障心과 마탈심魔奪心을 모두 해탈하고 이 마음을 잘 수지守持하여 매순간마다 지성으로 일동일정과 일언일묵을 필히 한울에 고하는 것이다."29 이 역시 정성을 수반하게 된다. 정성이 아니면 효력이 없다.

2) 성·경·신과 '정성' 수행의 유·불적 이해

정성은 모든 수행의 기초이다. 세상 일이 정성만큼 복된 것이 없고 거짓만큼 화가 되는 것이 없다. "정성이란 인간의 살아 있는 불이요, 거짓은 인민의 해충이자 도적"이라 동학에서는 말한다. 수운이 몸을 바친 희생과 만세의 법신法身을 보존하고 천하의 창생을 가엽게 여김

---

29 林明洙, 「心告의 要義」, 『천도교회월보』 제4호, 1910.11.15.

모두가 정성으로써이다.[30]

동학이 유가적 맥락에서 성誠을 수양의 방법으로 삼는 것은 한울이 진실한 것이기에 인간도 진실을 지켜 한울과 합하고자 하는 것이며 이로부터 인간 스스로 한울 조화를 나타내는 최령자가 되기 때문이다. 또한 수운이 인의예지 대신 제시한 성경신 가운데 성은 성리학처럼 이理와 같은 본체개념의 성격을 띤다. 그러나 성리학에서 말하는 "천도天道는 진실됨 자체요 인도人道는 다만 진실되려고 함"이라 한 것과는 맥락이 다르다. 김영락이라는 사람은 천도의 성誠과 인도의 성을 보통성과 특별성으로 나누면서 둘이 하나임을 강조한다. 성리학에서는 천도와 인도를 차별하였지만 천도와 인도 모두 같은 것으로 이일理一을 강조하고 있음을 볼 수 있다. 그러나 인간이 정성이 없어 영성의 다리가 끊어지면 한울은 이름만 남고 인간은 허상적 인형에 불과하게 됨을 강조한다.

> 천의 도는 誠 하나일 뿐이라. 사시질대가 서로 바뀌지 않으며 춥고 더움이 질서가 있어 서로 바뀌지 않음이라. 千秋 萬春에 무궁하여 불식하니 이는 천도의 誠을 이름이라. 고로 不誠이면 無物이라.[31]

> 인간의 정성에는 둘이 있으니 하나는 特別誠이요 또 하나는 普通誠이라. 無形에서 감응하여 그 무형을 얻는 것은 특별성이요 유형에서 감응하

---

30 이준석, 「誠信과 僞信」, 『천도교회월보』제13호, 1911.8.15.

31 鄭承德, 「誠은 買福의 價値」, 『천도교회월보』제9호, 1911.4.15.

> 여 그 유형을 얻는 것 이것은 보통성이니 무형의 감응은 한울의 영이요, 유형의 감응은 인간의 영이라 그러나 이 보통과 특별을 인간의 눈으로 본즉 둘이요 천안으로 본즉 하나로다. 인간이 정성이 없어 영의 다리가 한번 끊어지면 인간은 인간대로 한울은 한울대로 되어 한울은 단지 이름만 汎天이요 인간은 단지 허상적 인형이라. 한울의 靈神과 인간의 氣化가 어찌 결합할 수 있으리요.[32]

수운에게 있어 만 가지 미혹과 의심을 사라지게 하는 것은 수성守誠·수심守心에 달려 있다.[33] 수운의 심心과 성誠은 같다. 이 모두 본체적 개념으로 자기 안의 한울을 뜻한다. '심신위성心信爲誠'이라 하는 것도 이러한 맥락에서 이해되고, 믿음이 있어야 성이 있게 됨을 강조하는 것도 이러한 맥락으로 이해할 수 있다. 해월이 고요히 성내는 마음이 일지 않게 하고(寂寂無忿起之心) 늘 깨어 혼매한 마음이 없게 해야 한다고 했을 때(惺惺無昏昧之心)[34] 이 역시 불교의 수심守心수행과 통함이 있다.[35]

요약하면 동학의 수심법은 한울님을 모시고(侍天), 한울님을 지키기 위한(守心), 마음닦음의 정성(守誠)을 강조함과 동시에, 망념을 떠나 진

---

32 김영락, 「誠心極處靈自生」, 『천도교회월보』 제13호, 1911.8.15.

33 『동경대전』, 수덕문

34 『해월신사법설』, 수심정기, "守心正氣之法 … 寂寂無忿起之心 惺惺無昏昧之心 可也"

35 정혜정, 「지눌과 동학의 수심체계 비교」, 『普照思想』 제14호, 서울: 보조사상연구원, 2000.8, 116~131쪽, 참고.

심을 이루는 불교의 지관止觀 수행이 연맥되고 있다는 것이다. 수운이 말한 수심守心은 불교의 '내수일심內守一心'[36] 또는 '수본진심守本眞心'[37]의 맥락에서 이해될 수 있고 진심을 지키는 것이 수행의 으뜸이다.

3) 공심 · 공행의 수행과 광제창생

동학 · 천도교 의례에서 또 하나 강조되는 것은 수심守心을 통한 대아大我의 훈련이다. 일찍이 수운, 해월, 의암 등 세 스승들은 세계를 한 집으로 알고 모든 사람을 자기 한 몸으로 알아 하루바삐 고해를 벗기고 극락을 누리게 하자는 열심뿐이었다고 강조한다.[38] 따라서 스승의 교훈을 본받는 자가 그와 같지 못하면 제자의 본분이 아니라는 것이다. 결국 주문, 청수, 심고의 의례 실천은 내 마음의 신령한 기운으로 한울님 기운을 통하고 내 마음의 민첩한 슬기로 한울 이치와 합하여 포덕천하 광제창생의 큰 사업을 곧 내 마음, 내 한울에게 담부하고자 함이요, 공명정대한 일을 행하여 대자대비한 목적을 이룸에 있는 것이다. 이것이 한울과 스승의 감화를 받음[39]이라 동학은 말한다.

내가 한우님께 청수를 올릴 때에 무삼 마음으로 빌었던고. 다른 뜻 없

---

36 『般泥洹經』, 卷上, 大正藏 1, 181b

37 『禪家龜鑑』

38 李弼右, 앞의 글

39 김봉국, 「심고ᄒᆞᄂᆞᆫ리치」, 『천도교회월보』제87호, 1917.10.

고 일단 포덕천하에 광제창생하게 하여 주옵소서 하였고 아침저녁 밥때에 식고나 출입할 때에 심고나 특별기도나 치성이나 여러 가지 심고할 때마다 포덕천하에 광제창생이라는 뜻을 두지 않은 때가 없었나니….[40]

그러므로 심고라는 것도 창생을 위한 기도이지 사심을 위한 기도가 아니다. 지식 없는 사람은 지식, 재물 없는 사람은 재물, 아내 없는 사람은 아내 등 형형색색으로 밤낮 한울에게 고하지만 이는 사심수련이요 공심수련이 아니라는 것이다.

자긔만 살기를 만분지일이라도 바라지말고 세게 항상 건지기를 실디샹으로 심고ᄒᆞ고 거즛형상의 심고ᄂᆞᆫ 일졀하지 말지여다 … 우리교는 심고가 뎨일요점이니라 이 요뎜으로 지극한 셩력을 쓰면 이난 쳔상쳔하에 큰 공심이니라 이러한ᄃᆡ 공심을 의론하쟈면 자긔의 육신은 곳업서질지라도 쳔하ᄉᆞ름을 살니깃다 하난 마음이로다 이 마음을 가지고 지극키 심고할 ᄯᅢ에난 자긔의 한울이 뎌한울보담 몃ᄇᆡ나 더커져셔 뎌한울이 쓰ᄂᆞᆫ 일월셩신 풍우뇌뎡을 자유로 쓰리니 그날이 곳 포덕텬하 광졔창ᄉᆡᆼ 하난날이요 신사령긔 아심뎡무궁조화금일지 하난 날이로다 … 후텬오만년 큰 ᄉᆞ업을 일우고져 하ᄂᆞᆫ쟈 마음을 일평ᄉᆡᆼ 심고로 표쥰을 셰워ᄯᅩ다.[41]

---

40 源菴 吳知泳, 「한우님계 들이ᄂᆞᆫ 정성을 사름에계 들임」, 『천도교회월보』 제2권 7호, 1910.12.15.

41 金聲駿, 「심고에 ᄃᆡ한 설명」, 『천도교회월보』제82호, 1917.5.15.

위의 글은 다소 투박한 표현이긴 하지만 자기만 살기를 만분지일이라도 바라지 말고 광제창생을 실제상으로 심고하고 거짓 심고는 일절하지 말라 말한다. 자신의 생명이 다할지라도 천하 사람을 살리겠다는 마음만을 가지고 심고하라는 것이다. 또한 마음이란 것은 도심과 인심 두 가지가 있으니 도의 마음이라 함은 공평정대한 원리의 마음이요, 사람의 마음이라 함은 사람에게서 눈으로 보이고 귀로 들리는 데를 좇아서 생기는 삿된 욕심의 마음이다. 그러므로 도의 마음은 지키고 기를수록 밝고 신령하거니와 사람의 마음이란 것은 거울에 티끌 앉은 것 같이 점점 캄캄한 데로 들어가 세상 일에 어두울 뿐이다. 그러나 주문을 외우고 한울님 생각할 때마다 삿된 마음이 물러가고 도의 마음이 생기니 이를 오래하면 도가 이루어지고 덕이 서서 능히 한울과 짝하게 됨을 말한다.42

이와 같이 수심의 심고에 있어서 공심의 공적公的 자아가 강조되는데 이는 다양한 표현 속에서 제시됨을 알 수 있다. 인간에게는 사아私我와 공아公我가 있어 사아를 끊은 연후에 수심정기가 시작된다든가43 한 나에 둘의 나가 있으니 성령아와 육신아가 있어, 성령아는 천아天我요 육신아는 인아人我라는 등의 표현이다.44 따라서 공아公我[天我]를 이루는 것이 동학 수련의 궁극 목적이라 할 것이다. 결국 동학 의례와 수심정기의 수행은 진여천眞如天, 자연천自然天, 지공천至公天, 무

42 白仁玉, 「오도는 天」, 『천도교회월보』 제2권 9호, 1912.2.15.

43 李璀, 「守心正氣解」, 『천도교회월보』 제2호, 1910.9.15.

44 정규완, 「天은 神의 宅號」, 『천도교회월보』 제13호, 1911.8.15.

사천無私天을 이룸에 있다.[45] 이것이 동학의 보국안민, 광제창생, 후천 개벽의 변혁사상을 이루는 기초가 되는 것이다.

4. 맺는 말

동학 의례를 통한 수심정기는 유불도 삼교 결합의 성격을 지닌다. 먼저 동학 의례는 유가에서도 강조하는 정성이 기본이다. 오관제도라는 것도 다섯 가지 정성 수련이라는 의미한다. 이를 바탕으로 염주를 쥐고 21자를 외우는 '주문呪文'은 한울님의 마음과 합하는 '감화'와 '만물화생의 근본'으로 인식되고 있다. 한울님을 매순간 생각하고 한울과 합하고자 하는 수련은 불교에서 우주와의 합일을 의도하는 진언과 상통하는 측면을 지닌다. '청수淸水' 역시 이수관천以水觀天 가운데 형성되는 마음의 비워짐과 고요함, 그리고 한울님과 합함으로 인식되고 있다. 이는 불교의 관법觀法 수행과 연결지어 이해할 수 있다. 마음이 망념에 흐트러지지 않고 하나로 정해지는 처소(一定地)를 청수봉공을 통해 제공받는 것이다.

한편 청수는 상선약수의 도를 관하는 관법으로 행해지기도 하고 도와 만물의 근원으로서 모상을 대표한 것이기도 하다. '심고'는 내가 내 마음에 고하고 내 마음이 나에게 고하는 것으로 무란무치의 상태를 유지하면서 한울과 스승을 동시에 묵념하는 것이다. 그러나 한울

---

45 白仁玉, 위의 글

님은 본허본공本虛本空이기에 무상관無常觀, 공관空觀, 무아관無我觀을 행하는 것으로 설명되기도 한다.

이렇게 동학의 의례는 수심守心, 수성守誠를 위한 성경신이 그 요체이다. 수운은 자신이 창도한 도가 넓고도 간략하여 많은 말이 필요없고 오직 성·경·신 석자에 있다고 하였다. 동학 의례가 공통적으로 강조하는 것은 마음 집중과, 정성, 그리고 공심·공행의 실천에 있다. 그리고 수운이 제시한 성경신의 성은 정성을 들인다는 동사적 의미와 명사적 의미로 본체개념을 띤다. 그리고 정성과 공경(誠·敬)에는 지관止觀 수행의 성격이 녹아 들어 있다. 다시 말해서 수운의 성경신은 불교의 정혜定慧, 그리고 대인접물에서 이루어지는 유가적 공경과 정성, 그리고 도가적 관법과 모상模像이 복합적으로 공존해 있다. 그리고 유가적 맥락에서 동학이 성을 수양의 방법으로 삼는 것은 한울이 진실한 것이기에 인간도 진실과 정성을 지켜 한울과 합하고자 하는 것이다.

제2부

동학의 '한울' 교육사상

제4장 동학사상의 탈근대성과 '한울'의 교육철학

1. 머리말

근대에 대한 성찰로서 포스트모더니즘[1]은 근대철학이 무엇보다 이성 주체의 문제에서 비롯됨을 비판하여 주체의 해체를 선언한다. 하이데거는 존재론에서 인식론으로 전환함으로써 근대철학의 존재론을 문제 삼아 객관과 주관의 이원론적 싸움을 비판했다. 또한 메를로 퐁티는 몸의 능동성을 간파하여 '몸(지각)의 주체'라는 말로써 근대철학에서 쓰는 이성 주체를 대체하였다. 근대철학과는 달리 그에 있어서 인간 몸은 정신과 신체적 과정을 통합하는 삶의 과정으로 주장된다. 인간은 몸을 통해서만 개념을 형성할 수 있고, 세계, 우리 자신, 타인

1 현재까지 쓰는 용례를 보면 포스트에는 세 가지 뜻이 있다. 첫째는 이후(after), 둘째는 반(anti), 셋째는 넘어서(trans)라는 뜻이 포함되고 있다. 탈근대는 분명 근대문화에 대한 반발이다. 무엇보다 포스트모더니즘이 근대의 정신과 구별되는 점은 서구 전통철학이 이룩한 체계로서의 동일성과 일원성을 문제시한다는 데 있다. 다원성은 탈근대성의 본질적인 특성이다.(신승환, 『포스트모더니즘에 대한 성찰』, 살림, 2003, 3~31쪽, 참고)

들에 대한 모든 이해는 무의식적인 신체화된 개념 체계의 관점에서 짜여지기 때문에 판단과 지식은 신체화된 이해에 의존한다. 그러므로 몸과 정신은 하나이다.

이와 같이 탈근대적 사유는 이성 주체와 지배 가능성에 대한 형이상학적 개념에 반대하여 그 무게중심의 축을 해체하려고 시도한다. 그 중심은 이제 개체의 다양성 속에 관통되어 있다. 오늘날의 교육 기반은 근대에 형성된 구조 체계이다. 세계 전체로부터 독립된 자아의 대립과 기계적 자연관을 통해 객관적 지식을 주입하고 개체의 다양성을 획일화하며 주·객 이분에 따른 감성과 이성의 대립, 인간과 자연의 대립, 개체와 전체의 대립은 교육 시스템에 암묵적으로 잔존하고 있다. 이제 교육은 전통의 접목과 탈근대성의 토대 위에서 새로운 교육철학의 성찰을 가져와야 한다. 그동안 탈근대 논쟁이 각 학문 분야에서 많이 있어 왔고 교육에서도 많은 진전을 이루어왔지만, 그 탈근대적 논의가 구체적 성과를 이루고 있지 못하고, 더 나아가 탈근대를 넘어서는 시도는 더욱 희미하다. 교육학에서 탈근대를 다루는 것은 단지 근대를 '탈'하는 입장이라기보다 교육철학의 기초를 다지고 새로운 교육 문화를 이루어야 하는 차원에서 논의되어야 하므로 여기에는 전통과 근대, 탈근대를 거쳐 이룩되는 체계적인 전망이 필요하다.

동학사상은 유·불·도 삼교를 아우른 한국의 대표적 전통사상으로 '근대와 탈근대성을 가짐과 동시에 이를 넘어서는' 사유를 모색하는데 많은 시사점을 준다. 모든 존재가 지니는 다양성과 개체가 지닌 각자의 진리를 전제하는 탈근대적 사유를 내포하고 있으면서도, 탈근대 논쟁이 자칫 '몰주체성', '진리의 상대성'으로 머무르는 데 그치는 단점을 동학은 '개체의 전체성'을 통해 이를 보완해 주고 있다. 즉 동학은 인간 자체가 전체와 통합된 존재임을 인내천人乃天 사상에서 설명해 내고 있다. 개인과 전체가 통합되어 있다는 것은 인간 개인이 전체와 분리되어 있지 않는 동시에 전체와의 상즉相卽 속에서 이미 한울 자아의 준적이 형성되어 있음을 말한다. 개인 각자에서 발휘되는 전체성은 각자의 모습으로 드러날 수밖에 없고 따라서 각자의 진리를 가질 수밖에 없다. 여기에 존재의 다양성과 개성, 그리고 보편성이 결합한다. 그러나 동학이 말하는 각자의 진리는 전체와 합일하는 가운데서만 성립되는 것임을 말해 주고 있는 것이다.

우리는 교육에 있어서 개인의 개성과 흥미, 욕구, 관심, 재능을 살리는 것을 주된 과제로 삼아 왔다. J. Dewey는 개인의 개성과 특이성 자체가 사회 발전을 가져온다고 했다. 그러나 한편으로 개인이 사회적 차원에서 삶을 영위할 때 사회의 공익과 사회적 타당성을 확보하도록 하는 교육은 간과되기 쉽다. 개인주의 교육과 전일적 교육이 동시적으로 결합될 필요가 있다. 동학은 그 한울 자아의 준적을 자각하여 행위하는 것이 대아大我적으로 행위하는 것이고 최고의 개성화임을 말하고 있다.

본 연구는 동학사상의 탈근대성에 주목하여 인간(개체)과 한울(전체)의 통전 문제를 교육철학적으로 규명하고자 하는 것이다. 즉 이는 '개체와 전체', '주관과 객관', '몸과 마음'의 통일로서 인간과 세계를 보도록 하는 교육을 철학적으로 전망하고자 하는 시도라 할 것이다.

2. 개전일치個全一致의 세계관과 탈근대성: 시천주

포스트모던 철학은 더 이상의 초역사적 주체, 보편적인 해석학적 주체가 역사상에 존립할 수도 없고, 해서도 안 된다고 주장한다. 자연의 정복을 꿈꾸며 절대를 자기 손 안에서 주무를 것처럼 허세를 부리던 근대의 오만한 이성은 새로운 현실 속에서 차지할 자리가 없어져 간다. 상호 배타적인 관계 속에서만 이해되어 온 부분과 전체의 근대적 범주도 이제 설 곳이 없어졌다.[2] 이는 모든 대상적 존재가 자신들에게 종속되도록 변경시켰던 서구적 이성 또는 기독교에 대한 근본적인 이의제기이다.[3] 또한 이는 결국 탈중심주의(해체) 또는 주변부에 무게 중심을 두는 다중심주의적 세계화를 지향하는 탈근대로의 성찰을 갖게 했다.

인간의 자아 주체라는 것은 근본적으로 자기라 할 것이 없는 타자로 이루어진 것이다. 이는 전체의 구조를 내재한 부분(개체)과 전체의 구조를 인식하는 개체로 재정립되어야 한다. 하이데거의 '세계-내-존재가 갖는 구심적 전체성(Totality)' 혹은 '공동현존재'[4], 그리고 메

---

2 이명현 외, 『근대성과 한국문화의 정체성』, 철학과 현실사, 1998, 10쪽.

3 이정배, 『한국 개신교 전위토착신학 연구』, 대한기독교서회, 2003, 229쪽.

4 M. 하이데거, 이기상 역, 『존재와 시간』, 까치, 1998, 125, 160쪽.(하이데거는 공동현존재란 "나의 타인과 더불어 있음"을 뜻한다고 했다.)

를로 퐁티의 '무無와 얽혀 있는 공동존재'[5]가 이를 설명해 주고 있다. 메를로 퐁티는 "지각 경험을 말하고자 할 때 나는 사람들이 내 속에서 지각한다고 말해야 하고 내가 지각한다고 말해서는 안 된다."[6]고 말한다.

동학의 핵심 사상인 인내천관은 인간이 처음부터 한울[전일아]로서 태어나면서 지속적으로 변화해 가는 무궁자임을 말한다. 이는 근대처럼 본유적으로 주어지는 실체적인 자아가 아니라 천지의 모든 이치를 담아내고 이를 통하여 세계를 구성하는 전체적 자아[한울]임을 말한다. 그렇기에 인간은 모든 만물을 자신의 몸으로 하고 생성변화시키는 한울아我[7]의 존재이다.[8] 그러면서도 한편 인간 개체 안에 하나로 관통하는 한울의 준적과 주재성을 전제하기에 탈근대가 갖는 극단적 상대성과 달리한다. 동학에서 정성과 공경을 다하여 한울을 섬기라는 것은 그 준적과 올바른 주재성을 소중히 여기기 때문이다. 근대의 이성 주체는 세계와 대립된 개체로서 독립성과 자율성을 지니는 것이지만 동학의 인간 개체는 한울의 표현으로서 세계 전체와 분리될 수 없는 전일적 한울아이자 한울의 준적을 갖는다.

탈근대철학이 상대성에 머물게 되는 것과 달리 동학은 한울아가

---

5 M. 메를로 퐁티, 류의근 역, 『지각의 현상학』, 문학과지성사, 2002, 329쪽.

6 같은 책.

7 '한울아'라는 말은 한울님을 말하는 것으로 일제 시기에 천도교에서 즐겨 쓴 표현이다.

8 『동경대전』, 몽중노소문답가, "무궁한 이치 무궁히 살펴내면 무궁한 나 무궁한 한울 아닌가."

처음부터 모든 만물의 이치를 구비하고 간섭하지 않음이 없고 명령하지 않음이 없는 주재자의 궁극성, 그러면서도 허령한 비실체로서 읽혀진다. 이는 유불도 삼교 결합의 전통사유에서 오는 한울이기 때문이다. 즉 유가의 천天과 불가의 공空, 그리고 도가의 무위자연의 조물자造物者가 묘합을 이루는 한울이다. 수운은 동학을 설명함에 있어 공자의 이치와 같으나 도에 있어 다름이 있고[9] 서학은 한울님을 위하고자 하는 도에 있어서는 동학과 같으나 오히려 이치에서는 다름을 강조했다.[10] 수운의 이 말은 흔히 듣는 이야기이지만 매우 의미 깊게 다가온다. 흔히 동학의 한울님을 이해함에 있어 기독교적 인격신관으로 접근하거나 비인격성과 인격성을 아우르는 것으로 설명하고 있는데 이러한 접근의 맹점은 궁극적으로 한울님이 인간의 내재적 초월로서 이원화되거나, 대상화된다는 점이다. 이는 결국 서구적 관점에서 동학을 이해하는 것이 되고 우리 자신이 수천 년 전통 속에서 사유한 한울님은 이해할 수 없게 된다. 즉 동학의 한울님을 이해함에 있어 중요한 것은 이 세상을 초월한 초월자냐 인격신이냐 아니냐의 문제가 아니라 인간 안에 부여되고 작동되는 한울님을 이해해야 하며 우리 전통이 그러했듯이 이는 유불 결합 속에서 그 이해를 시작해야 한다.

---

9 『동경대전』, 수덕문, "覺來夫子之道 則一理之所定也 論其惟我之道則大同而小異也"

10 『동경대전』, 논학문, "曰洋學 如斯而有異 如呪而無實 然而運則一也 道則同也 理則非也"

1) 유불도 삼교 결합을 통한 개전일치와 탈근대성

동학을 창도한 수운이 시천주사상을 내놓게 된 것은 특히 유가적 전통과 불·도와의 결합에서 가능한 것이었다.[11] 『동경대전』을 보게 되면 일찍이 중국 유학사상에 있어 천명天命으로서의 천天과 자연법칙적 천의 두 전통이 동학에 결합되어 수용됨을 볼 수 있다. 공자는 천명사상을 통해 개개인 존재를 윤리적으로 확정 짓는 궁극적 근원으로 이해하였다. 즉 공자는 하늘(天)을 우주의 주재천主宰天으로 해석하였고 인간이 그 하늘로부터 도를 품부 받았기에 자기 안에 부여된 천명은 이법의 주재하는 힘이자 곧 진리였던 것이다.[12]

> 대저 아득한 옛날부터 봄과 가을이 어김없이 갈마들고 네 계절이 변함없이 제 때를 만났다가 사라져 간다. 이 역시 한울님 조화의 자취가 천하에 뚜렷하다는 본보기이다. … 이 근래에는 온 세상 사람들이 저마다 마음대로 하여 천리에 따르지 않고 천명을 돌아보지 않는다. 그리고 마음이 늘 두려움에 싸여 나아갈 바를 모른다.[13] 저 역괘가 나타내는 '길이 변치 않는 이법'을 살피고 하·은·주 3대에 한울님을 공경하던 이치를 자세히 음미하여 본다. 이제야 비로소 옛 선비들이 天命에 따르고 있었음을 알게

11 정혜정, 『동학·천도교의 교육사상과 실천』, 혜안, 2001, 1장 참고.

12 김관식 역주, 『書經』, 성균서관, 1976, 540-547쪽.

13 『東經大全』, 포덕문, "盖自上古以來 春秋迭代 四時盛衰 不遷不易 是易天主造化之迹 昭然于天下也 … 又此挽近以來 一世之人 各自爲心 不順天理 不顧天命 心當悚然 莫知所向矣"

> 되고 후학들이 한울님을 위하는 일을 까맣게 잊고 있음을 슬퍼하게 되었다. 내가 받은 도를 잘 닦고 익혀 보니 자연의 이치 아님이 없다. 공자의 도를 깨달은즉 한 이치로 되어 있다. 오직 나의 도를 논하면 공자의 도와 크게는 같으나 약간의 다름이 있다.[14]

수운은 주역의 '길이 변치 않는 이법'과 '삼대三代에 한울님을 섬기던 이치'를 살피면서 옛 선비들이 모두 이를 따르고 있었음을 밝힌다. 삼대에 상제上帝를 공경하던 이유가 모두 그 말씀에 따르고자 함이었는데 후대 사람들이 이를 까맣게 잊고 있다고 슬퍼한다. 수운은 이러한 공자의 도를 깨달은즉 한 이치임을 말하면서 유불 결합에 있어 유교의 천리와 인격적 천명을 불교의 마음(心)과 결합시켜 나갔다.

수운이 진정 의도하는 바는 유교에의 복귀가 아니라 그 만물의 이치와 주재함의 권능이 인간에게 구비되어 있음을 사람들이 보지 못함을 말하고자 함이다. 수운은 『용담유사』에서 "나는 도시 믿지 말고 한울님을 믿었어라 네 몸에 모셨으니 사근취원 하단말가."[15]라고 하여 한울님과 인간을 결합시키고 있다. 해월 또한 수운이 말한 궁을의 의미를 말하면서 이는 수운 선생이 도를 깨달은 처음에 세상 사람이 다만 한울만 알고 한울이 곧 나의 마음인 것을 알지 못함을 근심하여

---

14 『東經大全』, 수덕문, "察其易卦大定之數 審誦三代敬天之理 於是乎惟知先儒之從命 自歎後學之忘却 修而煉之 莫非自然 覺來夫子之道 則一理之所定也 論其惟我之道則大同而小異也"

15 『용담유사』, 교훈가

궁을을 부도로 그려내고 심령이 쉬지 않고 약동하는 모양을 겉으로 나타내어 시천주의 뜻을 가르친 것[16]이라 하였다. 특히 해월은 수운이 말한 시천주를 '인시천人是天'이라 재해석하면서 성리학의 이와 기를 하나로 결합시켜 '일이기一理氣'로써 설명해 내려간다. 천지·음양·일월 천만물의 화생한 이치가 한 이치 기운의 조화 아님이 없고, 화해 낳는 것은 한울이치요 움직이는 것은 한울 기운이니 합하여 말하면 기운이 곧 이치라는 것이다.[17] 동학에 있어 인간이 한울이라고 하는 것은 만물을 낳고 세상의 만물을 주재하는 한울을 성품으로 삼고 천지만물의 세상을 몸으로 삼기 때문이다. 천지의 모든 이치가 인간에게 구비되어 있다. 물론 인간뿐만 아니라 모든 존재는 천지의 이치를 구비하고 있다. 다만 인간만이 그 구비했음을 알 뿐이기에 최령자라고 하는 것이다.[18]

---

16 『海月神師法說』, 기타

17 『海月神師法說』, 天地理氣, "天地 陰陽 日月於千萬物 化生之理 莫非一理氣造化也 分而言之 氣者 天地鬼神造化玄妙之總名 … 化生天理 運動天氣 以理化生 以氣動止則 先理後氣도 亦是當然이니 合言하면 … 氣卽理也"

18 林明洙, 天德師恩의 說, 『천도교회월보』5, 1910.12, "惟皇上帝ㅣ 位乎太上ᄒᆞ야 萬物을 總管之ᄒᆞ시고 萬物을 自用之ᄒᆞ시니 範圍也ㅣ 極廣極大ᄒᆞ고 造化也ㅣ 至神至妙ᄒᆞ야 生生一理ㅣ 循環無窮而春秋焉迭代ᄒᆞ며 日月焉光明ᄒᆞ며 風雨焉滋潤ᄒᆞ며 雷霆焉皷動ᄒᆞ며 霜露焉造化ᄒᆞ야 四時ㅣ 不變其序ᄒᆞ고 萬物이 各成其功ᄒᆞᄂᆞ니 若斯神功大德을 孰能代揚ᄒᆞ며 孰能主張고 惟人이 位乎萬物ᄒᆞ야 最靈最智ᄒᆞᆫ者라 而性以天ᄒᆞ며 而身以世ᄒᆞ며(필자 밑줄) 而心以神ᄒᆞ야 天의 萬生과 世의 萬有를 總以心裁制ᄒᆞ야 以備人世而利用厚生ᄒᆞ니…"

천지음양 시판 후에 백천만물 화해나서
지우자(至愚者) 금수요 최령자 사람이라
전해오는 세상말이 천의인심(天意人心) 같다 하고…[19]

의암도 '사람은 만물 가운데 가장 신령한 자로 만물의 이치를 모두 한 몸에 갖춘 자'라 말한다.[20] 인간의 영성은 우주의 영성이자 만고억조의 영성이며 현세의 사회적 정신이다. 수운이 한울님을 천리와 천명의 결합 속에서 인간과 일치시켰다면, 해월은 이기 일치의 개념으로, 그리고 의암에게 있어서는 '성심性心'의 용어로 사유가 전개된다.[21]

이상에서 살펴본 바와 같이 동학은 인간이 전일적 존재임을 말한다. "천지의 이치를 구비하고 우주 전체가 되며 만물을 주재하는 한울아"로 이해하는 것은 탈근대의 '공동 존재'와 맞물릴 수 있다. 근대가 신을 사살했다면 탈근대는 '나'를 사살한 것이라고 흔히 말한다. 우리는 혼자로서 존재하지 않고 나와 너의 전체로서 존재한다. 나는 나 이외의 것으로 이루어져 있고, 나는 곧 타자이며 나라는 것은 절대적 주체의 독립자로서가 아니라 관계 속에서의 나이다. 모든 개인은 개인들의 자아가 서로 관계하여 형성된 주체들이고 이 관계는 무

19 『용담유사』, 도덕가

20 『義菴聖師法說』, 性靈出世說, "人是萬物 中最靈者 萬機萬相之理 總俱體者也 人之性靈 是大宇宙靈性 純然稟賦同時 萬古億兆之靈性 以唯一系統 爲此世之社會的精神也"

21 『義菴聖師法說』, 覺世眞經

無와 얽혀 있어 고정적이지 않고 늘 변화하며 움직이며 새롭게 창조된다.

그러나 한편 동학의 전일체적 인간 이해는 천지의 이치를 구비한 비실체적 무궁자이자 천지 한몸[萬物一己]이기에 인간이 수련을 통해 한울아와 합한 자리에 그 절대 준거를 놓는다. 그리고 이로부터 개성이 무한히 창조되고 우주 전체 역시 무한히 창조되는 인간 주체성이 강조된다. 그러므로 인간의 수행을 통해 한울아를 드러내고 전체를 관통하는 한울아의 준적과 변혁적 주체로서 인간 이해는 탈근대적 자아와는 또 다른 이해를 요구하고 있다.

2) 공空을 통해 본 개전일치와 탈근대성

동학사상에 있어 마음이 곧 한울이 되고 내 마음이 곧 세계가 되며 주관과 객관, 개체와 전체의 통일이 가능한 것은 모든 존재에 공성空性이 있기에 가능하다. 이러한 공성은 수운에게 있어 "마음은 본래 비어서 물건에 응하여도 자취가 없다(心兮本虛 應物無迹)."[22]는 '심본허응물무적'의 마음으로 표현되고, 해월은 이를 해석하여 "허虛가 능히 기운을 낳고, 무無가 능히 이치를 낳는 것"[23]으로 재현된다. 즉 그릇이 비었으므로 능히 만물을 받아들일 수 있고, 천지가 비었으므로 능히 만물을 용납할 수 있듯이, 마음이 비었으므로 능히 모든 이치를

22 『東經大全』, 歎道儒心急

23 『海月神師法說』, 虛와 實, "虛能生氣 無能生理"

통할 수 있음과 같다.[24] 탈근대에서 말하는 공동 존재 역시 실체화된 자아가 아니라 감정이입을 통해 끊임없이 수정되는 것이고 은폐되지 않은 존재의 열어 보임을 진리라고 말한다. 세상은 마음의 자기 현시이고 존재는 고정된 실체가 아니라 하나의 생기이며, 인간 존재는 상호 연결된 관계의 그물망이다.[25] 왜냐하면 존재는 세계를 향해 열려 있고 우리는 우리 자신의 외부, 즉 타자로부터 출발하는 무와 얽혀 있기 때문이다. 무는 외부로부터 나를 결정하고 있고 동시에 "나는 하나의 관점에 묶여 있지 않기에 나의 견해를 변화시킬 수 있다."[26]

탈근대주의자들은 서구 형이상학이 무엇보다 '무無 제거'의 역사였음을 비판하고 있다. 서양철학은 있음만의 실체를 고집하고, 오로지 존재하는 것에만 매달린 존재자 중심의 역사이며 무에 대한 탄압 내지는 봉기의 역사라는 것이다.[27] 반면 불교나 도가 전통은 무의 자리 지기로서 비유비무非有非無, 역유역무亦有亦無의 논리를 갖고 있다. 동학사상과 불교철학이 그리고 탈근대철학이 상호적으로 이해에 도움주는 것은 무의 논리가 있기 때문이다. 공성이 성립하기에 일체가 성립하고 공성이 없으면 일체는 성립하지 않는다.[28] 우리가 존재 또는

---

24 『海月神師法說』, 위의 책

25 M. 메를로 퐁티, 앞의 책, 456쪽.

26 M. Merleau-Ponty, ibid., 1962, p.397.

27 M. 하이데거, 이기상 공역, 『형이상학의 근본개념들: 세계-유한성-고독』, 까치글방, 2001, 266-267쪽.

28 中論, 『大正藏』30, No.1564, 33a "以有空義故 一切法得成 若無空義者 一切則不成"

유有라고 여기고 있는 것들이 무無 없이는 존재할 수 없음을, 그리고 개전일치個全一致가 가능한 것은 '본허본공本虛本空'이기 때문임을 탈근대철학이 그리고 불교가 말해주고 있다. 동학에서 말하는 심즉천의 심心은 분명 공空(無)을 수반하기 때문에 서구의 신神 개념으로만은 결코 이해할 수 없는 비실체의 한울님관(神觀)임을 주목해야 한다. 무가 수반되기 때문에 만물이 성장하고 세계가 개벽되며 인간 개체가 전체가 될 수 있다. 무가 수반됨이 없이 유만을 상정한다면 모든 존재는 서로를 받아들임이 없이 개체로서 대립되고 고정불변할 것이다. 우리는 해월이 이기일치로서의 마음을 허령한 것[29]이라 명명한 사실에 주목해야 한다. 동학사상을 유불도 삼교합일의 무극대도라 하면서도 불교가 갖는 심본허의 공성空性, 즉 무無의 사유를 우리는 간과해 왔다. 공성[비실체성]이 없으면 개체와 전체는 하나일 수 없다. 인간의 동정어묵動靜語黙이 모두 천리의 본연이 되는 것, 한울이 사람 되지 않음이 없고 사람이 한울되지 않음도 없는 것 모두 허령한 한울아가 품부되어 있기 때문이다.

> 성심은 현묘하고 현묘해서 응물무적이나 있는 듯 사는 듯한다. 성품은 본래 있음도 없음도 아니요 나타난 것도 의지한 것도 서있는 것도 선한 것도 악한 것도 처음도 나중도 없는 것이다. 마음은 본래 빈 것이다.[30] 음과 양이 합덕하여 체를 갖춘 것을 성품이라 하고 밖으로 접령이 있고 안

29 『海月神師法說』, 天地理氣

30 『義菴聖師法說』, 無體法經

으로 강화가 있는 것을 마음이라 한다. 마음이란 들리는 듯 하나 보기 어려운 혼원한 虛靈이다.[31]

의암의 법설은 이러한 측면에서 한울님에 대한 많은 내용을 無에 대한 설명으로 일관하고 있다. 그에게 있어 인간의 성심性心은 '영연불매靈然不昧'하고 '허령虛靈'한 것이며 '공공적적空空寂寂 활활발발活活潑潑'한 것이다. 그러므로 이 두 가지에 하나가 없으면 성품도 아니요 마음도 아니다. 성심본체는 여허여공如虛如空이요, 한울은 원래 '본허본공本虛本空'한 것으로 내 마음이 '허虛'라야 한울이 자리하고 내 마음이 '공公'이라야 한울을 사랑한다고[32] 했다.

불가에서 인간의 일심一心을 가리켜 '공적활발空寂活潑'이라 하고 '공적영지空寂靈知'라 하며 '허령불매虛靈不昧'라 하던 것을 동학은 이제 유가의 천과 결합하여 한울님이라고 부르는 것이다.

3. 주객일치의 탈근대성: '심즉천'

동학에 있어서 개전일치의 사유는 객관과 주관의 문제로 이어져 간다. 인간의 마음은 곧 세계이기 때문이다. 흔히 우리는 근대 사유처럼 세계와 마음을 분리시키고 전체와 개체, 주관과 객관을 대립시켜

---

31 『義菴聖師法說』, 覺世眞經

32 朱昌源, 「天과 個人의 道園」, 『천도교회월보』2, 1910.9.

분리된 허상에 고착하여 끊임없이 자아를 확산하지만 동학은 이러한 이원론을 거부한다. 동학사상에 있어 주객이 통일되는 것은 우리가 인식하는 세계가 곧 내 마음이기 때문이다. 끊임없이 변화·작용하는 인간 마음이 한울이라 하는 것은 한 순간의 마음에 모든 존재가 드러나고 마음이 보고자 하는 대로 세계가 파악되기 때문이다.

> 내 마음을 깨달으면 상제가 내 마음이요 천지도 내 마음이요 삼라만상이 다 내 마음의 한 물건이다.[33]

의암은 천지가 내 마음이요(我心天地), 풍운조화 삼라만상이 모두 내 마음이라고 말한다.[34] 인간 마음은 천지만물 곧 세계이다. 그러므로 내 마음이 바르면 세계가 바르다. 이는 주객의 통일 속에 있는 세계일 뿐임을 말하는 것으로 세계란 실체가 있는 것이 아니다. 동학에 있어서 도를 안다는 것은 세계가 자신임을 아는 것이다.[35] 해월도 "내 마음을 공경치 않는 것은 천지를 공경치 않는 것이요 내 마음이 편안치 않는 것은 천지가 편안치 않은 것이다."[36]라고 하였다. 여기서 짚고 넘어가야 할 것은 나의 마음과 기운이 바르면 천지가 바르고, 나의 마음이 편치 않으면 천지가 편치 않다고 말하는 점이다. 이는

---

33 『義菴聖師法說』, 無體法經

34 『義菴聖師法說』, 無體法經, "見性覺心 我心極樂 我心天地 我心風雲造化"

35 『東經大全』, 後八節, "不知道之所在 我爲我而非他"

36 『海月神師法說』, 守心正氣, "我心不敬 天地不敬 我心不安 天地不安 我心不敬不安 天地父母長時不順也 此無異於不孝之事"

진리라는 것이 주객일치의 인간 실존에서 드러나고, 보여지는 것(객관)과 보는 나(주관)가 둘이 아니기 때문이다. 마음이 곧 세계이기에 마음이 씻겨지는 만큼 세계 또한 청정하다. 의암은 말하기를 "천지만물의 주객 구분이 가능하지만 한울을 주체로 보면 나는 객이 되고 나를 주체로 보면 한울이 객관이 되는 것"[37]이어서 천지만물과 나는 동시에 주관도 객관도 됨을 말한다. 인간이 천지의 이치를 두루 갖춘 천지동오天地同吾, 동귀일체자同歸一體者로서 내 마음과 천지가 둘이 아니라는 주객일치의 사유는 오늘날 탈근대가 주장하는 기본 핵심 사상이다. 천지 만물을 떠나서 진리를 구하지 않고 인간 마음 자체가 우주 전체임을 말하여 주관과 객관을 통일시키는 동학사상은 하이데거가 존재론을 인식론으로 전환시킨 주객일치의 관점과 상통한다.

하이데거는 인식이 세계-내-존재 안에서 이루어짐을 말하는데 이는 세계가 이미 인식에 부여되어 있음을 의미한다. 그러므로 인식주관과 무관한 인식 대상은 존재할 수 없다. 하이데거는 관심·배려에서 만나게 되는 존재자를 도구 존재라 이름했다. 그리고 이 개별적 도구 존재는 이미 앞서 하나의 도구 전체성이 발견되어 있다.[38] 따라서 모든 존재자는 그 자체로 독립하여 있는 실체가 아니다. 또한 개별 도구에 앞서 이미 그때마다 도구 전체성이 발견되어 있다. 다시 하이데거의 표현을 들면 구두를 만들기 위한 망치, 대패, 못 등은 구

---

37 『義菴聖師法說』, 無體法經, "凡 天地萬物 不無主客之勢 觀天以主體 我爲客 觀我以主體 天爲客 不此之辨 非理非道也 故主客之位 指定于兩方"

38 M. 하이데거, 앞의 책, 100-101쪽.

두 '그것을 위해서'로서 그 도구 나름의 존재양식을 가지고 있다. 그 각 물건은 '그것을 위해서'와 함께 사용성이 주어진다.

> 손 안의 것의 존재 성격은 사용사태이다. 사용사태에는 어떤 것을 가지고 어떤 것에 사용하도록 함이 깔려 있다. 손안의 것이 어떤 사용사태를 가지는가 하는 것은 그때마다 사용사태 전체성에서부터 앞서 윤곽지어진다.[39]

망치는 바로 이 '지시연관'의 다양성에 따라서, 예컨대 못을 박기 위한 연관 하에서 못을 박기 위한 것으로서 해석될 수 있고 벽돌을 깨트리기 위한 연관 하에서는 '벽돌을 깨트리기 위한 것'으로서 해석될 수 있다. 거꾸로 망치는 이러한 가능한 '그것을 위한 연관들'에로 기획 투사되어 있고 이해되어 있다.

의암도 말하기를 "마음이 흰 것을 구하고자 하면 흰 것으로 보이고 붉은 것을 구하면 붉은 것으로 보이고, 구하는 사람이 구하기를 바르게 하면 보이는 것도 또한 바르고 구하기를 그릇되게 하면 보이는 것도 그릇되게 보인다."[40]고 하여 주객일치의 극명한 사례를 들고 있다. 모든 대상은 마음이 그렇게 보도록 시키는 것이다. 그러므로 "마음은 가히 천지를 운반하고 권능이 가히 만상의 윗자리가 된다."[41]

---

39 M. 하이데거, 앞의 책, 120쪽.

40 『義菴聖師法說』, 無體法經, "思之則 天理得焉 不思之則 不得衆理矣"

41 앞의 책, "能力 可以運搬天地 權能 可爲萬相首位"

인간 삶이 세계를 만들고 세계가 인간 삶을 만든다. 인간 삶이 없으면 이 세계가 없고 세계가 없으면 이 삶도 없다. 일제 식민지 시기 당시 이종린은 마음에서 비롯되는 세계와 인간 삶을 각각 세 가지로 나누었다. 육생肉生, 몽생夢生, 각생覺生의 인간 삶에 따라 천연계天然界, 초매계草昧界, 문명계文明界의 세계가 형성된다. 이는 오늘날의 언어 감각으로 볼 때 다소 생소하지만 음미할 가치가 있다. 무상한 곳에 거하여 이익만을 쫓아 움직이는 자로서 복이 내리기를 바라고 한 발자국도 떼지 않고 앉아서 땅에서 나는 물건만 향유하여 죽지 않으면 행복하다는 자는 육생인이다. 농사 짓고 공업에 힘써 입고 먹지만 기계器械는 갖추어지지 못하여 헛되이 힘쓸 뿐이요, 백성이 주인이라 하여 집을 이루고 나라를 이루지만 규칙이 완전하지 못하고 헛되이 지킬 뿐이요, 산에 사는 이는 산 바깥에 육지가 있음을 모르고 육지에 사는 자는 육지 너머에 바다가 있고 산이 있음을 몰라 큰 우물 안에 앉아 하늘을 보는 이는 몽생인이다. 하늘은 크고 땅은 넓어 각각의 사물에 관하여 내가 스스로 그 규칙을 정하고 그 쓰임을 스스로 정하며 습속에 이끌리지 않고 스스로 그 몸을 다스리며 그 덕을 스스로 닦으며 옛것이나 지금의 한계에 구애되지 않고 현재의 작은 성취에 안주하지 않고 늘 미래의 큰 성공을 도모하여 넘어지더라도 퇴보하지 아니하고 비틀거려도 떨어지지 아니하여 모든 중생으로 하여금 고해에서 벗어나 복지를 누리게 하는 자는 각생인이다. 그러므로 육생의 삶이 빚어내는 세계는 천연계요 몽생은 초매계, 각생은 문명계라 한다. 즉 세계는 하나로되 세 세계가 다름이 있는 것은 그 마음 때문으로 사람의 마음이 생기면 세계가 생기고 사람의 마음이 죽으면 세계가 죽는 것이다. 비유하자면 인간 마음은 파도요 세계는 빈 배와 같다. 파도가 생기면 배가 저절로 움직이고 파도가 치지 않으면 배가 스스로 고요하며 파도가 치면 배도 높이 오르고 파도가 적어지면 배 역시 낮아져 한 터럭만큼의 거짓도 없고 생각이 쉬지 못함이 이것이다. 세계는 오직 사람 마음이 만든다.[42]

4. 심신일여의 통전성과 탈근대성

서양 근대철학에 있어서 마음과 몸의 개념 역시 전통적 이원론에 기초해 있다. 특히 데카르트는 인간 주체를 오직 '생각하는 주체'로서 정의하여 몸으로부터 정신을 분리했고, 로크 또한 이원론의 사유를 바탕으로 마음과 물질, 그리고 개체와 세계를 말했다. 데카르트의 관념 이론에서 감각은 결코 대상을 반영(표상)하는 것이 아니고 단지 주변 물체로부터 충격을 받아들일 뿐이다. 사물이나 심지어는 색, 질감, 온도와 같은 것들을 반영(표상)하는 것도 이성적인 영혼이다. 그러므로 모든 관념은 본유적인 것이다.[43] 근대 이원론과 달리 메를로 퐁티는 심신일원에 입각하여 몸이 마음임을 주장한다. 그는 인간 실존을 비이원론에서 파악하여 몸의 현상학을 발전시켜 왔다.

---

42 이종린, 「世界與人生」, 『천도교회월보』8, 1911.3

43 톰소렐, 문창옥 역, 『데카르트』, 시공사, 1999, 77-111쪽.

> 나는 나의 몸과 정면으로 마주하고 있지 않다. 나는 몸 안에 있고 오히려 나는 몸이다. 인간은 자신의 몸을 매개로 하여 세계의 의식을 이룬다. 즉 의식은 몸의 상호매개를 통하여 형성된다.(M. Merleau Ponty, 1962:150)

메를로 퐁티에 의하면 인간은 신체-주체인 것이다. '신체-주체'라는 이 말은 메를로 퐁티가 후기에 채택하여 능동적인 몸을 가리켜 언급한 것으로 전통 철학에서 쓰이는 이성 주체라는 말을 대신하여 사용한 것이다. 그리고 이는 사회 문화적인 체험과 행동에 의해 생산된다.[44] 게다가 체험된 몸의 근원적인 구조나 조직은 그의 현존 속에서 끊임없이 개정된다. 이 구조 조직을 "Body image"라고도 표현하는데 이는 신체 개념(body concept) 혹은 신체 도식(body scheme)이라는 말과 같은 의미로 쓰인다.

동학사상 역시 심신일원을 전제로 한다. 성심신性·心·身삼단을 일치시켜 인간 이해를 하고 있는데 이 역시 탈근대적 맥락에 서 있다 할 것이다. 의암은 "성품이 있고서라야 몸이 있고 몸이 있고서라야 마음이 있다."[45]고 하여 성품(性)과 마음과 몸을 결합시키고 있다. 성품이 주체가 되면 성품의 권능이 몸의 권능을 이기고 몸이 주체가 되면 몸의 권능이 성품의 권능을 이긴다 하여 성품을 주체로 보고 닦는

---

44 The Aberdeen Body Group ed., Body, vol.1, London: Routledge 2004, p.221.

45 『義菴聖師法說』, 無體法經

사람은 성품의 권능으로써 비고 고요한 경지를 무궁히 하고 몸을 주체로 보고 닦는 사람은 몸의 권능으로써 활발하고 장애 없이 현 세계에서 모든 백성을 함양한다. 그러므로 성품과 몸의 두 방향에 대한 수련(性身雙方之修煉)을 취해 도 닦는 사람에게 밝히고자 한다고 의암은 말했다.[46] 그러나 한편 그는 몸이 있을 때에는 불가불 몸을 주체로 인정해야 한다고 말한다. 몸이 없으면 성품이 의지할 곳이 없고 마음이 없으면 성품을 보려는 생각이 생길 수 없기 때문이다. "무릇 마음은 몸에 속한 것이고 마음은 바로 성품이다. 마음은 몸으로부터 생기어 형상이 없이 성품과 몸 둘 사이에 있어 만리만사를 소개하는 요긴한 중추가 된다."[47] 이는 마치 마음이 몸에 의지한 것이 한울이 만물에 의지한 것과 같다.[48]

> 마음이 성령과 몸을 거느린다는 것은 비유하건대 성령은 물이요 물이 능히 움직이며 흐르는 힘은 마음이요 흐르는 물을 받는 곳은 몸이니 몸이 없으면 성령이 위탁할 곳이 없고 성령이 없으면 마음이 생길 근본이 없으나 성령과 몸 사이에 마음의 소개가 없으면 다만 한 생물이 세상에 있다 이를지언정 사람의 이름에 상당한 지각과 능력이 있다 이르지 못한다.[49]

---

46 앞의 책

47 앞의 책, "身在時 不可不 認身以主體何者 無身性依何而論有無 無心見性之念 起於何處 夫心身之屬也 心是生於以性見身之時 無形立於性身兩間而 爲紹介萬理萬事之要樞"

48 『義菴聖師法說』, 講論經義

49 『義菴聖師法說』, 其他

한편 해월은 “몸은 심령의 집이요 심령은 몸의 주인”[50]이라 하여 심령의 있음은 일신의 안정이 되는 것이요 욕념의 있음은 일신의 요란이 되는 것이라 했다. 이에 몸으로써 한울아가 드러나도록 수행을 권한다. 몸은 사람이 세상에 난 처음 표준이요 한울이 거하는 집이다. 사람의 희노애락과 생사존망이 다 몸과 관계된다.

5. 동학사상과 탈근대적 교육철학

1) 만물일기관의 한울아 교육

근대성은 주체의 자율성과 개인의 독립성으로 평가될 수 있다. 근대의 인간은 자신의 이성과 의지에서 출발해 스스로 규범과 규칙을 확립하려는 존재이고 세계 전체를 지배하기 위해 자신의 모든 능력을 자율적으로 펼치고자 한다. 데카르트에 있어 자아의 본질은 사유이며 그 사유를 본질로 삼는 자아는 사유적 실체이다. 이는 주객 이원화의 논리를 함축하는 것으로 객관 자체는 주관적 활동과 무관하게 존립하는 실체로서 이해된다.[51] 이러한 자기중심적 Monologue는 결국 적

---

50 『海月神師法說』, 守心正氣, “身體心靈之舍也 心靈身體之主也 心靈之有 爲一身之安靜也 慾念之有 爲一身之擾亂也”

51 한자경, 『자아의 연구: 서양 근·현대 철학자들의 자아관 연구』, 서광사, 1997, 30쪽.

개심과 전쟁, 죽음으로 이끌어간다.[52]

탈근대적 인간 자아는 '더불어 있음'의 공동자아이다. 근대의 사유하는 실체로서의 주체 이후에 오는 것은 공동 존재로서의 상호 주체이며 이 상호 주체적 자아는 구성적 자아이다. 그것은 초점을 그 스스로에 현전하는 자아에서 타자에 대해, 타자를 위해 그리고 타자와 더불어 현전하는 자아로 이동시킴으로써 자아의 모습을 구체화한다.

교육이란 이제 이원론적이고 파편화된 개인 주체로서의 근대교육 담론에서 만물일체의 전일적 교육 담론으로 전환시키고, 자아를 타인과 자연에 대하여 무한히 확장시키고자 하는 분리된 개체적 삶과 이성 주체로서의 삶보다 한울 전체로서의 본래아를 발현시키는 고양된 삶의 길을 전망해야 한다. 즉 개체 위주의 분리담론이 아닌 모두의 생명이 하나로 연결된 한울 담론으로 바뀌어야 한다. 동학의 탈근대성과 연관한 교육의 전망은 한울 공동체 속에서 개체의 무한한 성장과 한울 전체의 성장이 분리될 수 없다는 자각 아래 세상을 위하고 자신을 소아小我를 끊임없이 대아大我로 해방시키는 데서 찾아진다. 모든 존재가 한울님을 모셔(侍天) 한울 생명을 영위하는 것이기에 존재의 전적인 긍정과 다양성을 이해(事人如天)하게 된다. 동학사상이 탈근대가 주장하는 것처럼 다중심주의로 갈 수 있는 것은 모든 존재가

52 Kiyul Chung, Donghak(東學) Concept of Heaven/God: Religion and Social Transformation, A Dissertation Submitted to The Temple UnIVersity Graduate Board in Partial Fullfilment of the Reauirements for the Degree PhD., 2005, p.132.

곧 한울로서 천명과 천리를 구비한 신령한 한울이기 때문이다. 개별 존재는 곧 전체에 관통되어 있고 전체에 통할 수 있는 준적의 설립이 가능하기에 각자는 진리를 갖는다. 여기에 진정한 인간 공경과 다양성의 존중이 서게 된다. 인간 자신이 사인여천事人如天의 삶을 살 때, 즉 자신이 한울님임을 깨닫고 전체 한울을 위할 때 동귀일체로 돌아가 지상천국의 이상사회가 존재한다.

동학서 인간 개성은 우주만물을 한 몸으로 하여 자신을 위하는 데서 확보된다. 우주의 이치와 생명의 힘은 하나이지만 이것이 모든 개체 속에서 드러날 때 달리 표현된다. 모든 존재는 한울님의 표현이다. 각자의 한울님이 각자의 개성 속에서 드러난다. 이는 존재 그 자체로 아름답고, 진리이고 생명인 것이다. 어느 누가 흙 한 줌, 풀 한 포기를 가볍다 하겠는가. 그러므로 인간과 자연 모든 개체에 공경을 다하고 우주를 한 몸으로 하는 공심을 통해 공행을 실천하는 것이 개성화의 길이라고 동학은 말한다. 어떻게 보면 붓다, 예수, 수운 모두는 진리를 체험하고 이를 실천한 가장 개성화된 인물로 볼 수 있다.

근대교육의 가장 기본적인 화두는 이성 연마에 의한 자아의 지배와 확산에 있었다. 그러나 자아는 실체가 아님을 동학은 말한다. 어떠한 개체도 고정된 실체나 동일성을 지니지 않기 때문이다. 모든 개체는 관계지워짐 속에서만 존재하고 하나의 실체는 그 자체로서 파악될 수 없다. 자아는 전체와의 관련 속에서 끊임없이 생성되어 가는 하나의 구성물이다. 인간 자체는 자기 실체성이나 중심성을 갖지 못하고 공空하다. 단지 상호의존적인 발생 속에서 자신을 형성할 뿐이다. 그러므로 세계를 독립된 개체들의 합이 아니라 거대한 하나의 관계적 체계임을 교육에서 말해야 하고 이를 교육에서 실천할 필요가 있다.

한울아와 만물일기萬物一己의 세계관은 분명 인간과 세계를 인식하는 패러다임의 전환이다. 독립된 자아는 해체되고 탈중심화된 세계, 총체적으로 존재론과 결별된 세계, 존재론적인 토대들이 절대적으로 회복 불가능하게 상실된 세계이다. 리요따르의 표현을 빌리면 어떤 지적 체계나 도덕적 체계도 실재를 인식하는 어떤 방법도 궁극적으로 합법화 될 수 없고 어떤 것도 존재론적으로 다른 어떤 것에 대해 우위를 주장할 수 없다. 독립적인 실체 개념을 부정하고 실재 개념을 유기체적 전체론(holism)의 문맥에서 이해할 것이 주장된다. 생명들은 공동 기원과 공동 운명을 지니고 있기 때문에 상호간에 의존적이다. 통일성(같음)과 다양성(차이)의 역동성은 만물의 상호 의존의 본질 안에 있다. 크리스테바는 "열린 시스템으로 작용하는 윤리, 변화에 열린 구조를 갖는 윤리는 닫히고 고정된 자아를 끊임없이 위반하고 추방시키는 주체의 자아 추방의 윤리"라고 말한다. 즉 고정된 자아의 거부, 자아의 파편화 견제, 내 안에 타자가 있음을 인식함 등이 포스트모더니즘에서 요구되는 윤리라 하였다.[53]

동학은 자기 자신이 한울님임을 깨달아 한울님으로 살라 한다. 이는 탈근대적 공동 자아와 가까우면서도 수행을 통한 보편성의 획득으로서 동학의 한울교육은 탈근대적 주체의 해체와도 구별된다. 한울님으로 산다함은 자신의 개체아個體我가 전체아全體我로 전환되는 것을

53 최희재, 「줄리아 크리스테바의 포스트모더니즘 윤리와 『율리시즈』의 자아 추방의 시학」, 『제임스 조이스 저널』9-1, 2003.6, 158~159쪽.

말한다. 전체를 자기로 하여 생명을 영위할 때 세계의 변혁과 창조가 일어난다. 그리고 이는 각자가 가진 개성적 개체아가 발현되면서 동시에 대아大我로 확장되는 것이기에, 인간 개성과 전체, 어느 것 하나 손상되지 않고 하나 됨을 이룰 수 있다. 서양의 전통은 결과적으로 개인과 전체 중, 하나를 택할 수밖에 없다. 인간의 자유와 개성의 강조는 결국 이기주의와 제국주의로 흘렀고 전체와 평등의 강조는 결국 파시즘과 억압의 역사를 낳았으며 자아의 해체는 곧 자아의 몰주체를 가져왔다.

2) 이신환성으로서의 심신교육

한울은 인간 몸을 떠나서는 생각할 수 없다. 그러므로 생명 혹은 한울의 영을 담지하는 몸의 수련, 곧 수신修身을 통해 한울님을 체험하고 몸을 수련함으로써 한울 성품으로 바꾼다(以身換性). 근대가 이성주체의 자아실현으로서의 사고교육에 초점을 두었다면 탈근대의 교육은 몸의 지각적 경험에 주목하여 본래성의 회복으로서 심미교육을 중시한다. 동학에서 지향하는 몸의 교육 역시 자기 안의 한울을 체험하는 심미적 교육에 초점이 맞추어져 있다 할 것이다.

몸이란 인간의 정신을 포함한 것으로 참된 영성을 알게 해 주는 도구다. 동학은 모든 존재 간의 전일성과 상호 연관성을 깨달아 내 자신이 개별아라는 관념을 넘어설 것을 가르친다. 모든 생명의 존재 근거가 되는 한울님이 몸을 통해 드러난다는 실천적 자각이야말로 인간 삶 속에서 모든 것을 함께 키워 나가는 세계 생성과 변혁의 전거가 될 수 있다.[54] 화이트헤드는 세계를 현실적 통체(actual entity)와 영원적 대상(eternal object), 즉 초월적 통체(transcendent entity)와의 긴장적·대립적 관계로 놓고 영원적 대상은 개별자로서 현실적 통체와 결합되어야만 창조성의 활동이 가능함을 말했다. 신은 스스로의 여건을 초월적인 지배력에 의해 강제하는 것이 아니라 오히려 개개의 현실적 통체를 통해 자기 창조를 이루는 것이다. 신이 제공한 여건을 취사선택하는 주체적 형식은 현실적 통체의 측면으로 귀속한다. 신은 자기 충족적인 실체가 아니며 스스로 존립하기 위해서는 다른 여러 현실적 통체와 결합되지 않으면 안 된다[55]는 것이다. 이러한 의미에서 동학과 화이트헤드에게서 상호 유사성이 드러난다.

동학에서도 인간 주체 없이 한울 역시 아무 공로 없음을 강조한다. 동시에 "한울이 있음으로써 물건을 보고 한울이 있음으로써 음식을 먹고 한울이 있음으로써 길을 간다는 이치를 투철히 알라."[56]고 말하면서 "내 속에 어떤 내가 있어 굴신동정하는 것을 가르치고 시키는가 하는 생각을 일마다 생각하여 오래도록 습성을 지니면 한울 자체로 살게 된다."[57]고 말한다.

"몸을 성령으로 바꾸라는 것은 대신사의 본뜻이다. 몸은 백년간일물이

---

54 이정배, 앞의 책, 127~128쪽.

55 吉原瑩覺, 『卽身の哲學』, 東京: 理想社, 1970, 265-269頁.

56 『義菴聖師法說』, 以身換性說(二)

57 『義菴聖師法說』, 人與物開闢說

> 요 성품은 천지 미판 전에도 고유한 것이다. 그 體됨이 원원충충하여 불생불멸하고 무가무감하다.[58]

> 性은 즉 人의 영년주체요 身은 즉 人의 일시객체이다. 만약 주체로 주장하면 영원히 복록을 받을 것이요 객체로 주장하면 모든 일이 재화에 가깝게 된다.[59]

그러므로 동학에서는 자기 안에 부여된 한울을 주체로 하여 살도록 하고 한울을 공경하여 몸으로써 한울로 전환되도록 한다. 이는 곧 모든 사람과 만물이 다 나의 동포(人吾同胞 物吾同胞)라는 전적 진리(全的理諦)를 깨달음이다.[60] 따라서 동학의 수련 방법으로서 주문과 청수, 심고 등은 우리 자신의 몸으로써 한울을 바꾸는 주요한 심신교육이 된다. 주문 21자(지기금지원위대강 시천주조화정영세불망만사지)의 송주는 한울님을 위하는 방법으로 제시된 것으로 한울님을 찾는 소리요, 한울님의 마음과 기운을 합하는 감화와 만물화생의 근본으로 인식되고 있다. 또한 이는 동학의 핵심 사상을 담아낸 것으로 감응의 기제라 할 것이다. 청수 의식은 청수로써 한울님을 깨닫는(以水觀天)[61] 가운데 형성되는 마음의 비워짐과 고요함, 그리고 한울님과 합함이다. 이는

---

58 『義菴聖師法說』, 以身換性說(一)

59 『義菴聖師法說』, 以身換性說(一)

60 『海月神師法說』, 三敬.

61 여기서 觀의 의미는 한울을 대상적으로 바라봄이 아니라 한울을 알아차리는 지혜의 의미로 보아야 적절하다.

단순히 맑은 물을 바라보는 것이 아니라 마음을 가라앉히고 한울님과 청수가 화하여 함께 일심으로 돌아감이다(換心則天與水化而同歸一心). 이 일심에로의 동귀가 곧 천인합일天人合一이다. 다시 말해 청수 의식은 '관천관도지술觀天觀道之術'로서 오만년의 대도대덕大道大德이 이로부터 얻어지는 것이라 천도교인은 말한다.[62]

또한 일제하 심신 결합의 중요성을 말한 천도교 자료를 보면 마음과 몸이 분리될 때 인간은 한울로 살 수 없음을 강조하고 있다. 마음은 마치 입헌군주와 같고 뇌는 중앙정부와 같으며 오관 세포의 조직은 각부 관청과 다름이 없다 한다. 몸은 심령이 작용하는 그릇이기에 심령을 닦지 아니한 사람은 영은 영대로, 몸은 몸대로여서 서로의 관계가 없게 되어 심령은 어두운 가운데 떨어지고 몸은 흔쾌한 즐거움을 얻지 못한다. 그러나 우리가 심령을 잘 수양하여 성령과 육신의 관계가 서로 친밀하게 되면 곧 천인합일·천인합덕이 된다. 마음과 몸의 관계가 비록 하나이지만 심령을 닦지 않은 사람은 그 관계가 아예 깨어져 없게 된다.[63] 그 관계가 깨어져 없다고 함은 곧 자신의 한울과 어긋남이다.

---

62 金弼奎, 「淸水觀」, 『천도교회월보』86, 1917.9.15.

63 장영수, 「심리작용과 생리조직의 관계」, 『천도교회월보』8, 1911.3

6. 맺는 말

동학의 인내천관은 인간이 처음부터 전체아로서 태어나면서 지속적으로 변화해 가는 무궁자임을 말한다. 이는 근대처럼 본유적으로 주어지는 실체적인 자아를 부정하는 동시에 탈근대가 갖는 극단적 상대성이나 몰주체성과는 또 다른 입장을 지닌다. 즉 탈근대철학이 상대성에 머물게 되는 것과 달리 동학은 한울아가 처음부터 모든 만물의 이치를 구비하고 간섭하지 않음이 없고 명령하지 않음이 없는 주재자의 무궁성, 그러면서도 허령한 비실체로서 읽혀진다.

동학의 전일체적 인간 이해는 천지의 이치를 구비한 비실체적 무궁자이자 천지 한몸[萬物一己]이기에 인간이 수련을 통해 한울아와 합한 자리에 그 절대 준거를 놓는다. 이로부터 개성이 무한히 창조되고 우주 전체 역시 무한히 창조되는 인간 주체성이 강조된다. 동학에서 인간 개성은 우주만물을 한 몸으로 하여 자신을 위하는 데서 확보된다. 우주의 이치와 생명의 힘은 하나이지만 이것이 모든 개체 속에서 드러날 때 달리 표현된다. 모든 존재는 한울님의 표현이다. 각자의 한울님이 각자의 개성 속에서 드러남이다. 한울아와 만물일기의 세계관은 분명 인간과 세계를 인식하는 패러다임의 전환이다.

동학은 자기 자신이 한울님임을 깨달아 한울님으로 살라 한다. 이는 분명 탈근대적 공동 자아와 가까우면서도 수행을 통한 보편성의 획득으로서 탈근대와 구별된다. 한울님으로 산다 함은 자신의 개체아個體我가 전체아全體我로 전환되는 것을 말한다. 전체를 자기로 하여 생명을 영위할 때 세계의 변혁과 창조가 일어난다. 그리고 이는 각자가 가진 개성적 개체아가 발현되면서 동시에 대아大我로 확장되는 것이기에, 인간 개성과 전체, 어느 것 하나 손상되지 않고 하나 됨을 이룰 수 있다. 따라서 동학은 개체와 전체, 객관과 주관, 마음과 몸의 통일을 이루고 있다. 인간이 한울이고 인간의 마음이 곧 세계이며 성·심·신의 결합체이기 때문이다. 흔히 우리는 근대 사유처럼 세계와 마음을 분리시키고 전체와 개체, 주관과 객관을 대립시켜 분리된 허상에 고착하여 끊임없이 자아를 확산하지만 동학은 이러한 이원론을 거부한다. 이러한 이원론의 거부는 탈근대적 맥락에 서 있다 할 것이다.

교육은 이제 이원론적 근대교육의 담론에서 만물일체의 교육 담론으로 전환시켜야 한다. 자아를 타인과 자연에 대하여 무한히 확장시키고자 하는 분리된 개체적 삶과 이성 주체로서의 삶보다 한울 전체로서의 본래아를 발현시키는 '더불어 함께 창조하는 자유로운 삶'을 전망해 주어야 한다. 즉 개체 위주의 분리 담론이 아닌 모두의 생명이 하나로 연결된 한울 담론으로 바뀌어야 한다. 동학의 탈근대성과 연관한 교육의 전망은 한울 공동체 속에서 개체의 무한한 성장과 한울 전체의 성장이 분리될 수 없다는 자각 아래 세상을 생성시키고 자신을 끊임없이 해방시키는 데서 찾을 수 있을 것이다.

제5장 동학의 종교경험과 '한울섬김'의 자기 교육

1. 머리말

종교경험은 신비적이고 표현 불가능한 체험만은 아니다. 종교경험은 인간의 잠재의식이나 자기 원형의 무의식이 의식으로 끌어올려진 심리적 현상으로 설명되고, 혹은 각 종교가 신앙하는 초월적 실재와의 신비적 접촉을 말하기도 하며, 사회·문화적인 공동경험으로도 지칭된다. 종교경험은 인간 내면을 성장시키고 세계 지평을 고양시키기에 높은 교육적 가치를 갖는다.

종교학적 측면에서 종교경험은 다양하게 정의된다. 윌리암 제임스(W. James)는 종교체험의 기록들을 분석하여 종교체험의 특성을 세 가지로 열거하였는데, 첫째, 강렬한 힘이 외부로부터 자기에게 주어지는 것을 느끼게 되는 것, 둘째, 깊은 행복감과 안녕, 흥분, 그리고 자기통제적 자세와는 다른 무엇, 셋째, 장엄하면서도 심각해서 비극적인 요소를 포함하는 것이라 했다. 기시모토 히데오(岸本英夫)는 종교체험의 특징적 현상을 둘로 나누어 정서적 체험과 신비체험이라 부르는 직관적인 체험, 그리고 마음속에 궁극적 가치가 발생하는 체험으로 말했다. 불교에서는 이를 '반야의 지혜'라고 부른다. 루돌프 오토(R. Otto)는 종교체험의 순수한 것을 "감정을 초월한 궁극적이고 직관적인 가치 경험"으로 파악했다. 이것을 흔히 누미노제Numinose적 의식이라고 하는데, 누미노제란 "성스러움, 두려움과 매혹적 신비"의 성적聖的 체험을 말한다. 이는 단순한 감정을 넘어 직관적인 양상을 띠고 순수의식의 성격, 표현의 곤란, 환희감을 나타내게 된다. 그러나 분명 종교체험이란 신비적인 것만은 아니다. 죤 듀이(J. Dewey)는 『공동신앙(Common Faith)』에서 종교란 과학적인 세계관과 생활 원리에 일치하는 인도주의적인 것으로 규정했다. 듀이의 종교적 경험은 생활에 대한 사회적·지적 가치의 인식이다. 즉 종교는 교리나 의식이 아니고, 세계에 대한 해석, 사회적·도덕적 생활의 반영이다. 듀이의 종교적 경험은 세 가지로 특징 지울 수 있다. 첫째, 실제 경험에서 일어나는 자연주의 입장, 둘째, 사회적·역사적 문화에 의해 조건 지어지는 공동성, 셋째, 이상에 대한 감상과 이와 결부된 지속적인 통일성이다.[1] 이를 종합해 볼 때 종교경험이란 '최고의 가르침(종교)'이 감성적으로 인간 내면에 현현하는 진리 체험의 순간이라고 할 수 있다.

본 장에서는 한국 종교이자 전통 사유로서 동학의 종교경험이 무엇을 의미하는가를 파악하여 그것의 교육적 가치를 음미하고 그 교육의 방법으로서 마음섬김의 자기 교육을, 즉 동학의 종교교육을 고찰하고자 한다. 종교교육이란 다양하게 정의될 수 있지만 일반적으로 종교교육은 '종교의 교육', '종교에 관한 교육', '종교적 교육'으로 구

---

1 Jhon Dewey, 1986: XIII-XXIV(Milton R. Knoutz의 서문 참조).

분할 수 있다. '종교의 교육'은 특정 종교의 입장에서의 교육을 뜻하는 것으로 종파 교육과 대체될 수 있다. '종교에 관한 교육'은 종교학적 차원에서 각 일반 종교의 정신세계나 실천적 삶의 방식 등 다양한 문화 현상을 이해시키는 것을 말한다. '종교적 교육'은 인간 교육을 위해서 종교가 지니고 있는 세계관이나 삶의 자세가 중요한 교육적 가치라 전제하고 이를 교육에 도입하여 실시하는 교육을 의미한다(박선영, 1998: 33). 본고에서 사용하는 종교교육의 의미는 앞에서 말한 세 가지를 종합하면서도 '인간 본래성의 회복'이라는데 강조점을 두고자 한다. 종교가 세속화되고 세속 역시 긍정되는 시대 흐름에 있어 종교교육 역시 일반 교육과 분리되지 않는다. 말 그대로 최고의 가르침 가운데 각자가 선택한 세계관대로 자기를 형성해 나갈 때 이로부터 만들어지는 각자의 진리를 종교라 할 것이다. 본고에서 살펴보고자 하는 마음섬김의 교육은 동학의 전일체적 세계관을 통해 자신의 개체아를 우주 중심에 놓아 세계와 하나 되는 자기 교육에 있다. 이는 인간 중심적 생명관에서 우주 모든 존재와 하나 되는 생명관으로의 전환이고 끊임없이 자신과 세계를 변화시켜 가는 창조 교육이다.

2. 동학의 종교경험과 신관 이해

1) 수운의 종교경험과 그 의미

종교경험은 비일상적인 것인 동시에 각기의 사회·문화적 성격을 포함한다. 인간성의 궁극적 본질이 표현될 때 이는 시대와 민족, 문화에 따라 각기 다른 양상을 나타내어 다신도 되고 일신도 되며 범신도 된다. 그리고 인간에게 체험되고 해석되는 신神이란 존재는 그 민족의 풍속, 습관에 따라 그 모습이 모사된다. 종교체험이라는 것도 개별적이지만 그 내용은 집단적으로 공유하는 경험으로서 같은 문화 공동체 안에서는 종교체험도 비슷하기 마련이다. 그러므로 불교의 붓다나 기독교의 예수도 내적 진리 체험을 일으켜 이를 시대적·사회적으로 표현한 것이, 후세에 의해 교의와 교단·의식儀式으로 성립된 것이다. 흔히 인간은 죽음과 불안, 고통과 비참한 현실을 마주할 때 내면적 소리에 귀 기울이고 진리에 대한 심절한 욕구가 있게 된다. 그러나 엄밀히 말해 진리 추구는 종교성의 인간 본성으로 말해진다. 그리고 그 추구하는 진리의 현현을 종교경험이라 말한다. 예수 혹은 붓다라 이름하는 인격적 존재는 종교경험에 따른 진리의 구현자에 불과하다.

동학의 종교경험의 의미는 무엇보다 인간이 한울님[2]과 하나로 합

---

2 동학의 天을 한울님이 아니라 '하늘님'(계미판, 1883)의 현대적 표기인 '하날님' 또는 '하늘님'으로 표기해야한다는 주장이 도올 김용옥에게서 제기되었다. 야뢰 이돈화와 그를 맹목적으로 추종한 천도교인들이 동학의 천주는 기독교와 명칭이 달라야 한다고 생각했기 때문에 한울님을 썼다는 것이다. 그러나 천도교 내부에서 한울님으로 표기한 것은 1910년대 초반부터이다(윤석산, 2004:198-200). 또한 하늘님은 기독교와 구분하기 위해 쓴 것이라기보다 새롭게 해석된 수운의 天에 내용적 의미를 가하면서 표기된 것으로 보아야 한다. 한울은 한울타리를 의미한다. 이는 동학의 天을 제한시키거나 변질시키는 것이 아니라 천지만물과 모든 존재를 한 울로 하는 인간을 지칭하는 말이다. 수운은 일찍이 '무궁한 이 울 속에 무궁한 나'라고 했다.

치된 전일적 자기(Self)의 체험과 감각경험을 넘어서는 개방성에 있다. 인간은 종교적 태도와 체험을 통해 자신의 개체화되고 고립된 유한성을 넘어갈 수 있고, 전혀 다른 세계를 향해 개발될 수 있다. 수운은 한울님을 만났던 종교체험을 『동경대전』「포덕문」과 「논학문」에서 나누어 똑 같은 내용을 설명하고 있는데 각기 상이하게 표현하고 있다.

즉, 「포덕문」에서는 '선어仙語'로 표현된 것이 「논학문」에서는 '안으로 가르침의 말씀이 내리는' '강화지교降話之敎'로 표현된다. 그리고 「포덕문」에서는 '선약仙藥'이라는 이름의 영부로서 도가 제시되었던 것에 반하여 「논학문」에서는 '무궁한 도道'로 표현되고, 「포덕문」에서는 주문呪文으로서 사람들을 가르치라 했지만 「논학문」에서는 제문制文, 즉 도를 설명하는 글을 지어 사람들을 가르치라 하였다. 그리고 주문이라는 것도 보통 주술가에서 도술을 쓸 때 외는 글이 아니라 '한울님을 극진히 위하는 글'(『동경대전』, 논학문)[3]로서 21자 주문에 진리 체험을 철학적으로 '설명'하고 있다. 선어仙語, 선약仙藥, 주문呪文이라고 말한 표현은 수운이 몸담고 있는 사회의 도교 문화적 담론을 반영하는 것이지만, 동학사상의 본질을 상징하는 개념이라 할 수 있다.[4] 또한 내면으로부터 가르침이 내리는 강화지교降話之敎, 제문制文

---

3 曰呪文之意何也 曰至爲天主之字

4 동학사상은 유·불·도의 삼교합일 또는 종합이 아닌 겸출(兼出)로서 처음부터 삼교와 모든 진리를 아우르는 無極大道의 출현이라 주장하는 연구자들이 있다. 이는 현재 천도교 내부의 일반적인 입장이기도 하다. 그러나 동학을 단지 삼교를 섞어 적당히 조작한 종교로 폄하하는 것에 대해서도 물론 비판을 가하지 않을 수 없지만 삼교적 연맥과 애써 독립시키고자 하는 입장

등의 표현은 그 본질적 근원이 수운의 내면적 지평에서 현현되는 것을 의미하고 또한 구체적인 현실 속에서의 본질 현현을 지칭하는 것으로 볼 수 있다. 해월은 '강화지교'란 곧 '바른 마음'이라 말한다(해월 신사법설:416). 마음이 바르면 무엇인들 강화지교가 아니겠느냐는 것이다. 또한 21자의 글로 표현되는 제문은 일회적이고 신비적인 것이 아니라 언어화된 개념으로 민중들과 공유할 수 있는 방편을 제공한다.

이돈화(1884-?)는 수운이 접령할 때, "뜻밖에도 사월에 마음이 선뜩해지고 몸이 떨려서… 어떤 신선의 말씀이 있어 문득 귀에 들리므로…(『동경대전』, 포덕문)" 또는 "몸이 몹시 떨리면서 밖으로 접령하는 기운이 있고 안으로 강화의 가르침이 있으되, 보였는데 보이지 아니하고 들렸는데 들리지 아니하므로 마음이 오히려 이상해져서 수심정기하고…(『동경대전』, 논학문)."의 대목을 다음과 같이 해석한다.

> 심한신전(心寒身戰)이란 것은 육체가 오관의 감각을 잃고 정신이 신령의 경애(境涯)에 들어서는 입문을 이름이다. 삼천세계가 다 공(空)으로 돌아가고 일천사해가 묘법(妙法)에 들어서는 입문이다. 대사일번(大死一番)을 앞에 놓은 정신 상태이다. … 우리의 오관적 인식이라는 것은 시간율, 공간율의 제한을 받은 인식이므로 시간 공간을 초월한 신령적 인식은 도저히 그로써 파지(把持)키 불능한 것이다.(『신인간』157, 1941.7)

도 그리 설득력이 있지 않다. 모든 새로운 사상은 기존의 사상을 종합·극복·창조하면서 성립되기 때문이다.

이돈화에 의하면 수운이 접령한 것은 오관의 감각을 떠나고 시공의 속박을 벗어난 경지에서 최고 영적 상태를 경험한 것이다. 수운에게 나타났던 신비체험이라는 것은 초월적, 조물주로서의 신을 만났다기보다 오랜 구도적 갈망으로 나타난 일종의 시공 초월적 정신 현상이라 할 수 있다. 그리고 그는 세상에서 흔히 이적이라 하며 불가사의한 신비라 하는 것도 모두 이 본래적 마음의 표현이라 했다. 하이데거의 표현을 빌리면 보통 인간의 실존은 비본래적 현상과 본래적 현상이 있는 것인데(Heidegger, 1926; trans. by J. Macquarrie & E.Robinson, 1962: 29) 수운의 종교경험은 본래적인 실존론적 체험으로 한울님 마음이 현상으로 드러난 것이라 할 수 있다. 이는 종교경험만이 아니라 예술 경험에서도 일어난다. 그러나 본래적 실존의 현현과 이적 등은 일상의 환경과 의식을 반영한다. 가령 서양인의 이적에는 천사의 강림설이 많고 동양인의 이적에는 이승異僧 혹은 신선이 많이 등장하는 것은 정신의 본래적 현상도 환경에 따라 자신들의 역사적 경험 또는 신화적 원천을 배경으로 하여 일어나기 때문이다.

2) 동학의 한울님 이해(神觀)

수운은 종교경험을 통해 천도의 가르침을 글로 지어내는데 그 무궁한 도의 이름은 선약仙藥이요, 모습은 태극太極이요 궁궁弓弓이라 했다(『동경대전』, 포덕문). 태극은 천지의 이치요 궁궁은 우리 마음이다. 마음은 천지의 이치를 구비하고 있고 마음과 천지는 둘이 아니지만 자신의 한울님임을 아는 자는 인간밖에 없다. 그러므로 한울님은 인간 안에서 물어야 한다. 한울님은 곧 마음이다. 서구 전통 철학에 있어 관념론과 실재론이 대립해 왔던 관점과 달리 동학은 인간 마음에서 주객을 통일시키고 진리가 현현하는 장소이자 진리 그 자체로서 마음을 말하고 있다.

(1) 심즉천의 한울님 이해

수운은 봄과 가을이 갈아드는 사시四時의 성쇠가 모두 한울의 조화라 말했다(『동경대전』, 포덕문). 그리고 이러한 한울의 이치를 갖춘 것이 곧 나의 마음으로 "마음은 내 안에 있는 천지의 본연이요, 천지만물이 본래 한 마음"(『해월신사법설』, 靈符呪文)[5]이라 하여 심즉천(인내천)을 말하고 있다. 의암도 "사람은 만물 가운데 가장 신령한 자로 만물의 이치를 모두 한 몸에 갖춘 자"라 말한다(『의암성사법설』, 性靈出世說).[6] 한울의 조화는 만물로 표현되고 그 만물의 정신이 최고로 표현된 것이 인간이다. 인간의 "행주좌와行住坐臥와 어묵동정語默動靜' 또한 어느 것이나 천지귀신조화의 자취 아님이 없다(『해월신사법설』, 도결)."[7] '목마르면 물마시고 배고프면 밥 먹는 일상'이 모두 한울님의 조화가 된다. 그러므로 "내 마음을 깨달으면 상제가 곧 내 마음이요 천지와

---

5 "心者在我之本然天也 天地萬物 本來一心."

6 "人是萬物 中最靈者 萬機萬相之理 總俱體者也 人之性靈 是大宇宙靈性 純然稟賦同時 萬古億兆之靈性 以唯一系統 爲此世之社會的精神也."

7 "行住坐臥 語默動靜 何莫非天地鬼神造化之迹."

삼라만상이 다 내 마음의 한 사물(『의암성사법설』, 無體法經)"8이다.

> 사람의 수족동정 이는 역시 귀신이오
> 선악간 마음용사 이는 역시 기운이오
> 말하고 웃는 것 이는 역시 조화로세
> 천지음양 시판 후에 백천만물 화해나서
> 지우자(至愚者) 금수요 최령자 사람이라
> 전해오는 세상말이 천의인심(天意人心) 같다 하고…
> (『용담유사』, 도덕가)

그러므로 "마음이 곧 한울이요 한울이 곧 마음이니 마음 밖에 한울이 없고 한울 밖에 마음이 없다. 한울과 마음은 본래 둘이 아닌 것"(『해월신사법설』, 天地人·鬼神·陰陽)9이다. 의암도 "내 마음은 곧 천지만물 고금세계를 스스로 주재하는 조화옹이다. 그러므로 마음 밖에 이치가 없으며 마음 밖에 세계도 조화도 없다."(『의암성사법설』, 무체법경)고 하였다. 천지만물이 본래 나와 일체이기에 나의 마음이 바르면 하늘과 땅의 마음이 또한 바른 것이요, 나의 기가 순하면 하늘과 땅의 기가 또한 순해진다.

---

8 "我心覺之 上帝卽我心 天地我心 森羅萬象 皆我心之一物也."

9 "人是天 天是人 人外無天 天外無人 心在何方 在於天 天在何方 在於心 故心卽天 天卽心 心外無天 天外無心 天與心本無二物."

내가 바로 한울이요 한울이 바로 나니, 나와 한울은 일체이다. 그러나 기운이 바르지 못하고 마음이 옮기므로 그 천명을 어기고, 기운이 바르고 마음이 정해져 있으면 그 덕에 합하니, 도를 이루고 이루지 못하는 것은 전부 기운과 마음이 바르지 못한 데 있다.(『해월신사법설』, 修道法)10

사람이 능히 그 마음의 근원을 맑게 하고 그 기운바다를 깨끗이 하면 만진이 더럽히지 않고 욕념이 생기지 아니하면 천지의 정신이 전부 한 몸 안에 돌아오는 것이다. … 내 마음을 공경치 않는 것은 천지를 공경치 않는 것이요 내 마음이 편안치 않은 것은 천지가 편안치 않은 것이다.(『해월신사법설』, 守心正氣)11

심즉천은 인간 마음을 천지를 두루 갖춘 자로서 천지동오(인오동포·물오동포)·동귀일체를 의미한다. 내 마음과 내 기운이 바르면 천지의 기운과 천지의 마음이 바르다는 주객일치, 개전일치의 사유이다. 이는 다시금 불교의 세계관으로 돌아가지 않고는 이해할 수 없다. 진리는 오늘날 현상학자들이 말하는 것처럼 주객일치의 인간 실존에서 드러난다. 불교에서는 일찍이 보여지는 것과 보는 나가 둘이 아님을 말해 왔다. 마음은 곧 세계이다. 마음이 씻겨지는 만큼 세계 또한 청정하다. 천지만물을 떠나서 진리를 구하지 않고 인간 마음 자체가 우

---

10 "我是天 天是我也 我與天都是一體也 然而氣不正而心有移故 違其命 氣有正而心有定故 合其德 道之成不成 都在於氣心之正如何矣."

11 "人能淸其心源 淨其氣海 萬塵不汚 慾念不生 天地精神 總歸一身之中."

주 전체임을 말하여 주관과 객관을 통일시켰던 것이다. 흔히 인간은 세계와 마음을 분리시키고 전체와 개체, 주관과 객관을 대립시켜 분리된 허상에 고착하여 끊임없는 망상을 지어내지만 인간 개체를 전체 중심에 놓고 양자를 동시적으로 사고하고 합치시켜 나간다면 지상천국이 건설된다. 그리고 중요한 것은 주관과 객관, 개체와 전체의 통일은 모든 존재에 공성空性이 있기에 가능하다는 점이다. 중론에서는 "공성이 성립하기에 일체가 성립하고 공성이 없으면 일체는 성립하지 않는다(『中論』, 大正藏30: 33a)." 12고 하였다.

수운도 '마음은 본래 비어서 물건에 응하여도 자취가 없다.(心兮本虛應物無迹)'(『동경대전』, 歎道儒心急)고 하였다. 동학의 한울님은 곧 '심본허心本虛 응물무적應物無迹'의 마음이다. 왜 인간의 마음이 무무무유無無無有(『의암성사법설』, 무체법경)의 마음인가? 해월은 수운의 말을 해석하여 "허虛가 능히 기운을 낳고, 무無가 능히 이치를 낳기"(『해월신사법설』, 허와 실)13 때문이라 하였다. 이는 마치 그릇이 비었으므로 능히 만물을 받아들일 수 있고, 천지가 비었으므로 능히 만물을 용납할 수 있듯이, 마음이 비었으므로 능히 모든 이치를 통할 수 있기 때문이다(『해월신사법설』, 허와 실). 의암 또한 이러한 마음을 공공적적空空寂寂하고 활활발발活活潑潑한 것이라 했다(『의암성사법설』, 後經(二)).

동학에서 말하는 심즉천의 심心은 분명 공무空無를 수반하기 때문에 서구의 신神 개념으로만은 결코 이해할 수 없고 따라서 기독교와

---

12 "以有空義故 一切法得成 若無空義者 一切則不成."

13 "虛能生氣 無能生理"

는 또 다른 비실체의 한울님관임을 주목해야 한다. 여기서 비실체의 한울님이라는 것은 영원불변한 존재(有)를 설정하지 않고 끊임없는 생성 변화 속에서 지속되는 전일적 존재를 의미한다. 무가 수반되기 때문에 만물이 성장하고 세계가 개벽되며 인간 개체가 전체가 될 수 있다. 무가 수반됨이 없이 유만을 상정한다면 모든 존재는 서로를 받아들임이 없이 대립되고 고정 불변할 것이다.

(2) 만유신적 일신론과 절대공의 재음미

수운의 한울님은 학자들에 의해서 신관神觀으로 접근·연구되어 왔다. 신관 연구는 동학의 한울님을 신神이라 지칭하는 데서 오는 접근 방식이다. 수운의 신 개념에 대한 연구로는 이돈화로부터 시작하여 다양한 측면에서 접근되었다. 이에 대한 연구로는 일신과 범신, 그리고 유심과 유물을 융화한 것으로 보는 입장(홍장화 편저, 1990: 230), 범신론적 이신론理神論의 성향(박선영, 1997: 272), 범재신론(김경재, 1974: 217-220), 범신론적 일신관(황선희, 1996:72), 고대 경천사상과 민간신앙의 결합으로서 귀신(한우근, 1982: 78), 수운의 종교체험을 샤만적 빙의형憑依形으로 보는 입장(정재호, 1982: 171) 등이 있다.

그러나 필자가 보기에 동학의 한울님(神)은 유불선 전통사상을 매개로 하여 성립된, 조선인의 사유 틀을 담은 신관이다. 거듭 말하지만 수운의 신관은 서구적 신 개념으로 표현하기 어려운 측면이 있다. 동학의 신관은 불교적 사유 체계가 깔려 있기에 서구의 신관으로만 접근하면 실재론을 전제하게 되고 서양의 유신론적 범주를 탈피할 수 없다.

범신론이나 범재신론적인 입장도 결국 동학을 실재론으로 만든다.

본고는 이돈화의 입장에 초점을 두어 동학의 신관을 재음미해 보고자 한다. 이돈화가 보는 동학의 신관은 인격신론과 범신론 양자를 단순히 결합한 범재신론이 아니라 양자를 모두 부정하면서 융합한 신의 개념이다. 범재신론의 융합 논리는 부정 없는 융합이지만 이돈화가 말하는 신관은 양자의 부정을 통한 융합이다.

> 인내천의 신은 일신관과 같이 우주의 유일신을 인정함은 동일하나 신(神)을 인격적으로 생각지 않음이 일신관과 다르며 범신관과 같이 천재만물(天在萬物)이 모두 신의 표현으로 생각함은 동일하나 천재만물을 동일한 근저의 연속적 진화로 생각하여 인간성의 표현이 곧 신의 중추적 결실이라 생각한 점이 범신관과 다르니 인내천신은 사람성 무궁의 중에서 천재우주(天在宇宙)의 범신을 포용케 한 신의 관념이다.(이돈화, 『신인철학』 229)

이돈화는 서구 신 개념의 유일신적 인격신을 부정하였고 또한 범신론과는 달리 인간을 최령자로 놓아 만유신적 일신론이라 칭했다. 즉 이돈화에 의하면 동학의 신관은 인간 초월적 인격신이 아니고, 천지만물이 모두 신의 표현임을 인정하면서도 인간을 최령자로서 신의 중추적 위치로 자리매김하는 신이다. 그리고 동시에 거듭되는 생멸 속에서 지속·현현하는 존재로 실체가 없는 신이다.

이돈화는 동학의 신관을 말함에 있어 만유신적 일신론에 '반대일치되는 신관'의 '절대공적 신관'의 설명을 가한다. 그는 본체의 순수

지속과 현상의 생멸적 무상無常을 통해 신을 설명하고 불교에서 말하는 제행무상, 제법무아, 열반적정의 실상을 인용하고 있다. 원래 불교에 있어 불변과 생멸은 공空과 유有를 뜻하는 것으로 불교는 진공묘유眞空妙有의 중도적 이치를 세계의 실상으로 본다. 이돈화는 이러한 이치를 동학의 신관에 적용하여 설명을 가하고 있다. 동학의 신을 무상(虛變)과 영구불변의 반대일치적 결합으로 보아 고정된 실체가 아니라 끊임없는 변화 생성의 무궁신無窮神으로 그는 보았던 것이다.

> 생물의 생사는 생물의 본체를 지속케 하는 방법이며 수단이며 현상이다. '무릇 형상이 있는 것은 모두가 허망한 것이니 만약 모든 것이 모습이 없는 것임을 알아보면 여래를 본 것이다(汎所有相皆虛妄 若見諸無相卽見如來)'라 했으니 허망은 생멸을 이름이다. 무상은 변화를 이름이며 여래는 본체를 이름이다. 본체의 지속을 위하는 방법이 諸相無常의 변화이다. 이를 覺하는 자가 覺者가 된다는 뜻이다. 그러므로 생멸은 실법이 아니오 방법이며 虛變이다. 實相의 본능 표현이다. 실상은 영구 불변의 존재이다.(이돈화, 1970: 229-230)

이돈화가 말하는 영구불변의 실상은 곧 절대공絶對空을 뜻한다. 모든 존재는 항상성이 없기에 본래 모습이 없고, 공空이기에 무궁한 생성을 이룰 수 있다. 모든 존재는 생멸을 통해 변화해 가고 그 변화를 통해 존재를 지속시킨다. 동학에서 생멸·변화가 한울님을 영구불변으로 지속시킨다는 것은 한울님을 비실체성으로 보는 것이다.

수운이 말한 불연기연을 통한 우주 이해와 이돈화가 설명하는 절대공을 통한 우주 이해는 상통한다. 수운 이래 해월, 의암, 이돈화에 이르기까지 그 불교적 본맥은 변질 없이 계승되고 있음을 본다. 그 절대공을 칭하여 이돈화는 한울님 영성靈性이라 하였고 혹은 '불佛' 혹은 '신神'이라 불렀다. 그러나 이러한 이돈화의 해석은 불교에만 편중된 감이 있다. 동학의 한울님은 분명 유불도 삼교를 아우르고 있다. 본고는 동학의 신관이 갖는 불교적 성격을 규명하는 데 목적이 있고 이돈화의 입장을 많이 인용했지만 이돈화는 동학의 한울님이 갖는 인격성을 담아내지는 못했다. 동학의 한울님은 원시 유교의 주재적 천의 흐름이 결합되어 초월적 인격성을 담보하고 있다. 한편 최남선은 이를 단군사상의 재현으로 천신신앙의 재현에서 오는 하느님으로 해석하고 있지만(최남선, 1946: 26) 분명한 것은 서양의 신과는 다른 인격적 천天이라는 것이다. 동학의 한울님은 곧 천지만물이면서 간섭하지 않음이 없고 명령하지 않음이 없는 주재자인 동시에 끊임없이 변화되는 생성자인 것이다.

3. 동학과 '한울섬김'의 교육

수운이 경험한 종교경험은 한울됨의 경험이다. 즉 전일체적 한울아로서 자신이 우주의 중심에 놓인 순간이다. 개인의 종교경험은 정신적 성장과 본질 환원의 최고 정점이라고 할 수 있다. 수운은 "무궁한 이 이치를 무궁히 살펴내면 무궁한 이 울 속에 무궁한 내 아닌가"라 했는데, 이돈화는 이 말 한 마디가 만인의 사표가 될 것이라 하였다. 이돈화에 의하면 수운이 말한 '무궁한 이치'란 것은 신의 이념 인격을 이름이고, '무궁한 이 울'이란 것은 신의 이념이 모습으로 표현된 대우주 전체를 이름이며 '무궁한 내'라는 것은 비 본래적 개체아가 본래적 존재(한울아)와 합일된 대아大我의 경지를 이름이다. 대아의 경지란 신과 인간이 결합된 인내천의 대 경지를 말함인데 이것이 바로 인간학의 구극이라 했다.14

우주를 나와 한 몸으로 하여 우주 중심을 되찾는 것이 곧 동학이 추구하는 마음(한울)섬김의 자기 교육으로 이는 일상을 딛고 일어난다. 다시 말해서 인간은 진리 추구의 본성을 가지고 있고 그 진리 추구의 여정 가운데 진리를 체험하며 그 체험(종교경험)을 기초로 자신의 세계를 형성해 간다. 동학이 지향하는 마음섬김의 종교교육은 진리를 체험하여 그 진리와 합하고자 하는 자기 교육을 의미한다.

인간은 자신의 삶을 주체적으로 살고자 할 때 진리를 묻지 않을 수 없는 존재이다. 물음을 가진다는 것은 인간만이 할 수 있는 일이다. 인간은 본성적으로 진리를 묻고 열망하지만 진리가 은폐된 채로 열려

---

14 이돈화가 해석한 이념적 인격, 이것이 표현된 대우주 전체, 개체아가 한울아와 합한 대아는 불교의 삼신(三身)에 대응시켜 이해할 수 있다. 삼신이란 붓다의 세 가지 몸으로 법신(法身)·보신(報身)·응신(應身)을 말한다. 법신은 진리 그 자체를 가리키는 것이고, 보신은 한량없는 노력과 정진의 결과 깨달음에 이른 붓다의 몸을 말한다. 응신은 중생을 교화하기 위하여 지상에 나타나는 몸으로, 현실 속에 다양한 사물 그 자체로 나타난다. 그러므로 이돈화가 해석한 '무궁한 이치'는 법신에, '무궁한 나'는 보신에, '무궁한 이 울'은 응신에 배대시킬 수 있다.

있을 때 실존적 불안이 엄습한다. 역사 이래로 창조적 인간은 그 고투 끝에 획득한 진리 체험을 이 세상에 밝히고 있다. 서양이나 동양 모두 그 진리 체험을 형식화하여 제도와 이념적 틀에 담은 것이 힌두이즘 교육, 불교 교육, 유교 교육이었다. 이는 곧 전통교육이기도 하다. 기계적 세계관에 기초한 근대교육의 연장으로서 현대 교육은 그 역사가 오히려 짧다. 근대를 극복하고자 하는 탈근대의 입장에서 교육은 근대가 배제해 왔던 종교적 실존을 살리고 전통 시대의 종교와는 다른 종교 의미를 재해석하여야 할 것이다. 현재적 관점에서 종교는 절대화된 유일무이의 객관적 진리가 아니라 시대와 개인에 따라 새롭게 설정될 수 있는 '최고의 가르침(불교)', '궁극적 관심(P. Tillich)', '인간 변화의 수단(F.J. Streng)' 등으로 정의될 수 있다. 결국 종교란 각자의 궁극적 진리임을 뜻하게 되고 종교교육은 각자가 진리를 체험하고 자신의 궁극적 본래성을 실현하도록 하는 방법을 의미한다. 따라서 종교교육은 일반 교육과 분리될 수 없다. '종교에 관한 교육'으로서 다양한 종교 문화 이해를 통해 자신에게 적합한 가치 문화를 선택하고, '종교의 교육'으로서 그 선택한 문화로부터 자신의 본래성을 회복하며, '종교성의 자기 교육'을 통해 각자의 진리를 다양하게 제시하고 창조하는 데 있다.[15] 진리란 불변한 것이 아니라 창조되는 것이다. 탈근대의 교육은 감성과 이성을 분리시키지 않고 감성이 이성에 선행함을 강조하여 경험에 의한 세계 형성에 관심 갖는다. 종교적 교

15 본고에서 사용하는 종교교육의 개념으로서 '종교의 교육', '종교에 관한 교육', '종교적 교육'에 대한 개념을 서문에서 언급한 바 있다.(서문 참조)

육 역시 감성적 기초 형성과 각자의 진리 획득에 필수적인 것이다.

우리 일상의 삶은 본래적 마음을 은폐시킨 채 대상 분별에 따라 끊임없이 유동하지만 그 유동하는 실존에서 마음섬김을 통해 한울님에로 물러서고 한울님을 공경하는 마음을 일으킬 때 인간-한울이 된다. 마음섬김의 교육은 인간 자신이 세계 전체임을 깨닫는 것에서 시작한다. 즉 자신이 한울님임을 자각하는 것이다. 마음섬김의 교육은 스스로의 마음에서 얻어지는 실천 자각에 기인하는 것이기에 자기로서 자기를 교육하지 않으면 안 된다. 인간은 자신이 자기를 교육하게 되는 그 무엇을 본능적으로 가지고 있다. 그 본능이란 인간만이 지닌 특징으로 한울아(大我), 즉 신神을 자각할 본능을 뜻한다. 그리고 인간은 자기 자신의 현상적 자아에 은폐된 본원적 한울아를 자각하는 것에서 신을 실현해 간다. 여기서 신이란 인간의 감각경험에 제한되지 않는 본래적 존재로서 '내유신령'을 말한다. 그러므로 해월은 "인간이 물욕을 제거하고 도리를 환하게 깨달으면 지극한 한울이 지기와 화합하여 지극한 성인聖人에 이르는데 이는 천지만물 모두가 곧 나(我)"(『해월신사법설』, 수도법)인 존재 양태를 말한다. 만약 인간의 마음과 한울이 서로 어기면 시천주라고 말하지 않는다. 그러므로 수운은 수심정기하는 법을 제시하였고 해월은 한울마음 보호하기를 갓난아이 보호하는 것 같이 하라고 하였다. 마음섬김의 자기 교육은 바로 천지를 나와 한 몸, 한 마음으로 가까이 하는 연습이다. 한울이 항상 간섭하도록 전일적 자아(Total Self)를 공경하는 마음섬김 속에서 천지공심天地公心의 공도公道·공행公行을 실천할 때 인간은 곧 한울님이 된다.[16]

1) 전일체적 세계관의 자각과 동귀일체

한울은 천지만물이다. 해월은 천지만물과 인간이 하나임을 '천지부모'를 통해서 설명했다. 부모의 포태가 곧 천지의 포태로 사람들은 부모의 포태는 알아도 천지의 포태는 모른다고 호소한다. 천지는 만물의 아버지요 어머니다. 젖은 사람의 몸에서 나는 곡식이요 곡식은 천지의 젖이다. 사람이 어렸을 때 먹는 젖이나 자라서 먹는 곡식 모두가 천지의 젖이다. 따라서 인간은 부모의 은혜에 감사하는 것처럼 인간은 오곡으로 길러준 천지에게 감사한다(『해월신사법설』, 天地父母).[17]

또한 한울은 선악을 가리지 않는다(『용담유사』, 도덕가). 한울은 선과 악을 모두 갖추면서 상대적 선악을 넘어서는 지공무사함을 보인다. 지극한 공심公心과 무사無私는 선도 악도 취하지 않는 평등이요 모두가 한울이다. 그러므로 인간의 수족동정, 선악 간 마음용사, 말하고 웃는 것, 새가 노래하는 소리, 어머니 살과 같은 흙, 이 모두가 '사사

---

16 "行住坐臥語默動靜 何莫非天地鬼神造化之跡 或云天理或稱天德 然而絶無孝敬 一不奉仕 實不知快然之理故也 … 天不干涉則寂然一怪物 是曰死矣 天常干涉則慧然一靈物 是曰生矣 人之一動一靜 豈非天地之所使乎 孜孜力行則 天感地應 敢以遂通者 非天而何."

17 "天地卽父母 父母卽天地 天地父母一體也 父母之胞胎卽 天地之胞胎 今人但知父母胞胎之理 不知天地胞胎之理氣也 … 天地萬物之父母也 故經曰 主者稱其尊而與父母同事者也 … 人是五行之秀氣也 穀是五行之元氣也 乳也者人身之穀也 穀也者天地之乳也 … 乳與穀者 是天地之祿也 人知天地之祿則 必知食告之理也 知母之乳而長之則 必生孝養之心也 食告反哺之理也 報恩之道也."

천事事天 물물천物物天'으로서 일마다 사물마다 한울이다. 해월은 물물천 사사천이기 때문에 모든 만물이 이천식천以天食天의 기화작용을 한다고 말한다(『해월신사법설』, 以天食天). 한울로써 한울을 먹는다 함은 이 한울이 저 한울을 침해하는 의미로써 먹는 것이 아니라 한울이 한울 전체를 키우기 위하여 벌이는 한울 운동이다. 동질同質의 한울은 서로 도움으로써 전체 한울을 키우고 이질異質의 한울은 이천식천으로써 전체 한울을 키운다. 여기서 이천식천은 서로 다른 종속의 개체들이 서로 연결하여 성장 발전을 도모함이다. 동질의 한울이 전체 한울을 키우는 것과는 또 다르다. 동질이 아닌 이질로 인하여 한울 전체는 더욱 풍요로워지고 새롭게 생성된다.

사람은 만물 중의 최령한 자로 천지의 한울 젖에 의지하여 영력을 발휘하고 한울은 자신의 젖을 먹고 자란 인간의 영력에 의지한다. 이는 먹는 한울 따로 있고 먹히는 한울이 따로 있는 것이 아니라 한울 스스로가 스스로의 커 가는 계단을 밟는 순서에 지나지 않는다(『해월신사법설』, 養天主). 인간이 한울의 젖을 먹고 자라지만 이는 단지 먹는 것으로 끝나는 것이 아니라 한울을 먹는 인간의 생명에 의해 한울은 성장하고 창조된다. 만약 인간이 우주 성장에 기여하지 않고 한울의 젖을 먹는 것에서만 끝난다면 인간은 한울의 약탈자밖에 안 된다. 수운이 제시하는 도道의 뜻은 한울로써 한울을 먹고 한울로써 한울을 화하는 것에 있다.

우주만물은 모두 한 기운과 한마음으로 꿰뚫어져 있고 관계로 연결되어 있다. 모든 개체는 한울님을 모신 개체로 서로의 기화작용에 의해서 전체를 이룬다. 그 전체는 개별의 총합(Composition)이 아니라 관계의 통일(Totality)이다. 그러므로 개체는 전체가 된다. 개체와 전체는 분리될 수 없다. 마치 하나의 그물처럼 개별의 하나하나의 코가 전체 그물을 떠나 존재할 수 없고 그물 역시 수많은 그물코가 맺는 관계에 의해 자기 존재를 성립시키듯이 그러하다. 처음부터 전체 그물과 개별 코라는 것이 실체가 있는 것이 아니다. 다만 관계에 의해서 서로의 존재가 성립될 뿐이다.

이와 같이 천지는 곧 한울로(『해월신사법설』, 도결)18 한울은 사람을 떠날 수 없고 사람은 한울을 떠날 수 없다. 인간과 천지만물은 분리될 수 없는 것으로 세계는 하나가 된다. 인간은 자연과의 생명 공동체 속에서 우주를 자기 한 몸으로 하여 행하는 스스로의 창조가 우주 생성이요 세계 변혁이다. 그러므로 나의 마음과 기운이 바르면 천지의 마음과 기운도 바르다. 천지공심天地公心의 한울아로 살면서 행위하는 모든 것이 이 한울을 위하여 사는 것이다. 한울을 공경하는 이유가 여기에 있다. 한울을 공경하는 것은 곧 자기에게 행위한 것이 된다. 그리고 한울 공경은 구체적으로 사람과 사물에 대한 공경으로 표현된다. 경천敬天은 허공을 향하여 초월자 신神을 공경하는 것이 아니요 오직 내 마음을 공경함이다. 내 마음을 공경한다는 것은 곧 천지를 공경하는 것이요 전일체로서의 한울마음을 지키는 것이다. 내 마음을 공경치 않는 것은 천지를 공경하지 않음이다. 사람은 경천, 즉 경심敬心을 통해 천지만물이 모두 하나라는 전체적 진리를 실천한다. 그 진리에 입각하기에 세상을 위해 살 수 있다. 세상을 위한다는 것

---

18 "天地父母 네 글자는 모두 한울 天 한 字이다."

은 구체적으로 사람을 위하는 행위에서 드러난다. 한울이 사람을 떠나 따로 있지 않기에 사람을 버리고 한울을 공경한다는 것은 물을 버리고 갈증을 해소하고자 함과 같다. 또한 이러한 한울 공경은 사물 공경으로까지 나가야 완전하다. 어느 것 하나 한울 아님이 없고 나 아님이 없기 때문이다(『해월신사법설』, 三敬).

한편 이돈화는 해월의 삼경三敬을 해석하여 경천敬天이란 우주의 대법성大法性에 대해 경외심을 갖는 것이라 했다. 이로부터 인간 자신은 자기의 품성을 키우고 우주와 하나 될 수 있다는 것이다. 또한 경인敬人이란 한울(神)과 인간을 둘로 보지 않는 것이고, 경물敬物이란 인간 자체가 자연과 사회적 작용의 총화로부터 형성되기에 자연은 인간성을 이루는 한 부분이 된다 하였다. 자연(物)을 공경한다는 것은 사람성의 본원을 공경하는 것과 같다. 그러므로 경물까지 가고서야 경천했다 할 수 있다는 것이다. 다시 말해서 천天을 공경하는 것은 우주의 원리를 사랑하는 것이요, 인人을 공경하는 것은 사람을 한울로 보는 데서 나온 것이며, 물物을 공경하는 것은 물오동포物吾同胞의 의미에서 나온 것이라 그는 해석하였다.

결국 동학에서 말하는 동귀일체란 인간과 한울, 인간과 자연, 인간과 사회가 분리되지 않는 하나 된 한울세계로 돌아감이다. 인간은 끊임없는 허위의식에 사로잡혀 분리와 대립 속에서 사물을 보고 자아(ego)를 무한히 확대시키고자 골몰한다. 그러나 동학은 이 허위의식을 타파하고 자신이 곧 전체 한울임을 깨달아 한울님을 위하라고 말한다. 그리고 여기에 끊임없이 자신의 마음을 살펴 한울님 마음으로 돌이키고 그 마음을 공경함에서 비롯되는 삼경의 실천을 제시했다. 한울님을 위하도록 하는 21자 주문[19]을 외워 한울아의 감응을 받고 개체아(ego)로부터 한울아(Total Self)로 전환시키는 심고의 실천도 동학에서 제시하는 자기 교육의 방편이다. 앞에서 말했듯이 주문 21자는 한울님을 위하는 글이다. 그 위하는 글을 외움으로써 한울 마음을 지키고 기운을 바르게 하여 동귀일체로 돌아간다. 전일체적 세계관의 자각에서 동귀일체로의 전환을 이루는 실천을 통틀어 마음섬김의 자기 교육이라 할 수 있을 것이다. 그리고 동학에서는 그 구체적인 방법으로서 삼경, 주문, 심고를 제시했던 것이다.

2) 마음에 고함으로써 한울섬김

이돈화는 수운이 말한 '수심정기'나 '성경신'의 실천을 곧 심고心告로서 축약하여 이해한 바 있다. '수심守心'은 곧 마음을 지켜 잃어버리지 말라 함이다. 심고 역시 한울아에게 끊임없이 고해서 한울마음을 지키는 마음공부의 방법이다. 이돈화의 표현을 빌리면 한울마음의 지킴은 개체아(現象的 自我)와 한울아(全一的 自我)의 대립 가운데서 대아大我를 향하여 개체아를 합일시키는 것에 있고 이를 위해 청하는 기도가 심고이다. 즉 심고는 우주 보편아의 한울님과 어긋나지 않기 위해 마음의 흐름을 살펴 분리·대립되는 개체아를 한울아와의 합치에로 전환시키는 자기 훈련이다. 그리고 여기에는 한울아에 대한 공경과 정성이 수반된다. 이는 곧 경천(自敬天, 自心自拜)의 실천으로서 심

---

19 21字: 至氣今至 願爲侍降 侍天主 造化定 永世不忘 萬事知.

고가 진실한 사람은 강화의 가르침이 있게 되고 한울님이 은폐되지 않는다. 수운이 종교경험 속에서 체험한 강화지교降話之敎는 결국 한울마음이 지켜져 마음이 바르게 된 것으로 인간에 있어서 한울아가 체험된 것이다. 현대적 표현으로 말하면 강화의 교는 일종의 영감을 이른 말인데, 이 한울님의 현현은 예술감을 통해서도 체험될 수 있다. 예를 들어 시인詩人이 시상을 떠올릴 때, 화가와 조각가가 작품을 창작할 때, 이는 의식으로 나온 것이 아니요 순전한 감성적 영감으로 솟아오르는 것이다. 예술 경험이란 재료에 대해 예술적 형식을 부여하면서 감각적 현상에로 나타나는 예술적 이념과 형상이기 때문이다. 여기서 느껴지는 예술적 형상은 존재(진리)의 열어 밝힘이다(F. Herrmann, 1997: 96).

특히 이돈화는 심고를 통한 한울아의 회복을 해방이라 표현했는데 이는 두 가지로 설명된다. 개인적 자아의 해방과 사회적 자아의 해방이 그것이다.

> 아(我)를 해방하는 데는 두 가지가 있다. 하나는 개인아의 해방이란 것이고 하나는 사회아의 해방이란 것이다. 개인아의 해방은 곧 정신의 내부적 해방이다. … 우리의 악지(惡知), 악습, 편견, 고집, 아집, 아착 등을 해탈하여 버리고 내부적으로 대아 즉 영부심(靈符心)의 본체에 부합하여 자아의 번뇌, 우수를 소극적으로 탈겁하는 방법이다. 사회아를 해방한다 함은 사회라 하는 대아를 외부적인 논리상 도덕상 정치상 종교상으로 혁신하여 사회아로 하여금 가장 자유 있고 행복이 있도록 조직하는 것이다. 대종교가 대철인 혹은 대혁명가는 사회적 감옥을 확실히 초월하는 식견을 가진 사람들이다. 우리가 만일 내부적으로 자아의 진성(眞性)이 인습

의 감옥에 갇혀있고 사회아의 생활이 악제도의 감옥에 갇혀 있음을 아는 식견을 가지고 그를 능히 해방하는 힘을 가졌다고 하면 그 사람은 곧 완전아(完全我)를 득한 것이요 완전아의 생활을 실현할 수 있다(이돈화, 1966b: 47-48).

인간 개체아의 해방은 새장에 갇혔던 새가 숲속으로 돌아가듯이, 그리고 갇혔던 죄수가 고향으로 돌아옴과 같이 본래 모습으로의 귀환이다. 그리고 그 귀환은 자신과 세계를 개벽하는 운동으로 드러난다. 인간의 모든 행위가 한울을 위하도록 한다는 것은 결국 자신과 사회, 더 나아가 세계를 이전보다 더 나은 모습으로 개벽하는 운동이 된다.

21자 주문呪文이 한울로부터 인간에로 감응을 받기 기원하는 수행이라면 심고(告天)는[20] 인간으로부터 한울에 합하고자 하는 의지이다. 그러나 심고 안에는 주문이 갖는 세계관의 관법觀法도 포함된다. 즉 동학에서 주문을 진리의 실천으로서 활용하는 것은 한울 세계관을 마음으로 지킴이요 심고는 끊임없이 인간의 어묵동정을 진리에 합치시키고자 하는 자기 훈련이다. 타문화에 있어 주문은 언어주의에 입각한 언력言力을 지향하지만 동학의 주문은 세계관을 담아낸 핵심어이다. 심고는 또한 성리학이나 불가에서 수행하는 마음공부와 유사하다 하겠지만 전체아와 인격적 관계를 설정하여 한울아에 대한 정성과 공경을 다하고자 하는 헌신성을 내포한다는 점에서 차이가 있다. 심고

20 이돈화는 이 '심고(心告)'를 '고천(告天)'이라고도 하였다. 그에게 있어서도 心과 天은 같은 것이기 때문이다.

훈련은 감성과 이성의 통합이다. 진리 체험은 가장 질 좋은 감성의 기초를 세우고 체험된 세계관을 끊임없이 상기시켜 자신을 형성시켜 가기 때문이다. 동학의 종교체험은 모든 존재가 갖는 진리와 그 다양성을 보게 하고 세계(한울)를 위한 적극적 창조의 파토스를 갖는다. 이러한 파토스가 이성적 판단으로 실천될 때 전일체적 인간이 된다.

끝으로 마음섬김의 자기 교육은 정적靜的이고 관념적인 것이 아니라 지극히 구체적이고 실천적인 것이다. 실천을 바탕으로 깔고 있기에 동학은 정적이 아닌 역동적인 변혁사상이요 개체와 전체, 인간과 자연이 하나 되고 상호 공존하는 광제창생廣濟蒼生의 사상이다. 오늘날 서구 근대성에 기인한 개인과 집단, 인간과 자연의 상호 분열은 교육적으로 많은 모순을 낳고 있고 탈근대의 사유에서 그 해결을 모색하고 있다. 더구나 개인과 전체가 대립되는 서구 근대 이념을 대리적으로 실현하고 있는 남북 분단의 현실(정혜정, 2004:213-236)에 있어서는 탈 오리엔탈리즘과 더불어 전통과 맞물린 탈근대의 사유가 유용하다고 본다. 동학은 개인의 창의성과 전체의 이익이 왜 분리될 수 없는지를 여실히 보여주고 있고 그런 의미에서 동학사상은 향후 한국교육에 많은 영감을 줄 것으로 기대한다.

4. 맺는 말

진리를 갈망하고 자기 존재의 의미를 간절히 물을 때 우리는 종교적 삶에 다가서게 된다. 동학을 창도한 수운 역시 도를 갈망하며 전국을 방황하다가 좌절과 한탄을 안고 집으로 돌아왔을 때, 돌연 한울님을 만나게 된다. 그가 경험한 한울님과의 접령은 매우 신비적이다. 그러나 그 종교체험은 자기 내면의 궁극성과 만난 경험이요 조선의 사회와 문화를 반영하는 시대적 표현이며 일상을 뛰어넘은 것이었다.

수운이 체험한 그 한울님의 경험은 선약이라고 이름지어지고 태극과 마음 심心 자의 궁궁弓弓으로 형상지어졌다. 특히 이는 21자 주문으로 제문制文되어 민중에게 가르쳐졌는데, 이 21자 주문은 전일체적 세계관을 제시하는 동시에 한울님과 합하는 수행 방편이 된다. 현재도 천도교에서는 주문을 통해 종교체험을 하고 수운이 접령했던 한울님을 이해한다.

이돈화는 수운이 경험한 종교경험이 감각 경험을 떠나고 시공의 속박을 벗어난 최고 영적 상태를 경험한 것이라 말한다. 이는 일종의 시공 초월적 정신 현상이라는 것이다. 그리고 그는 수운이 경험한 한울님을 만유신적 일신론, 절대공의 신관으로 표현했다. 만유신적 일신론이란 유신론처럼 신神을 인격적으로 보는 것이 아니면서 동시에 범신론을 인정하고 또한 범신론이 갖는 정적靜的 평등을 역동적인 생성과 더불어 인간을 그 가운데 최령자로서 보는 것이다.

절대공의 신관이란 수운이 말한 '불연기연不然其然'처럼 비유비무非有非無·역유역무亦無亦有의 중도中道적 실상을 뜻하는 불변과 생멸의 일치적 신관이다. 동학의 한울님은 주재자이면서 우주 전일체로서 불교의 중도적 공성의 의미를 지닌다. 이는 서구의 인격적 초월신으로는 결코 설명될 수 없는 비실체적 신관이다. 또한 동학의 신관은 심즉천의 신관(心神論)이므로 존재의 본질을 마음에서 묻고 다시금 음미하지 않으면 안 된다.

이러한 진리 체계를 담고 있는 동학은 한울아의 자각과 천지공심을 회복하는 마음섬김의 자기 교육을 촉구하고 있다. 마음섬김의 전일적 교육은 우주를 한 몸으로 보는 전일체적 세계관(한울아)의 자각, 동귀일체, 삼경, 심고, 주문 등의 실천으로 제시될 수 있다. '각천覺天'의 교육은 곧 자신의 궁극성을 자각할 본능을 통해 자기 스스로 한울님을 깨달을 것을 유도함이요, '심고心告'의 교육은 끊임없이 한울의 세계관에 따라 개체아를 한울아에 합치시켜 강화의 교를 체험하고 자신과 사회를 해방시켜 나가는 것이다. 그리고 '동귀일체' 교육은 만유가 하나임을 깨달아 삼경三敬을 통한 실천 속에서 세계를 성장시키는 것이다.

종교경험에서 드러나는 동학의 진리 체험은 모두 실존적 본래성, 즉 천지공심(한울아)의 현현에서 기인한다. 인간은 전일체로서 존재하면서 신적인 영성과 창조적 생성으로 이 세계를 변화시킨다. 이는 마음섬김의 핵심적인 교육이라 할 수 있다. 개체아로서 분별 의식을 자아내고 그 대상 인식을 집착하는 허위의식이 아니라 전일적 자아로서 세계를 한 몸으로 하여 자기를 자기 중심이 아닌 우주 중심에 놓을 때 인간은 한울님으로 귀환한다.

그러나 한울님의 자각은 어디까지나 개인의 몫이고, 이 모두가 자기 스스로의 결단에 의해서 실현되는 자기 교육에 의해서 가능한 것이지 스승이나 타자가 강요해서 되는 것도 아니다. 교사는 전일적 세계관과 인간 이해를 제시하여 그들 인식의 전환을 도울 수 있다. 그러나 오직 인간 스스로 진리와 하나 되려는 열정과 실천이 스스로를 해방시키고 세상을 이롭게 할 것이다.

제6장 소파 방정환의 한울 교육사상

1. 머리말

한국 근·현대사에 있어서 대표적인 아동교육 사상가를 꼽는다면 방정환을 말하는 데 주저함이 없을 것이다. 그는 일제 통치 하에서 천도교의 사상을 기본으로 하여 조선의 소년교육운동을 주도해 냈다. 그의 교육적 삶은 인내천에 기초한 조선 특유의 아동 존중 사상이라는 점에서 그 교육사적 의의를 찾을 수 있다. 그리고 조선에 있어서 최초로 어린이날을 제정하고, 완고한 유교적 규범 교육을 탈피하여 수운주의를 바탕으로 소년운동을 전개했던 그의 신념은 천도교라는 종교적 외피에 국한되지 않는다. 오늘날 방정환이 천도교 문화운동가였다기보다 아동문학가 혹은 어린이의 스승으로만 기억되는 이유가 이를 말해 준다.

방정환(1899-1931)은 어려서 그 당시 일반적으로 행해지던 것처럼 집에서 한학을 배우며 성장했다. 일곱 살 때 2살 위인 아저씨를 따라 천도교에서 설립한 보성소학교에 놀러갔다가, 교장이 학교에 다니려면 머리를 깎아야 한다는 말에 댕기머리를 깎고 할아버지에게 피가 나게 종아리를 맞았다. 그가 입학한 당시의 보성소학교 역시 서당과 다를 것은 없었다. 유치반은 천자문을 배우고 그 다음 반년 간은 계몽편을, 다음 1년 간의 초등과에서는 동몽선습을 배우고 초등과 2년급, 3년급, 그리고 또 고등과 3년을 마쳐야 졸업하여 보성전문학교로 진학하는 것이었다. 그는 아버지의 갑작스런 사업 실패로 굶주리는 생활을 하면서도 10살 되던 해에 소년입지회少年立志會를 만들어 토론과 이야기 모임을 열었다. 1914년에는 선린상업학교에 입학하였으나 적성에 맞지 않았고 가정형편상 중퇴를 하게 된다. 그러면서도 책읽기와 글쓰기는 그치지 않았다. 1917년 손병희의 셋째 딸과 결혼하였고 1918년 보성전문학교에 입학했다. 그 후 그는 전격적으로 천도교 문화운동에 뛰어들면서 영화잡지 『녹성』, 청년잡지 『신청년』, 그리고 『어린이』, 『별건곤』, 『신여성』, 『혜성』 등의 잡지를 점차 발행하게 된다. 1919년 3·1운동 당시 독립선언서를 천도교 소유의 인쇄소인 보성사에서 찍었는데, 독립선언서 배부시 독립신문 1호도 인쇄하여 같이 배부하였다. 당시 책임자였던 보성전문학교장 윤익선의 체포로 신문이 중단되자 방정환이 지하 독립신문을 계속 발행하다 체포·수감된다. 방정환은 석방된 후 어린이 운동을 결심하고 일본으로 건너가 동양대학東洋大學 문화학과에 청강생으로 있으면서[1] '아동예술'과 '아동문제'에 전념하게 된다. 이때 그는 세계 명작동화를 틈틈이 읽으면서 『사랑의 선물』이라는 번안동화집을 펴내는 계기를 마련한다. 19

1 이와 관련한 방정환의 행적은 "中村 修, 「方定煥 硏究 序說: 東京時代を 中心に」, 東京: 韓國文化硏究振興財團, 『靑丘學術論集』14, 1999.3, 101~106쪽 참조.

21년 '천도교소년회'를 조직하고 1922년 4월에 조선 최초로 어린이 날을 5월 1일로 제정하였다. 이 해 겨울 김기진金基鎭과 함께 박영희朴英熙의 추천을 받아 『백조』 동인으로 가입한다. 1923년 3월에는 동경에서 색동회를, 동년 4월에는 조선소년운동협회를 조직하였다. 이어 소년운동의 선언문을 다음과 같이 발표했다. "어린이를 재래의 윤리적 압박으로부터 해방하여 그들에 대한 완전한 인격의 예우를 허하자. 어린이를 재래의 경제적 압박으로부터 해방하여 만 14세 이하의 어린이들에게 노동을 폐하게 한다. 어린이 그들이 고요히 배우고 즐거이 놀기에 족할 각양의 가정 또는 사회적 시설을 행하게 한다." 또한 1928년에는 전 세계 20여 개국 어린이가 참가한 '세계아동전람회'를 개최하였고 1930년에는 그가 창간한 잡지 『어린이』 발행부수가 10만에 이르렀다.[2] 1931년 그는 과로로 쓰러져 혼신을 다했던 33세의 짧은 생을 마감한다.

안경식은 우리의 교육이 두 번의 단절을 맞는 것으로 파악했다. 전통적 교육에서 근대교육으로 넘어 올 때의 단절, 일제하에서 광복 후로 넘어올 때의 단절이 그것이다. 해방 이후 우리의 교육은 미국의 교육을 이식했고, 자유민주주의 체제를 근간으로 하는 오늘날의 교육에서 듀이 교육 이론의 중요성은 그 누구도 부정할 수 없다. 이에 그는 방정환의 교육사상을 우리의 자생적 아동 중심 교육으로 보고 서양의 교육 계보가 아닌 소파 방정환에게서 우리의 계승점을 찾아야 한다고 말한다.[3]

---

2 당시 보통학교 조선인 아동 수는 전체 600만 가운데 30만 정도이다.

2. 유교 전통으로부터의 아동 해방과 수운주의 아동관

1) 방정환의 유가 전통에 대한 비판과 아동 해방

방정환은 소년운동을 시작하면서 재래의 전통적 유교 윤리의 압박으로부터 아동을 해방시키고자 했다. 조선의 가장 커다란 인륜적 규범은 효孝에 있었다. 부모에 대한 효가 절대시 되고 자식은 부모의 명령에 복종하고 가문을 영속시키는 도구적 존재였다. 전통적으로 조선의 가정은 예외 없이 모두 노인 중심으로 생활을 끌고 간다. 이는 어린 새 사람을 끌어당겨 뒤로 가게 하는 격으로, 가장 늙은이가 호주가 되어 전 가족을 데리고 무덤으로 가는 격이라 방정환은 말한다. 만약 무덤으로 가기 싫어서 돌아서는 사람이 있으면 부명父命을 거역하는 불효자라 하여 온 동네가 결속해 가지고 박해를 가하는데, 내일의 주인을 조선 사람처럼 냉대, 학대하는 사람도 없다는 것이다.

방정환은 어린이에 대한 완전한 인격적 예우를 부르짖으면서 어린이를 내려다볼 것이 아니라 올려다볼 것과 어린이에게 경어敬語를 쓰되 항상 부드럽게 대할 것을 말했다. "싹을 위로 보내고 뿌리는 일제히 밑으로 가자! 새 사람 중심으로 살자. 어린이를 터주로 모시고 정성을 바치자!", "새로 피어날 새싹이 내리 눌려만 있을 때, 조선의 설

---

3 안경식, 『소파 방정환의 아동교육운동과 사상』, 서울:학지사, 1999, 16쪽.

움과 아픔은 어느 때까지든지 그대로 이어갈 것”[4]이라고 사람들에게 호소했다.

> 어린이는 어른보다 더 새로운 사람입니다. 내 아들놈, 내 딸년 하고 자기의 물건같이 여기지 말고, 자기보다 한결 더 새로운 시대의 새 인물인 것을 알아야 합니다. 어린이를 어른보다 더 높게 대접하십시오. 어른은 뿌리라면 어린이는 싹입니다. 뿌리가 근본이라고 위에 올라앉아서 싹을 내려 누르면 그 나무는 죽어 버립니다. 뿌리가 원칙상 그 싹을 위해야 그 나무는 뻗쳐 나갈 것입니다. 어린이를 결코 윽박지르지 마십시오. 조선의 부모는 대개가 가정교육은 엄해야 한다는 잘못된 생각으로 그 자녀의 인생을 망쳐 놓습니다. 윽박지를 때마다 뻗어 가는 어린이의 기운은 바짝바짝 줄어듭니다.[5]

> 우슴이 없는 조선의 가정, … 학교라고 가보지 못한 수많은 어린이들은 부형들의 꾸지람 밑에서 어린 뼈가 휘도록 일하지 않으면 안 되는 형편에 있는 것이 조선소년의 처지입니다. … 열 살만 넘으면 좋은 며느리 얻기와 좋은 사위 얻기만 힘씁니다.[6]

전통적 유교 윤리에서는 군신君臣, 남여男女, 장유長幼, 친자親子, 노

---

4 방정환, 「어린이날」, 『어린이』, 1926.5.

5 「조선소년운동협회주최 제1회 ‘어린이날’ 선전문」, 『동아일보』, 1923. 5.1.

6 신영철, 「부형에게 들려드릴 이야기」, 『어린이』, 1931.9.

소老小, 현우賢愚, 귀천貴賤 등을 설정하여 군君, 남男, 장長, 친親, 노老, 현賢, 귀貴가 신臣, 여女, 유幼, 자子, 소小, 우愚, 천賤에 대하여 권리를 행사하게 하였고[7] 삼강오륜에 절대 위력을 부여한즉 이를 악용한 독소가 세상을 병들게 하였다.[8] 또한 조선에 있어서 다수를 차지하는 농촌 어린이는 아무 일을 못하기에 식충이라 하여 학대받고, 아이를 놀리면 게을러진다고 하여 일을 해야 했고, 궁색한 농촌 가정의 경제적 압박으로 인하여 노동을 강요당했다.

> 유소년의 생리적 발육과 심리적 발육을 구속하는 모든 폐해의 교정에 힘쓸 것, 재래의 봉건적 윤리의 압박과 군자식 교양의 전형을 버리고 유소년으로의 순결한 정서와 쾌활한 기상의 함양에 힘쓸 것[9]

> 짓밟히고, 학대받고, 쓸쓸스럽게 자라는 어린 혼을 구원하자![10]

어린이가 소박한 정서와 쾌활한 기상을 함양하기 위해서는 조혼 및 과로의 방지가 필요하고, 문자 교양과 평이한 과학 지식의 보급, 그리고 자연과 예술 교육이 요구된다고 방정환은 말하면서 서구 사회

---

7 김기전, 「우리의 사회적 성격의 일부를 고찰하여서 동포형제의 자유처단을 촉함」, 『개벽』16, 1921.

8 김기전, 「장유유서의 말폐」, 『開闢』2, 1920.7.

9 「천도교 유소년부의 활동 요항」, 천도교청년당본부, 『천도교청년당소사』, 1935, 45~46쪽.

10 방정환, 「어린이 동무들께」, 『어린이』, 1924.12.

는 아동 중심 교육에 전력을 기울이고 있는 반면 조선은 아동을 질곡 속으로 몰아넣는 현실임을 대조시킨다.

> 외국 사람을 보아라. 그들은 완전히 어린이 중심으로 생활을 하고 있다. 집도 어린이를 위하여, 음식도 어린이를 위하여, 정원도 어린이 비위를 맞추어서 심지어 산보도 놀이도 어린이 중심으로 그리고 그것도 부족하여서 어린이만의 공원이 있고 유원지가 있고 어린이를 위한 책이 수없이 나오고, 학교에 부족함이 없고, 그리고도 부족하여서 소년단이 있고 영국에서는 왕실의 왕자가 반드시 그 총재가 되는 법이요, 미국에서는 현 대통령이 싫어도 총재가 되고 전 대통령이 부총재가 되는 법이요, 일본에서는 그 본부 사무소를 내무성 안에 두고 각각 그 새 생명을 기르기에 전력을 기울이고 있다.[11]

그러나 방정환이 유교 전통으로부터 해방을 주장하고 외국의 아동 중심을 말한다고 해서 이것이 곧 적극적인 서구화의 지향은 아니다. 서구 근대교육을 계몽주의를 바탕으로 하여 아동의 인권과 실물 교육의 학습권을 주장한 '아동 중심의 교육'으로 정의한다면 방정환에 있어서의 아동 중심은 아동을 한울님으로 보는 인간 이해에서 시작된다. 수운과 해월의 가르침은 어린이가 한울님이라는 것이었다. 이를 한국적 아동 중심 교육이라 칭할 수 있을 것이다. 서구의 아동 중심은 개인의 자아가 과학적 지식을 바탕으로 무한히 확장되는 것으로

11 방정환, 「아동문제 강연자료」, 『학생』, 1930.7.

보지만 방정환의 아동 중심은 각자의 한울아를 성장시키는 데서 형성되는 개인의 다양성을 말한다. 흔히 소파의 교육 목적을 서구 근대교육처럼 자아실현으로 보기도 한다. 방정환의 '저대로의 독특한 삶, 저희끼리의 새 사회 건설'이라는 그의 표현에서 잘 나타난다는 것이다.[12] 그러나 아동 각자의 독특한 삶과 저희끼리의 새 사회 건설은 수운주의에 입각해 있음을 고려해야 할 것이다.

일본의 『나는 고양이로소이다』의 저자 소세키는 서구 근대의 개성 지상주의에 적응하지 못하여 다음과 같이 말한 바 있다. "옛 사람은 나를 잊으라고 가르치셨다. 요즘 사람들은 나를 잊지 말라고 가르치니 전혀 다르다. 밤낮 나 자신이라는 의식으로 충만해 있다. 그러므로 한시도 편안할 때가 없다. 언제나 초열지옥焦熱地獄이다. … 이에 반하여 동양에서는 예부터 마음의 수양을 해 왔다. 그쪽이 옳은 것이다. 개성 발전의 결과 모두가 신경쇠약을 일으켜 수습 곤란에 빠졌을 때, 무위이화한다는 말을 얕볼 수 없음을 깨닫게 될 것이다."[13]

시민계급으로 형성된 유럽의 근대가 필연적으로 제국주의적인 패권적 민족주의를 옹호했다면, 우리의 근대는 외세의 침략에서 무방비로 당하는 데서 출발한다. 어쨌든 긍정적인 의미에서 유럽의 근대가 인간을 억압하는 전통에 주체적으로 대항하는 새로운 계급의 새것에 대한 감수성과 관계가 있다면, 사실 우리에게는 근대가 없다.[14] 그러나 우리 나름대로의 역

---

12 안경식, 앞의 책, 130쪽.

13 히야마 히사오 저, 정선태 역, 『동양적 근대의 창출:루쉰과 소세키』, 서울: 소명출판, 2000, 76~77쪽.

사 발전을 이루어가는 맥락 속에서 서구의 근대나 근대교육에 해당하는 대응점을 찾는 것은 가능할 것이다.

2) 방정환의 수운주의적 아동관

방정환은 천도교소년회(1921) 강령[15]에서 "소년 대중의 수운주의적 교양과 사회생활의 훈련을 기함"이라고 선언했다. 그의 소년운동은 수운주의적 인내천관에 따른 아동 이해와 훈련을 구상한 것에서 시작된다.

1930년대에 방정환의 아동관은 천사주의로 불렸다. 이는 부정적 입장에서 '소박·감상적 동심지상주의' 혹은 '관념주의'로 비판되는 맥락이지만 1970년대에 들어서는 이재철, 이오덕 같은 사람들에 의해 민족주의로 평가되기도 한다. 이재철은 소파를 민족주의 문화운동가로 평가했고 이오덕 역시 그의 『시 정신과 유희 정신』에서 "소파의 작품은 다른 이의 작품과 달리 덮어 놓고 동심을 예찬한 것이 아니라 어린이와 민족의 운명에 밀착된 세계에 살면서 혼이 담긴 작품을 썼다."고 평했다.[16] 또한 염희경은 방정환이 그 당시 시대사조인 사회주의에 영향을 받지 않을 수 없고 사회주의자 김찬과의 교분, 그리고 동학의 민중성을 들어 그의 사회주의

---

14 이명현 외, 『근대성과 한국문화의 정체성』, 서울: 철학과현실사, 1998, 81쪽.

15 성봉덕, 「천도교 소년운동의 이념」, 『신인간』367, 1979.5, 4쪽, 재인용.

16 이오덕, 『시정신과 유희정신: 아동문학의 제문제』, 창비신서17, 창작과 비평사, 1977, 10쪽.

적 성향을 말하기도 한다.[17]

> 나 자신이 민중의 일인인 이상 거짓 없는 진실한 나의 요구는 그것이 많은 민중의 그것과 그다지 다르지 아니할 것이며, 그것은 의심할 것도 없는 당연한 것입니다. … 비참히 학대받는 민중의 속에서 소수 사람에게나마 피어 일어나는 절실한 필요의 요구의 발로, 그것에 의하여 창조되는 새 생은, 이윽고 오랜 지상의 속박에서 해방될 날개를 민중에게 주고, 민중은 그 날개를 펴서 참된 생활을 향하여 날게 되는 것이니, 거기에 비로소 인간 생활의 신국면이 열리는 것입니다. 이리하여 항상 쉬지 않고 새로 창조되는 신생은 민중과 함께 걸어갈 것입니다.[18]

또한 안경식은 방정환의 어린이운동 중 가장 중요한 목적이 '어린이의 올바른 성장'에 있었고 이 올바른 성장에서 일제는 방해 요소였으며, 이것이 바로 그의 어린이운동이 항일운동과 궤를 같이 할 수밖에 없었던 이유라고 말한다.[19]

그러나 좀 더 근원적으로 살펴보면 방정환의 천사주의와 아동 해방은 동학적 인간 이해에서 나온 표현이다. 즉 그가 바라보는 아동은 사인여천에 입각한 것으로 천사는 곧 '인내천의 천사'요, '지상천국을 건설할 어린 동무'이며 '자연의 시인'이다.[20] 서구 근대가 인간의 사

---

17 염희경, 「소파 방정환과 사회주의」, 『아침햇살』, 2000, 봄호.

18 방정환, 「작가로서의 포부」, 『동아일보』, 1922.1.6.

19 방정환, 『방정환아동문학선』, 서울:앞선책, 기와집문고11, 1996, 12쪽.

유 기능, 즉 이성에서 신神의 형상을 찾고 이에 절대적 우위를 두었다면[21] 방정환에 있어서 한울님은 곧 어린이이고 어린이에게서 한울님을 보는 것이며 물욕에 물들지 않은 이들을 통하여 지상천국을 건설하는 것에 목적을 두는 것이었다.

> 나는 이 새 일에 착수할 때에 더욱 우리 敎중의 많은 어린 동무를 생각한다. 어여쁜 천사, 인내천의 천사, 이윽고는 새 세상의 천도교의 새 일꾼으로 지상천국의 건설에 종사할 우리 敎중의 어린 동무로 하여금 애적부터 시인일 적부터 아직 물욕의 마귀가 되기 전부터 아름다운 신앙생활을 찬미하게 하고 싶다. 영원한 천사되게 하고 싶다. 늘 이 생각을 잊지 말고 이 예술을 만들고 싶고, 또 그렇게 하련다. 나는 이 일을 적어도 우리의 새 문화 건설에 큰 힘이 될 줄 믿고 남이 안하던 일을 시작한다.[22]

---

20 방정환, 「동화를 쓰기 전에 어린애를 기르는 부형과 교사에게」, 『천도교회월보』, 1921.2.

21 코메니우스는 일찍이 인간은 이성적 요소들을 잘 활용할 수 있도록 神으로부터 중요한 세 기능을 물려받았다고 말했다. 즉 이성, 언어, 손을 소유하고 있다. "이성은 인간으로 하여금 내면적으로는 그 자신을, 외면적으로는 다른 사물들을 관찰하고 명상하며, 판단하게 하는 신령한 빛이며… 언어는 한 사람이 다른 사람에게 그 빛을 발산하여 스스로 이해에 도달하게 된 것을 다른 사람들의 지성력에 제시하며, 끝으로 행동은 인간이 스스로 이해하여 형성하였던 것을 실재에로 전달하는 방법을 아는 능력이다.".(이숙종, 『코메니우스의 교육사상』, 서울: 교육과학사, 1996, 149~1 50쪽). 이는 곧 근대교육의 특징 가운데 과학교육, 노동교육, 언어교육을 포함시키게 되는 요인이 된다.(梅根悟, 심임섭 역, 『근대교육사상비판』, 서울: 남녀, 1988, 154~155쪽).

산을 좋아하고, 바다를 사랑하고, 큰 자연의 모든 것을 골고루 좋아하고 진정으로 친해하는 이가 어린이요, 태양과 함께 춤추며 사는 이가 어린이다. 그들에게는 모든 것이 기쁨이요, 모든 것이 사랑이요, 또 모든 것이 친한 동무이다. 이러한 어린이 삶(살림) 자체 그대로가 "한울의 뜻이고 우리에게 주는 한울의 계시"[23]라고 방정환은 말한다. 어린이는 비둘기와 같이, 토끼와 같이 부드러운 머리를 바람에 날리면서 뛰노는 모양, 그대로가 자연의 자태이고 그대로가 한울의 그림자이다. 거기에는 어른과 같은 욕심도 있지 아니하고 욕심스런 계획도 있지 아니하다. 죄 없고 허물없는 '평화롭고 자유로운 한울나라! 그것이 어린이의 나라'라는 것이다.[24]

거듭 말해서 이는 소박한 감상적 동심주의에서 비롯되는 것이 아니라 그의 종교적 신념에 입각한 아동관의 표현이다. 아동에게서 한울의 뜻과 한울의 계시와 인내천의 천사, 한울의 그림자, 한울님의 나라를 보는 것이기 때문이다. 시인과 같은 이들 영원한 천사를 통해 새 문화 건설을 보았던 것이다.

> 어린이가 잠을 잔다. …얼굴을 들여다보라!… 우리가 전부터 생각해오던 한우님의 얼굴을 여기서 발견하게 된다. 어느 구석에 먼지만큼이나

---

22 방정환, 「동화를 쓰기 전에 어린애를 기르는 부형과 교사에게」, 『천도교회월보』126, 1921.2

23 방정환, 「어린이 찬미」, 『신여성』2-6, 1924.6.

24 『어린이』, 창간호, 1924.3.

> 더러운 티가 있느냐? 죄 많은 세상에 나서 죄를 모르고 더러운 세상에 나서 더러움을 모르고 부처보다도 예수보다도 한울 뜻 고대로의 산 한우님이 아니고 무엇이랴. … 더할 수 없는 참됨과, 더할 수 없는 착함과, 더할 수 없는 아름다움을 갖추고, 게다가 또 위대한 창조의 힘까지 갖추어 가진 어린 한우님이 편안하게도 고요한 잠을 잔다. … 나는 지금 성당에 들어간 이상의 경건한 마음으로 모든 것을 잊어버리고 사랑스런 한우님, 위엄뿐만의 무서운 한우님이 아니고, 자는 그 얼굴에 예배하고 있다.[25]

'어린이는 곧 산 한울님'이기에 방정환은 어린 한울님에게 경건한 마음으로 예배한다. 이때까지 모든 사람들은 한울님이 우리에게 복을 준다고 믿어 왔다. 그러나 실제로 그 복을 가져오는 이가 어린이라고 방정환은 말한다. "어린이는 순 복덩어리다. 어린이는 기쁨으로 살고 기쁨으로 놀고 기쁨으로 커 간다. 뻗어나가는 힘! 뛰노는 생명의 힘! 그것이 어린이다. 또한 한울님이다. 온 인류의 나아짐과 높아짐도 여기 있는 것이다."[26]

---

25 방정환, 「어린이 찬미」, 『신여성』2-6, 1924.6.

26 위의 글.

3. 아동의 성장과 교육의 방법

1) 아동의 심신 성장과 자연 교육

천도교 소년교육에서 전반적으로 나타나는 공통점은 아동이 지니는 생명의 힘을 중시하고 자신의 한울님 됨을 기르는 것에 있다. 모든 생명의 목적은 성장이기에 생명 자체의 활동에 의해서 성장은 이루어진다. 김병제도 어린이들의 교육은 생명의 원리에 입각하여야 한다고 하면서 일분일초라도 생명의 성장을 더디게 하지 말라[27] 하였다. 그러나 생명은 오직 바른 길로 신장시키는 것이 필요하기에 바른 궤도로 인도해 주는 것이 교육이다. 슬기로운 어른이 있어서 늘 보살피고 인도하고 가르치지 아니하면 장래에 좋은 인물이 되기가 어려운 것은 나무의 이치와 똑같은 것이다. 따라서 궁핍한 조선 소년들에게 "큰일을 한 사람은 여러분 어린이 같이 구차하고 세력 없는 사람 중에서 더 많이 났다."[28]고 격려하면서 어린이들이 자유롭게 활동할 수 있도록 생명과 기운을 지켜주고자 했다.

> 슬기로운 어른이 있어서 늘 보살피고 인도하고 가르치지 아니하면 장래에 좋은 인물이 되기가 어려운 것은 나무의 이치와 똑 같은 것이외다.

---

27 秋崗, 「어린이 교육의 진제」, 『신인간』, 1941.5.
28 『어린이』, 1930.1.

> 어린이 여러분! 여러분은 싹 돋는 풀이요 잎 피려는 나무요 싹트려는 씨가 아니오닛가. 더욱이 여러분은 마르고 잡풀이 엉켜진 속에 들어 있지 아니함니까. 더욱이 여러분을 북돋고 김매고 거름 주고 할 농부 – 다시 말하면 여러분을 위하여 정성을 다할 만한 슬기로운 어른까지 없지 아니함니까. … 여러분께 바라는 것은 여러분이나 우리(큰사람)나 다 같이 한 뜻으로 성하게 자라나기를 힘쓰자는 것이외다. 뿌리박은 땅이 아무리 메마를지라도 덮어 누르는 잡풀이 아무리 억셀지라도 살겠다는 마음, 자라겠다는 기운은 빼앗지 못할 것이 아닙니까.[29]

방정환 역시 어린이들이 자유롭고 재미로운 가운데, 저희끼리 기운껏 활활 뛰면서 자라는 거기에 항상 새 세상의 창조가 있다[30]고 말한다. 아동이 갖는 생명의 힘, 성장의 힘을 돌보아 주고 북돋아주는 것이 우선이다. 따라서 그는 "우리 조선의 학생 기질은 다른 무엇보다도 먼저 '앞으로 뻗는 원기가 있어 씩씩하다'는 점에 있어야 하겠습니다."라고 학생들에게 호소한다.[31] 또한 잡지 『어린이』지의 마지막 장에는 항상 "씩씩하고 참된 소년이 됩시다. 그리고 늘 서로 사랑하며 도와갑시다"라는 표어를 아이들의 사진과 함께 내걸었다. 방정환은 "어린이의 어림(幼)은 크게 자라날 어림이요, 새로운 큰 것을 지어낼 어림"이라고 말한다. 어림 자체가 성장의 힘이고 새로움의 요인이

---

29 김석송, 「제발로 제길을 걷자」, 『어린이』, 1925.3.
30 방정환, 『어린이』, 창간호, 1923.
31 방정환, 「조선의 학생 기질은 무엇인가」, 『학생』1-3, 1929.5.

다.[32] 방정환은 어린이 성장에 제일 필요한 것으로 기쁨을 꼽는다. "생명은 기쁨이다. 어린 아이들이 마음껏 움직일 때, 조금도 방해 없이 자유롭게 활동할 수 있을 때, 그들에게 제일 큰 기쁨이 되고, 그 기쁨으로 몸과, 생각과, 기운이 동시에 커 나간다."[33]고 했다. 어린이에게 있어 움직인다는 것 자체가 그들의 생명이요, 생활의 전부인 까닭이다.[34]

> 어린 사람은 기뻐할 때 제일 잘 자라고, 몸이 크고 생각이 크고 기운이 크고 세 가지가 일시에 크는 것이다. 어린 사람이 제 마음껏 움직일 수 있는 때, 즉 小毫의 방해가 없이 자유로 활동할 수 있는 때, 그때에 어린이는 제일 기뻐한다. 그것은 움직인다(活動)는 것 자체가 그들의 생명이요 생활의 전부인 까닭이다. … 그런데 꿈적거리는 것(움직이는 것, 활동)은 사지육체에만 그치는 것이 아니라 눈에 보이지 아니하는 생각도 부지런히 꿈적거리는 것이다. 어린 사람들이 달음질을 하고 씨름을 하고 방문을 두드리고 공을 차고 나무에 기어오르고 온갖 꿈적거림은 모두 육체를 활동시키는 노력이다. 그런 때 그의 활동을 도와주어 더욱 부지런히 꿈적거리게 하여 더욱 부지런히 자라게 해 주기 위하여 장난감이 필요한 것이다. 그와 마찬가지로 눈에 보이지 아니하는 속생각이 활동하느라고, 아버지는 누가 낳았고, 할아버지는 누가 낳았소, 맨 나중에 한울님은 누가 낳

---

32 방정환, 「어린이날」, 『어린이』4-5, 1926.5.
33 『어린이』, 1923.3, 1쪽.
34 위의 글.

> 았고 하고 끝까지 캐어묻는 것이다. 팥은 왜 빨갛고 콩은 왜 노랗소 강아지는 [illegible] 신발을 안 신고 다니오 하고 묻는 것도 다 속생각이 활동하려는 것이니, 그 활동을 더욱 도와주기 위하여 동화며 동요며 그림이 필요한 것이다.[35]

여기서 주의 깊게 보아야 할 것은 몸과 생각과 기운이 동시에 커 나간다는 점이다. 흔히 우리는 서구 관점에 따라 인지적·도덕적·신체적 발달을 각각 분리하여 단계마다 특성을 구분하고 있는데 방정환은 동시적이라고 말한다. 아이들이 달음질을 하고 씨름을 하고 방문을 두드리고 공을 차는 모든 육체의 성장 활동과, 아이들이 주위 환경에 대해 물음을 갖는 모든 속생각의 성장 활동은 함께 가는 것이다. 몸과 마음은 하나이고 마음과 몸이 상호 연결 속에서 함께 성장한다.

이 세상에 필요한 사람이 되려면 사람됨의 바탕을 가져야 되고 이는 자유로운 심신의 활동에서 얻어진다. 그리고 이러한 새 생명의 활동에 의해 새 세상을 제각기 창조한다. 심신의 성장을 가장 올바르게 잘 키우는 것은 자연이다. 자연은 곧 한울님이기 때문이다.[36] 자연을 대하는 아이들의 의식 속에는 시각적·청각적·직관적 영상이 인식된다. 어린이는 자연 속에서 자연과 자신을 일치시킨다. 이때 어린이는 참 생활과 참 지혜를 배우며 그러는 중에 몸과 마음이 우쭐우쭐 자란다. 아동이 자연을 통해 심신이 커 나갈 수 있는 것은 자연과 하나가

---

35 방정환, 「아동문제강연자료」, 『학생』2-7, 1930.7.

36 방정환, 『어린이』창간호, 1924.3.

되는 전일성의 체험에 있다. 새가 노래하면 어린이도 노래하고 모든 존재가 나와 일체가 될 때에 환희와 흥미가 깊은 맘속으로부터 온몸 머리끝까지 솟아나와 흐른다. 그 하나 된 전일성의 경험에서 기쁨과 흥미가 땀으로 배어 나오면서 참 생활과 참 지혜를 얻게 되고 심신이 우쭐우쭐 자란다는 것이다. 자연으로부터 커 나온 사람이라야 심신이 완전한 사람이 될 수 있다. 그러한 사람이라야 빈한한 사람, 부한 사람, 귀한 사람, 천한 사람을 차별하지 않고 사람이면 다 같은 사람으로 존경하고 사랑하며 새 짐승, 풀, 나무들이라도 다 같이 사랑하여 같은 세상에서 즐겁고, 기쁘게 살 수 있다.[37]

2) 아동의 정신 성장과 예술 교육

방정환은 전통적 윤리의 억압과 일본 식민 교육을 반대하여 윤리와 수신과목을 모두 지양하고 '동화'와 '동요' 그리고 '그림'을 통한 예술 교육을 제시하였다. 앞에서 말한 바와 같이 방정환은 인내천의 영원한 천사가 되게 하기 위해 예술을 만들고 예술의 교육을 하겠다고 선언했다.[38] 그는 "일제의 학교 교육을 기존 사회에 필요한 인간을 찍어내는 것 외에 어떠한 이상理想도 계획도 없다."고 비판하면서 덮어놓고 아동들에게 헌 사회 사람들의 생각과 제도 일반을 억지로

37 이병두, 「자연의 대학교」, 『어린이』, 1923.9.

38 방정환, 「동화를 쓰기 전에 어린애를 기르는 부형과 교사에게」, 『천도교회월보』126, 1921.2

씌우려는 것은 잘못된 일이라 하였다.[39] 즉 기존 제도교육과 같이 수신修身과 산술算術만 가지고는 안 되고 예술 교육이 행해져야 완전한 사람, 좋은 사람, 전적 생활을 잘 파지把持해 갈 수 있는 인물이 된다는 것이다.[40] 자연 교육이 자연과 일체되는 경험에서 한울님의 성장을 지향하듯이 예술 교육 또한 한울님의 경험을 직관적으로 경험하고 표현한다. 특히 아동 예술 가운데 '동화'는 아동 정신 생활의 중요한 일부이고 최긴最緊한 식물이다. 현대의 아동에게는 그 인간적 생활의 요소로 동화가 요구된다.

> 동화에 의하여 정의의 계발을 속히 하고, 이지의 판단을 명민히 할 뿐 아니라 허다한 도덕적 요소에 의하여 덕성을 길러 다른 사람에 대한 동정심, 의협심을 풍부케 한다. 또한 각종 초자연·초인류적 요소를 포함한

---

39 방정환, 「소년의 지도에 관하여」, 『천도교회월보』 1923.3.

40 방정환, 「세계아동예술전람회를 열면서」, 『어린이』, 1928.10.; 안경식은 소파의 예술운동의 의의를 4가지로 들고 있다. 첫째, 지덕체의 조화가 아닌 지덕미의 조화를 든다. 여기서 미육은 덕육을 실현하기 위한 좋은 방편이다. 둘째, 소파의 예술운동은 음악, 미술, 동화, 동극, 사진 등 예술의 전 분야를 망라하고 있으며 전 영역에 걸친 예술운동을 통하여 개인의 조화로운 성장과 민족의식의 고취에 있다. 셋째, 교육방법상 그의 예술 교육은 흥미의 원리와 직관의 원리를 크게 고려했다. 문자에 의한 사고보다 직접 보고 듣고, 행해 봄으로써 어린이의 자발적인 참여와 관심을 높이고자 했다. 동화구연과 동요, 동극은 흥미나 활동의 입장에서, 그림이나 사진은 직관의 원리라는 입장에서 좋은 어린이 교육 방법이라는 것이다. 넷째, 일관된 원리는 '자신의 생활을 있는 그대로 자연스레 표현하라'는 것에 있다. 안경식, 앞의 책, 16쪽.

> 동화는 종교적 신앙의 기초까지 심어주는 등 실로 그 효력이 위대한 것이다.[41]

'동화'는 결코 교훈만이 목적은 아니다. 아동 자신이 동화를 구하는 것은 지식을 얻거나 수양을 구하기 위함이 아니라 본능적인 자연의 욕구이다. 영아가 모유를 원하는 것과 같이 아동은 동화를 원한다. 모유가 영아의 생명을 기르는 유일한 먹이인 것과 똑같이 동화는 아동에게 가장 귀중한 정신적인 먹이인 것이다. 인간은 누구나 한울님과 같은 영원한 아동성을 아동의 세계에서 보전해 가고 또 나아가 세련시켜 가지 않으면 안 된다.[42] 동화는 이러한 아동성을 잃지 않은 예술가가 다시 아동의 마음으로 돌아와서 감격과 이상을 동화의 독특한 표현 방식을 빌어 독자에게 호소하는 것이다.

> 우리는 자주 그 깨끗한 그 곱고 맑은 고향-아동의 마음으로 돌아가기에 힘쓰지 않으면 안 된다. 아동의 마음! 참으로 우리가 사는 세상에서 아동 시대의 마음처럼 자유로 날개를 펴는 것도 없고, 또 순진한 것도 없다. 그러나 우리는 연령이 늘어갈수록 그것을 차츰차츰 잃어버리기 시작하고, 그 대신 여러 가지 경험을 갖게 되고, 따라서 여러 가지 복잡한 지식을 갖게 된다. 그러나 그 경험과 지식만을 갖는다 하면 그것으로 무엇을 하랴, 경험과 그것이

---

41 방정환, 「새로 개척되는 동화에 관하여: 특히 소년 이외의 일반 큰 이에게」, 『개벽』 1923.1.

42 위의 글.

> 무익한 것이 아니요, 지식이 무익한 것도 아니다. 그러나 그것만이 늘어간다는 것은 결코 아름다운 인생으로서 자랑할 만한 것은 못되는 것이다. 더구나 그 경험, 그 지식이 느는 동안에 한편으로 그 순결한, 그 깨끗한 감정이 소멸되었다 하면 우리는 어쩌랴 … 그 사람은 설사 냉랭한 마르고 언 지식의 소유자일망정 인생으로서는 역시 퇴락한 자일 것이다. 아아, 우리는 때때로 천진난만하던 옛 고향, 아동의 세계로 돌아가 마음의 순결을 빌지 않으면 안 된다. "아름다운 꽃을 보고 '아아 곱다!' 하고 이유 없이 달려드는 어린이가 나는 귀여울 뿐 아니라 거기에 깊은 의미가 있는 듯이 생각됩니다."라고 일본의 동화 작가 고카와 씨는 말하였다. 과연 그렇다. 아동의 세계는 어떻게 해도 형용할 수 없는 아름다운 시의 낙원이며, 동시에 그곳은 엿볼 수 없는 숭엄한 비밀의 왕국과 같다.[43]

방정환에 의하면 아동의 세계와 그 아름다운 낙원, 숭엄한 왕국을 인간은 누구나 지나온다. 인생은 어린 날의 낙원을 잊지 못하고 그리워한다. 이를 그리워하는 마음은 곧 더럽히지 않은 순결과 무한한 자유의 세상을 동경하는 마음이다. 유년시절의 통합된 세계가 성인들의 마음에 살아남는 것이다. 한울님의 모습, 한울님 마음으로. 현실 생활의 반성도 이상의 향상도 이 마음에서 나오고, 젊은 벗의 장래·미래에 대한, 인생에 대한 사랑과 희망도 이 마음에서 나온다.[44] 그러므로 동화는 결코 소년 소녀에게만 읽힐 것이 아니고, 넓고 넓은 인류가

43 위의 글.

44 위의 글.

다 같이 읽을 것이며, 작자도 또 항상 대인이 소아에게 주는 동화를 쓰는 것이 아니고 인류가 지닌 한울님, 즉 '영원한 아동성'을 위하여 '동화'를 쓰는 것이다.[45]

또한 방정환은 '동요'를 통해 아동의 세계를 키워 나가고자 한다. 어린이는 모두 시인이다. 시와 음악이 담긴 동요에는 진실과 세계가 담겨 있다.

> 새야 새야 파랑새야
> 녹두남게 앉지 마라
> 녹두꽃이 떨어지면
> 청포 장수 울고 간다.[46]

아이들은 이러한 고운 노래를 기꺼운 마음으로 소리 높여 부를 때 그들의 고운 넋이 아름답게 우쭐우쭐 자라간다.[47]

---

45 위의 글. (『어린이』지에는 修身을 강화하는 교훈담이나 수양담은 넣지 말고 어린이 저희끼리의 소식, 저희끼리의 작문과 담화, 또는 동화, 동요, 소년소설만으로도 훌륭하고, 거기서 어린이는 웃고, 울고, 뛰고, 노래하고 그렇게 커 가면 또한 훌륭하다고 방정환은 말했다. -방정환, 「소년의 지도에 관하여」, 『천도교회월보』, 1923.3. 그리고 동화는 무엇보다 아동에게 愉悅을 주는 조건을 갖추어야 한다. 어린이의 특성은 어린이들의 놀이에서 찾을 수 있듯이 그 자체가 즐겁고 기쁨을 욕구한다. 그러기에 아동의 마음에 기쁨과 유쾌한 흥을 주는 것이 동화의 생명이다.-방정환, 「동화작법」, 『동아일보』, 1925.1.1).

46 위의 글.

다시 말해서 아동은 자신의 세계를 형성하고 질서지우며 옳음을 선택하고 스스로 확신해 나간다. 위의 노래는 어른들이 지은 것일 수도 있지만 몇 해 몇십 년 동안 어린이들의 나라에서 불러 내려서 어린이 것이 되어 내려온 것이기에 그 노래에 스며진 어린이의 생각, 어린이의 살림, 어린이의 넋을 볼 수 있다. 또한 어린이는 '그림'을 좋아한다. 그리고 또 그리기를 좋아한다. 아이들은 그림을 통해 조금의 기교가 없는 순진한 예술을 낳는다.

> 어른의 상투를 재미있게 보았을 때 어린이는 몸뚱이보다 큰 상투를 그려 놓는다. 순경의 칼을 이상하게 보았을 때, 어린이는 순경보다 더 큰 칼을 그려 놓는다. 얼마나 솔직한 표현이냐! 얼마나 순진한 예술이냐! 지나간 해 여름이다. 서울 천도교당에서 여섯 살 된 어린이에게 이 집 교당을 그려 보라 한 일이 있었다. 어린이는 서슴지 않고 종이와 붓을 받아들더니 거침없이 네모 번듯한 사각 하나를 큼직하게 그려서 나에게 내밀었다. 얼마나 놀라운 일이냐. 그 어린이는 그 큰 집에 들어앉아서 그 집을 보기를 크고 네모 번듯한 넓은 집이라밖에 더 달리 복잡하게 보지 아니한 것이었다. 얼마나 순진스럽고 솔직한 표현이냐! 아이들이 한 포기 풀을 그릴 때, 어린 예술가는 연필을 잡고 거리낌 없이 쭉쭉 풀포기를 그린다. 그러나 그 한 번에 쭉 내리 그은 그 줄이 얼마나 복잡하고 묘하게 자상한 설명을 주는지 모른다. 여기에는 한울님을 표현하고 진리를 경험하게 하는 내면의 힘이 숨겨져 있다.[48]

---

47 위의 글.

48 앞의 글.

> 위대한 예술을 품고 있는 어린이여! 어떻게도 이렇게 자유로운 행복만을 갖추어 가졌느냐. 어린이는 복되다. 어린이는 복되다. 한이 없는 복을 가진 어린이를 찬미하는 동시에 나는 어린이 나라에 가깝게 있을 수 있는 것을 얼마든지 감사한다.49

예술은 오늘날 탈근대적 교육에서도 강조되고 있다. 예술 경험은 진리가 일어나는 장소이기 때문이다. 또한 진리는 정초적인 객관적 지식이 아니라 삶의 흔적 속에서 직관으로 우리에게 경험된다. 특히 언어는 이러한 경험을 매개하는 장소이다. 언어는 사회적 삶의 공적 장소가 되면서 진리의 경험을 제공한다. 진리는 수사적으로 떠오르는 것이고, 진리는 과학적으로 증명되는 논리가 아니다.50 시적인 언어가 진리의 장소가 되고 그러한 예술은 우리의 지평과 배경 속에서 경험하는 하나의 길이 된다. 방정환이 강조한 동화·동요, 그림과 같은 아동 예술은 자연과 마찬가지로 아이들에게 인간 내면을 형성하고 감정 이입력을 확대시켜 줌으로써 타인과 나의 동일감을 확대시키고 진리를 체험하는 통로가 된다.

---

49 위의 글.

50 잔니 마티모, 박상진 역, 『근대성의 종말』, 서울: 경성대학교출판부, 2003. 33, 36쪽.

3) 사회교육에서의 실제 교육

교육이란 그 시대를 살아나가는 데 필요한 지식을 갖추어 주는 것이어야 하고, 그 시대와 떨어지는 교육, 실제 생활과 관계없는 교육은 아무 고마울 것 없는 헛된 노력이라고 방정환은 말한다.[51] 아동에게 자연과 예술이 필요하듯 실제 지식 역시 그는 강조하고 있다. 학교에서 배우는 것과 실 사회 생활과의 그 거리가 멀리 떨어져 있는 까닭에 학생 시대의 공부 성적은 학교 안에서만의 일이고 실 사회에 나가서는 다른 새삼스런 실력으로 다투게 된다는 것이다. 따라서 미리 미리 학과 공부하는 여가를 잘 이용하여 실 사회, 실생활에 관한 지식을 구하기에 부지런하라고 말한다.[52] 원래 방정환은 천도교소년회 강령을 만들면서 어린이에게 잡지를 자주 읽혀야 한다고 말한 바 있는데 이는 황국신민화를 위한 제도교육을 탈피하여 사회교육 차원에서 구상되는 교육 방법이기도 한 것이었다.[53] 방정환이 사회교육 차원에서 제기한 자가 교습 방법은 날마다 게재되는 신문 기사를 교재로 하는 것이었다. 경제·법률·조합·쟁의 등에서 공산당·무정부주의·재판법·공소·상고, 또는 물건 시세 오르고 내리는 것, 남녀 관계, 결혼에 대한 지식, 이 모두가 무한한 교재이면서 실 사회에서 직접 일

---

51 방정환, 「나의 페이지」, 『학생』1-2, 1929.4.

52 위의 글.

53 이 당시 천도교청년당은 6개 부문의 문화운동을 표방하면서 교육에 있어서 사회교육으로 나갈 것을 선언했다.

어난 사건이기에, 직접 자기 생활에 필요한 산 지식이 된다는 것이다. 이는 실생활과 관계가 적은 문자만 골라 모은 판에 박힌 교과서와는 비교가 안 될 것이라 하였다.

그러므로 첫째, 교사는 어린이에게 신문 기사를 설명해 줄 때, 자신이 아는 표준에서 말하지 말고 듣는 사람의 수준에 따라 알아듣도록 설명할 것을 방정환은 제시한다. 그리고 여기에는 아동의 자연스런 흥미가 따라져 나온다고 말한다. 왜냐하면 교재가 허황한 생각으로 꾸며 놓은 것이 아니고 사실로서 이웃집 또는 이웃 동네에 일어난 사건이기에 흥미로울 수밖에 없다는 것이다. 이렇게 흥미를 가지고 자기 정도에 따라 해득해 가는 것은 그 효과가 아주 크다고 하였다.

둘째, 어린이는 밤에 잠자기 전에 그날 낮에 배운 신문기사의 사실에 대한 자기의 소감을 간단히 적어 두었다가 그 이튿날 반드시 선생에게 보이게 할 것이요, 선생은 그것에 의하여 어제 설명해 준 것을 바로 정확히 이해하였는가 못하였는가를 검토할 것이며, 만일 그 소감에 의하여 그 사건에 대한 바른 이해를 가지지 못한 것을 발견하였으면 곧 고쳐 설명하여 줄 것을 말하였다.

셋째, 이렇게 하는 한편으로 시간과 기회를 이용하여 실지 견학을 게을리 하지 말아야 할 것을 그는 주장한다. 재판소, 강연회, 전람회, 토론회, 음악회, 어느 단체의 총회, 심지어 경매소, 장터, 어물시장, 신문사, 회사, 미두美頭하는 곳, 직업소개소까지라도 기회 있는 대로 실지로 자주 보게 하여 주어야 한다. 그리고 보고 온 그날 반드시 소감을 쓰게 하여 그 소감을 읽고 고쳐 주는 일이 가장 중요하다.[54]

아동교육은 스스로 어린 사람을 자기 생긴 대로 커 가게 한다 하여 그의 사상이나 감정, 행동에 무관심한 태도를 취하는 것이 아니다. 재래의 전통이 뿌리박기 전에 제반 노력을 하지 않을 수 없고, 일제가 자기 편에 유리하도록 교련 교육에 유의하는 점을 보아서도 이 점을 유의해야 한다[55]고 방정환은 말했다.

4) 새 세상의 창조와 조선혼의 교육

방정환이 소년운동을 착수한 것은 새 세상의 새 일꾼으로 지상천국의 건설에 종사할 어린 동무를 교육하고자 함이었다. 여기에는 단순한 아동 존중이 아니라 조선의 역사와 현실의 전체적 전망 속에서의 아동 존중이 들어 있고, 이는 조선 현실의 역사적 맥락 위에 놓는 것이다. 그는 대다수 민중들 모두가 모순과 불합리, 생존경쟁이란 진흙 속에서 철벅거리고 있다는 현실 인식 아래, 민중 스스로 해방의 날개를 펴도록 민중과 함께 걸어가고자 했다.[56]

> 조선 사람은 남에게 뒤떨어진 것이 많고 없는 것이 너무 많아서 제일 고생을 하고 있으니까 누구든지 조선 사람이라면 아무 하잘 것 없는 아무 값없는 몸뚱이로 여기고 있는 사람이 많이 있습니다. 이처럼 섭섭하고 이

---

54 방정환, 「딸 있어도 학교에 안 보내겠소」, 『별건곤』6-3, 1931.3.

55 「어린이날에 하고 십흔말」, 『개벽』69, 1926.

56 방정환, 「작가로서의 포부, 필연의 요구와 절대의 진실로」, 『동아일보』, 1922.1.6.

> 처럼 손해되는 일은 또 없습니다. 조선 사람이라고 결코 못생긴 사람뿐만 이 아니요 조선 사람이라고 남에게 뒤떨어지기만 할 법이 없는 것입니다. … 그러니까 우리는 우리의 잘못도 잘 알고 있어야 하지마는 그와 꼭같이 우리들의 자랑, 우리 조선의 자랑을 알고 있어야 합니다.57

방정환이 조선을 잘 알도록 힘쓰고 세계를 잘 알도록 힘쓰라 하는 것은 조선과 세계를 위해 자신의 일을 찾아가도록 하기 위함이었다. 잡지 『어린이』의 주된 내용도 조선의 문화를 속속들이 소개하는 것이었다. 동요와 전설에서부터 지리와 역사, 언어, 자랑거리, 발명품 등 전체를 망라하여 조선을 알려 주고 조선을 깨닫게 하여 그들이 조선인을 위해 살아갈 수 있도록 하였다. 어린이에게 있어 조선 공부란 조선을 공부하여 조선을 보다 발전적으로 변화시키는 것인데 이는 곧 자신의 삶을 보다 크게 만들고 참된 인물로 만드는 것이 된다.

한 인간의 시시비비의 행위를 반성하여 옳은 것은 장려하고 그른 것은 제거하여 큰 인물을 이루어 가듯이 조선의 과거와 장단점을 알아 새로운 조선을 이루기 위해 조선 공부는 밥과 같은 것이다. 조선의 동요를 노래하고 조선의 자랑과 조선의 역사적 인물을 소개하며 지리적 향취를 뿜어내는 것은 조선 아동으로 하여금 조선혼을 먹고 자라게 하는 것이었다. 조선인이 조선어로 하나를 배우면 열을 알고 그 언어에는 쏴 하는 바람소리와 끼룩 하는 학의 울음 등 조선의 정서와 사유가 녹아들어 있다. 그리고 조선민족으로 산다는 것은 조선

---

57 방정환, 「편집을 마치고」, 『어린이』, 1929.3.

사회의 연대책임을 진다는 것이다. 여기에는 전통의 억압적 윤리 교육과 일제의 식민 교육 양자를 모두 부인하고 조선 독립의 일꾼으로 키워야 한다는 교육적 전망이 들어 있다. 그리고 이는 조선만을 관계짓는 것이 아니라 세계일가적 전망 아래서 어린이의 역사의식을 고취하는 것이었다.

> 외국 사람의 불행이 곧 우리에게도 영향되고 우리의 기쁨이 외국 사람에게도 곧 관계가 되는 것입니다. … 우리는 조선 사람이니 조선 일을 잘 알기에 힘쓰는 동시에 세계 일을 잘 알아야만 하겠습니다."[58]

조선 공부는 곧 자기 정신적 성장이요 방향이다. 조선 공부는 궁극적으로 민족의 이상과 맞닿게 되고 인류로 나가는 하나의 신념으로 포착되게 된다. 이 신념은 한 인간의 삶을 형성하는데 준거가 되고 힘이 된다. 그리고 그 신념은 인내천으로 모아진다. 조기간은 어린이들에게 "여러분이 만일에 생명이 있고 보람이 있는 길을 끝까지 잘 가려거든 제각기 제 스스로 속에서 전 인류의 위대와 전 우주의 힘을 찾아내는 그러한 주의요 그러한 사상인 '사람이 곧 한울'이라는 그 줄을 붙잡기를 무엇보다도 더 간절히 빈다."[59]고 하였다.

---

58 『어린이독본』, 제9과 세계일가.

59 조기간, 「엇져면 조흘가」, 『어린이』, 1928.1.

4. John Dewey와의 비교

1) 자아의 문제

방정환에게 있어 자아란 한울님을 표현하고 한울님을 성장시키는 가운데 얻어지는 산물이다. 인간의 본래적 존재는 한울아로서 지칭되는 것이고 개체아를 끊임없이 한울아에 일치시켜 자기중심성을 초월해야 한다. 듀이에게 있어 자아라는 것 역시 이미 만들어져 있는 것이 아니라 행동의 선택에 의하여 끊임없이 형성되는 것이다. 한 사물에 대하여 능동적으로 표시하는 관심의 종류와 양이 곧 그 사람의 자아의 질을 나타내며 그것을 가늠하는 척도가 된다.[60] 그리고 듀이에게 있어 무사심無私心(Unselfishness)으로서 이기심이 없다는 것은 무자아(無我), 즉 자기가 없는 상태를 가리키는 것이 아니다. 이는 생기와 인격이 없는 상태가 되기 때문이다. 듀이식 무사심이란 너그러운 마음을 가지고 그 활동 범위 속에 들어 있는 모든 관계들을 자기 자신과 동일시한다는 것, 그리고 자아가 그 자신의 과거의 아이디어를 재조정하고 확장하여 거기서 새롭게 드러나는 결과들을 받아들인다는 것으로 정의된다. 자아가 자신과 거리가 먼 또는 무관한 고려 사항들

---

60 John Dewey, Democracy and Education, The Free Press, New York, 1944, pp.351~352.(이하 DE로 표기); 죤 듀이, 이홍우 역, 『민주주의와 교육』, 서울: 교육과학사, 1987.

과 담을 쌓고 그것들을 몰아내는 것은 무사심과 반대가 된다. 따라서 듀이에게 있어 모든 행동은 잠재적인 도덕적 행동이다. 왜냐하면 행동 하나하나가 모두 습관의 원리에 의하여 성향에 수정을 가하기 때문이다.[61]

2) 심신의 성장과 자연

방정환은 어린이의 어림은 "크게 자라날 어림이요, 새로운 큰 것을 지어낼 어림"이라고 말한다. 어른보다 더 새로운 세상을 지어낼 새 밑천을 가졌을망정 결단코 어른들의 주머니속 물건만 될 까닭이 없다는 것이다. 듀이는 일찍이 '성장의 으뜸가는 조건은 미성숙'[62]이라 하였다. 그러나 방정환이 의미하는 성장의 어림과 듀이가 말하는 미성숙의 성장은 그 놓이는 맥락이 다르다. 방정환의 어림은 한울님 자체로서 마음대로 움직이는 기쁨과 자연과의 일체감 속에서 형성되는 성장을 의미한다. 방정환에 있어서 자연은 인간과 같은 한울님의 존재이다. 원래 동학에서 인간과 자연의 차이는 자연은 인식하지 못하지만 인간은 자신이 한울님이라는 것을 안다는 데 있다. 따라서 그의 자연은 듀이처럼 교변작용[63]을 통해 개조되는 정복과 수단적 대상이

---

61 DE, pp.352~357.

62 DE, p.41.

63 교변작용에 대해서는 '박철홍, 「경험 개념의 재이해: 듀이의 연구에 대한 반성과 교육학적 과제」, 강영혜 외, 『현대사회와 교육의 이해: 교육철학의 최근 동향』, 서울: 교육과학사, 1994, 271-327', 참조.

아니라 함께 한울님의 전일성을 공유하는 한 몸이다. 방정환은 아동이 자연과 일체감을 가질 때 한울님의 성장, 즉 심신의 성장이 일어나는 것으로 묘사했다.

한편 듀이의 미성숙은 자연과 사회 환경으로부터 새로운 습관을 형성하고 효율적 행동을 정착시켜 자연과 사회를 능동적으로 통제하는 성장을 의미한다. 듀이에게 있어 습관은 성장의 표현이다. 능동적 습관에는 새로운 목적에 능력을 적용하는 사고, 창의성 · 자발성 등이 수반된다.64 그리고 듀이에게 있어 성장이란 유기체의 행동이 주위 환경과 균형을 취하거나, 새로운 조건에 맞추어 활동을 재조정하는 능동적 능력의 형태를 취함에 따라 이루어지는 것이다.65

---

64 DE, pp.46~47.

65 DE, p.52.(듀이에게 있어 성장은 곧 경험의 성장인데 이때 경험은 고대 희랍의 고전이론과 근대 경험론을 비판 종합한 성격이 강하다. 듀이는 17 · 18세기의 경험론을 다음과 같이 이해하고 비판한다. 즉 근대 경험론은 희랍의 고전이론에서의 경험과 이성의 관계를 완전히 뒤집어 놓았다는 것이다. 경험론이란 베이컨이 말한 대로 자연을 앞질러서 자연에다가 순전히 인간의 머리에서 나온 의견을 뒤집어씌우는 관념의 幽囚 상태에서 벗어나서 경험의 힘으로 자연이 참으로 어떻게 되어있는가를 알아내려고 하는 노력이다. 경험의 힘을 빈다는 것은 곧 권위와 결별함을 의미하였다. 그것은 새로운 인상에 대하여 개방된 태도를 가지는 것, 그리고 과거로부터 물려받은 아이디어를 정리하고 체계화하며 그것을 증명하는 데에 몰두하는 것이 아니라 새로운 것을 발견하고 발명하는 데에 열중하는 것을 의미한다. 이 변화는 두 가지 의미를 가지고 있다. 첫째로 경험이 이성의 작용에 기초가 되고 그것을 점검하는 자료를 파악하는 것을 뜻하게 되었다. 둘째로, 진리의 기초를 구체적인 사물 또는 자연에서 구하는 수단으로서

그러나 방정환과 듀이 모두 심신일원의 성장을 말하고 있다. 방정환은 아동이 마음대로 움직일 수 있는 기쁨과 자연과의 일체에서 심신이 우쭐우쭐 자란다고 했고 듀이는 "신체 근육을 단련함으로써 마음을 발달시킨다."[66]는 입장을 지지하고 있다. 또한 듀이는 사고가 경험에서 오고 그것이 다시 행동에 영향을 주는 심신일원을 말한다. 물론 방정환이 듀이와 같이 경험과 사고의 관계를 방대하게 설명하는

경험이 강조되었기 때문에 그 결과로 마음을 순전히 수동적인 것으로 보게 되었다. 마음이 수동적일수록 사물은 마음에 더욱 참된 인상을 만들어낼 것이라는 것이다. 듀이는 근대 경험론의 심각한 결함을 세 가지로 지적한다. 첫째, 근대 경험론은 세계와 정치 제도에 관한 당시의 신념을 깨뜨리려는 의도에서 나온 이론이다. 그러나 교육은 비판이 아니라 건설이기에 이는 건설적인 일에 맞지 않는다. 둘째, 직접적인 인상은 그것이 당사자 자신의 것이라는 이점이 있는 반면, 그 범위가 제한되어 있다는 약점이 있다. 셋째, 경험이라는 것은 무엇보다도 우선 우리가 능동적으로 하는 활동의 의미를 내포하고 있다. 이 활동은 본능적이고 충동적인 것으로서 사물과 상호작용을 한다. 그러나 근대 경험론은 그 내재적인 능동적, 정서적 측면이 무시된 채, 단편적인 감각들을 수동적으로 받아들이는 것과 동일시되었다는 것이다. 따라서 듀이는 희랍의 고전이론과 근대 경험론을 결합하여 다음과 같은 자신의 경험론을 제시하기에 이른다. 즉 경험은 주로 인지적인 것이 아니라 실제적인 것이라는 견해, 그리고 일을 하고 그 일의 결과를 당하는 것이라는 견해를 다시 살려낸다. 그러나 플라톤적 고전이론 그대로가 아니라, 행하는 것에 사고라는 내용이 담길 수 있도록, 그리고 거기서 확실하게 검증된 지식이 생길 수 있도록 이론을 변형시킨다. 그리하여 경험은 희랍식의 경험적인 것이 아니라, 실험적인 것으로 된다. 이제 이성은 멀리 있는 관념상의 정신 능력이 아니라, 활동이 풍부한 의미를 가질 수 있게 하는 일체의 자원을 가리킨다.

66 DE, p.115.

것은 아니지만 경험에서 지식이 따라져 나옴과 그 축적을 언급하고 있다. 그러나 방정환은 단서를 단다. 경험과 지식이 무익한 것은 아니지만 그것만이 늘어간다는 것은 결코 아름다운 인생으로서 자랑할 만한 것은 못 된다는 것이다. 경험과 지식이 느는 동안에 한편으로 그 순결한, 그 깨끗한 감정이 소멸되었다 하면 그 사람은 냉랭하고 마른 지식의 소유자일망정 인생으로서는 역시 퇴락한 자이다. 따라서 그는 아동의 세계와 같은 마음의 순결을 강조했다.

참고로 당시 같이 활동했던 천도교 백중빈은 다음과 같이 말한다.

> 사람의 본능이 맨 처음엔 오직 자기 보존 본능과 종속 보존 본능만으로 자연계와 기화를 시작하였지만 거기서 어떤 경험을 얻고 그 경험을 반복하는 데서 경험은 다시 본능이 되고 본능은 또다시 경험을 낳으며 일면 사람성은 여러 가지 경험을 통일하는 작용을 가지고 자기의 여러 가지 경험을 통일하는 동시 타인의 경험까지 모방하며 통일하여 사람성 자연을 시간적 공간적으로 성장시킨다.67

사람의 본능이 자연계와 기화를 시작하여 경험을 얻고 그 경험을 반복하는 데서 경험은 다시 본능이 되고 본능은 또다시 경험을 낳는 가운데 여러 가지 경험을 통일한다. 그리고 동시에 타인의 경험까지

---

67 백중빈, 「인내천의 体와 用」, 『신인간』29, 1928.11. (천도교 교육론에 대한 보다 구체적인 언급은 '정혜정, 『동학·천도교의 교육사상과 실천』, 서울: 혜안, 2001, 411~426쪽' 참고).

통일하여 사람성 자연[68]을 시간적 공간적으로 성장시킨다는 위의 말은 듀이와 상통하는 맥락이 있다.[69] 그러나 듀이가 말하는 반성적 사고가 끊임없이 행동에 가해지는 과학적 방법과 검증 작업의 맥락은 분명 아니다.

3) 종교 · 예술 교육

방정환에게 있어 아동은 한울님 자체이다. 그의 종교 교육은 아동 모두가 자신의 한울님을 자연과 예술 속에서 보존해 가는 것에 목적을 둔다. 동화나 그림, 동요와 같은 아동 예술을 통해 한울님과 같은 영원한 아동성이 아동의 마음속에 호소되고 표현되는 것이다. 자연은 심신의 성장을 가져오고 예술 경험은 특히 정신적 성장을 가져온다. 그리고 생활과 결합된 실제 경험 모두가 자신의 한울님을 성장시키고 변화를 가한다.

한편 듀이는 근대 이전의 초자연적 '종교'와 구분하여 인간 경험의

---

68 천도교에서는 '인내천'을 '사람성 자연'이라고도 표현한다. 이에 대한 구체적인 설명은 이돈화의 사상에서 찾아볼 수 있다.(정혜정, 위의 책, 322~337쪽 참조).

69 박철홍은 듀이가 말하는 경험의 특징을 세 가지로 말한다. 첫째, 행동과 지적 사고가 일관되게 통합되는 경험의 통합성. 둘째, 지금까지의 경험 전부와 관련된 사건이라는 점에서의 경험의 총체성. 셋째, 경험 과정은 탐구자와 탐구대상을 모두 변화시킨다는 의미에서 경험의 교변성(창조성)이다.(박철홍 · 윤영순, 「교과의 경험화에 함의된 교육내용의 성격」, 『교육철학』31, 교육철학회, 2004.2, 29쪽.)

변화를 가져오는 것으로서 ‘종교적’이라는 말을 사용한다. 경험의 종교적 특성은 생활 속에서의 보다 나은 판단과 조건이 생산되는 효율성에 있다. 종교적 경험을 만드는 것은 자아와 세계 우주, 양자의 관련 속에서 경험 결과를 포함시키는 것이고 모든 자연적 행동은 종교적 특성을 포함하며, 종교는 인간이 살아온 모든 사회적 문화 조건과 관련된다. 천문학, 지리학, 생물학, 인류학, 심리학, 문학비평 등의 커다란 진보는 종교가 우주적·역사적 그리고 신학적 믿음을 버려 온 결과로 이루어졌다. 그러므로 진리에 다가서는 확실한 길은 관찰, 실험, 기록 그리고 통제된 반영에 있다. 듀이는 그의 저서 『공동신앙(Common Faith)』에서도, 공동신앙이란 과학적인 세계관, 생활원리에 일치하는 인도주의적 종교라고 규정했다.[70] 박봉목도 듀이의 종교적 경험은 생활에 대한 사회적·지적 가치의 인식이라 말한다. 듀이의 종교는 교리나 의식이 아니고, 세계에 대한 해석, 사회적·도덕적 생활의 반영이다. 따라서 그의 종교적 경험은 현대의 민주주의나 과학과도 일치한다.[71] 그러므로 과학적·사회적 지성에 의하여 개인의 전인격을 통일하는 것이 그의 종교적 교육이다.[72]

---

70 정길수, 「듀이의 종교사상에 관한 연구」, 『교육학연구』17-2, 한국교육학회, 1979.9, 95-100쪽.

71 박봉목, 「죤듀이의 종교론」, 죤 듀이 30주년 기념논문집, 앞의 책, 125~131쪽. (듀이는 제임스의 개인주의가 구 민주주의를 반영하였던 것처럼 산업주의가 새로운 민주주의의 공동정신을 불가피하게 결정하는 것으로 생각하였다. 듀이의 철학은 산업주의와 연결되어 있다.-스토 퍼슨스, 앞의 책, 569쪽).

듀이에게 있어 인간의 모든 행동은 이미 무한한 뜻을 가지고 있다. 사건의 체계 중에 인간의 노력으로 개변할 수 있는 작은 부분은 세계의 나머지 부분과 연속하고 있다. 이렇게 무한과의 연결을 포괄하는 의식이 곧 듀이에게 있어 '이상理想(Ideal)'이라는 것이다. 이상의 의식은 이지적으로 언표될 수 없지만, 그것을 기꺼이 생각하고자 하는 사람들은 이상을 정서적으로 감상할 수 있다. 이러한 감상과 암시를 일깨우고, 그것을 높이고 굳게 해서, 마침내 우리의 생활 조직에까지 작용하도록 하는 것, 이것이 바로 듀이에게 있어 예술과 종교의 임무다.[73]

듀이에게 있어 신神이란 행동과 욕구를 불러일으키는 모든 목적과 이상의 통합으로 표현된다.[74] 이상의 힘은 초자연적인 힘을 필요로 하지 않는 행동에로 자극한다. 신은 이상과 실제 사이의 행동적 관련에서 말해질 수 있고 더 나아가 이상과 실제의 일치를 뜻하며, 사고와 행동 속에서 작용하는 일관된 통일을 뜻한다. 그러므로 듀이의 종교적 경험은 세 가지로 특징 지울 수 있다. 첫째, 실제 경험에서 일어나는 자연주의 입장, 둘째, 사회적·역사적 문화에 의해 조건 지어지는 공동성, 셋째, 이상에 대한 감상과 결부된 지속적인 통일성이 특징이라고 할 수 있다.[75]

---

72 임한영, 『듀우이 교육사상의 연구』, 서울: 민중서관, 1968, 166쪽.

73 죤듀이, 신일철 역, 『인간성과 행위』, 서울: 삼성출판사, 1982, 289~301쪽.

74 John Dewey, The Later Works, 1925-1953, Vol.9(1933-1934), The Southern Illinois UnIVersity Press, 1986, p.xVI.(Introduction by Milton R. KonVItz)

또한 듀이의 예술 경험 역시 종교적 경험과 마찬가지로 인간의 일상경험과 자연에 기초한다. 인간 경험의 역사는 예술 발달의 역사이고, 과학의 진보이기도 하다. 종교적이고 제례적이며 시적인 예술 속에서 출현한 과학의 역사 역시 예술과 분리될 수 없다. 만약 예술이 어떤 행동이나 그 결과와 관련이 없다면 그것은 물리적이고 사회적인 대상과도 관련이 없게 된다.[76] 경험은 인간 자신의 감각 내에 은둔하는 것이 아니라 외부 대상과 활발한 교섭을 한다. 그러므로 모든 경험은 유기체의 완성과 세상 내에서의 성취이기 때문에 본질적으로 예술이다. 흔히 일상생활과 예술 창작의 즐거움 사이에는 어떤 대립이 있을 것이라는 견해를 갖는데,[77] 심미적 경험의 적敵은 실제적 혹은 지적 경험이 아니라 관습과 지적 절차에 항복하는 지루한 경험들이다. 엄격한 절제, 강요된 복종, 긴장감, 산만함, 비일관성, 목적 없는 탐닉 등은 경험의 통일성, 즉 예술과 반대가 된다. 듀이에게 있어 예술적 특성이란 경험이 완전함과 감정적인 것으로서의 통일성을 지향하여 발전해 가는 것에 있다. 그러므로 예술에 의해서 경험의 본질과 의미가 표현된다.[78]

---

75 위의 책, pp.xⅢ-xxⅠv.

76 John Dewey, The Later Works, 1925-1953, Vol.1(1925), The Southern Illinois UnIVersity Press, 1981, pp.290-291.

77 John Dewey, The Later Works, 1925-1953, Vol.10(1934), The Southern Illinois UnIVersity Press, 1987, pp.25, 31-33.

78 위의 책, pp.45~49.

4) 아동의 사회화 교육과 사회 창조

방정환에게 사회화 교육은 자기 교습의 실제 교육과 같이 실 사회와 유리되지 않고[79] 또한 자신이 몸담고 있는 민족과 사회에 대한 조선혼 공부가 강조되고 있다. 어린이에게 조선 공부란 조선을 공부하여 조선을 보다 발전적으로 변화시키는 것인데 이는 곧 자신을 보다 크게 만들고 참된 인물로 만드는 것이었다. 다시 말해서 아동의 성장은 곧 새 세상의 창조로 이어지는 것인데 아동이 갖는 한울님의 진실성에서 조선의 현실을 인식하고 기존 사회를 벗어나 새로운 조선을 위한 주체적 행동을 기대하는 것이었다. 그리고 한울님 자체는 사회와 자연, 세계가 모두 포함된 전일체의 개념을 전제한다.

듀이에게 있어 개인 역시 사회와 분리되지 않는다. 정보와 전문적인 지적 기능의 습득은 아동의 사회적 성향을 형성하는 것이고, 의사소통은 경험의 공동 소유를 가져오며,[80] 동시에 쌍방의 성향에 수정

---

79 아동의 흥미가 실 사회나 실생활에 연결될 때 가능하다는 방정환의 입장은 듀이와 상통한다.

80 DE, p.9. 듀이의 「나의 교육신조」 1조에서는 "교육을 받는 개인은 사회적 개인이며 사회는 개인의 유기적인 통합체이다. 아동에서 사회적 요인을 빼어 버리면 남는 것은 추상적 존재뿐이다. 사회에서 개인적 요인을 빼어 버리면 남는 것은 무기력하고 생명 없는 덩어리뿐이다."라고 말했다. 듀이에게는 분명 인간 공동성의 사회적 존재 개념이 있다. 그리고 이것이 곧 개인의 간접적 통제를 가하는 작용을 한다고 듀이는 말한다. 그러나 그 경험의 공동성 자체가 보편성과 탈 이기성을 보장하는 것은 아닐 것이다. 현상학에서 말하는 판단중지나 불교와 같은 수양 개념이 들어가지 않는 공

을 가한다.

듀이에게 있어 사회의 진보는 아동의 경험에 의한 습관이 단순히 반복되는 것이 아니라 더 좋은 습관이 형성되어 보다 더 좋은 사회가 되도록 하는 데 있다.[81] 그러므로 교육은 사회적 의식을 공유하게 되

동 경험은 물들여진 채로 개조될 뿐 정화의 대상이 될 수 없다. 단지 과학적 방법에 의해 지식으로 검증되어야 할 대상일 뿐이다. 물론 듀이에게는 현상학적 면모가 존재한다. 최근의 Margolis는 프래그머티즘과 Merleau-Ponty의 현상학과의 접근을 시도한다. 양자 모두 이원론과 논증적 힘을 옹호하는 데카르트 철학에 개념적 난점을 제기했다는 점에서 양자를 연관시킨다. Merleau-Ponty가 초월적 경험(선험성)과 자연적 경험의 세계를 구분하지 않았고, 초월적 주체는 곧 상호주체이며, 초월성은 역사 안에서 계승된다는 점을 말한 점에서 자연주의의 프래그머티즘과 일치된다. 따라서 Merleau-Ponty의 관점에 있어서 현상학 없는 자연주의는 맹목이고 자연주의 없는 현상학은 공허하다고 필자는 말한다. 또한 더 나아가 그는 (1) 회의주의 위협의 해결, (2) 인식적 특권의 모든 형식의 거부 (3) 인식적 능력의 역사적 지속을 강조하는 철학의 문제를 해결하고자 프래그머티즘과 현상학을 결합시키고자 한다. 양자 모두가 심신의 분리가 아닌 심신일원적 감각에 집중하고 있고, 듀이와 메를로 뽕띠의 공식, 즉 불확정적 상황(the indeterminate situation)은 주관과 객관 사이의 구별을 요구하지 않는다. 그러므로 Margolis는 “듀이와 메를로 뽕띠의 유사성이 분명 다음 세기의 확신할 만한 철학이 될 것”이라 말한다. (Joseph Margolis, Dewey in Dialogue with Continental Philosophy, Edited by Larry A. Hickman, Reading Dewey: Interpretations for a Postmodern Gener ation, Indiana UnIVersity Press: Bloomington and Indianapolis, 1998, pp.241-250) 그러나 문제는 듀이즘이 그 회의주의의 극복으로서 과학적 방법과 경험의 객관화를 적용하는 것에 있다. 그리고 이는 현상학이 예술과 서사적 방법에 의해 진리의 장소를 구성해 가는 것과는 분명 다른 길을 가게 될 것이다.

는 과정을 조정하는 일이며, 이 사회적 의식을 기초로 하여 개인의 활동을 조절하는 것이야말로 유일하게 확실한 사회 재건의 방법이 된다.[82] 듀이가 지향하는 이상적 사회는 민주주의 사회로서 공동 관심의 범위가 확장되고 개인의 다양한 능력들이 충분히 발휘되는 것에 있다. 그리고 이는 생산양식의 발달과 과학의 힘으로 자연 에너지를 정복한 결과로서 나타난 상업, 교통, 이주, 통신의 발달로 가능하다.[83] 사회 진보는 결국 과학에 의존한다.[84]

이렇게 볼 때 방정환이 지향하는 이상적 사회는 지상천국으로서 개인과 사회 모두가 한울의 전일성으로 개벽되어 가는 것에 목적이 있다면 듀이가 지향하는 것은 개인과 사회의 공동 경험이 과학적 방법에 의해 무한히 갱신·확장되는 자유민주주의 사회에 있다.

5. 맺는 말

구한말 서세동점의 격동기 속에서 조선이 취한 사상적 대응은 크게 위정척사, 개화, 동학으로 구분 짓는다. 이 가운데 동학의 가장 큰 사상적 의의는 민중성과 동도東道의 변혁에 놓을 수 있다. 그러나 동학혁명이 실패

---

81 DE, pp.78~79.

82 죤 듀이, 「나의 교육신조」, 5조.

83 DE, p.87.

84 DE, p.120.

함에 따라 손병희는 갑진개화운동과 삼전론을 개진하면서 동학을 천도교로 개칭하고 1919년에는 3·1운동을 주도하게 된다. 그러나 이 역시 실패로 돌아가고 천도교는 두 차례의 분규 사태를 맞으면서 사회주의자와 연합한 '사회운동'과 천도교 자체의 '문화운동', 두 노선을 택하게 된다. 특히 문화운동은 6개 부문에서 펼쳐 나갔는데 그 가운데 방정환과 김기전의 어린이 운동은 농민운동(朝鮮農民社)과 쌍벽을 이룬다. 방정환의 어린이 운동은 암울한 식민지의 상황에도 불구하고 조선의 사상적 뿌리에 기초하여 전통으로부터의 해방과 새로운 교육문화 창조를 이룩해 냈다는 점에서 의의가 크다. 우리는 방정환의 자생적 토대 속에서 서구 문화를 수용하는 가운데 우리가 필요로 하고, 우리가 지향해야 할 아동 교육을 정립할 필요가 있을 것이다. 소파 방정환의 교육사상은 분명 한국적 근대교육의 기점으로서 향후 교육의 주춧돌이 됨을 인식해야 하고 이성과 합리주의에 따른 실물 교육과 과학 중시의 서구 논리와 어떻게 교차점을 이루어 가는지 주목해야 한다. 그리고 미국 판 계몽주의라 할 수 있는 듀이 사상의 장점이 우리의 아동 교육 가운데 분명 수용되어야 할 것이지만, 습관의 개조나 과학적 방법에만 전념하는 테크놀로지의 발달에 성찰도 가해야 할 것이다. 미국이 첨단무기를 개발하고 화성을 탐사하는 우주과학의 화려함은 듀이적 사유가 국민성에 기초한 덕분일 것이다. 그러나 그것이 진정 무엇을 위한 것인지? 그리고 우리는 지금 보다 자유로운지, 더불어 행복한지를 먼저 물어야 한다.

제7장 동학의 양성적 인간관과 여성 교육

1. 머리말

현재 우리는 의식 속에 뿌리박혀 있는 여성 차별을 자신도 의식하지 못한 채 이에 동조하면서 사회의 불평등을 묵인하고 있다. 여성을 상품화하는 문화를 즐기면서 남성 자신 역시 무의식적으로 여성을 상품으로 대하고, 여성 역시 남성에 의존하는 것을 편하게 받아들인다. 여성 차별은 인간 억압일 뿐만 아니라 남성과 여성 모두를 인간으로서 살기를 포기하게 만드는 것과 같다. 인간은 여성이든 남성이든 인간으로서, 자기 성장의 권리와 자기 안의 한울님을 키워 나가는 인간 주체로서 살아야 한다. 이러한 인간의 신성한 몫이 남성 위주의 가부장적 지배와 여성을 종속과 열등의 위치로 만드는 사회 관습으로 인하여 파괴되고 여성과 남성 모두 자신의 본질을 상실해 가고 있다.

여성 차별은 인간 각자가 내면적으로 양성兩性을 키우고[1] 사회적

---

1 특히 K.G.Jung에 의하면 인간은 자신 내부에 있는 異性性을 인식하여 여성의 원리와 남성의 원리가 균형 있게 결합되어야 한다고 주장한다. 그리고

삶에서 남녀 모두가 한울님으로서 서로 한울님 됨을 돕는 천도교의 양성적 인간관에 위배되는 것이며 이는 고유의 전통사상에도 맞지 않다. 우리 전통 사상 안에는 성 차별의 역사도 있지만 남자와 여자를 인간으로서 평등하고도 존엄하게 대했던 전통도 있는 것이다.

양성평등에 있어 가장 걸림돌이 되는 것은 유교적 가부장 의식이라고 생각한다. 유교 자체가 아무리 인간의 인의예지仁義禮智를 말한다지만 이를 통해 사회적으로 규범과 법 질서를 남성 중심으로, 질서를 편성한 것[2]이기에 현재에 있어서도 이를 문제 삼지 않을 수 없다. 물론 대부분의 종교가 가부장 중심적 표현을 경전 곳곳에서 드러내고 있다. 그러나 대부분의 종교 창시자가 성 차별을 가르친 것이 아니라 점차적으로 사회 조건상 남성의 권력 중심으로 종교 창시자의 사상이

이 이성성이 발달될 때, 전체를 상징하는 자기원형이 출현하여 통합된 자아를 가능하게 한다.(C.S.Hall & V.J.Nordby, 최현 역, 『융심리학 입문』, 서울: 범우사, 1985, 63쪽).

2 유교의 가부장 질서는 家 중심적 농경사회의 산물로서, 사유재산제도의 정착과 재산상속의 승계를 둘러싼 남성 위주의 계급 질서로 재편되는 것이었다. 그리고 이에 종족 간의 질서 유지가 가세해서 성립된 것이라 할 수 있다. 宗法制와 씨족기구는 周代에 와서 바로 이러한 가부장의 사회적 조건에서 발생한 것인데 宗이란 남계 혈통 중심 사회에 있어서 同祖同姓의 혈족들을 가리키는 말이다 (정광호, 「古代 宗法制의 社會史的 意義」, 인천: 인하대학교, 『人文科學硏究所論文集』7, 1981.12, 233쪽). 그러므로 종법이란 고대 중국에서 비롯된 친족집단 혹은 제사 상속 즉 가계 계승의 전통에 대해 후대사람들이 붙인 명칭이다.(이영춘, 「종법의 원리와 한국 사회에서의 전통」, 한국사회사학회, 『가족과 법제의 사회사』, 서울: 문학과지성사, 1995, 11쪽).

선별적으로 수용되었을 뿐이다. 우리 전통 속에는 조선 초기에 종법제가 실시되기 이전 사회에 있어서도 양성적 전통은 있었던 것이다.[3] 현재의 양성평등의 보다 민주화된 관행은 이러한 전통의 페미니즘적 친화력이 가세한 것이라 할 수 있다. 성리학이 우리 사회를 지배한 것은 오천년 역사에 있어서 10분의 1밖에 안 된다. 보다 오래 된 우리 전통의 역사에는 양성적兩性的 전통이 크다. 한국 전통 사상에는 성 차별적 관습과 양성 결합(미분리) 또는 양성평등적 전통이 공존한다. 전통은 계승되어야 할 것과 파기되어야 할 것을 구분하여 역사 발전의 토대로 만들어야 한다.

동학과 천도교는 바로 이러한 양성적 인간관의 전통을 계승하여 남녀노소 빈부귀천 할 것 없이 인간 모두가 자신의 한울님을 깨달아서 한울님을 섬기고 한울님으로 살라고 한다. 한울님으로 산다는 것은 우주만물이 모두가 한울님의 표현이기에 생명 공동체를 실천하는 것이고 특히 최령자最靈者인 남녀 인간을 한울님으로 모신다는 말이다. 동학·천도교가 유儒·불佛·선仙 삼교적 전통을 계승하면서도 각기의 단점을 극복한 것은 전통의 계승과 파기 및 비판을 수행했기에 가능하다. 현재의 우리 시점에 있어서도 성 차별의 온상이 되는 유교적 차별 의식은 비판되고 욕망을 다스리고자 하는 유교의 긍정적인

3 종법제 이전의 중국 사회도 여계 혈통 중심의 모계사회 내지는 모권사회적 흔적이 상당한 비중으로 남아 있었다. 즉 은대에는 先公, 先王을 제사한 기록보다도 先妣(亡母)들을 제사 지낸 기록이 훨씬 많고 역경의 晉卦에 의하면 女酋長도 존재했음을 기록하고 있다(정광호, 앞의 책, 239쪽).

부분은 계승되어야 할 것이다. 따라서 본 장에서는 전통 속에서의 양성 결합(미분리) 및 양성평등적 전통을 살펴보고 이를 비판 계승한 동학·천도교의 양성평등사상을 고찰해 보고자 한다.

2. 성 차별의 기원과 양성적 인간관의 전통

1) 성 차별의 기원과 종교

우리는 어느 특정한 성을 주축으로 권한을 부여하고 역할의 기회를 확대하는 기존 사회 틀을 깨고 양성 모두가 똑같은 권리와 기회를 제공받을 수 있는 제도로 바꾸어 나가야 한다. 이러한 의식의 저변에는 내면적으로 양성적 의식을 갖고 외면적으로 양성의 자유와 성장을 확대하고자 하는 인간 이해가 있다.

양성평등적 인간 이해는 자신 안에 여성성과 남성성을 함께 길러가고자 하는 것이고 권력적·물질적 평등만이 아니라 여성도 남성과 똑같이 인간으로서 각자의 몫을 살 것을 제시하는 것이다. 미래의 사회는 모권이나 부권이 아니라 양성권으로서 발전되어 가야 한다. 이는 역사 발전의 흐름이기도 하다. 인간의 양성 관계가 성 분리와 여성 차별로 이어진 것은 인류 역사에 그리 오래 전 일은 아니다. 또한 모계든 부계든 특정 성 중심의 역사와 양성 결합적 전통은 공존하면서 변모되어 왔다.

인류 역사를 돌아보면 초기에는 무규율적인 난혼亂婚 생활을 하였고 이는 아버지를 확정할 온갖 가능성을 배제하는 것이었다. 따라서 혈통은 모계의 모권에 따라서만 따질 수 있었고 그 결과 여자는 어머니로서 후손에게 확실히 알려진 유일한 부모로서 높은 존경과 신망을 받았으며 더 나아가서 완전한 여성 지배를 보게 되었다.

그리고 점차 사회 변화에 따라 난혼에서 일부일처제로, 또 모권에서 부권으로 발전하는데 특히 엥겔스에 의하면 그리스인의 경우는 종교적 관념에 따른 결과로 본다. 즉 남녀 상호간의 사회적 지위에서 역사적 변천이 일어난 것은 사람들의 생활 조건들이 사람들의 두뇌에 종교적으로 반영되었기 때문이다.[4]

여성 억압의 발생, 기원에 대한 엥겔스의 설명은 원시 공산사회의 붕괴와 계급사회(노예제 사회)의 발생이라는 것과 맞물린다. 평등사회에서 억압사회로 변질되는 과정 속에서 양성 간의 관계 역시 동일한 방향으로 변질되었다는 것이다. 그리고 이전 사회에서 양성 관계를 규정해 왔던 기본 규칙이 혼인 규칙(가족)이었기 때문에 이것이 양성 관계를 변질시키는 매개자로서 역할을 하였다. 양성 간의 관계 변화는 구체적으로 '가족의 형태 변화, 성적 변화'로 나타나게 되는데, 억압적 일부일처제 가족의 발생이 바로 그것이며 이런 의미에서 여성억압의 발생은 일부일처제 가족의 발생과 일치한다.[5] 여성 억압이 '가

---

4 엥겔스, 김대웅 역, 『가족의 기원』, 서울: 아침, 1985, 10~11쪽.

5 일부일처제는 확고한 남성 우위에 기초한 것으로 이는 남성이 축적해 놓은 재부를 상속하기 위해 부권을 강화했기 때문이다. 혼인은 쉽게 파기할 수 없었으며 여성은 정절을 강요당하였다. 그러나 일부일처제는 처음부터 '여성들에게만 일부일처제'인 것으로 남성의 축첩이 언제나 가능한 것이었는

족'에 의해 매개되어 발생하는데 원래 계급 발생 전의 원시사회에서 가족은 사회의 능동적 구성 원리였다. 엥겔스가 부권 전복을 여성의 세계사적 패배라고 한 이유는 여기 있다. 씨족제도가 경제적 임무를 다하고 이제 그것이 부권에 기반한 가족에게 넘어가자 남성은 가족 내에서 지배자가 되고 여성은 남성의 성욕의 노예, 자녀 생산을 위한 단순한 도구로 전락한다.[6]

그리고 점차 가정과 일터가 분리되면서 가정의 담당자인 여성과 직업 세계에 종사하는 남성으로 그 역할이 이원화되는 것이다. 즉 남성은 공적·생산적 영역에 여성은 가정에서 사적·재생산적 영역에 종사하는 것으로 분화되게 된다. 또한 물적 토대로서 생산 영역이 중시되고 공식화됨에 따라 이 부분에 종사하는 남성이 더욱 중시된다. 성별 이원론에 따른 차별화 현상은 가부장제 사회구조 속에서 여성과 남성이 각기 전통적으로 규정된 여성적 특성과 남성적 특성을 서로에게 요구하며 요구받게 되는 것이다.

이와 같이 가부장적 사회 조건의 반영은 종교에도 그대로 반영되고 있고 대부분의 고등종교가 여성을 열등하게 취급하는 대목을 나타내고 있다. 이는 여성 자체가 성불하기 어렵고, 혹은 군자가 되기 어려우며 또한 인류에 죄의 기원을 가져다 준 존재로서 여겨지고 있기 때문이다.

데 이것은 노예제로 인해 여자 노예들이 손쉽게 남성의 소유물로 될 수 있었기 때문이다.

6 홍찬숙, 「엥겔스의 여성 억압 분석에 관한 연구」, 이화여자대학교석사학위논문, 1988, 참고.

기독교의 경우 구약성서를 보면 여자는 죄를 범하도록 유혹하는 요물이며 뱀의 꼬임에 속아 넘어갈 만큼 도덕적으로 무력하고 하나님에 의해 금지된 나무열매를 따먹음으로써 인류를 죄의 길로 인도한 죄인이다. 여성은 악의 근원으로 취급되고 여성은 더러운 존재이며(레위기 12:2-5) 여성은 열등한 존재이다(전도서 7:28). 또한 아브라함 족장 설화를 보면 여자는 가문 계승의 도구로서 그리고 출애굽기에서는 남자의 재산 목록(사사기 11:13)으로서 임의 처분하는(사사기 19장, 창세기 19: 4-9) 사건들이 보인다. 이러한 가부장제 사회와 전통을 배경으로 남자들은 여자들의 성향을 남성 중심적 방식으로 규정하여 여성을 억압하였고 여자들은 별다른 저항도 없이 이런 해석과 비판을 감내하면서 자신의 성을 비하하였다.[7]

불교 경전 역시 여성은 부정不淨한 것이고[8] 여성은 악하며, 여성은 성불할 수 없다[9]고 하는 남성 종교로서의 전형을 과시하는 부분이 있고 천도교 또한 여성의 역할을 가사와 육아에 한정시키는[10] 측면을 보이고 있다. 이 모두 사회적·시대적 한계라 할 수 있다.

이러한 성 차별적 기표는 그당시 사회 상황에 따른 남성 권력의 산물이고 종교가 지배계급에 혹은 가부장적 체제에 적용되면서 더욱 여성의 속성을 차별적으로 고착시켜 나갔다고 할 수 있다. 이는 진정한

---

7 이우정, 『여성들을 위한 신학』, 서울: 한국신학연구소, 1986, 68쪽.

8 『相應部經典』, 팔리원전협회본, 권1, 38쪽(田上太秀, 『佛教と性差別』(東京: 東京書籍株式會社, 1992), 45項, 재인용.

9 田上太秀, 위의 책, 73쪽.

10 『해월신사법설』, 婦人修道.

종교 정신이라기보다는 가부장적 사회에서의 종교 또한 그 사회에 영향 받지 않을 수 없음을 전제하는 것이다. 종교 경전은 기본적으로 인간에 대한 존중과 사랑에 기초한, 양성적 인간관을 사상적으로 갖추지만 이와 같이 성 억압적 측면도 보이고 있다.

한편 가부장 의식의 대명사로 인식되는 유교11의 경우를 보면 종교 중 가장 가부장적 의식이 강하다고 할 수 있는데 그러나 전혀 양성적 요소가 없는 것도 아니다. 해석하기에 따라서는 주역도 성차별의 근원은 아닌 것이다. 『주역』에서 건괘乾卦[乾爲天]와 곤괘坤卦[坤爲地]는 각기 하늘의 도와 땅의 도를 나타내고 있는데 이 모두가 군자가 행하는 것이라고 말하고 있다. 이는 인간 수양의 목적이 군자에 있다면 군자 자체가 건곤, 음양, 남녀의 도를 모두 갖춘 자로서 양성적 인간 이해를 표현하고 있음이다.

---

11 유가 경전은 건곤-천지-양음-남녀-존비의 등식화에 따라 남녀를 규정한 역경을 비롯해서 시경에는 "똑똑한 남편은 城을 이룩하고 똑똑한 부인은 성을 기울어뜨린다. 아름답고 똑똑한 부인이여 올빼미가 되고 부엉이가 되도다. 부인의 수다스러움은 재해를 불러들이는 계제일진대 어지러움은 하늘이 내린 것이 아니라 부인 스스로 만든 것이리라." 하였다(『시경』, 대아, 첨앙) 그리고 조선 후기 실학자들에게서도 여성에 대한 부정적 관념은 그대로 보수적인 성향을 보이고 있다. ("소인의 생각과 행동은 여자와 같다. 여자는 밤낮으로 생각하는 것이 얼굴 모습을 예쁘게 꾸미려는 것에 지나지 않아 머리에는 가발을 쓰고 낯에는 분과 기름을 바르는데 이는 자기 눈에 들게하려는 것이 아니고 남에게 잘 보이기 위해서이다. 남들이 이 모습을 보고 모두 예쁘다 칭찬하고 부러워하면 아양떠는 웃음과 부드러운 말씨로 앞뒤를 재면서 스스로 만족하게 여기고 그렇지 않으면 큰 수치로 생각한다." 『성호사설』, 小人意態)

> 건(乾)은 원기가 크게 형통하는 괘이다. 마음을 곧고 바르게 가져야 이롭다. 건의 원기는 크도다. 모든 물건이 그것에 의하여 비롯되니 바로 하늘의 도를 포괄함이다⋯ 천체의 운행이 강건하다. 군자는 스스로 쉬지 않고 힘쓰는 것이다. ⋯ 곤(坤)은 크게 형통하는 것이며 암말은 곧고 바를 때 이롭다⋯ 곤의 원기는 지극히 크니 그것에 의해 만물이 생성된다. 하늘의 도를 순순히 이어받는 것이다. 땅은 두텁고 넓어서 물건을 싣고 있는 덕이 한정 없이 합치되고 크게 빛나서 개개의 사물이 통한다. ⋯ 유순하면서 이롭고 곧음은 군자가 행하는 것이니라⋯ 학습하지 않더라도 이롭지 않음이 없다. 익히지 않아도 이롭지 않음이 없다는 것은 지도(地道)가 빛남이다.

즉, 군자는 인간 내면의 양성성을 말하는 것으로 건과 곤의 도를 통합시켜 갈 때 군자가 될 수 있다. 따라서 남녀음양설은 상호보완적인 동등한 가치 체계를 갖는 것으로서 동중서가 군신, 남녀, 장유의 신분으로 서열화시킨 것은 본질에 어긋난다고 본다. 왜냐하면 주역의 핵심은 '역易'이고, 이는 차면 기울고 음이 극에 달하면 양으로 변하는 변역變易의 논리이기 때문이다. 『주역』, 「번사상전繫辭上傳」에서는 음양의 결합 관계를 더욱 자세히 설명하고 있다.

> 생물에게도 건, 즉 남성적인 것과 곤, 즉 여성적인 것이 있다. 건은 시동을 맡아하고 곤은 그것을 받아 완성으로 이끄는 일을 한다. 그 경우 건은 쉬운 방법으로 시동을 행하고 곤은 간편한 형태로 그것을 받아 들인다. 따라서 한쪽은 쉽기 때문에 시동이 지체없이 행해져 곤에 대한 진취

> 력을 가지며 다른 쪽에서는 간편하기 때문에 상대의 작용을 저항없이 받아 들여서 완성을 향해 큰 힘을 발휘할 수가 있다. 그래서 건의 작용은 영속하고 곤의 작용은 확대된다. 이 영속성이야말로 현인의 덕성의 특색이며 확대성이야말로 현인의 덕성의 특색인 것이다. 사람은 쉽고 간편한 데서 우주의 근본 원리를 체득할 수 있고 그것에 의해 천지와 나란히 하는 지위를 획득할 수 있다.

인간 내면은 남성적인 것과 여성적인 것이 있어 진취력의 영속성(건)과 완성의 확대성(곤)을 갖춘 자가 현인의 특성이다. 인간은 이 양성을 통해 우주의 근본 원리를 체득하고 천지와 나란히 하는 지위를 획득할 수 있다.

2) 한국 전통 역사에 있어서 양성적 인간관의 전통

한국 고대 사회 초기에는 남성과 여성이 모두 제사장 혹은 군장君長직을 맡고 있었고, 제사의 대상이 주로 여산신女山神이었음을 본다. 종교 관념의 변천에 있어서도 대립보다는 상호 습합에 따른 변천에 의해 여성 역할이 규정되어 갔다. 물론 조선 시기에 들어오면 타협의 여지가 없이 여성 억압이 고질화되었지만 그 축은 인간이 신에 합치되고 혹은 그 절문節文에 맞춰지는 관행 속에서 여성이 남성보다 열등한 것으로 규정되었을 뿐 고대 초기에 여성과 남성이 함께 지향하고 함께 누렸던 신에의 합치는 계속 남아 있었던 것이다. 이는 한국사의 전통에는 양성 결합적 인간관이 애초부터 형성되었던 것임을 보게 된다.

태초에 인류는 주재자를 상정하여 하늘이나 산은 신의 전당이 되고 해와 달, 별, 바람, 비, 우뢰, 천둥, 삼림과 천택川澤은 신의 행정으로 연상되고 다시 그 신은 인격으로 설정되었다. 차츰 인간의 철학적 사고에 따라 만능적 신권神權이 인간의 구체적 인물에서 발견하고자 하는 요청이 있게 되었다. 『서경書經』 우서虞書, 고도모皐陶謨와 태서일문泰誓逸文을 보면[12] 민중을 대표하여 천신을 대신하는 사람을 필요로 하여 백성으로부터 총명함을 보아 하늘의 총명함을 알고 백성의 위엄으로부터 하늘의 외경스러움을 알며, 또한 백성이 보는 것으로 하늘의 보는 것을 알고 백성이 하고자 하는 바에 하늘이 따른다는 것이다. 중요한 것은 신을 대신하는 하늘의 아전(天吏), 하늘의 혈손(天孫)의 역할이 무격巫覡으로서 이는 남녀 모두에게 주어진 역할이었다는 점이다. 이들은 모두 하늘에 제사하고 인간 삶을 인도하는 정교政教합일의 제사장이다. 중국 역사서인 『국어國語』 「초어」에서 권사부觀射父가 한 말을 보면 더 자세히 알 수 있다.

> 옛날에 민중 가운데에 정(精)이 밝고 순일하여 잡됨이 없고 또한 능히 정제 엄숙하여 정성되이 바르면 상하의 옳음을 안다. 그 성스러움이 능히 멀리까지 선명하게 빛을 비추고 그 밝음이 밝게 빛난다. 그 총명함이 능히 밝음을 듣는다. 이와 같은즉 신이 내린 것이다. 남자에게 내리면 격

---

12 『書經』 虞書, "天聰明 自我民聰明 天明畏 自我民明威 天視 自我民視 天聽 自我民聽 民之所欲 天必從之"

(覡)이라 하고 여자에게 내리면 무(巫)라 하니 이로써 신의 위치를 만들고 다음은 군주가 되는 것이다.[13]

이와 같이 고대의 정치는 신을 위한 것에 있고, 민중 가운데서 순일하고 총명 성지聖智한 남자는 격覡이 되고 여자는 무巫가 되어서 신의 강림을 받고 신사神事를 주장하였다. 그가 곧 군주격君主格이 되고 선성先聖의 후예인 것이다. 이는 남녀의 역할이 분리되지 않고 모두가 하늘의 이치에 따르고자 신을 제사하고 만사를 복되게 하고자 했다. 최남선은 「아시조선兒時朝鮮」에서 말하기를,

고대 사회의 주장(主張)은 영적(靈的) 자격의 우승한 자를 추재하는 법이요, 그래서 신인(神人)-무(巫)가 법속(法俗) 양방의 주권을 겸집하게 되는 것이요, 그런데 무당은 여자가 주장이매 고대의 군장(君長)은 대개 여성이었던 것이요 후세까지도 여군(女君)이 국정을 맡음이 이 유풍을 지킴인데 교정(敎政)이 갈라진 뒤에도 교적(敎的) 방면의 요임(要任)은 의연히 여자가 담당하게 되어….[14]

라고 하여 한국 고대 사회의 군장은 여자로서 신내림에 남자보다 더

---

13 『國語』 楚語, "古者民神不雜 民之精爽 不携貳者 而又能齊肅衷正 其知能上下比義 其聖能光遠宣明 其明能光照之 其聰能聽徹之 如是則明神降之 在男曰覡 在女曰巫 是使制神之處位次主"

14 고려대학교아세아문제연구소, 『육당최남선전집(문화편)』, 서울: 현암사, 1975, 180쪽.

능력 있는 여자에게 무당으로서 신인神人의 자격이 주어졌다고 보는 것이다. 한국 역사에 있어서 고대 사회는 무격巫覡들에 의한 제사와 교화가 많이 이루어졌고 씨족사회가 해체되면서 고대 국가가 형성되어 가고 불교 수용에 터한 가부장적 체제 정비가 점차 강화되어가는 모습을 보이고 있다.

삼국유사를 보면 산신들인 여신女神들의 무巫적 세력과 불교가 서로 갈등도 일으키고 수용 보완해 가면서 불교에 습합되어 가는 과정을 또한 보게 된다. 결국 이러한 양성 미분리의 무교적 특성은 외래종교 속에 스며들어 원형을 유지해 가는데 조선 시기의 억무抑巫 정책 하에 천대받으면서도 무교는 어머니에서 딸 혹은 며느리로 전승되어 갔다.

문헌적으로 고대의 생활상을 살펴볼 수 있는 자료가 거의 남아 있지 않지만 가부장적 국가 체제 정비가 이루어지던 삼국시대에는 그나마 차별화가 덜 이루어진 듯한 모습을 보게 된다. 『당서唐書』 신라편을 보면

> 남자는 거친 털로만든 바지를 입으며 여자는 긴 치마를 입었다. 사람을 보면 반드시 엎드려 손을 땅에 대고 절을 하며 공경의 뜻을 표하였다. 여자들은 분을 바르거나 눈썹을 그리지 않았으며 아름다운 모발을 머리에 서리며 구슬과 비단으로 장식하였다. 남자는 머리를 잘라서 팔고 검은 수건으로 머리를 가렸다. 저자에서는 여자들이 물건을 사고 팔고 하였다.

남녀를 가리지 않고 "사람을 보면 엎드려 손을 땅에 대고 절을 하

며 공경하였다."는 기사를 보면 계급이나 성별에 따른 인간 차별보다 인간 자체에 대한 존중 정신이 강했음을 보는 것이다. 또한 『주서周書』에 나타난 고구려에 대한 기사를 보아도 남녀 간에 혹은 친하고 멀고 간의 차별이 없이 생활을 하고 여신과 남신을 함께 믿었던 모습을 볼 수 있다.

> 불법을 공경하여 믿었으며 더욱 잡다한 신을 믿었다. 그리고 신묘(神廟)가 있었으니 그 하나는 부여신으로 나무를 깎아 부인상을 만든 것이며 또 하나는 등고신(登高神)인데 고구려의 시조신이며 부여신의 아들이라고 한다. (『주서(周書)』, 고려)

또한 백제도 남녀 귀천을 따지지 않고 가무를 좋아하고 청결함을 좋아하였다고 말하고 있다. 이렇게 볼 때 국가가 형성되기 전 고대 초기는 양성 미분리의 사회로서 신이 내린 남녀가 무격이 되어 제사와 만사를 주관하고 역할에 있어서 그렇게 차별이 없었다. 실생활에 있어서도 남녀를 귀천으로 서열화하지 않고 함께 인간으로서 존중하였다. 그리고 차츰 국가 체제가 정비되어 가는 중에서 여성은 정치에서 밀려나고 전쟁과 생산에 있어서 막강한 힘을 발휘하는 남성 중심의 체제하에 여성은 부속물로서 종속되어 가기 시작한 것이다.

마가렛 미드는 여성이 남성의 일에 함께 참여하지 못한 참여 결여에서 성 차별이 시작되었다고 말한다. 삼국시대에 있어서도 여왕이 있었고, 승관에 여자가 임명되는 경우도 있었지만 차츰 여자가 가정 이외의 일을 하는 것에 억압이 가해져 갔다.

그러나 조선의 성 억압기를 지나 근대에 들어오면서 동학의 양성 평등사상, 천주교와 기독교 전래, 개화 사상가의 사회 인식 등으로 유교적 가부장제 사회 질서가 새로운 윤리관으로 대체되기 시작하였다.

> 세상에 불쌍한 인생은 조선 여편네니 우리가 오늘날 이 불쌍한 여편네들을 위하여 조선 인민에게 말하노라 여편네가 사나희보다 조금도 낮은 인생이 아닌대 사나이들이 천대하는 것은 다름이 아니라 사나희들이 문명개화가 못되어 이치와 인정은 생각지 않고 다만 자기의 팔심만 믿고 압제하려는 것이니 어찌 야만에서 다름이 있으리요 … 우리는 부인네들에게 권하노니 아모쪼록 학문을 높히 배워 사나이들보다 행실도 더 높고 지식도 더 넓혀 부인의 권리를 찾고 어리석고 無理한 사나이들을 교육하기를 바라노라.(독립신문, 1896.4.21)

"여성이 남성보다 조금도 낮은 인생이 아닌데 남성이 여성을 천대하는 것은 남성이 문명개화가 못되어 자기 팔힘만 믿고 압제하려는 것이다."라는 인식 하에 여성이 학문을 배워 남성보다 행실을 높이고 지식을 넓혀 남성을 교육하라고 각성을 촉구하였다. 또한 문명의 척도가 약자와 여자, 어린이를 대접하는 것에 있다고 하였다.[15] 양반과 상민, 적서와 남녀의 차별에 인간 심성이 뒤틀려지고 썩어졌던 당시 시대 상황에 이러한 개화적 인식은 신선한 샘 줄기가 되었을 것이다. 근대 시기에 있어서의 기본적인 인식은 여성 인격에 대한 존중이라

---

15 『독립신문』, 1896.9.29.

하겠다. 박은식도 남녀 모두가 상제의 자녀로서 그 지각을 차별 없이 받았다고 말한다.

> 大抵 人生之初에 一男 一女는 均히 上帝의 子女라 其性分上 智覺을 稟賦홈이 原無差別인즉 職分上權能이 엇지 優劣이 有ᄒᆞ리오.[16]

그러나 이 시기 조선의 여성들은 조선 사회의 성 억압적 상황에서 자신의 존엄을 눈뜨기 시작하였을 뿐 남성적인 특성과 역할들을 자기 안에 결합하여 남성과 함께 주체적으로 세계를 건설하는 자세를 취하지 못하고 종전의 성 분리적 차별에 터한 역할 분리는 여전히 존속하였다. 현대에 있어서도 전통적인 유가적 여성관은 그대로 남아 있고 여성이 성 분리적 차별 사회에 길들여져 여전히 여성이 주체적으로 세계를 보고자 하는 의지는 많지 않다. 여성이 남성의 부수적인 존재로 있을 때 가장 여성답다는 가치가 여성을 인간화시키지 못한다는 점, 또한 여성 개인의 존엄성을 유보시킨다는 점이 인간 본질의 근본이념에서 벗어남을 절감해야 한다. 양성 결합으로 시작하였던 인류 역사가 여성과 남성으로 분리하여 성 억압을 점철해 왔던 성 억압의 역사는 이제 양성 결합과 양성평등관으로 보다 평화롭고 완성된 세계와, 새로운 지평을 향해 나가야 할 것이다.

---

16 박은식, 「여자보통학원유지회취지서」, 『여자지남』 제1권 제1호.

3. 천도교의 양성평등적 인간관과 여성운동론

한울님 하신 말씀 너도 역시 사람이라
무엇을 알았으며 억조창생 많은사람
동귀일체 하는 줄을 사십평생 알았더냐. …
현숙한 모든군자 동귀일체 하였던가.(『용담유사』)

우주 생명은 한울님의 표현이요 억조창생과 모든 인간이 동귀일체의 한울님이라는 천도교의 시천적侍天的 인간관17은 흙과 같은 무정물에서도 존엄을 감지케 한다. 여성과 남성 모두가 한울님을 모신 시천자侍天者, 무궁자無窮者로서 양성 모두가 한울 창조의 역사적 주체임을 선언하고 있다. 따라서 천도교의 양성적 인간관은 여성과 남성 모두를 인간 존엄과 권리를 지닌 인간 주체로서 이해하는 인간관이다. 여기서 양성적이란 용어의 의미는 인간 내적인 양성과 외적인 양성 모두를 취하는 것이다. 내적인 면의 양성성이란 주역적으로 말하면 음과 양의 통합, 융의 표현으로 하면 각자가 갖는 이성성異性性[아니마, 아니무스]의 구현, 천도교로 말하면 자기 내면 안에서 여성과 남성을 한울님으로 받드는 것이다. 이러한 내면의 양성적 인간은 외면적으로

---

17 정혜정, 「동학에 나타난 侍天의 인간관과 교육이념」, 서울: 한국동학학회, 『동학연구』9, 2001, 참고.

도 양성적 평등을 구현한다. 인류 역사에 있어서 인간 내면의 양성성이 분리되기 시작하였을 때 성 차별의 관습과 제도가 맞물렸음을 보게 된다. 그러므로 내면적·외면적 양성성은 동시적이라 할 수 있다.

해월 선생은 일찍이 '부인수도는 우리 도의 근본'으로 부인수도를 장려하였다. 앞으로는 부인 도통이 많이 날 것이고 과거에는 부인을 압박하였지만 지금의 때를 당하여서는 부인 도통으로 사람 살리는 이가 많으리라 하였다. 인간으로서 존엄과 권리를 누리지 못하던 과거의 여성은 이제 자기 안의 한울님을 자각하여 후천개벽의 주체로서 광제창생의 주역이 된다는 것이다. 또한 이는 사람이 다 어머니의 포태 속에서 나서 자라는 것과 같다 하였다.[18] 한울님인 여성은 자궁 속에서 육체적 생명을 키우고 도통道通으로 한울님을 키우며 인간 모두를 한울 백성으로 낳았다. 여성은 분명 종족 번식의 수단이나 남성에 종속된 자가 아니다. 양성 모두가 여성이 낳은 한울님을 공경할 때 이 세상에 평화가 온다.

> 이 세상 사람은 다 한울님이 낳았으니 한울 백성으로 공경한 뒤에라야 가히 태평하다 이르리라.[19]

이러한 동학의 양성평등적 인간관을 계승한 천도교는 일제 강점하에서 6개 부문의 사회운동을 벌였고 그 부문의 하나로 여성운동을 펼

---

18 『해월신사법설』, 婦人修道

19 『해월신사법설』, 布德

쳤다. 특히 여성잡지의 발간을 통해 양성평등의 의식을 고취하고자 하였는데 천도교에서 발행한 『부인』지와 『신여성』지에 나타난 여성 운동론을 살펴보면 진보된 양성평등 의식을 접할 수 있다. 대표적으로 신여성론이 그것이다. 천도교의 이 당시 여성론을 보면 '신여성의 새바람'이 불면서 구舊여자와 신新여자에 대한 개념 정의가 시도되고 있는데 신여자란 "남자나 여자나 꼭 같은 사람이요 꼭 같이 신성하여 권리와 의무도 꼭 같다는 인식 하에서 누구에게 구속받지 않고 구속할 것도 없는 인간으로서의 여자"를 의미했다. 따라서 인간으로서 신여자란 모든 실력을 얻어야 하고 지식과 도덕, 생산과 살림뿐 아니라 정치와 경제에까지 이 세상에서 사람으로서 할 일, 사람으로서 누릴 권리, 사람으로서 받을 행복을 다하고 누리며 받아야 한다는 것이다. 이러한 자각과 실행이 있는 여자라야 신여자라 했다. 반면 구여자란 아무 권리가 없고 아무 자유가 없이 남편에게 순종하는 여자로 이해되고 있다.[20] 이는 근본적으로 민중에 기초하고 남녀를 떠나서 사람 그대로의 본능과 권리와 의무를 행사하는 민중적, 사람중심주의 입장에서의 여성관이다. 천도교는 잡지 『부인』을 발간하면서 다음과 같이 취지를 밝히고 있다.

> 부인은 어디까지 민중적이외다 어떤 계급을 표준하야 거기에 충복이 되겠다함은 결코 본의가 아니외다. 천하의 부인으로 더불어 꼭 같이 잘살기를 주장합니다. <부인>은 철두철미 사람 중심주의이외다 남녀간을 초

---

20 춘파, 「신구녀자에대한 나의 의문」,『부인』, 1923.4.

월한 우에서 사람 그대로의 본능을 그대로 표현하며 사람 그대로의 권리 의무를 그대로 행사하려 합니다.[21]

천도교는 여성을 사람 중심주의에 입각하여 인간 본연의 모습을 그대로 표현케 하고 사람 그대로의 권리 의무를 행사하는 존재라고 말하고 있다. 이러한 사람 본위의 여권 운동도 역시 인간 무궁성, 즉 한울님성의 발현이라는 차원에서 일어났다.

과거의 여권은 너무나 침해를 받은데서 너무나 압박을 받은 데서 그 침해와 압박을 아니받고 자유로 신장하며 자유로 행사하는 데서 사람성을 그대로 표현하자는 데서 여권운동은 일어났습니다.[22]

과거 여권은 침해와 압박이 극심하였으나 이제 침해와 압박을 받음 없이 자유로 신장하고 자유로 행사하는 인간성의 표현을 위함이 천도교가 추구하는 여성운동의 방향이다. 따라서 여성의 임무는 종래의 습관과 제도와 맞서 싸워 나가는 데 있다고 하였다.

오늘 여자가 진실로 종래의 도덕에서 또는 습관에서 또는 제도에서 해방되기를 요구하느냐, 만일 요구한다 할 것 같으면 이것은 빈 말로 될 것도 아니오, 누구의 은혜적 구원으로써 될 것도 아니오, 오직 요구한다는

---

21 『부인』, 1923.5.

22 박달성, 「사람본위와 여권운동」, 『부인』, 1923.5.

> 그자신들이 다같이 팔뚝 걷고 신들메고 나서지 않으면 안될 것이다. 적어도 우리시대의 여자는 종래의 값없던 부지런을 새로히 값이 있을 부지런으로 바꾸어 만들기 위하여 싸우다가 죽을 사람이니라 하는 정신쯤은 가지지 않아서는 안 될 것이다.[23]

여자가 종래의 도덕과 인습과 제도에서 해방되길 원한다면 이는 빈말로 되는 것이 아니요 누구의 은혜로 될 것도 아니라는 것이다. 오직 자신들 스스로 투쟁해야만이 얻을 수 있는 것임을 말해 주고 있다. 역사적으로 여자는 남자의 계산 밑에서 살아 왔다. 자기의 평생을 남자를 위하여 단장하고 마음을 팔아 이렇게 몇천 년을 살아온 결과 성격상으로 겉과 속이 같지 못한 이중성격을 갖게 되고 생활상으로 남의 계산 밑에서 어물거리려는 거지 생활을 배우게 되었다고 김기전은 말한다. 먼저 여자된 사람은 종래의 또는 현재 자기가 가진 심리와 생활 근본의 잘못된 점을 분명히 의식하고 여기에서 스스로 죽을 지경에 빠지는 자기 번민을 느껴야 한다고 말한다.

따라서 『신여성』은 여자들이 직업 방면으로 많이 나가야 할 것을 주장한다. 직업은 남자와 여자를 막론하고 사람이 성인이 되기까지에 통과해야만 되는 한 계단이라는 것이다. 사람은 자기의 땀으로 자기의 생활을 하여가는 곳에서 예속 생활을 벗어나고 참된 생활의 흥미도 느끼게 된다. 독립 생활을 하지 못하는 자는 외부로부터 받는 어느 자극에 대항할 능력도 없게 된다고 말한다. 또한 『신여성』지는 A.

---

23 김기전, 「당신에게 자기번민이 있습니까」, 『신여성』, 1924.7.

베벨의 「여성론」을 실어 여성운동의 방향을 보다 구체적으로 정리하고 있다. 집안일을 돌보고 아이를 낳는 것이 부인들의 유일한 천직이라는 주장은 마치 인류의 역사가 시작된 이후 늘 국왕이 존재하였으므로 언제까지든지 국왕은 없어지지 아니하리라는 주장과 조금도 다름이 없는 모순된 말이라 한다. 여자로 태어났다는 이유로 부인을 평등한 권리의 소유자에서 제외하려 함은 종교와 정치상의 의견 여하로 만인이 꼭 같이 가져야 할 권리와 특권을 주지 않으려는 것과 같다는 것이다.

A.베벨은 장차 계급이 계급을 착취하고 성이 성을 지배하는 낡은 사회는 영구히 소멸되고 여자는 정치, 경제, 교육 등 모든 방면에 있어서 남자와 완전히 평등한 지위에 서게 될 것이라 하였다. 남성 중심의 윤리와 도덕은 완전히 소멸되고 정조는 참으로 사랑의 표현이 되어서 애정이 계속되는 기간에서만 남자는 여자에게 대하여 여자는 남자에게 대하여 스스로 지키게 될 것[24]이라는 것이다.

한편 김명호는 현대 여성의 수양을 말하면서 "짐승처럼 사육 당하는 과거의 모든 것을 불살라 버리라, 자존의 감정을 기르고 생각을 자유롭게 가지며 물질적 실력과 정신적 실력을 길러 무섭게 수양하라."고 말하였다.[25]

이상으로 볼 때 천도교의 여성운동은 사람성 발전의 차원에서 시작하여 남성과 같이 여성의 권리와 의무도 꼭 같다는 의식의 각성을

---

24 「앞으로 나아갑시다」, 『신여성』, 1926.5.

25 김명호, 「현대여성의 수양」, 『신여성』, 1926.7.

주장한다. 이를 위해 자신의 사상적 고민을 통한 사상과 감정 체계를 확립하여 자기와 싸우고 사회와 투쟁할 것이며 직업을 가져 독립 생활을 이룰 수 있어야 한다고 말한다. 따라서 모든 실력과 지식, 도덕과 정치, 경제적 지식은 모두 동원되어야 할 것으로 제시였다.

4. 맺는 말

남성과 여성은 인간의 양면이다. 남성이나 여성 어느 하나를 배제한 세계를 상상할 수 없다. 그러나 지난 몇천 년 동안의 우리 인류 역사는 양성으로서의 인간 세계가 아니라 남성 편향적인 세계로 점철되었다는 것에 비판을 가하지 않을 수 없다. 현재, 근대를 비판하고 근대를 극복하고자 하는 탈근대 담론도 남성 지배의 한계 상황을 극복하는 운동의 다른 말이다. 자연에 대한 정복과 이성에 대한 맹신, 획일화된 권위적 진리의 지배가 남성적이라면, 만물을 동체同體로 여기고 깊은 감성을 자아내며 다양한 생명을 그대로 가슴에 품고자 하는 것은 여성적이다.

현 시점에서 여성 교육을 특별히 제기하는 것은 억압된 여성이 제자리를 되찾아 양성적 인간을 구현하고, 더 나아가 전일적全一的인 세계를 만들어가기 위함이다. 여성 교육은 남성에 대립하는 여성 집단의 이익과 지배를 목적하는 것에 있는 것이 아니라, 남성 위주의 세계관의 전환을 목적으로 하는, 다시 말하면 자연과 인간이 총체적으로 인식되는 세계를 구현하고자 하는 영성교육이다. 여성과 환경 문제에 대한 자각을 촉구하고 있는 에코페미니즘도 우리 인류 문화의 총체적 변혁을 요구하고 있다. 일찍이 동학은 조선 사회의 억압된 여성을 보았고, 여성의 한울님을 회복시키고자 한 조선 최초의 여성해방운동이었다.

인간으로서 존엄과 권리를 누리지 못하던 과거의 조선 여성은 동학을 거치면서 자기 안의 한울님을 자각하여 후천개벽의 주체로서 광제창생의 주역이 된다. 또한 이는 사람이 다 어머니의 포태 속에서 나서 자라는 것과 같다 하였다. 당시 해월 선생이 부인 도통으로 사람 살리는 자가 많을 것이라 한 것은 여인들이 가지고 있는 당시의 역할과 이치에 근거한 메타포이다. 천지가 부모요 천지와 인간이 하나임을 깨닫는 것은 어머니의 잉태에서부터 시작한다. 한울님을 잉태하고 양육하는 여성이야말로 세계 창조의 근원이다. 어머니의 젖은 천지의 젖이요 천지의 곡식 역시 어머니 젖이다. 인간은 천지의 한울(곡식)을 먹고 천지를 내 몸으로 하여 세계를 개벽해 간다. 여성은 곧 우주의 자애로운 어머니의 상징이다. 해월 선생의 내수도內修道는 이러한 상징적인 의미를 담고 있다. 즉 내수도가 지향하는 바는 여성 스스로가 한울님이고 모든 한울님을 키우는 스승으로서 자질을 닦음에 있다. 만약 이러한 이치를 모르고 여성이 불민不敏하면 한울님은 버려지고 여성을 열등히 여겨 억압하면 세계는 병들게 된다. 이는 여성 누구나가 아이를 낳아 훌륭하게 키워야 한다는 의미가 아니다. 어머니의 상징적인 이미지 속에 천지와 인간이 하나임을 담고 있는 것이고 한울님이 잘 성장할 수 있도록 한울님을 공경하는 도통道通의 자질이 여성에게서 발휘되고 인간 모두에게 요구됨을 여성을 통해 제시하는 것이다.

그러나 이러한 영성운동으로서 여성운동은 일제의 식민 통치 하에서 크게 확산되지 못하고 왜곡·변조되었다. 일제는 식민지 지배를 강화하기 위해 조선의 봉건적인 남녀 차별의 인습을 견고히 했고 강한 여성 멸시 풍조는 조선 여성들을 더욱 괴롭혔다. 그 당시를 살았던 사회운동가 고준석에 의하면 집집마다 '수부귀다남壽富貴多男', '다남다복多男多福'이라고 쓴 액자를 걸어놓고 있었는데 이것은 봉건적인 인습을 조선총독부가 강화시킨 결과였다. '암탉이 울면 집안 망한다'는 속담이 말해 주듯이 남존여비의 인습은 조선총독부에 의해 미덕으로 조장 확산되었던 것이다. 이는 현재까지도 남성의 의식 속에 사회적 유전으로 남아 있다.

필자는 지난 연초에 어느 지방대학 교수 채용 면접을 보았다. 그때 한 남자 교수가 "남편이 도와준 것도 아닌데 어떻게 해서 이렇게 연구 실적이 많은 것이냐?"고 따지듯 물었다. 여자의 역할이 남자에의 의존을 통해서만 정상으로 취급되는 사회, 여자의 지적 능력이 무시당하는 사회를 그날도 여지없이 절감했다. 우리는 다시금 동학의 양성평등적 인간관을 계승하고 인간, 자연, 우주가 하나된 한울님 세상을 교육으로 만들어 가야 한다.

제3부

한울 교육으로 만들어가는 통일문화 세상

제8장 갑진혁신운동의 사상적 의의

1. 머리말

동학혁명이 실패로 돌아간 후 해월로부터 도통을 전수 받은 손병희는 더욱 더 가혹해진 탄압과 시대적 위기 속에서 갑진혁신운동을 통해 동학의 맥을 이어갔다. 그 동학의 맥이란 동도의 변혁을 일컫는 것으로 수운이나 해월 때에는 계급 타파와 척왜척양 등의 보국안민이었지만 의암에 와서는 정부 관리들에 대한 규탄과 함께 문명개화적 차원에서 혁신운동이 제기된 것이다. 여기서 문명개화란 곧 서구 문명화를 뜻하는 것이 아니라 서구 문명의 장점을 동도에 보완시켜 제국주의의 침략으로부터 벗어나고자 하는 방편적 의미이다. 의암은 최고 문명을 인내천 문명으로 상정하면서 이것이 세계에 우뚝 서기 위해서도 세계 문명에 참여하는 것이 옳은 일이라 하여 단발흑의를 단행하였다.

또한 민회 설립을 통한 혁신운동의 가장 큰 동기는 동학혁명 때에도 정부가 민심을 받아들이지 않고 외세를 끌어들여 20만 인민을 살상한 것처럼 끝까지 민권을 인정하지 않고 동학도인들을 닥치는 대로 살상하는 데 있었다. 정부 권력은 무능과 부패에 찔어 있으면서도 반상 계급의 의식에 젖어 백성을 노예 보듯 하고, 국가의 힘은 백성에게 있는데 백성을 다 죽이니 백성 없는 정부가 어디 있겠느냐고 의암은 항변하는 것이었다. 민회로서 탄생한 동학의 진보회가 일진회와 합류하고 친일적인 전략을 취한 동기도 이와 같은 정부의 그칠 줄 모르는 탄압에 있었고, 정부 혁신을 도모하더라도 동학혁명 당시 일제에 의해 거사가 실패한 것처럼 일본을 유화시킬 필요가 있었으며, 어차피 조선이 러시아나 일본에 먹힐 운명에 처해 있는 만큼 강자국과 거래할 필요가 있다고 판단했던 측면이 있다.

의암은 또한 갑진혁신운동을 전개하는 가운데 동학을 천도교로 개칭하여 근대 시기에 주장되었던 종교의 자유를 주장하고 아울러 종교의 개념을 주체적으로 규정하는 가운데 체계화시켜 나갔다. 이는 동학의 새로운 시대적 변용이자 동학의 본래 정신인 후천개벽 종교로서의 성격을 명확히 표명하는 하는 것이었다. 의암은 수운의 시천 사상을 근대적 담론에 담아 '우주는 한울의 표현'이라는 설명 방식과 아울러 물질(제도)과 마음(道)을 둘로 보지 않는 동학의 인내천 사상에 따라 교정일치敎政一致 차원을 공고히 하는 혁신운동을 벌였다. 따라서 본 장에서는 이러한 갑진혁신운동의 사상적 의의[1]를 주체적 동도변

---

1 기존 연구에서는 갑진개화혁신운동의 의의를 한국의 근대화 과정에서 민중의식을 태동케 한 점과 민족 정신의 발전을 보다 선명하고도 진지하게 진일보시킨 원동력에 두어 이를 다음과 같이 구체적으로 제시하고 있다.(이현희, 「갑진개화혁신운동의 민중사적 위치」, 『천관우선생환력기념 한국사학논총』, 1985, 853, 869~870쪽.)

① 한국 근대사에 있어서 최초 최대의 의식 개혁과 개화운동이 동학-천도

혁으로서 문명개화, 민회 설립을 통한 민권운동, 한국 사유로서의 주체적 개념 설정과 문화·개화운동 표방에 주목하여 살펴보고자 한다.

2. 동도변혁에 기초한 주체적 문명개화

1) 동도변혁과 문명개화

갑진혁신운동은 수운의 동도변혁(東道變革)을 구체화한 것이다. 수운도 미신 타파의 근대성을 지향하고 서구 문명의 장점과 힘을 인식했으나 보다 기존 사유의 틀과 계급 차별의 의식을 변혁하는 데 중점을 두었다.

> 한울은 반상의 구별이 없이 그 기운과 복을 준 것이요, 우리 도는 새 운수에 둘러서 새 사람으로 하여금 다시 새 제도의 반상을 정한 것이다. 이

교 중진 교도에 의하여 제기되면서 교내적 차원을 초월하여 민족적 과제로 발전되었다는 점 ② 1919년 3.1 민주 혁명 운동을 주도하는 정신사적 맥을 형성, 적용케 함 ③ 1920년대 천도교 신문화운동의 저력과 배경도 이 운동에서 연유 ④ 민족, 자주, 독립의 근대적 민족주의 운동이라는 민중사적 의미를 보유 ⑤ 최초의 정당 조직의 효시가 될 뿐 아니라 민권, 민족, 민주의 삼민의 신장을 보여준 활력의 민중의식을 제고시킴 ⑥ 신문화운동으로서 전통문화의 장단점을 선별 수용할 수 있는 기원적 의식을 주입시키거나 영향을 미치는 데 새로운 가능성을 제시함. 즉, 정치적 개혁의 차원을 넘어서 사회, 문화, 의식구조의 혁명을 제시한 것으로 평가하였다.

> 제부터 우리 도 안에서는 일체 반상의 구별을 두지 말라. … 이 세상 사람은 다 한울님이 낳았으니 한울 백성으로 공경한 뒤에라야 가히 태평하리라 말할 것이다.(『해월신사법설』, 布德)

그러나 의암은 일본의 신식 무기에 의해 많은 동학도들의 희생을 목도하면서 서구에로 눈을 돌렸다.

> 장래 오도를 세계에 알리고자 할진대 오늘날의 문명의 대세를 관찰하지 않으면 불가하다고 생각한다. 우리가 포덕천하 광제창생 보국안민을 하겠다고 하면서 나의 집 안방이나 산간 바위틈으로 쫓겨다니면서야 일을 할 수 있느냐? 선사의 유지를 후손 만대에 전하고 대도를 세계 만방에 펴고자 하자면 이와 같이 숨어다니며 피신하여 생활하면서도 안 되고, 조선이나 일본만으로도 안 되니, 세계를 널리 두루두루 돌아다녀 보며 세계의 풍물 또는 근대의 문명을 흡수하여 우리의 일을 촉진하여야 되겠는데, 여러분들의 의견은 어떠한가?[2]

의암은 정부의 탄압에 따라 일본에 망명하여 문명개화론을 접했고 이를 통해 세계 정세를 파악했다. 그가 1902년 의정대신 윤용선에게 보낸 상소문이나 삼전론三戰論의 저술은 일본에서 서구 문명을 접한 산물이다. 원래 문명개화란 통념적으로 구미 자본주의 문명의 이식이었다. 문명과 개화는 흔히 동의어로 쓰인다. 일본에 있어서도 문명개

---

2 의암손병희선생기념사업회, 『의암손병희선생전기』, 1967, 160쪽.

화란 명치 초년에 일본이 서양 문명을 적극적으로 수용함에 따라 생겨난 사상을 가리킨다.[3] 그러나 문명과 개화를 동의어로 보지 않는 견해도 있다. 개화는 인류가 마땅히 경과해야 할 단계이고 문명의 연령이라고도 말할 수 있다. 개화는 그 문명(civlization)을 목적하는 도상途上이다.[4] 의암에게 있어서도 문명과 개화는 같은 개념이 아니다. 의암은 개화를 통해 인내천 문명을 이룩하는 과정의 하나로 받아들인다. 그가 보국안민의 계책으로 내놓은 삼전三戰 중 재전財戰, 언전言戰은 그가 왜 개화를 주장하는지 그 맥락이 잘 나타나 있다. 즉 재전을 말하는 것은 지금 세계가 진귀한 각종 물건을 만들어 이를 각국 나라의 소산물과 바꾸는데, 결국 미개한 나라는 이해利害를 분석하지 못하고 이들 기름을 빨아먹는 앞잡이에게 나라가 파멸케 된다는 상황 파악에 있다. 따라서 이러한 외국 자본을 막으려면 인재들로 하여금 농업 및 상공업 분야에서 재주와 기술을 발달시키고 부국책을 쓰는 재전의 싸움이 필요하다는 것이다.[5] 일본의 경우도 개화를 추진하는 배경은 大久保利通가 "무릇 국가의 강약은 인민의 빈부에서 말미암고 인민의 빈부는 물산의 다과가 관계되고 물산의 다과는 인민의 공업 및 면력에 있다."고 말한 것과 같이 식산흥업을 향한 것에 있다.[6]

또한 언전言戰을 말하는 것은 국가 상호간의 조약 체결 시 지혜와

---

3 林屋辰三郎 編, 『文明開化の研究』, 岩波書店, 1979, p.3.

4 위의 책.

5 손병희, 『三戰論』, 1902.

6 林屋辰三郎 編, 『文明開化の研究』, 岩波書店, 1979, p.10.

계략을 겸비한 외교 담판이 국운을 좌우하기 때문이다.[7] 두 적이 서로 대적하여 판결이 어려울 때에는 여러 나라가 시비곡직을 가리고 사리의 마땅함에 따라 승부를 얻게 되는 것이니 지혜와 계책이 필요하다는 것이다.

> 第三言政者는 今當萬國交通之際하야 外交는 不可無者也라 大抵 交際之地에 不無有事하고 有事之地에 不無利害之得失하고 得失之地에 亦不無經緯하니 經緯가 分明則出言이 無不得利하고 經緯가 不明則 發言이 無不失敗하나니 是는 無他라 昏暗於外勢하야 未知外國之物情하며 事之便利者를 學而習之하야 以開後進學力則 交際於天下各國이라도 無屈於天下之人也라.[8]

하지만 실제 국제 조약의 체결은 의암 자신도 말하듯이 시비곡직보다는 자국의 이익과 무력의 유무에 따라 결정나는 것이었고[9] 자국에 유리한 조약 체결은 결국 부국강병과 문명개화에 따라 결정나는 현실이었다. 그럼에도 불구하고 그가 말하는 삼전三戰은 보다 도덕적인 것에 기초해 있다. 의암은 개화 문명을 과정의 한 단계로 설정하여 궁극적으로는 인내천 문명을 지향했다.

---

7 황선희, 『한국근대사상과 민족운동I』, 혜안, 1996, 137쪽.

8 이돈화, 『천도교창건사』, 천도교중앙종리원, 1933, 41쪽.

9 "個人의 紛爭은 法律의 裁判을 聽ᄒᆞ야 其曲直을 分ᄒᆞ거니와 國際의 是非에 至ᄒᆞ야ᄂᆞᆫ 干戈에 訴ᄒᆞ야 勝敗로써 決ᄒᆞᆫ 故로 公法 千言이 大砲 一門에 及지 못ᄒᆞ야 强力을 正義라 謂ᄒᆞᄂᆞᆫ지라"(손병희, 『準備時代』, 1905).

> 상등 사람은 육신 관계보다 성령을 중히 여김이 육칠 분에 지나는 고로, 덕의와 이익을 함께 놓고 자의대로 취하라 하면 항상 덕의를 취하며 … 다만 상등 사람의 지조를 표준하여 육신의 일평생을 지내면 사회가 자연히 문명하리니, 문명은 우리 교회의 목적이라 … 사람마다 한울 광채로 문명하며, 집집마다 한울 광채로 문명하며 세계가 다 한울 광채로 문명함이 교의 정신이다.[10]

문명개화를 말하는 것은 어디까지나 동도에 기초하고 그 단점을 개화 문명을 통해 보완해 가자는 것이고 궁극적으로는 도전道戰에 승부를 걸고자 함이다. 그는 우리 도가 세상에 널리 덕화되기 위해서도 세계 문명국과 같이 개화하여야 한다고 주장하였다.[11] 금일 개명한 나라가 참된 문명으로 돌아감을 깨닫지 못하였으나 우리 백성은 암암리에 각기 단심團心을 지켜 선하고 아름다운 지경에 날로 날로 나가니 개명의 지속遲速이 결국은 국교國教의 우열을 만든다고 말한다. 그러므로 외세를 물리치는 것은 정부 혼자 힘으로 되는 것이 아니고 백성을 화하고 민심을 협력케 하며 본성을 따르게 하는 가르침(主敎)에 있다. 민심이 협력되면 인민의 힘과 권리가 성장하여 외세를 대항할 수 있다.[12] 이 주교主教를 의암은 국교國教라고도 하는데 이는 참된 도정道政이 있어야 함을 말하는 것이다. 현재 세계 강국들이 모두 병

---

10 『義菴聖師法說』.

11 의암손병희선생기념사업회, 『의암손병희선생전기』, 1967, 132쪽.

12 위의 책, 41쪽.

력으로 싸우나 서로 이익됨이 없으니 이것이 소위 '오수부동五獸不動' 이라 그는 말한다. 그런즉 무기로만 싸운다는 것은 자연 쓸데없이 되는 것이요, 병력 전쟁보다 더욱 무서운 것이 있으니 첫째가 도전이라는 것이다.[13] 힘으로써 다스릴 때에는 비록 억만의 많은 백성이 있을지라도 각각 억만 가지 생각을 갖지만 도덕으로써 교화할 때에는 비록 열 사람의 충성이나마 생각이 같고 덕이 같으니 보국안민의 계책이 무슨 어려움이 있겠냐는 것이다. 따라서 동학의 종지宗旨와 삼전三戰의 이치를 아울러 활용하면 천하의 으뜸이 될 것이라 하였다.[14]

1906년 1월 부산에 귀국한 의암에게 다년간 국외에 유람한 결과 어떻게 하면 이 혼란한 세상을 바로 잡을 수 있느냐고 물었을 때도 의암은 다음과 같이 말하였다.

> 사람은 곧 하늘이라 마음이 곧 하늘 마음이니 지금 세상이 이와 같이 혼란한 것은 사람의 마음이 혼란한 증거이니 먼저 사람의 마음을 고치어 안정시켜야 되겠다는 말이요 … 우리 도는 후천개벽의 도인지라 후천개벽은 인심 개벽으로부터 시작되는 것이요, 인심 개벽은 정신개벽으로부터 시작되는 것이니 정신개벽은 우리가 지금 하고 있는 천도 그것을 잘 행하는 데 있는 것이다.[15]

---

13 손병희, 『삼전론』, 1902.

14 위의 책.

15 이광순, 『의암 손병희』, 태극출판사, 1975, 189~190쪽.

따라서 의암이 주장하는 개화 문명은 제국주의적 문명과 약육강식의 시대적 조건에 의한 필연성에서 나온 것이지만 동도에 기초한 인내천 문명을 최고 단계로 놓는 것이며 동시에 개화 문명을 통해 동도의 단점을 보완하고자 한 것이다.

其國을 保ᄒᆞᄂᆞᆫ 道가 强치 아니면 能치 못ᄒᆞ고 富치아니면 能치 못ᄒᆞ니 其富强ᄒᆞᄂᆞᆫ 術은 空空坐談ᄒᆞᄂᆞᆫ 間에 在치 아니ᄒᆞ고 國民의 奮發進就ᄒᆞᄂᆞᆫ 一致精神을 俟ᄒᆞ야 始作ᄒᆞᆯ지니 國을 愛ᄒᆞᄂᆞᆫ 忠義心으로 勇氣를 鼓勵ᄒᆞ며 國을 憂ᄒᆞᄂᆞᆫ 勤勉心으로 實業에 趣向ᄒᆞ야 其 基礎를 定ᄒᆞ며 根脚을 立ᄒᆞ고 應用ᄒᆞᄂᆞᆫ 智識과 學術은 萬國의 長을 取ᄒᆞ야 我의 短을 補ᄒᆞ여야 萬國의 競爭場裏에 入ᄒᆞ야 劣滅弱敗ᄒᆞᄂᆞᆫ 慘辱을 脫ᄒᆞᆯ지로ᄃᆡ….[16]

의암은 1904년 3월 의정대신에게 보낸 상소문에서 "무릇 우리나라에 전해진 교는 미연 중에 쇠하여 사기가 박약하므로 홀로 자가의 고루한 것을 지킬 뿐 천하 대세를 깨닫지 못하니 지금 만국 교통의 운을 당하여 이같이 하고서야 어찌 능히 국가를 보전할 수 있겠습니까?"라고 말하면서 동도의 변혁과 정부의 혁신을 촉구하였다.[17]

---

16 손병희, 『準備時代』, 1905.

17 이광순, 앞의 책, 167쪽.

2) 동도변혁의 역사적 의의

본래 수운은 서구의 문명과 근대성을 마주하여 동도서기나 서도서기론자들이 지닌 입장과 달리 나름대로 주체적 수용과 동도의 변혁을 이루고자 했다. 필자의 견해로는 동도서기나 서도서기론보다는 동도의 변혁을 시도했던 역사적 사실에 보다 무게를 싣고자 한다.

동도서기론자(온건개화파)의 동도는 일반적으로 동양적인 정신문화를 가리키지만 그것을 좀 더 따져 보면 동양적인 정치체제로서의 전제주의적 지배체제의 지배 원리인 성리학적 규범을 그대로 둔 동도서기론의 봉건성을 볼 수 있다. 즉 주체적이고 민족적인 근대화론과는 거리가 있다. 이는 역사적으로 지배 계층이 외세의 침략 앞에서 그 지배 체제를 유지하기 위한 방책의 하나로서 제시한 것이었고 서양 자본주의 문명의 침략 앞에서 그 지배 권력을 유지하기 위해서는 서양의 기술 문명만을 수용하여 우선 부국강병을 이루려 한 것이다.[18] 또한 도道는 동東의 것을 취하고 기器는 서西의 것을 취한다는 것도 논리적으로 문제점이 따른다. 안종수 자신의 말처럼 도와 기는 함께 가는 것이지 도는 동양의 도, 기는 서양의 기라 하는 것은 처음부터 모순을 내포한 것이라 할 수 있다. 서양의 근대 기술 문명도 이념과 문화를 포함하는 상부구조와 함께 수반하여 발전해 온 것이지 분리되어 전개된 것이 아니기 때문이다.

동도서기파는 서양의 과학기술에 대해서는 그 우수성과 보편성을

---

18 강만길, 「동도서기론이란 무엇인가」, 『마당』5, 1982, 202~208쪽.

인정하면서도 정신문화는 동양의 유교가 훨씬 우월한 것으로 자부함에 도취한 반면, 서도서기에 기운 김옥균이나 박영효, 서재필 같은 문명개화론자들은 서양의 과학기술뿐만 아니라 정신문화에 대해서까지도 보편성과 우월성을 인정하는 태도를 보였다. 그리고 그들은 구래의 동도는 이미 낡은 것으로 새로운 시대의 보편 문화가 될 수 없다고 인식하였고 절대적 모방만이 살 길이라는 자세를 보였다. 그러나 자신의 역사 속의 발전 맥락을 이어 개화를 접속시켜야지 자신의 부정은 곧 역사의 단절이요 민족과의 단절로 연결되기 쉽다. 이들 문명개화론자들은 서양문화를 '새로운 시대의 보편 문화'로 인정하고 서양 문화의 전면적 수용을 주장한 한국 최초의 지식층이었다고 할 것이다. 그러나 그들은 또한 서양 근대문화의 기저에 흐르고 있는 민주, 자유, 평등의 이념에 대해 충분한 이해를 갖고 있지는 못했다. 그들이 이해하고 있는 서양문화는 '부국강병'을 중심으로 한 것에 지나지 않는다. 그리고 그들은 '부국강병'의 이면에 있는 자본주의 국가들의 제국주의적 속성에 대해서도 충분히 인식하지 못하였다. 단지 부국강병의 자본주의 열강은 조선이 따라가야 할 모범으로 간주되었을 뿐이다.[19] 더구나 김옥균은 일본이 자신들을 이용하여 청일전쟁의 빌미를 노리고 있고 그들이 영향 받았던 후쿠자와 유키치의 문명론이라는 것도 조선 침략을 전제하고 있었음을 간파하지 못했다. 이러한 피상적인 서구 문명의 답습과 추종은 1920년대 자유주의자들뿐만 아니라

19 한국역사연구회, 『한국사상사의 과학적 이해를 위해』, 서울: 청년사, 1997, 144~166쪽.

사회주의자들도 빠지기 쉬운 함정이었다. 이들에게 있어서 동도는 변혁이 아닌 파기의 대상이었다.

한편 일본의 경우를 볼 때, 그 대표적 문명론자인 후쿠자와 유키치는 외국의 문명을 취할 때는 자기 나라의 인심 풍속을 살피며 그 국체에 따르고 그 정치를 지켜 그에 알맞은 것만을 고르고 취사선택을 잘 해야 비로소 조화의 묘를 얻게 된다고 하였다. 문명에는 밖으로 나타나는 사물과 안에 존재하는 정신의 구별이 있는데 한 나라의 문명을 꾀함에 있어서는 먼저 그 안에 존재하는 정신을 생각하고 그리고 나서 쉬운 물질을 생각해야 된다고 했다. 아직 어려운 것을 얻지 못했는데도 우선 쉬운 것부터 베풀려고 할 때는 소용이 되지 않을 뿐 아니라 도리어 해로운 일이 된다는 것이다. 다시 말해서 서구의 물질 문명을 제대로 이용하려면 물질보다 그 자국과 타국의 정신(道)을 생각해야 문명의 발전을 꾀할 수 있다는 논리이다. 후쿠자와가 말하는 정신이란 국민의 기풍으로 시대에 초점을 맞추면 시세時勢이고, 사람에 초점을 맞추면 인심이라 이름할 수 있으며, 나라에 초점을 맞추면 국속國俗, 또는 국론이라 이름할 수 있다. 따라서 그는 서양의 문명을 섭취함에 있어 우선 제 나라의 인심 풍속을 살펴 서양의 정신을 이에 맞게 걸러야 한다고 말한다.[20] 여기서 중요한 것은 서구의 기器를 취하려면 자신의 도道에 맞는 서구의 도道을 취해야 한다는 것이다. 이는 초점 자체가 '서구의 기器를 이용하려 함'에 있다. 이는 그들 현실의 절박함에서 오는 발상이었다. 그리고 서구의 기器를 선별하는 것

20 후쿠자와 유키치, 정명환역, 『문명론』, 서울:홍익사, 1986, 23~25쪽.

에는 결국 자국이 지향하는 문명적 속성에서 결정된다. 일본이 서구의 과학적 문명과 제국주의를 도입해 가는 것은 자국의 국속國俗에 맞는 부분을 찾아 국론을 이끌어내고 자국에 맞게 동화시켜 가는 과정이 있었다. 조선의 혜강이나 수운 같은 경우도 서구 근대문명을 마주할 때 그 수용과 배제를 동도에 기준하여 선별하게 된다. 그러나 일본과 조선이 추구하는 역사적 이상이 다르기에 그 선별 기준 역시 다를 수밖에 없다. 수운은 서양의 힘과 물질문명을 높이 평가하면서도 그들의 제국주의적 속성과 기독교적 세계관에 비판을 가한다. 그리고 동시에 전통 성리학을 변혁하고 인간 평등과 생명 공동체로서의 보편성을 지향하여 계급 타파와 생활의 합리성을 실현해 가고자 했다. 동학은 구한말 안팎의 시대적 위기의 산물로 태어난 것으로 그 시대를 사는 역사의 주체자로서 대안적 사상을 제시한 것이다. 타문화의 기器를 이식하려면 기존의 도를 고수해서는 안 되고 자체 내의 도道를 변혁시키면서 동도에 맞게 타문화를 걸러 도기를 함께 수용하지 않으면 안 된다. 이것이 양자가 결합될 수 있는 문명 발전의 통로라 할 수 있고 수운의 태도는 이러한 하나의 예라 할 수 있다.

동학을 계승한 의암도 서구 근대문명을 인내천 도道의 표준에 의해 비판을 하고, 인내천 도道와 유사한 것은 포용적으로 받아들여 주체적 민중운동으로 성장시켜 갔다. 의암은 문명개화를 주장함과 동시에 그의 폐해성과 제국주의 속성을 인식한 개화론이었다.

> 지금은 동서양을 물론하고 사람들의 정신이 과학과 철학으로 들어가면서 인심이 야박해진 고로 서양의 종교가들도 말하기를 사람들이 모두

> 종교성을 버리고 과학만 숭상하니 이대로 가다가는 세상이 어느 지경에 이를지 모르겠다고 걱정을 하면서 다시 종교성을 연구한답디다. … 종교성의 근본은 하늘을 잊지 않는데 있는 것이요…21

여기서 의암은 벌써부터 물질문명의 폐해와 과학지상주의의 불행한 결과를 예견한 것이다. 동학·천도교가 중요한 역할을 한 점은 '동도東道의 변혁變革'을 이루어낸 것이다. 새로운 문물, 새로운 전환을 맞는 시기에 이전의 것을 그대로 고수해서는 위기를 감당할 수 없었다. 또한 동도서기론과 역시 시대의 변혁에 따라 서도西道를 걸러내어 자신의 도에 결합시키는 주체적 노력이 없었다. 그렇다고 개화파들처럼 자기부정으로 가면 자신의 정체도 없어지는 것이라 할 때 동학은 근대를 준비한 사상으로 자리매김될 수 있다. 사상은 끊임없이 물과 같이 흘러야 한다. 정체되면 썩는다. 그리고 민족 자신의 사상 체계에 터를 잡아야 중심을 잃지 않는다. 동학을 계승한 갑진혁신운동은 자본주의를 기초로 하는 근대문명의 도전에 응전하기 위해 기존의 것을 변혁하고 서구 근대가 의미하는 역사성을 읽어내 주체적으로 시대를 구성하고자 한 조선의 힘이라 할 수 있다.

---

21 이광순, 앞의 책, 230쪽.

3. 민회 설립을 통한 민력의 신장과 독립 기초의 공고화

동학혁명 이후에도 동학을 동비東匪라 규정한 정부의 잔인한 탄압은 그치지 않았다.[22] 해월은 삼암, 즉 손병희·손천민·김연국을 후계자로 세웠으나 손천민은 1900년 8월에 관군에 체포되어 처형되었고 또 김연국도 1901년 6월에 체포되어 종신형에 처해졌다. 이에 손병희는 일본에 망명하여 동학에 대한 탄압 중지와 정치 혁신을 간곡히 탄원했다. 그러나 의암은 자신이 삼전론에 근거해 올린 보국안민책의 상소가 오히려 요언妖言으로 해침을 당하자 또다른 대책을 세 가지로 제시하였다.

> 첫째는 大擧革命하여 廢昏立明이 그 上策이요
>
> 둘째는 惡政府를 痛烈히 씻어내고 새 政府를 조직함이 그 中策이요
>
> 셋째는 노일전쟁에 관여하여 그 우승을 보아 얻음이 下策이다. … 하책을 택하여 일본을 위하여 러시아를 치고 … 국권을 잡은 뒤에 諸政을 혁신하면 우리나라 재생의 길이 여기에 있을 뿐이라.[23]

---

22 『황성신문』 1904.4.12일자를 보면 도내 각군에 동학이 大熾하였고 日兵과 함흥군수가 동비 십 수 명을 포착하여 포살했다. 『황성신문』, 1904. 6. 2일자에는 '태인군수 손병호가 동비 거수(東匪巨魁) 李利老를 체포하여 錄名冊子를 입수했는데 도당이 수천 명이었다.'는 기사가 있다.

23 이돈화, 『천도교창건사』, 천도교중앙종리원, 1933, 43쪽.

나라의 위태로움을 구할 길은 민심이 화합하여 삼전에 근거한 부국강병을 이루는 것인데 정부가 이를 백안시함에 따라 대거 혁명을 하든가, 악 정부를 씻어 내고 새 정부를 조직하든가에 있지만 현실적으로 불가능하므로 러일전쟁의 풍전등화 앞에서 강자와 거래를 하기로 의암은 결정한다. 그리고는 그는 군자금 만원을 일본 육군성에 원조損助하였다. 그는 "러일전쟁이 각기 만주와 조선을 갖기 위한 전쟁이기에 어느 나라가 승리하든 조선이 망할 것이 명약관화한즉 이때에 일본 당국과 한정 개혁의 밀약을 굳게 맺은 뒤에 일본을 위하여 노露를 치고 일변 국권을 잡은 뒤에 제정을 혁신하면 조선이 재생되지 않겠느냐."[24]는 것이다. 그리고 한편으로 그는 국내의 신도들을 모아 민회를 조직하도록 지시하였다.

손병희로부터 지시를 받고 돌아온 두목들은 장차 대거할 일을 논의하고 회명會名을 대동회大同會라 하고 비밀리에 도인을 조직하였는데 그 조직이 날로 강화 확대되어 한 고을 내에도 수천 명씩 회원이 확산되었다 한다. 1904년 7월에는 대동회를 중립회中立會라고 이름을 고쳤다. 그러나 이제 회명을 무엇이라고 고쳐도 그것이 동학 집단이라는 것을 감출 수는 없었고 관헌은 그것이 지난 날의 동학당이라고 하는 이유만으로 탄압이 강포하여 회원들의 희생도 커갔다. 회원들은 각지에서 피살되고 옥사獄死하며 각지 부府·군郡에서 관리들의 잔학은 극에 이르렀던 것이다.[25] 의암은 1904년 9월에 권동진, 오세창,

24 같은 책.

25 위의 책, 44~45쪽.

조희연 등과 상의하여 회명을 다시 진보회라고 고쳤다.

한편 일제는 장차 노·일전露·日戰에서 일본이 승리하고 한국을 먼저 일본 세력 밑에 넣어 마음대로 이용하려면 자기들 통솔하에 부속된 정당을 만들어 둘 필요가 있었다. 그 필요에 의해 선택된 것이 송병준이었다. 송병준은 일찍이 독립협회의 회원이던 윤시병, 윤갑병, 염중모 등과 합세하여 유신회를 조직하고 이어 일진회라고 이름을 고쳐 일본군의 보호하에 이의 명맥을 유지하고 있었다.

1904년 8월 일진회가 내건 강령은 1904년에 3월 손병희가 의정대신 윤용선과 법부대신 이윤용에게 보낸 상소문에 내용적으로 들어있다고 볼 수 있다. 전체 문맥을 보면 일진회가 내건 강령, 즉 ①제실帝室을 안녕케 할 사 ②정부를 개혁할 사 ③인민의 생명과 재산을 보호할 사 ④군정과 재정을 정리할 사[26]는 의암이 삼전론 및 의정대신과 법부대신에게 보낸 다음과 같은 상소문의 내용에서도 그 맥락을 읽을 수 있다.

> 우리나라 형편을 생각해 보면 안으로는 실력이 없고 밖에는 강적이 많아 이웃 나라 사귀일 계책이 없으니 우리나라 강토를 장차 어떻게 안보하겠습니까? 실로 통곡할 일입니다. 생각컨대 사람은 머리 없는 사람이 없고 백성은 임금 없는 백성이 없는지라 … 저 백성들로 단합을 하여 정성을 다하여 모시고 호위하게 할 것 같으면 저가 아무리 만 병마의 강력이 있다 하여도 한쪽의 굳은 성을 헤치지 못할 것이니 … 무릇 독립이란 주

26 『大韓每日申報』 1904.8.24.

권이 정부에 있고 힘은 인민에 있는 것입니다. … 백성의 마음을 화하고 백성의 권리를 선양하고라야 천하를 대할 것입니다. … 저 왜적이 꾀를 이루기 전에 정치를 개선하고 조정에 독립의 세력을 깊이 세워 주권을 보존할 만하고 국민이 개명을 시작하였다는 만국의 인정을 받아야 권력을 가히 보전할 것인데 아직 우리나라 백성은 학문에 숙달치 못하여 이것을 행할 수 없거니와 우리나라 8도 내에 사림은 아직 예대로 있으니 사림 가운데서 유지를 가리어 몇만 명을 모집하여 무엇으로 이름을 하든지 민회를 설립하고 대소사를 의논케 하여 정부가 교섭하면 외교 실력은 미달하지마는 창생 보존할 정신은 골수에 젖어들 것입니다. … 오늘 위기를 당한 이 마당에 급히 풍운의 수단을 빌어 곧 대의를 들고 한번 천한 이의 아뢰인 바를 쓰시어 쾌히 창생의 소원을 이루고 국가의 성성한 힘을 외적에게 펴 보이시어 우리의 사직을 편안케 하옵소서.[27]

그리고 또한 의암은 상소문에서 일본의 침략에 대한 계책을 세우도록 정부에 촉구했다. 일본이 조선을 침략하여 "십부에 고문을 두고 전국의 정치 사무와 외교 방편을 장악하고 백성들을 이민을 시키는데 몇백만 명을 각 지방에 섞이어 살게 하며, 농토와 산림지를 매수하여 토지의 권리를 전부 빼앗고 화폐를 통용하여 재정권을 전부 빼앗으며, 육상의 광산, 철도의 이익을 얻고자 하고 또한 만국공법이 대포한 알만 같지 못하니 힘으로 상대하여 만국 공판에 이득을 얻을 계획 중이라." 하여 일본의 음흉한 계책을 폭로하였다. 의암이 이러한 입

27 의암손병희선생기념사업회, 위의 책, 183~192쪽.

장에서 민회를 결성하는 움직임을 나타내자 점차 때를 같이 하여 일본은 송병준을 세워 자신들의 계략을 관철시키기 위해 일진회를 조선에 조직하였다.

일본의 조선 침략 정책은 일제시대를 거쳐서도 나타난 바이지만 처음부터 자신의 통치 전략을 창출하는 것이 아니라 조선의 주체 세력에 주목하여 그들의 목적과 방책을 자신들에게 유리한 방향으로 재구성하여 조선인들의 주체 세력을 교란시키고 침략 통치해 나가는 방식이었다. 일진회도 그러한 행태의 첫 시발이었다고 할 수 있다. 한편 일진회가 설립되었을 때『대한매일신보』논설에서는 다음과 같은 말을 하고 있다.

> 우리가 생각하기에는 이 사람들이 매일 개회하여 논사 가결한다는 것이 조금도 나라에 유익함이 없을 것 같은 것이 그 長三氏의 황무지 개간사건에 대하여 열심히 반대하던 보안회는 환산케 하고 일진회라 설시하여 일본헌병으로 하여금 보호까지 한다 한즉 필경 일본서 긴절히 요구하려는 주의가 있어서 그리한 듯하며 또한 한성신보에 말하기를 보안회라 하는 것은 고약한 목적으로 장래에 분경을 생기게 한 까닭에 셩취가 못되었으되 일진회에서는 설회하는 이유와 개회하는 시간이며 주의하는 목적에 일본을 반대함이 없음을 일본사람에게 먼저 공포함으로 병졸까지 파송하여 한국순검 금집함에 구애됨이 없도록 극진히 보호한다 하였는데… 또 자기들의 임의대로 하는 게 없이 대사를 일본 헌병에게 문의하여 일본에 관계되지 않도록 하더라 한즉…28

『대한매일신보』의 인식은 일진회 자체가 일본의 조종을 받아 탄생된 것이고 더구나 장삼 씨의 조선 토지 침략과 같은 것을 관철시키기 위한 은밀한 모사가 있을 것이라는 것이다. 즉 일본 전 대장성관인 장삼은 한국 정부에 토지를 청구한 사건이 있었는데 이는 전 국토의 반 내지 삼분의 이가 되는 막대한 땅이었다. 만약 한국 정부가 그 청구를 허락하면 그 토지를 영영 다시 찾기 어려울 지경으로 조선인의 반대로 성취하지 못하였지만 앞으로 이와 같은 일을 일진회를 통해 성취하고자 함이라고 파악하고 있다. 그 후 실제로 일본은 일진회가 분란을 일으키게 하여 장곡천 대장이 서울에서 경찰권을 대리하고 그의 허가 없이는 회를 새로 결성하지 못하게 하였으며, 어떤 일이든지 일본이 한국 정부에 대하여 불합한 요구를 하더라도 조선인들은 이전 장삼 사건에 대하여 반대했던 것과는 달리 공론을 분발시키지 못하게 되었다.[29]

한편 앞에서도 서술한 것처럼 동학도인들은 손병희의 지시에 의해 1904년 3월부터 대동회(3월), 중립회(7월), 진보회(9월) 등 민회 결성의 지령에 따라 민회 조직을 결성하였는데 통문에 나타난 민회의 강령을 보면 다음과 같다.

① 황실을 보호하여 독립권을 공고케 할 사

② 정부를 개선하여 백성의 자유권을 얻게 할 사

---

28 『大韓每日申報』 1904.8.27.

29 『大韓每日申報』 1905.1.19.

③ 이제이거의 하기는 우리나라 큰의라 즉 금일본이 러시아국과 전쟁하기는 실로 대의를 들어 동양의는 평화할 목적을 주장함이니 우리가 엄정히 단속하여 일본군사상에 방해함이 없게 하여 의리로써 의리를 손상함이 없게 할 사

④ 노비는 각각 자기가 주선하여 민간에 침탈함이 없게 할 사

⑤ 열방에 우의를 돈독케하고 문명을 진보하며 각국에 이익권을 양여함이 없게 할 사

⑥ 중립국의 의무를 엄정히 지키게 할 사

⑦ 금 25일로 팔로가 일제히 발하여 동월 회일에 경사에 회동할 사

⑧ 매사를 회장의 지휘대로 하되 만일 장정대로 아니한 자 있으면 엄벌할 뿐 아니라 중벌에 처할 사[30]

이와 같이 진보회의 조직 확산은 급속히 진전되었으나 동학도인들이 일진회에 가담하는 자 역시 각처에 무수했다.[31] 동학도인들이 일진회에 가담하는 것은 일진회와 동일 의견이기 때문이라는 것이다.[32] 동학 부회장 나인협이 발송한 동학 광고문을 보면

우리 대한이 한 모퉁이 궁벽에 처하여 인심이 열리지 못한고로 세계 각

30 진보회 4대강령: ①황실을 존중하고 독립기초를 공고히 할 것. ②정부를 개선할 사. ③군정, 재정을 정리할 것. ④인민의 생명, 재산을 보호할 것.

31 『大韓每日申報』 1904.9.20.

32 『大韓每日申報』 1904.9.21.

> 국의 문명개화한 풍속을 아지 못하고 각부대신은 매관매작할 줄만 알고 열읍 수령은 백성의 기름만 긁어서 인민에게 탐학만 하고 … **팔도에 유지한 자가 공론하되 회사를 황성에 설립하고 팔도 인민이 단회하여 타국 문명개화를 본받아 한·일·청 삼국이 동양을 평화하여 국가를 공고케 하고 대신과 수령의 포학한 정사를 없게 하고 인심을 부지할 뜻으로 통기가 있는 고로 이 같이 회집하니**….(강조 필자)[33]

라 하였는데 일진회가 문명개화를 본받아 동양 평화와 국가를 공고케 하고자 함과 수령의 탐학을 없애고자 함에 동조하는 뜻으로 이에 동조하여 회집하고자 한다는 것이다. 이는 상층부의 지령이기보다 동학 내 하부 조직의 자율적인 움직임으로 보인다.

경남 진주에서는 동학도인이 백성을 선동하고 일진회 통문을 향교에 전파하였고[34] 평남 순천에서는 동학당 천여 명이 모여 일진회라 칭하고 깃발에는 보국안민 넉자를 쓰고 회집을 하였다.[35] 동학도인들이 진보회라는 이름을 정식으로 내걸기 전부터 일진회에 가담하는 것은 일진회가 표방하는 것이 자신들과 다르지 않았고 오히려 동조를 통해 거의擧義를 확대시키고자 한 맥락이 클 것으로 추정된다. 진보회는 분명 일진회의 음모와 달리 철저히 사직의 보전과 대한독립의 기초를 목적하는 것으로 본질적으로 다를 수밖에 없었다.

---

33 『大韓每日申報』 1904.9.14.

34 『大韓每日申報』 1904.9.27.

35 『大韓每日申報』 1904.9.28.

동학도인들이 일진회에 가담을 하든 진보회를 걸고 회집을 하든 기본적인 입장은 다음과 같은 방문에서도 나타나듯이 국가 존립 위기의 상황을 눈앞에 놓고 행한 행동들이었다. 그들은 "현재 종사를 보전하고 황실을 안녕케 할 방책이 없으니 우리 대한국 삼천리 강역 중 이천만 동포는 무론대소 인원하고 일심으로 단회團會하여 비록 열이 죽고 하나가 살더라도 국가를 보답할 마음으로 대의를 분발하고 관민이 동심同心하여 정치를 개혁하고 문명에 진보하며 치국의 정책과 외교의 방침을 확정하여 국가의 독립권을 공고케 하여야 나라를 보전하겠은즉 모두 거의를 하여 보국안민하는 대의에 우리 동포는 일제히 향응하여 천만년 기업을 창립할지라."[36] 하였다. 그리고 아울러 비판을 잊지 않는 것은 관리들의 탐학이었다.[37]

진보회 이름으로 회집하는 것은 1904년 10월 12일 이후부터이다.[38] 진보회와 일진회가 각기 활동하는 가운데 일진회가 진보회를 비호하기 시작하였다. 즉 진보회에 대한 정부의 탄압을 비판하면서 진보회의 민회가 시운으로 일어난 것을 민란으로 지목하여 토멸함은 가당치 않다고 맞섰다.[39]

일진회는 진보회를 구출하기 위해 발벗고 나서는 회유정책을 썼다. 즉 10월 22일에는 정부에 상서上書하여 진보회 '토벌초토포형討伐剿討

---

36 『大韓每日申報』 1904.9.21.

37 『大韓每日申報』 1904.9.14.

38 『大韓每日申報』 1904.10.12.

39 『大韓每日申報』 1904.10.31.

砲刑' 지시를 곧 취소할 것을 강경히 요구하였다.[40] 그리고 당시 진보회장 이용구를 만나 통합을 요청하여 일을 성사시켰다.

그러나 일진회가 을사보호조약 등을 청원하는 등 매국적인 친일집단으로 백일하에 드러났을 때 백성들은 동학을 매국적 집단으로 노골적으로 증오하게 되었다. 이때 손병희는 이용구를 불러 공포한 성명서의 뜻을 물으니 "한국으로 하여금 일본의 보호를 받아서 장차 완전 독립을 하고자 하는 시의에서 나온 것"이라 하였다. 이에 손병희는 그에게 "보호를 받고자 하면 독립을 버려야 하고 독립을 하고자 하면 보호를 버려야 하나니 어찌 보호라는 이름 아래 독립을 하고자 하느냐?" 하고 힐난하였다.[41] 이리하여 손병희는 이 해 1905년 12월 1일에 교명敎名을 천도교로 고치고 천하에 광포廣布하였다.[42]

동학이 아닌 천도교라는 종교적 형태로 개편한 것도 그 당시 세계 추세가 종교의 자유를 법으로 정하고 있으므로 이러한 흐름에 힘입고자 한 의도가 있었다. 그리고 진보회가 일진회에 휘말려 동학의 신도가 나라를 팔아먹는 일진회의 수족이 되어 있다는 치명적인 오해를 벗어나기 위해 천도교라는 이름으로 새로 출발함으로써 동학에 붙어 다니는 나쁜 인상과 낙인을 떨어버리고자 했던 것에 그 동기가 있다.[43] 정부에서는 비정 탄핵의 상소문으로 인하여 손병희를 체포코자

40 최철극, 「天道敎의 近代化 運動 (上)」, 『新人間』310, 1973.10.

41 이돈화 편, 앞의 책, 52~53쪽.

42 『제국신문』 1905.12.1.

43 최철극, 「天道敎의 近代化運動 (下)」,『新人間』311, 1973.11.

하던 차에 새로 종교의 교주가 된 이상 차라리 보호는 할지언정 방해를 할 수 없다는 세계 공론에 의하여 부득이 천도교를 종교로 인정하지 않을 수 없었다. 동학이 천도교로 재출발하였다는 소문을 들은 동학군들은 이때까지 주문 한번 마음 놓고 소리 내어 외지 못하던 처지에 그 기쁨은 실로 크지 않을 수 없었다.[44] 진보회에서 천도교로 넘어가는 일련의 과정은 동학에 대한 탄압과 일진회로부터 오명을 씻기 위한 것이었다. 천도교로 개칭한 이후에 정치 중립, 즉 정교 분리를 선언한 것은 정부와의 마찰을 피하고 일진회에 가담한 동학도인들에게 회와 교를 구분하여 일진회로부터 떨어져 나오기를 촉구하기 위한 것이었음을 볼 수 있다. 이러한 천도교의 태도를 통해 정부로부터 종교 자유를 인정 받고, 자금을 지원 받을 수 있었고 정부를 도와 일진회를 해산하는 데 힘을 기울일 수 있었다. 일진회 해산이라는 공동목적이 생겨 동학은 더 이상 정부의 탄압에 시달리지 않게 된 것이다.

이상과 같이 민회 설립에서 천도교로의 개칭까지 그 전말을 통해 볼 때 갑진혁신운동의 핵심은 독립 기초를 공고히 하고 주권을 보전하기 위한 '민권'에 있었음을 알 수 있다. 독립의 힘은 인민에게 있기에 정부가 외세에 대항하려면 민심을 받아들이고 화합하여 민권을 앙양시켜야 한다는 것이다.

> 눈 아래 화를 막을 방책은 저 왜적이 꾀를 이루기 전에 정치를 개선하고 조정에 독립의 힘을 길러서 국권을 확보하고 국민이 개명을 시작하였

---

44 이광순, 『의암 손병희』, 태극출판사, 1975, 187쪽.

> 다는 만국의 인정을 받아야 권력을 가히 안보할 것이나 아직도 지금 우리 나라의 백성은 학문에 달치 못하여 이것을 행하여도 얻지 못할 것입니다. 우리나라 8도 안에 사람은 예와 같사오니 사람 가운데 그 뜻있는 이를 가리어 몇천백만을 화육의 안에 불러 놓아 무엇으로 이름을 하든지 민회를 설립하고 크고 적은 일을 의논케 하며 정부가 교섭하면 외교의 실력은 달치 못하나 창생보국의 정력은 골수에 젖어 들 것입니다. 이와 같이 한 후에 외적의 까다로운 청구사건을 지휘하면 민심이 죽기로서 지켜 대항할 것이오며 외적의 무슨 대항을 받을지라도 백성의 힘에 해로울 경위는 없을 것이옵니다.45

개명한 이래로 백성이 나라의 근본이란 것은 세계 만국이 다 아는 것이고 서양 강국이 각국을 멸한 것이 무수하지만 민심이 단합된 나라는 감히 손을 대지 못했다는 것이다. 물론 민심이 아무리 단합되었다 할지라도 저들이 군사력을 발동하면 뺏기 어려운 것은 아니나 무리하게 마음대로 못하는 것은 당당한 창생보국의 의리가 있기 때문이라는 것이다. 즉 나라에 백성 있는 것이 사람에게 마음 있는 것과 같고 그 백성을 얻고 그 백성을 잘 보호하면 그 국토에서 이익을 보기는 손바닥에 있는 물건과 같지만 만약 그 백성을 죽이고 나라를 얻으면 사람 없는 강토를 무엇에 쓰겠느냐는 것이다. 따라서 민회를 설립한 것은 민권신장과 민심의 화합을 통해 국가의 힘을 길러 나라의 주권을 보호하고 독립을 공고히 하는 데 그 의의가 있다.

---

45 이광순, 앞의 책, 191쪽.

4. 교정일치로서의 갑진혁신운동

의암이 문명개화를 말하였지만 이는 통념적인 문명=개화=서구화의 맥락이 아니었듯이 의암이 말하는 종교 역시 서구적 개념은 아니다. 의암의 문명론이 주체적인 동도의 변혁에 기초하여 동도를 보완하고 개화를 문명의 단계로 설정하여 최고 단계를 인내천 문명에 두었듯이 종교 역시 서구 개념에 의한 정교 분리와 인격신 및 도그마적 개념을 표방하는 것은 아니다. 물론 의암은 갑진혁신운동을 벌여나가면서 서구 사회가 종교의 자유를 구가함을 받아들이고 천도교를 종교로서 자리매김하여 세계 공론에 힘입어 자유를 얻고자 했다. 그리고 천도교대헌의 공포 및 조직 재편성을 단행하고 교당 설립과 교리강습소를 운영하게 하며 아울러 수운의 시천주사상을 근대적 담론으로 표명하였다. 그는 지동설을 증명해 보기 위해 밤을 지새운 것처럼 그의 천도교로서의 개칭과 체제 정비 및 동학적 사유 체계의 근대적 표명은 그 당시 근대과학과 합리주의에 근거한 사유가 자극이 되었던 것이다. 그러나 그의 종교 개념은 무엇보다도 동학이 기초하고 있는 역사 변혁 의식에 따라 교정敎政 일치를 확고히 하는 것이었고 아울러 이는 정치뿐만 아니라 철학, 도덕, 교육 등 종교 자체가 인간 제반 문제를 관통하는 것임을 주장했다. 이는 전통 철학의 흐름이기도 하다. 원래 전통 철학은 철학이 곧 최고의 가르침인 종교이자 교육의 방향이며 사회 통치론과 수양론을 담아내는 통합적 지식이었다.

의암의 갑진혁신운동은 이러한 종교, 정치, 제도, 교육, 도덕을 함께 아우른 종교운동이라 할 수 있다. 의암은 갑진혁신운동 당시 단발흑의를 실행하여 도인의 일치단결과 세계 문명 참여 그리고 현도를 목적하였다.

> 그대들은 본국에 돌아가 도인으로 하여금 일제히 머리를 깎게 하라. 단발하는 목적은 첫째는 도인으로 하여금 세계 문명에 참여하는 표준을 세상 사람에게 보이는 것이요 둘째는 일치단결하여 회원의 심지를 굳게 하는 것이니 이런 때에 도인이 먼저 용기를 내어 드는 칼로 얽힌 실을 끊듯이 하게 하라. 지난 때에는 우리가 죽고라도 현도되는 것이 소원이었는데 살고서 현도를 하면 더욱 좋을 것이 아니냐?[46]

단발흑의는 곧 세계 문명에 참여하는 표준을 천도교를 통해 드러냄이요, 문명개화하여 부국강병의 터를 닦고 아울러 회원이 일치단결함은 민권과 민력의 결집을 강화하는 것인데, 이것이 곧 동학의 도를 나타내는 것이라는 것이다. 동학의 도는 분명 개인 수양과 교양에 머무르는 차원이 아니라 역사와 세계 전체를 대상으로 하는 삶의 원리가 되고 있다. 동학혁명 당시에도 광제창생, 보국안민, 후천개벽의 도를 내건 것은 동학의 핵심을 보여주는 것이라 할 수 있는데 이는 결국 모든 생명이 안위하고 각자의 발전을 도모할 수 있는 지상천국 건설을 목표로 하기 때문이다. 이는 한국 민족의 이상인 홍익인간 혹은 대동사회를 구현하는 역사의 계승이기도 한데 갑진혁신운동에 있어

---

46 이광순, 앞의 책, 176쪽.

서도 이것이 보국안민과 광제창생이 개명과 민권, 자유, 독립으로 맥이 계승되는 것이다.

동학의 보국안민의 도를 펴는 것은 새로운 지식을 힘써 배우게 하여 교육에 힘쓰는 것과 개인의 자유 독립으로 단체를 이루어 자유 독립의 국가를 만드는 것이 으뜸되는 방책이라는 것이다. 그리고 보국안민의 각 부분의 방책은 지금 세상의 모든 학문을 힘써 배우게 하는 교육과 이를 통해 자유의 개인 신분을 완성하면 사람은 개명한 사람이 되고 나라는 문명한 나라가 되는 것이다. 각각 그 직업을 지키고 각각 그 도를 즐겨하리니 이것이 광제창생의 길[47]이라는 것이다. 갑진혁신운동도 보국안민과 광제창생을 위한 정치, 문화, 교육이 일치된 종교운동이었다. 그러므로 동학은 어느 것 하나를 분리해서 설명할 수 없는 교정일치의 도이다. 갑진혁신운동이 일진회에 의해 수포로 돌아갔을 때에 일진회원들에게 정교 분리를 선언한 것까지도 정치적 전략에서 나온 것이었다. 일진회의 독주를 막고 그들을 교회에서 분리하도록 단안을 내리어 일진회의 이용구 이하의 여러 두목들을 설유·훈계한 것은 모두 교정 분리를 위한 과업이었다.

> 敎와 會를 혼동할 수 없으니 이제로부터 그대들은 회무는 다른 사람에게 맡기고 순수 교무에만 종사하게. 이때에 우리는 敎國과 國敎, 敎政과 政敎를 분간할 줄 모르면 국가와 교회일에 큰 관계가 되는 것이니 주종관계부터 생각하도록 하게.[48]

---

47 이광순, 『의암 손병희』, 태극출판사, 1975, 165~184쪽.

의암은 본래 일진회는 정당의 위험한 행동과 종교의 자비한 목적이 서로 다르니 일진회를 거절하거나 시천교를 자퇴하여 매국노의 죽음을 면하도록 권면하였던 것이다.[49] 의암이 교정일치를 말하고 성신쌍전性身雙全을 말하며 이신환성以身換性을 말하는 것은 물질과 마음이 둘이 아니요 보이는 세상과 도가 둘이 아니라는 동학 신념에 입각한 것이다. 지상천국은 관념적으로 구가하는 것이 아니라 보이는 현실 속에 구현되는 것이며 현실이 도道에 어긋나고 인간의 생명과 자유를 혼란케 하면 인간이 주체가 되어 이 현실(身)을 도가 구현되도록 바꾸어야 하는 것이다. 성신쌍전은 단지 개인적 수양 차원에만 적용되는 것이 아니다. 따라서 성신쌍전의 원리에 따라 교정일치만이 아닌 종교와 교육의 일치도 함께 나온다. 1906년 1월 의암이 돌아왔을 때 이미 『준비시대』라는 저서가 나와 있었는데 그는 이 책 속에서 "지금은 독립을 준비할 때요, 그 준비 작업 중에서 가장 중요한 것이 교육"이라고 주장하였다.

의암은 문명함이 천도교의 정신이라 하면서 그 문명을 한울님의 깨달음에서 개념을 찾았다. 이는 서구 개화 문명로서의 문명을 부르짖음이 아니라 한울 광채로 세계가 밝아지는 광명을 의미함이었고 이는 곧 교육의 이념이기도 하였다. 즉, 의암에 의하면 '신앙'은 사람이 한울님에 다가붙어서 그 몸이 스스로 있음을 잊으며, '철학'은 성품의 본래천과 몸의 중생상을 양단으로 나누어 성性과 몸을 오래가는 것과

48 이광순, 앞의 책, 191쪽.

49 『대한매일신보』 1909.12.9.

잠깐 있는 것으로 구별하고, 영성세계의 영예는 삼광三光과 함께 무량함을 기약하고 신변 세계의 이익은 백년 일몽이라는 뜻을 높여 밝히는 것이다. '제도制度'는 한울님과 사람이 합일하는 요점을 추출하여 영성인의 바른 목적과 육신인의 바른 궤도를 정함이다. 한울을 모시고 한울대로 행함으로 이를 체천體天이라 말하고 나를 생각하여 사람에게 미치므로 이를 도덕이라 한다.[50] 그러므로 백일白日이 천심天心을 당하여 그 빛이 만국에 비칠 것이라 하였다.[51]

이러한 교정일치, 종교와 교육이 결합된 이념 아래 의암은 1909년 1월 나용환을 신도사, 양한묵을 법도사로 임명하고 교리강습소를 각지에 설치케 하였다. 2월에는 중앙총부 직원이 신식 교육을 받은 사람들로 개편되고, 3월에는 총부를 다시 대사동으로 옮겼으며, 10월에는 대도주 박인호의 명의로 천도교의 3대 기념일과 2대 기도일을 확정 반포하였다. 근대 시기의 시대적 과제 아래 신학문에 맞추어 교육제도를 확립하고 의욕적인 젊은이들을 양성하는 한편, 전통적인 교리도 신학문으로 풀어 합리적인 종교 이론을 세우는 데도 관심을 기울였다.

또한 1910년에 의암은 서울에 사범교리강습소를 설치하여 각 교구에서 한 사람씩 구비생을 선발한 다음 교리와 사회, 과학을 아울러 가르치도록 하였다. 그 취지는 교리에 대한 지식을 넓혀 교회를 확장키 위한 것에 있는 것이 아니라 이를 통하여 자신의 행복과 국가민족

50 『의암성사법설』, 三戰論
51 『의암성사법설』, 大宗正義

그리고 교회 및 인류 사회를 위하는 것에 있다는 것이다. 인간 삶의 행복은 역사와 세계를 위해 자신을 공헌하는 데에 있고 천도교 자체를 위해 교육을 제공하는 것이 아니라는 것이다. 천도교가 보성학원을 인수받을 때에 교리 교과 교육을 따로 실시하지 않은 것은 인간 교육이라는 보편적 맥락에서이고, 보성학원을 다시 넘겨줄 때도 미련 없이 넘겨준 것은 인간 교육에 대한 보편적 동기를 갖고 있기 때문이었다.

> 우리가 교리 강습을 하는 것은 교리에 대한 지식을 넓히어 장래에 교회를 확장키 위한 준비라고 생각할 수 있으나 그렇지도 않은 것이다. 배우는 사람은 세 가지 큰 희망이 있으니 첫째 자기를 위한 행복, 둘째 국가 민족을 위한 경륜, 셋째 교회와 인류 사회를 위한 공헌인데 자기의 행복은 결국 국가와 사회 둘 사이에서 생기는 것이다.[52]

천도교 교리강습소 강의 과목을 보면 교리, 수신修身(인도 실천의 방법), 조선어 및 한어漢語(작문 번역 습자), 일어, 산술(가감승, 사칙연산), 역사(本教歷史), 지지, 이과理科(동물, 식물, 광물, 생리), 도서, 농업(농업의 대요), 체조(整容術, 美容術), 창가(천덕송), 교육 원리, 교수법, 학교관리법 등을 가르쳤다.[53] 이는 위에서 말한 종교를 수단으로 취하여 역사와 민족에 헌신하는 인간 교육에 목적을 두었다고 볼 수 있다.

---

52 이광순 앞의 책, 226~227쪽.

53 『天道教講習所規程』

5. 맺는 말

동학을 계승한 갑진혁신운동은 자본주의를 기초로 하는 근대문명의 도전에 응전하기 위해 기존의 것을 변혁하고 서구 근대가 의미하는 역사성을 읽어내어 주체적으로 시대를 구성하고자 한 조선의 힘이라 할 수 있다. 동학도들이 민회를 설립했던 것은 민권 신장과 민심의 화합을 통해 국가의 힘을 길러 나라의 주권을 보호하고 독립을 공고히 하고자 함이었다. 갑진혁신운동의 사상적 의의는 다음과 같이 요약될 수 있다. 첫째, 갑진혁신운동은 수운의 동도변혁을 계승하여 문명개화를 통해 동도를 보완하고 변혁한 것이라는 점이다. 수운도 미신 타파 및 계급 철폐의 근대성을 지향하고 서구문명의 장점과 힘을 인식했었으나 보다 기존 사유의 틀과 계급 차별을 개혁하는 데 중점을 두었다. 그러나 의암은 일본의 신식 무기에 의해 많은 동학도들의 희생을 목도하면서 서구로 눈을 돌렸다. 그가 1902년 의정대신 윤용선에게 보낸 상소문이나 삼전론三戰論의 저술은 일본에서 서구문명을 접한 산물이다.

둘째, 민회 설립에서 천도교로의 개칭까지 그 전말을 통해 볼 때 갑진혁신운동의 핵심은 독립 기초를 공고히 하고 주권을 보전하기 위한 '민권'에 있었음을 알 수 있다. 동학 자체가 인간 평등과 존엄을 내건 것이었고 이는 갑진혁신운동에서 민권운동으로 나타났다고 할 수 있다. 또한 주권을 보전하기 위한 민권의 도모는 결국 민회 설립을 통해 정부를 개혁하고 문명개화를 실시하고자 함에 있었다. 독립의 힘은 인민에게 있기에 정부가 외세에 대항하려면 민심을 받아들이고 화합하여 민권을 앙양시켜야 한다는 것이다. 민회를 설립하는 것은 민권 신장과 민심의 화합을 통해 국가의 힘을 길러 나라의 주권을 보호하고 독립을 공고히 하는 데서도 그 의의를 가진다.

셋째, 의암의 갑진혁신운동은 이러한 종교, 정치, 제도, 교육, 도덕을 함께 아우른 교정일치教政一致의 종교운동이라 할 수 있다. 의암은 갑진혁신운동 당시 단발흑의를 실행하여 문명개화의 표준을 도인들이 드러내고 도인의 일치단결과 세계 문명 참여 그리고 현도를 목적하였다. 이 역시 대표적인 교정일치를 나타내는 것이라 보여진다. 의암이 교정일치를 말하고 성신쌍전性身雙全을 말하며 이신환성以身換性을 말하는 것은 물질과 마음이 둘이 아니라는 동학 신념에 입각한 것이다. 지상천국은 관념적으로 구가하는 것이 아니라 보이는 현실 속에 구현되는 것이며 제도가 도道에 어긋나고 인간의 생명과 자유를 혼란케 하면 인간이 주체가 되어 이 현실(身)을 도道가 구현되도록 바꾸어야 하는 것이다. 따라서 성신쌍전의 원리에 따라 교정일치만이 아닌 종교와 교육의 일치도 함께 나온다.

제9장 남북 공유의 전통 사유와 통일문화교육

1. 머리말

통일문화교육은 북한 주민들의 다양한 생활 문화를 체험하는 데서 시작한다. 그리고 그 문화 체험을 통하여 북한 체제를 이해하고 남북이 공유하는 전통문화의 기초 위에서 새롭게 통일문화를 마련해 갈 수 있다. 물론 남북한이 언어와 역사적인 전통을 공유하고 있다는 문화적인 민족 이해 자체가 통일문화는 아니다. 그 공유를 토대로 우리는 새로운 통일문화를 만들어 가는 작업이 필요한 것이다.

본고는 "남북이 공유하는 전통이 갖는 의미는 무엇이며, 그것이 새로운 문화 통합과 창조로 나가는 버팀대가 될 수 있는가?"라는 물음에서 출발하여 보다 적극적인 문화 교육의 이념적 틀을 전망하고자 한다. 이를 위해 먼저 민족과 문화 교육의 관계를 논의하고자 하며, 그 단초로서 남북이 공유하는 전통인 혜강의 인식론에 주목하였다. 남북한이 우수한 문화로 공감하는 혜강의 인식론은 주체사상과 많은 부분 공통성을 갖고 있고, 현대적 사유와 보편성에 크게 뒤떨어지는 것이 아니다. 더 나아가 탈근대적 감각도 보이기에 남북한 통일문화의 토대로서 그 가능성을 검토해 보고자 한다. 물론 이는 혜강의 사유 그 자체가 통일문화교육에서 가르쳐져야 한다는 것이 아니라 혜강의 인식론과 같은 사유 틀이 남북한에 공유되고 이것이 원심력을 발휘하여 통일문화 형성을 촉진하는 대화의 통로를 넓혀 갈 수 있으리라 기대하는 것이다.

2. 민족과 통일문화교육

1) 민족의 개념

민족의 개념은 매우 다양하다. 예컨대, 시기적으로 근대 자본주의의 산물로 보거나 종족적 차원에서 오랜 역사를 갖는 영속적인 것으로 보기도 한다.[1] 또한 민족을 민족정신이나 민족혼, 민족의식 등의

---

1 민족의 개념은 다양하지만 일반적으로 크게 두 가지로 나뉜다. 첫째는 민족의 영속성을 강조하는 이른바 독일식 개념으로 인종적 공동체가 가지는 항구적인 특징에 주목한다. 이러한 입장에서는 민족을 종족, 조상, 종교, 언어, 공통의 문화, 영토, 관습 등 공동의 역사적·사회적 가치를 소유한 원초적인 유대관계를 강조하는 '종족적 형태'로 본다. 이는 유전적 요소, 세습적 유산이 강조된다. 어디에서 살아 왔으며, 어떤 언어를 사용하는지, 그리고 선조들이 누구인지가 중요한 요소라는 것이다. 두 번째는 민족을 근대화의 부산물로 간주하는 것이다. 이른바 프랑스식 개념으로 민족은 '계약적 형태'이고 정치적 실재이다. 이에 따르면, 민족주의란 결코 영원한 실체가 아니며, 근대화와 도시화라는 특정한 역사적 조건 속에서 발현한 이데올로기일

측면에서 보아 보다 주관적이고 심리적인 것으로 이해하기도 하고, 민족이라는 것을 영원한 실체 또는 기저로 상정하여 그것의 역사성을 인정하지 않는 입장도 있다. 한편 탈근대화론자는 민족의 배타성을 비판하면서 민족이 국제정치의 구심력을 억제하고 평화와 번영을 위협해 왔다고 말한다.[2] 그리고 근대의 산물인 민족국가[3]가 국제사회의 문제 해결의 주체가 되거나 평화와 번영을 보장할 수는 없는 것이라고 하면서 그 한계를 강조하기도 한다.[4]

한편 S.아민은 서구 중심적 민족 개념에 대하여 비판을 제기한 바 있다.[5] 그는 봉건시대에 민족이 부재한 점과 민족과 자본주의의 동시

뿐이다. 여기에서 중요한 것은 민족공동체에 기꺼이 귀속되고자 하는 민족 성원의 주관적 의지, '함께 하고픈 의지'이다.(에르네스트 르낭, 신행선 역, 『민족이란 무엇인가』, 책세상, 2002. 78~134쪽).

2 조민, 『한국민족주의 연구』, 민족통일연구원, 1994, 2쪽.

3 근대성은 이성의 힘, 시민사회의 창출, 자연의 정복, 기계장치로서의 근대 시민통제, 기계론적 세계상의 표현, 부품으로서의 개인, 톱니 장치로서의 사회이다. 또한 근대 민족주의는 언제나 인종차별적으로 차별과 배제의 구조를 내포한다. 이는 근대의 국민국가가 스스로가 만들어낸 가능성(자유, 권리 등의 이상적 이념)을 스스로의 손으로 해체해 버리는 것이다. 따라서 그러한 민족주의에 대해 어떻게 대항해 나가야 할 것인가 즉, 국민국가가 이념으로서 내놓은 '보편성'을 계승하면서, 민족주의가 지닌 인종 차별적 구조를 어떻게 해체해 갈 것인가 하는 것을 사상적 과제로 삼지 않으면 안 된다고 이마무라 히토시는 말한다(이마무라 히토시, 이수정 역, 『근대성의 구조』, 민음사, 1999, 57~189쪽).

4 Mark Hoffman, Restructuring, Reconstruction, Reinscription, Rearticulation: Four Voices in Critical International Theory, Millennium, vol.21, no3(Winter 1992), pp.407-410.

적 탄생이라는 유럽적 상황을 비 유럽 지역에 그대로 적용하는 것은 민족 개념에 대한 서구 중심적 왜곡에 불과할 뿐이라고 하였다. 서구에서의 민족 형성은 타민족의 억압을 수반하는 것이었고, 식민지 종속국에 있어서의 민족 형성은 자본주의 생산 양식과는 상관없이 각자의 조건에 따라 형성되어 있거나 형성 과정에 있었으므로, 자본주의 발생과 연관된 서구의 민족 형성론을 일반화할 수는 없다는 것이다.

한편 남한의 경우 민족 개념은 복합적이다. 즉, 남한에서 민족주의는 근대의 산물인 동시에 혈연적·언어적·지연적·영속성을 갖는 것으로 이해된다.[6] 북한의 정성철은 조선의 경우 저항적 성격이 강한 것으로 본다. 동학혁명이나 애국계몽운동, 일제하의 초기 마르크시즘 수용은 모두 식민지 민족 해방 투쟁에서 생겨난 민족의식과 불가분의 관련을 갖는다는 것이다.[7] 그러면서도 민족은 운명 공동체로서 영속성을 띤다고 주장한다. 이렇게 볼 때, 남북한의 민족에 대한 일반적인 관점은 민족을 문화 공동체이자 근대 제국주의 침략에 따른 저항적 민족의식의 산물로 파악한다고 할 수 있다.

특히 북한은 민족은 "사회·역사적으로 형성된 사람들의 공고한 결합체이며 운명 공동체"라면서 나라와 민족의 이익 속에서 개인의 이익을 실현해 나간다[8]고 말한다. 즉 민족이라는 운명 공동체 안에서

---

5 S.아민, 『계급과 민족』, 서울: 미래사, 1986, 164~178쪽./ S.아민, 김용규 역, 『유럽중심주의』, 세종출판사, 2000, 159쪽.

6 박종홍 외, 『한국교육이념의 탐구』, 서울특별시교육위원회, 1973, 78쪽.

7 김재현, 「일제하부터 1950년까지 맑스주의 수용」, 『철학사상』5, 서울대 철학사상연구소, 1995, 139쪽.

민족 성원들의 공통적인 요구와 이해관계가 있다는 것 자체가 공통의 사상 의식을 갖는다는 것이다. 그러므로 민족은 운명 공동체이기에 계급은 소멸되어도 민족은 소멸되지 않는다[9]는 것이 북한의 입장이다. 그러나 북한은 이러한 전근대설만 취하지는 않는다. '자주독립', '척양척왜', '보국안민'의 구호 하에 개화의 횃불을 치켜든 것이 바로 민족주의의 시발이라는 것이다. 봉건제도의 근대적 개혁을 모색하고 대외적으로는 외래 침략에 대항하여 국가의 자주권을 유지하려는 사상이 조선에서의 민족주의의 발생이었다는 것이다.[10]

2) 문화교육의 개념

문화교육은 개념과 사고 그리고 감정들을 직접적으로 체험하도록 하는 해석의 공간이다. 교육은 처음부터 학생들에게 기존 관습과 문화 창조를 가능하게 할 수 있는 것이 아니라 기존하는 문화를 배우게 함으로써 이를 기초로 비판과 개혁이 가능하게 이끄는 것이다. 문화교육은 다양한 방법과 형태로 문화 예술적 수단을 활용하여 개개인의 삶의 영역과 사회적 문제 영역에 영향을 미친다. 문화교육은 아래와 같은 몇 가지 영역으로 구분된다.

---

8 김현경, 「인민대중 중심의 우리식 사회주의의 특징과 우월성」, 『철학연구』 루계46, 1991.8, 16쪽.

9 강승춘, 「주체적 민족관」, 『철학연구』루계47, 1991.11, 6쪽.

10 정성철, 「민족주의에 대한 주체적 리해」, 『철학연구』루계69, 1887.5, 33~36쪽.

먼저 가장 대표적인 것은 '언어 문화교육'이다. 언어는 문화를 결정짓는 대표적 요소로서, 인간이 언어를 사용하는 것은 이성을 사용하는 것이고, 이성은 선천적인 것이 아니라 언어와 전달의 개념을 가진 연후에야 획득할 수 있다. 그러므로 개인의 세계관은 그 자신의 모국어에 의하여 결정된다.[11] 다시 말하여 문화권의 동일성을 판별하는 가장 중요한 원리가 바로 언어이다. 언어는 의사소통의 매개체로서 언어는 이를 통하여 비로소 철학을 포함한 정신적 문화가 형성될 수 있다. 의사소통을 통해 서로의 행동방식, 사유방식, 정서방식 등의 문화가 공유되고, 이러한 문화의 공유를 확인함으로써 의사 공동체의 구성원들은 같은 민족의 일원임을 확인한다. 따라서 언어의 공유는 동질적 문화의 형성을 낳고, 더 나아가 민족 개념을 형성한다고 할 수 있다.

언어의 심층에는 이를 사용해 온 언어권의 오랜 역사와 전통, 그 언어 사용자들의 정리되고 공유된 체험, 세계관·인생관·사물관 등이 정서와 사고와 행동을 위한 회로의 형태로 깊숙이 각인되어 있다.[12] 공통의 언어가 존재한다는 것은 공용어가 존재한다는 단순한 사실을 넘어서 공통의 문화적 유산과 문화적 유대감, 즉 하나의 문화 공동체가 존재함을 의미한다. 언어를 통하여 인간은 자기의 존재를

11 J.G. 헤르더, 강성호 역, 『인류의 역사철학에 대한 이념』, 책세상, 2002, 91~92쪽.

12 남경희, 「서구철학의 수용과 한국철학의 정체성」, 『동아연구』41, 서강대학교 동아연구소, 2001.8, 25~31쪽.

의식하게 되고, 나아가 민족적 존재까지도 인식하게 된다. 여기서 개별적 자아와 집단적 자아의 합일점이 발견된다. 그러므로 개인의 정체성은 민족의 역사와 전통을 떠나서 이해될 수 없다.

둘째, '예술 문화교육'이다. 예술 문화는 감성적이고 심미적인 체험을 유도하는 것이다. 문화교육에 있어서 감정(feeling)은 가치 판단을 결정짓는 요인으로서 중요한 역할을 수행하며 정서(sentiment)는 인지적 과정의 밑바닥에 숨어서 인지를 통제하고 영향을 준다. 인지적 사고와 판단은 감정·정서를 수반하는 예술 문화적 경험에 의하여 형성되며, 내적 관련을 맺고 있다. 인간의 행동은 옳고 그름만 가지고 행해지는 것이 아니라 아름답고, 멋지고, 마음이 끌리며 그의 삶을 사로잡는 성향에 따라 강도가 결정된다. 예술 문화의 체험은 한 대상의 가치를 강화하는 것이다. 이렇게 볼 때 한 민족의 성향과 개성 또는 민족성은 인지적 조작 행위를 통해 성장하는 것이 아니라 직관을 통해 민족의 이미지와 정서 그리고 상상력이 내면에 잔존하면서, 형성되고 강화되어 간다고 할 수 있다.

예술 문화의 체험은 인지적 앎보다 더 강력한 힘이고, 예술은 도덕보다도 더 도덕적이다. 도덕은 기성 질서나 습관의 유지를 위주로 하지만 예술은 인간의 상상력을 통하여 선善을 전달하기 때문이다. 뿐만 아니라, 인간의 욕망과 목적을 재조정하는 것도 예술적 상상력의 힘이며, 규칙이나 교훈, 통제 같은 곳에서는 발견되지 않는 예견豫見을 전달하여 경험시키는 것이 바로 예술이다. 그러므로 참된 이성의 성취는 바람직한 감정의 성취에 있고, 이 둘을 연결 짓게 하는 힘이 예술이라고 할 수 있다. 예술 문화교육은 조화로운 사회와 인간의 형

성에 필수적인 요소인 것이다.[13]

셋째, '창조로서의 문화교육'이다. 교육을 통한 문화적 소양의 함양은 비판적 사고와 연결된다. 모든 개인은 문화가 핵심적인 부분이 되는 공동체 생활에 참여하는데, 이때 문화란 단번에, 그리고 항구적으로 획득한 무엇이 아니라, 모든 사람의 의식적·무의식적 노력에 의해 끊임없이 새로워지는 어떤 것이다.[14] 게렌은 인간을 문화의 피조물로 보았고, 축적된 문화 형태들이 곧 전통이라 했다. 전통은 과거에 대해서는 끊임없이 새로움을 공급하여 주고, 미래를 향해서는 아직 확정되지 아니한 역사로서 작용한다.[15] 인간은 문화의 피조물이자 문화의 창조자로서의 가능성을 동시에 소유하고 있는 존재이다. 그러므로 문화교육은 새로운 변화에의 요구와 행위 양식들을 가능하게 한다. 이 때문에 아놀드는 문화를 '창의력을 고취시키며 잠재력을 발현시키는 정수'로 정의한다.[16]

물론 인간을 문화의 피조물로 고정시키고 지배하는 문화의 역기능도 있다. 푸코는 일상생활에서 자연스럽고 친숙하게 받아들여진 지식권력이 곧 문화임을 주장했고,[17] 볼노오는 문화가 '형무소'가 되기도 함을 간파했다.[18] 짐멜은 원래 인간은 객관 문화 속에 자신을 투영하

---

13 한명희, 『교육의 미학적 탐구』, 집문당, 2002, 84~86쪽 참조.

14 김문환, 『문화교육론』, 서울대학교출판부, 1999, 58쪽.

15 Gehlen, 『人間學の探究』紀伊國屋書店, 1979, pp.199~200 참조.

16 크리스 젠크스, 김윤용 역, 『문화란 무엇인가』, 현대미학사, 1996, 38쪽.

17 Mark Poster, 조광제 역, 『푸코와 마르크스주의』, 민맥, 166쪽, 1989.

18 O,F,Bollnow, 앞의 책, 19쪽.

여 주관문화를 발전시켜야 하는데 오히려 객관문화가 피조물의 위치에서 벗어나 거대한 힘으로 인간을 위협하려드는 '물상화'의 현상을 비판했다.[19] 그럼에도 불구하고 문화교육은 현재 우리가 처한 난국을 타개할 수 있는 훌륭한 구제 수단을 제공하는 것이고, 또한 이제까지 사유해 왔고, 표현된 최상의 지식을 우리에게 제공함으로써 인간의 총체적인 완성을 추구한다. 우리의 축적된 통념들과 습관들에 신선한 물줄기와 자유로운 사상을 쏟아 붓는 것 역시 문화이다.[20]

북한의 경우 문화교육은 사람들에게 생활에서 아름답고 고상한 것을 긍정하게 하고 추악하고 저열한 것을 부정하는 생활 감정과 정서를 키워 주는 것으로 정의된다. 즉, 문화교육은 인류가 창조한 여러 가지 문화적 재부에 구현되어 있는 사상감정과 이상, 지혜와 재능 등을 올바로 파악하고, 자기의 사상감정과 지식 등을 문화적으로 표현하여 다른 사람에게 전달하게 하는 것이라는 것이다.[21]

3) 전통문화와 통일문화교육

전통문화는 곧 민족문화이다. 전통문화는 인간의 역사적인 창조

---

19 김희, 「현대문화의 물상화: 짐멜의 문화이론의 경우」, 『현상과 인식』18-2, 통권61, 1994, 여름호, 35~41쪽.

20 M.Arnold, Culture and Anarchy, Co-published by Thoemmes Press, 1994, pVI.

21 사혁순, 「민족문화전통의 본질에 대한 주체적 리해」, 『철학연구』루계59호, 1994.11, 34쪽.

과정을 통해 축적된 정신적 물질적 문화의 제 형태이다. 모든 인간이 이룩한 문화는 실질적으로 전통에 의거하고 있다. 민족 전통이란 문화의 제 형식과 내용들을 널리 보급시키고 계속 전달하면서 그것들을 지키고 민족의 삶을 더욱 승화시킬 수 있는 근거이다.

민족은 몇천 년에 걸쳐 형성된 문화적 운명 공동체이다. 조선의 위대한 인물들, 비극스러운 과거, 조선의 혼, 그러한 것들이 바로 우리가 사고의 토대를 두고 있는 민족적 자산이다. 민족으로서의 인간은 전통을 가지고 있으며 이것이 항상 강력한 작용을 하고 있음을 무시할 수 없다.[22]

전통문화는 남북한의 통일문화 형성에 있어서 중요한 역할을 할 수 있다. 남북한이 여전히 공유하고 있는 민족 전통을 바탕으로 통일문화의 토대를 형성할 수 있다. 물론 전통 유산에는 후대들이 계속 이어받아야 할 것과 보존해 두기만 해야 할 것이 있으며, 없애 버려야 할 것도 있다. 여기서 이어받아야 할 유산이 바로 전통을 이룬다고 북한에서는 말한다.[23] 원래 전통이라는 개념은 단순히 오랫동안 전해져 내려온다는 뜻이 아니라 하나의 계승성을 가지고 이어져 내려온다는 뜻을 갖고 있다. 여기서 계승성이란 앞선 시기에 이룩한 긍정적인 것이 다음 시기에 이어져 가는 연관을 말한다. 그러므로 북한에서는 비록 오랜 역사를 갖고 전해져 오는 것이라 하더라도 후대의 문화 발전에 실제적인 도움을 주지 못하는 문화유산은 아무런 가치도

22 신남철, 『전환기의 이론』, 백양당, 1948, 5~6쪽.

23 김정일, 『주체문학론』, 조선로동당출판사, 1992, 59쪽.

없는 것으로 된다고 말한다.[24] 그러므로 통일문화의 형성은 계승할 가치가 있는 전통문화에 기초한다고 볼 수 있다.

우리가 통일문화의 형성을 위한 문화적 공유점을 찾기 위해서는 북한 문화에 대한 시각을 전환해야 한다. 그동안 북한 문화는 '자기충족적인 환상의 문화', '주체 일색의 훈고학 문화'로서 대화의 여지가 없는 것으로 간주되어 왔다. 그러나 이제 우리는 주체사상을 비롯한 북한의 문화에서 통일 한국의 문화 폭을 넓히는 데 유용한 문화 요소도 찾을 수 있는 열린 시각을 가져야 한다. 다시 말해서 남북이 공유하는 문화를 확산시켜 나가기 위해서는 주체사상을 단순히 배제할 것이 아니라 그곳에서 공유 가능한 합리성과 전통도 함께 찾아나가야 한다. 주체사상이 북한 주민의 절대 다수에게 내면화될 수 있는 것은 단지 정치적 선전의 결과인 것이 아니라 그 자체에 어느 정도의 논리성이 내포되어 있기 때문일 것이다. 주체사상이 폐지되어야 통일을 할 수 있다는 것은 북한 체제가 붕괴되어야 통일을 하겠다는 흡수통일론과 다를 바 없다.

과거에 80년대 남한의 ML론자들은 주체사상을 주관적 관념론[25]으로 규정하여 이를 비판하였다. 그러나 김재기는 80년 한국 사회철학의 진공상태를 지적하면서 변혁운동을 위해서 주체사상의 합리적 핵심을 건져내는 노력도 해야 한다고 주장했다.[26] 그동안 한국의 사

---

24 사혁순, 앞의 논문, 34쪽.

25 이진경 엮음, 『주체사상 비판 I, II』, 벼리, 1989.

26 재미학자 김현환의 경우도 남한의 일부 ML론자들이 주체사상의 수령관을

회철학이 너무나 마르크스-레닌주의를 교조적으로 다룸으로써 학문의 주체성을 결여한 면이 있었다는 것이다.[27]

한편 주체사상은 마르크스주의를 경제결정론으로 파악·비판하면서 조선의 전통적인 사유를 가미하고 있다. 주체사상에 담긴 전통적 요소로는 동학東學적인 성격도 있고, 인식론에 있어서는 혜강의 기철학적 요소도 발견할 수 있다. 특히 혜강의 기철학적 인식론과 주체사상의 인식론은 많은 공유점을 갖고 있다. 아울러 혜강의 철학은 남북 모두에서 우수한 민족 전통으로 내세우고 있는 것이기도 하다. 나아

'수령절대화론', '개인숭배론'이라고 비판한 것에 대해 다음과 같이 주장한다. 첫째, 이는 수령을 한낱 탁월한 개인으로 본 마르크스주의적 이해를 유일한 잣대로 하여 그와 다르면 비과학적이라는 흑백논리에 매달려 있다는 것, 둘째, 민중과 개인을 분리 대립시키는 사고방식에서 수령과 민중을 분리 대립시키고 있다는 것, 셋째, 마르크스주의는 영웅이 역사를 창조하는 것이 아니라 민중이 역사를 창조한다는 것을 밝혔지만 민중을 역사의 주체로 보지 못했다는 것. 즉 마르크스주의적 이해는 역사의 기초에 생산양식이 놓여있고 역사의 추동력이 생산력과 생산관계의 모순이며 역사 발전 과정이 자연사적 과정이라는 이론의 틀 안에서 정립된 것으로서 주체사상은 이와 입장을 달리 한다는 점, 넷째, 남한의 ML론자들이 "수령의 어떤 사상이라도 다양한 계급들 사이의 상이한 이해를 동일한 것으로 만들지는 못한다."고 한 것은 동일성과 공통성을 바로 식별하지 못한 것으로 비판한다. 따라서 "노동자, 농민, 근로인텔리를 비롯한 근로민중은 계급, 계층에서 서로 다른 사회적 집단이지만 그들은 자주적으로 살며 발전하려는 요구와 지향에서 공통성을 가지고 있는 것"이라고 주장하였다(김현환, 『나와 주체사상과의 대화』, 자주철학학회, 1998, 304~306, 325~328쪽).

27 김석수, 「네오-마르크스주의, 마르크스-레닌주의, 주체사상을 통해서 본 한국의 사회철학」, 『동아연구』41, 서강대학교 2001.8, 170~171쪽, 재인용.

가 혜강의 인식론은 정신과 물질, 감각과 사유, 이론과 실천을 통일시키고 있는데, 이는 현상학적 인식론과 유사한 사유를 보여 탈근대적 시대에 있어 보편성을 획득할 수 있는 가능성도 갖고 있다.

인간의 사유는 기존 문화에 의해 지배받고, 동시에 문화 또한 사유에 의한 산물이라면, 혜강의 인식론을 둘러싼 남북한의 공유적인 인식은 통일문화 형성을 가능하게 할 것이다. 이에 혜강을 둘러싼 남북한의 구체적인 이해와 주체사상 인식론과의 유사점을 살펴보자.

3. 남북이 공유하는 전통 사유로서의 혜강 최한기의 인식론

1) 북한의 혜강 이해

(1) 북한의 혜강[28] 이해: 정성철의 연구를 중심으로

---

28 혜강 최한기(1803-1877)는 서구의 지구원형설이나 지동설, 대기설과 같은 과학적 지식에 힘입어 자신이 본체개념으로 하는 運化氣 개념을 더욱 명료히 드러내었다. 혜강의 기학은 전통의 재해석 속에서 서구 과학적 지식이 결부되어 보다 발전된 것으로 전통 사상의 재해석과 서구 과학의 영향을 받아 동학과 함께 가장 발전된 구한말의 대표적인 사상이라 할 수 있다. 그는 300권에 가까운 많은 저술을 했고, 40세 때 정치권에서는 그의 업적을 높이 평가하여 時弊 구제에 대해서 대책을 물었다. 70세 무렵 1871년 신미양요 때에는 江華鎭撫使 정기원이 국가의 위기 상황에 대해 자문을 요청했다. 정기원의 요청은 흥선대원군이 혜강의 경륜을 인정하고

북한에서는 혜강 사상을 전통 이학理學의 관념론을 비판하고 유물론적 자연관에 기초하여 인간 주관의 사유를 결합시킨 인식론으로 높이 평가하고 있다.[29] 따라서 혜강의 인식론은 세 가지 측면에서 그 특징을 개괄하고 있다. 그것은 정신과 물질, 감각과 사유, 지知와 행行의 통일이다. 이는 주체사상과도 공통성을 보이는 만큼 중요한 전통적 사유로 인정한다.

(가) 정신과 물질의 통일

북한에서는 혜강이 주장하는 기氣를 물질도 아니면서 그렇다고 추상적이고 신비적 존재도 아닌 무형의 물질로 파악하고 있다.[30] 남한에서는 혜강의 기가 전적으로 유형임을 주장하는[31] 데 반하여, 유물

그와 상의하라는 것과 맞물려 행해진 것이다.(자세한 것은 권오영, 「새로 발굴된 자료를 통해 본 혜강의 기학」, 『혜강 최한기』, 서울: 청계, 2000, 34~38쪽; 정혜정, 「혜강 최한기의 '推測之理' 공부론」, 『교육철학』26, 교육철학회, 2001.8, 참고)

29 국내에 소개된 북한의 조선철학서로는 정성철의 저술이 대표적이다. 본고는 정성철 의해 이해되는 혜강의 인식론을 중심으로 북한이 이해하는 전통 사유를 가늠하고자 했다. 그리고 정성철이 번역한 혜강의 원문은 남한과 비교하여 차이를 밝히는 것도 중요하겠지만 본고에서는 지면상 생략하기로 하였다. 본고의 주된 관심은 북한의 파악이 남한과 어떻게 다르냐에 있는 것이 아니라 혜강을 어떻게 이해하고 있느냐에 초점을 맞추고 있기 때문이다.

30 정성철, 『실학파의 철학사상과 사회정치적 견해』, 북한연구자료선12, 한마당, 1989, 548~549쪽.

31 대표적으로 "권오영 외, 『혜강 최한기』, 서울: 청계, 2000; 琴章泰, 「氣哲

론을 높이 평가하는 북한에서 혜강의 기철학을 유형과 무형을 아우른 사상[32]으로 보고 이 점을 보다 높이 평가한다는 것은 독특하다. 혜강은 세계의 시원을 구체적 물질도 아니고 그렇다고 허虛도 아닌 무형의 물질로 인정하였다는 것이 북한의 입장이다. 이는 기氣 자체가 물질과 정신의 통일체임을 말하는 것이다. 물질이 정신의 기초[33]가 되고, 정신은 물질에 의하여 나타나기에 물질(육체)이 정신보다 일차적임을 혜강은 분명히 하고 있다.[34] 정신과 물질은 서로 영향을 주는 상보적 관계이다. "사물이 없는데 사유기관만 헛되이 발동하여도 인식 파악할 것이 없으며, 사물은 있는데 사유기관이 발동하지 않으면 인식 파악할 것이 없다."[35]는 혜강의 말은 사유하는 인식 주체와 인식 대상인 객체의 불가분리성을 강조한다. 기존의 성리학적 관념론자들이 선천적으로 인간에게 심·성이 구비되어 외부세계와 관계없이

學의 傳統과 崔漢綺의 哲學的 特性」, 『東洋學』19, 檀國大學校東洋學硏究所, 1989." 등의 연구가 있다.

32 혜강은 신기를 유형이라 했지만 '담연허명(澹然虛明)'한 것으로도 말하기 때문에 북한처럼 무형과 유형의 통일로 보는 것이 타당한 측면이 있다(『명남루전집』, 「신기통」, 권1, "人之神氣 澹然虛明"). 정혜정, 앞의 글, 217쪽 참고.

33 "리는 기의 조리이므로 기가 있으면 반드시 리가 있고 기가 없으면 반드시 리도 없다. 기가 운동하면 리도 운동하고 기가 정지하면 리도 정지하며 기가 흩어지면 리도 흩어지고 기가 모이면 리도 모인다. 리가 기에 앞선 일이 없으며 뒤진 일도 없으니 이것이 천지자연의 운동의 법칙이다."(기측체의, 추측록, 2권, 추기측리, 대상일기)

34 정성철, 위의 책, 561-562쪽.

35 기측체의, 신기통, 1권, 체통, 통허

자체에 만물의 이理를 구비하고 있고, 인식이란 바로 그 심·성을 밝히는 것이라고 했던 것을 혜강은 강하게 비판하는데, 북한에서는 이러한 혜강의 관점을 새로운 사상으로 높이 평가하고 있다.[36]

(나) 감각과 사유의 통일

혜강은 인간의 인식이 감각에서 시작하여 지각, 표상, 추리, 판단으로 발전해 간다고 밝힌다.[37] 인간이 비록 모든 감각기관을 갖고 있더라도 의식에 기억과 경험이 없다면 평생에 여러 번 듣고 자주 본 사물이라도 처음 보고 처음 듣는 것이 될 것이라 하였다.[38] 사람은 자기가 직접 감각하거나 지각하지 않아도 어떤 사물에 대한 표상을 가질 수 있다. 그리고 외계 사물과 표상 간의 불일치를 나타내기도 한다. 인식된 외계의 사물과 현상에 대한 표상은 고착되어 있으나 외계 사물과 현상 그 자체는 끊임없이 운동·변화하기 때문이다. 이것은 의식의 상대적 자립성을 말하는 것으로, 감각·감성적 단계에서 인간 인식의 이성적·논리적 인식으로 나아가야 하는 이유를 말해 준다.

혜강은 이성적·논리적 인식의 중요성을 강조하여 추리, 판단 등의 사유 활동을 "예로부터 사람들이 함께 따라야 할 바 큰 길"이라 하였다.[39] 인간은 견문에 따라 추리도 달라진다. 추리란 감성적 인식과 견

---

36 정성철, 위의 책, 570쪽.

37 정성철, 위의 책, 573쪽.

38 위의 책, 574쪽.

39 위의 책, 579쪽.

문, 경험 등에 기초하여 얻은 지식을 통하여 새로운 지식을 얻는 사유 형식이다. 그러나 그것은 한 사람의 견문만을 의미하지는 않는다. 혜강은 인류에 의하여 축적되어 온 모든 견문이 옳은 추리의 기초가 된다고 하였다. 또한 추리의 정확성은 견문의 많고 적음에만 의존하는 것이 아니라 궁극적으로 견문의 질質과 관계되는 것으로 보았다.

추리를 옳게 하면 판단도 역시 바르게 되고 추리를 그릇되게 하면 판단도 그릇된다. 표준 규칙을 지나치면 허망한 것으로 되고, 표준 규칙에 미급하면 비루하고 막히게 된다.[40] 여기서 추리, 판단의 표준 규칙이란 당시(역사적 시기)를 참작하고 일용(일상적 쓸모)에서 실험하며 사물에서 규명하는 것을 의미한다.[41] 인간의 세계에 대한 인식은 추리를 통하여 심화되며, 여기에는 연역과 귀납의 방법이 모두 포함된다. 다시 말해 이미 알고 있는 개별적인 것으로부터 일반적인 것을 인식하는 귀납과, 이미 알고 있는 일반적인 것으로부터 개별적인 것을 인식하는 연역의 방법 모두가 중요한 것이다.[42] 북한에서는 이를 마르크스주의 이전의 세계 철학 사상 발전에서 가치 있는 공헌으로서 철학적 사유의 우수한 유산으로이라고 높이 평가한다.

---

40 기측체의, 추측록, 서.

41 기측체의, 추측록, 서.

42 정성철, 위의 책, 590~592쪽.

(2) 지(인식)와 행(실천)의 통일

(가) 지·행의 통일

혜강은 총체적으로는 행行이 인식의 기초가 될 뿐만 아니라 진리의 규준이라는 견해로부터 지행 문제를 고찰하였다. 처음 배울 때 의례히 하는 귀납추리는 다름 아닌 '행한 다음에 아는' 것이며, 일단 지식을 얻은 다음에는 연역추리를 할 수 있는 바 그것은 '알고 실천하는' 것으로서 지知가 먼저인가 행行이 먼저인가 하는 문제는 본래 발전 순서가 있다는 것이다. 즉, 그 시초를 보면 행에 의하여 지가 있게 되고, 이미 그 지가 있으면 또한 지에 의하여 행이 있게 된다.

> 추리하여 아는 것은 곧 행한 다음에 아는 것이며, 알고 추리하는 것은 곧 알고 행하는 것이다.43

혜강은 지행의 선후차 문제에서 모든 경우에 행行이 지知보다 선행한다고는 생각하지 않았다. 이미 참증과 증험을 통하여 확고하게 인식된 지는 그 지식에 의하여 실천할 수 있으므로 이런 경우는 '지선행후'라고 인정할 수 있다는 것이다. 그러나 이런 경우에도 혜강의 지란 주자학자들이 이해한 선천적 지가 아니라 후천적으로 획득한 지식을 의미한다. 그렇기 때문에 그는 '지선행후'의 지知도 역시 크게는 '행선지후'의 지에서 나온 것이라고 강조하였다. 이를 이론과 실천의

43 기측체의, 추측록, 1권, 추측제강, 추측호용.

경우로 말하면, 이론이 앞서고 이것에 의하여 실천되나 이런 경우의 이론도 결국은 실천에서 얻은 이론이다. 혜강은 실천에 앞서는 지知도 결국은 실천에 의하여 완성되어야 한다고 하면서, 행은 지에 의하여 출발하며 지는 행에 의하여 완성된다[44]고 하였다.

그러나 인식의 근원 문제에서 정성철이 지적하는 혜강의 결함은, 마르크스주의 이전의 유물론자들이 모두 그러하듯이, 인식이 객관세계의 반영임을 인정은 하였으나 인식이 '객관세계를 개조하는 사회적 실천'에 의존한다는 것을 알지 못하고 인식을 객관세계에 대한 소극적 직관으로만 보았다는 데 있다.[45] 또한 혜강은 실천을 '사회적 실천'으로 이해한 것이 아니라 개별적 인간들의 활동·실험·검증으로 보았다는 한계를 안고 있다고 정성철은 말한다.[46]

(나) 진리의 규준으로서의 증험과 변통(변증법)

혜강은 지행의 통일에 있어서 시험, 경험, 검증, 사회활동, 대중의 경험 등이 진리의 규준[47]이 된다고 하였다. 정성철은 혜강의 이러한

---

44 기측체의, 신기통, 1권, 체통, 지각우렬증신기이생.

45 정성철, 위의 책, 572쪽.

46 위의 책, 595쪽.

47 북한이 파악하는 최한기의 인식론 사상에서 중요한 것의 또 하나는 인식에서의 진리 여부를 검증하는 규준에 관한 문제이다. 과거 주자학자들은 정신법칙이 물질 이전에 객관적으로 실재하여 세계 만물을 주재한다는 理를 설정하고 이에 맞는가 어긋나는가가 진리의 규준이 되었었다. 도덕의 경우에도 선천적으로 실재하는 理의 구현이 봉건적 도덕 규범, 즉 仁義禮智信이 규준이었다. 물론 최한기 이전의 유물론자들도 인식에서의 진리

인식이 진리의 규준에 관한 논의에서 보다 높은 수준에 도달한 것으로 평가한다. 인식의 정확성 여부는 주관적으로만 규정되는 것이 아니라 다른 사람의 인식한 바와 대비하여 종국적으로는 사물 자체에서 '증험'해야 한다고 주장한 점을 주목한 것이다. 실제로 혜강은 인식 완성의 중요한 조건으로 '증험'을 매우 중요하게 보아 '이물관아以物觀我'라고 하였다.48

또한 혜강에게 있어 진리의 규준이 되는 또 다른 하나는 변증법이다. 이는 곧 '변통'을 두고 하는 말이다. 변통은 세계 만물의 부단한 운동 변화에 대한 법칙성의 이해이며, 낡은 전통 · 교조 · 우상적 권위 등 형이상학적 견해의 부정이다.49 사회나 인간은 끊임없이 운동 변화하는 자연법칙의 지배를 받는다. 따라서 사회와 인간도 끊임없이 운동 변화하여야 자연법칙을 어기지 않는 것이며, 이러한 법칙을 어기면 폐해가 생긴다. 변통이란 바로 사회와 인간이 자연법칙을 위반하고 전진에 장애를 조성하였을 때 그 장애를 사람의 힘으로 제거하고 자연법칙에 맞추는 행위를 말한다.50 그러나 혜강은 사회의 근본적 변혁을 추구한 것은 아니고, 그의 진화적 · 개량적 성격은 그대로 사회 · 정치적 견해에 표현되었다. 정성철은 이것이 혜강 사상의 한계라고 말한다.

여부가 실천(행)에 있다고 하였으나 그것은 주자학에서의 윤리도덕적 실천을 의미하거나 기껏 어떤 지식의 실용성을 의미할 뿐이라고 평가한다.

48 정성철, 위의 책, 593쪽.

49 위의 책, 596쪽.

50 위의 책, 598쪽.

(3) 주체사상의 인식론

(가) 인간 인식의 사회·역사성과 감성과 이성의 통일

주체사상의 인식론에서는 인간 인식의 사회역사적 성격을 강조한다. 사물 현상들에 대한 경험적 자료들을 분석·종합하고 일반화하는 능력이나 개념·판단·추리와 같은 사유의 형식들은 사람들이 타고나는 것이 아니며 또 개별적 사람들의 사유의 산물이 아니라 사회적으로 형성된 것이다. 최초의 단순한 개념조차도 사회적으로 형성된 것으로, 사회적으로 축적된 여러 사람들의 경험적 자료들이 일반화되어 인식을 형성한다.[51] 이는 마르크스의 인식론과 맥락을 같이 하는 것이다. 그러나 주체사상은 개인의 의식이 사회에 의해 규정된다고 보는 것에서 더 나아가 감성적 인식과 이성적 인식의 통일을 말하고 그 중심에 능동적 목적의식과 실천을 위치시키고 있다는 점에서 마르크스의 인식론과 구별된다.

인간의 가장 단순한 인식 형태는 감각으로서 감각에 기초해서 지각이 이루어지고, 지각은 사물 현상들의 여러 가지 속성들을 유기적인 연관 속에서 총체적으로 반영한다. 그리고 감각·지각에 기초해서 표상이 이루어진다. 이때의 표상은 사람들이 이미 감각하고 지각한 것을 기억에 의해서 재생하는 것을 말한다.[52]

---

51 심영호, 앞의 책, 84쪽

52 위의 책, 72쪽.

> 현실 세계에 대한 사람들의 인식은 감성적 인식에로부터 시작된다. 이 감성적 인식은 사물의 외적 측면인 현상에 대한 인식이다. 즉 사람들의 감각기관이 사물 현상에 직접 작용해서 이루어진 생동하는 인식이다. 감성적 인식에는 감각·지각·표상과 같은 인식 형태들이 있다.[53]

그러나 주체사상에서는 이 감성적 인식만으로는 아직 사물 현상의 본질과 그 운동 발전의 합법칙성을 알아낼 수 없다고 말한다. 그것은 감성적 인식이 대상에 대한 직관적 인식으로서 거기에는 본질적인 것과 비본질적인 것, 필연적인 것과 우연적인 것, 그리고 일반적인 것과 개별적인 것들이 뒤엉켜 있기 때문이다. 사물 현상의 본질과 그 운동 발전의 합법칙성은 인식 과정의 보다 높은 단계인 이성적 인식에 의해서 밝혀지게 되는데, 주체사상에서는 그 이성적 인식으로 개념·판단·추리와 같은 사유형식을 든다. 먼저 '개념'은 사물 현상들의 일반적이고 본질적인 속성을 인식하는 사유 형식으로서, 사람들의 인식이 발전함에 그 내용이 끊임없이 보충되며 새로운 개념 또한 생겨난다. '판단'은 대상에 어떤 속성이 있는가 없는가, 그리고 한 대상이 다른 대상과 어떤 관계에 있는가를 밝히는 사유 형식으로서, 단어로 표현되는 개념과는 달리 문장의 형태로 표현된다. 판단은 사람들의 인식 능력에 따라 개별적이고 제한된 사물 현상에 대한 지식으로부터 보다 일반적이고 심오한 지식에로 발전한다. '추리'는 이미 얻은 지식으로

---

53 편집부, 『세계와 인간-주체의 존재·인식·실천』, 한마당, 북한자료총서, 1988, 72쪽.

부터 새로운 지식을 이끌어내는 사유 형식으로서, 사람들의 인식을 심화시키는 데서 중요한 역할을 한다. 사람들은 추리에 의해서 현재뿐 아니라 과거에 대한 옳은 인식을 가질 수 있고 미래도 과학적으로 예견할 수 있는 것이다.[54]

따라서 인식의 두 단계, 즉 감성적 인식 단계와 이성적 인식 단계는 하나의 통일적 과정으로 상호 작용한다. 그리고 다시 이성적 인식은 감성적 인식의 대상과 방향을 바로 잡아 주는 목적의식의 역할을 한다.

> 인식에서 감성적 인식과 이성적 인식은 하나의 통일적 과정으로 상호 작용한다. 감성적 인식은 사물 현상의 본질을 인식할 수 있는 자료를 제공하며, 이에 기초해서 이성적 인식이 진행된다. 이성적 인식은 감성적 인식과 작용하면서 사람들의 실천적 요구에 맞게 감성적 인식의 대상과 방향을 바로잡아 주며 그 본질과 합법칙성을 깊이 인식할 수 있게끔 주동적으로 작용한다.[55]

앞서 살펴본 혜강의 인식론에서뿐만 아니라 현대의 현상학에서도 감각 지각과 지각 경험 및 표상에 의한 '생활세계' 혹은 '세계 내 존재'를 강조하여 감성적 인식이 인식의 기초임을 강조한다. 그러나 주체사상은 감성 인식과 이성 인식 사이에 능동적 목적의식(이성적 인식)

54 위의 책, 72쪽.
55 위의 책, 73쪽.

과 실천을 위치시키는 특징을 갖고 있다.

(나) 인식과 실천의 통일

인간의 인식 과정은 단순히 주위 세계의 물질적 대상들이 사람들의 머리 속에 투영되는 수동적 과정이 아니다. 주체사상에서는 인식 활동이란 사람이 주동이 되어 진행하는 자주적이며 창조적인 활동의 한 형태라고 말한다. 사람은 자주적인 지향과 요구로부터 출발하여 인식의 대상을 선택하고, 그것을 파악하기 위한 능동적인 사고력을 발휘하며, 그 결과로 객관적인 사물 현상에 대한 지식을 얻게 된다. 그런 만큼 교육의 과정은 사람들에게 밖으로부터 지식을 주입하는 과정으로 될 것이 아니라 교육 받는 사람 자신이 주인다운 태도를 발휘하여 지식을 능동적으로 습득하는 과정으로 인식되어야 함을 강조한다.[56]

주체사상에서는 인간의 인식이 첫 단계인 감성적 인식에서 소극적으로, 이성적 인식으로 옮아가는 것이 아니라, 감성적 인식을 토대로 이에 능동적 목적의식과 실천을 적극적으로 결합한 결과의 산물이라고 본다. 사람은 세계를 자기에게 복무하게 하려는 실천적 요구로부터 대상에 대한 지식 탐구, 인식 활동을 전개한다.[57] 따라서 인식은 새로운 지식과 이론을 탐구해 나가는 사람의 적극적이고 능동적인 활

---

56 리동근·최수일, 『주체사상은 사회주의교육의 사상리론적 및 방법론적 기초』, 평양: 과학백과사전출판사, 1979, 17쪽.

57 심영호, 위의 책, 85쪽.

동으로서 창조적 성격을 갖는다. 인식을 통해서 사물 현상에 대한 낡은 관념과 그때까지 도달된 지식의 한계가 극복되고 그 사물에 대한 보다 높은 수준의 이해와 지식이 이루어진다. 즉 인간의 인식은 이전에 없던 새로운 지식을 얻어내기에 창조적이며, 의식적 성격을 갖고 있다는 점에서 목적의식적인 활동이다.[58] 그리고 인간의 능동적인 사유는 사람들의 준비와 한계를 조건으로 한다.[59]

2) 남한의 혜강 이해

금장태는 혜강을 "19세기 중반에 활동하던 실학자의 마지막 거장으로서, 독자적인 철학 체계를 구축하고, 실학의 철학적 기초를 확보·강화하며, 나아가 한국 철학사의 새로운 영역을 개척하여 한국철학의 기반을 확장시키킨 인물"[60]로 평가한다. 아울러 혜강의 사상은 "전통과 근대의 연속성을 가져, 문화적 단절감을 극복할 수 있는 연결의 고리로서 역할하고 있다."[61]고 평가한다.

대체로 남한에서의 혜강 사상에 대한 이해는 '경험주의'[62]에 초점이 맞추어져 있다. 인간의 인식 대상은 감각기관을 통해 경험 가능한

---

58 편집부, 『세계와 인간-주체의 존재·인식·실천』, 한마당, 1988, 60쪽.

59 위의 책, 59쪽.

60 금장태, 「氣哲學의 전통과 崔漢綺의 철학적 특성」, 『東洋學』19, 단국대학교 동양학연구소, 1989.10, 351쪽.

61 위의 글, 372쪽.

62 박종홍, 「최한기의 경험주의」, 『亞細亞硏究』8-4, 1965.12

시공時空의 세계일 뿐 그 이상이 될 수 없다는 것이 혜강 사상의 특징이라는 것이다.[63] 따라서 혜강의 '추측지리推測之理'[64]가 갖는 기본적인 의미는 대체로 다음의 세 가지로 풀이된다.

첫째, '추측지리'는 이미 주어진 어떤 감각적 경험에 의거하여 아직 주어지지 않은 다른 어떤 감각적 경험을 헤아린다는 것을 의미한다. 둘째, '추측지리'는 이미 주어진 감각적 경험의 특수성에 의거해서 아직 주어지지 않은 보편적인 이理를 헤아리는 것을 의미한다. 셋째, '추측지리'는 이미 알려진 보편적 이를 헤아려 현실의 특수성에까지 확대 적용하여 그 이에 맞게 실천하는 것을 의미한다.

혜강의 인식론 한쪽에는 감성적 경험이 있고 다른 한쪽에는 실용적 실천이 있다. 이를 지知와 행行으로 설명해 보면 행(감성적 경험)→지(보편적 인식)→행(실용적 실천)과 같은 도식이 된다.[65] 손병욱의 글[66]을 참고로 혜강의 인식론적 구조를 정리하면 다음과 같다.

---

63 최진덕, 「혜강 기학의 이중성에 대한 비판적 성찰」, 『혜강 최한기』, 청계, 2000, 141쪽.

64 성리학에 있어서 인간의 理를 仁義禮智의 性으로 규정했다면 혜강은 인간의 理란 추측의 理로서 말하여 처음부터 인간에게 본유된 것이 아님을 강조한다.

65 위의 책, 151~153쪽.

66 손병욱, 「학문 방법론을 통해서 본 기학의 구조와 성격」, 『혜강 최한기』, 청계, 2000, 268쪽.

① 견문 열력한 것을 미룸 → ② 미룬 것을 헤아림 → ③ 미루어 헤아린 것을 신기에 습염하여 추측지리를 얻음 → ④ 추측지리를 발용하여 검증함 → ⑤ 검증하여 변통함 → ⑥ 증험된 추측지리를 신기에 습염함으로써 사람의 신기가 바뀜 → ⑦ 준적을 수립함 ⑧ 신기에 습염된 추측지리와 새로이 견문 열력한 것을 미룸 ——→ (①로 돌아감)

손병욱은 혜강의 '선행후지先行後知'를 두 가지 의미로 파악한다. 하나는 인간의 감각적인 경험에 기초한 미룸을 행行으로 보고 이로 인하여 얻어진 헤아림의 결과를 지知로 보는 경우이고, 다른 하나는 기의 작용 및 천인의 운행과 같은 객관적인 천도의 운행을 행으로 보고 이것을 추측하려는 인간의 노력을 지로 보는 경우이다. 그러나 어떤 경우든 '선행후지' 다음에는 '선지후행先知後行'이 오게 되는데, 여기서 인간이 얻는 지각은 윤리적인 행위를 포함한 인간의 구체적인 행동에 반영되어 '인기운화人氣運化'로 나타나게 된다고 하였다.[67]

이상과 같이 혜강의 인식론에 대한 남북한의 이해는 표현의 차이는 있어도 전체적으로는 유사점이 많다. 그리고 주체사상에 있어서 감성적 인식과 이성적 인식, 그리고 실천과 이론의 통일은 혜강의 인식론과 유사한 구조를 보인다.

---

67 위의 책, 270쪽.

혜강에 의하면 인간은 각자의 감각 경험에 의한 견문이 다르고 이를 기초로 추측의 이理가 다르기 때문에 각자의 인식 세계를 갖는다. 주체사상에서도 "사람들이 동일한 대상을 두고도 그것을 사랑하거나 증오하며 아름답고 숭고한 것으로 보거나 추하고 저속한 것으로 다르게 보게 되는 것은 사람들의 생활적 요구, 처지, 능력에서 차이가 나기 때문에 일정한 대상에 대하여 느끼는 감정도 다르게 된다."[68]고 말한다. 현상학에서도 "내가 세계를 의식하고 있다는 것, 이것은 무엇보다도 세계를 직접적으로·직관적으로 발견하며, 그것을 경험한다는 것이다. 감각적인 지각의 상이한 방식에서 보고, 만지고, 듣고 등등을 통해서 어떤 공간을 차지하고 있는 것은 내가 그것에 특별히 주목하여 그것을 고찰하고 사유하고 느끼고 의지를 갖는 등등으로 '앞에 주어져 있는' 것이다."[69]라고 말한다.

현상학은 극단적 주관주의와 객관주의를 세계에 대한 현상학적 개념 속에 통일시켜 놓고 있다. 현상학적 세계는 순수한 존재가 아니라 나의 여러 경험들의 통로들이 교차하고, 또한 내 경험의 통로와 타인의 경험적 통로들이 서로 교차하여 기어처럼 상호 맞물려 있는 곳에서 드러나는 느낌이다. 현상학적 세계는 나의 과거 경험을 나의 현재 경험 속에 수용하거나, 다른 사람들의 경험을 나 자신의 경험 속에 받아들일 때 통일성을 발견하고, 주관성과 상호주관성이 불가분의 관

---

68 손영규, 「의식의 근본특성」, 『철학연구』루계31, 1987.11, 32쪽.

69 에드문트 후설, 칼 슈만 편집, 최경호 역, 『순수 현상학과 현상학적 철학의 이념들』, 문학과지성사, 1997, 145쪽.

계에 있는 세계이다. 그러므로 철학은 선재先在해 있는 진리의 반영이 아니라 예술처럼 진리를 존재케 하는 행위이다.[70] 이와 같이 볼 때 현상학이 갖는 탈근대적 사유로서 주관과 객관의 통일, 선재가 아닌 '만들어 가는 과정으로서의 진리'라는 개념은 혜강의 인식론이나 주체사상과 유사한 구조를 가진다고 할 수 있다. 그러나 혜강의 인식론이나 주체사상은 포스트모더니즘과는 달리 진리의 상대성 문제를 진리의 규준을 통해 보편의 영역으로 끌어올리고자 한다. 혜강에 있어서 진리의 규준은 공심公心과 공의公義, 그리고 변통에 있다.[71] 자신의 인식이 자기뿐만 아니라 모두에게 옳고 모두에게 이익이 되며, 또한 시대적 요구에 맞게 변통되고 실천에서 증험되는 것일 때 진리가 되는 것이다.

주체사상의 진리의 규준은 표현에 있어서는 다르지만 내용적으로 혜강의 규준과 유사하다. 한마디로 요약하여, 주체사상은 진리의 규준을 '인민 전체의 이익과 자주적 요구를 시대에 맞게 실천하는 목적의식'에 두고 있다. 물론 이러한 유사점에도 불구하고 혜강의 인식론이 남북한이 공유하는 전통 사유가 되기 위해서는 향후 극복해야만 하는 인식의 차이 또한 존재한다. 그리고 앞에서도 말했듯이 북한은

---

70 메를로 뽕띠, 오병남 역, 『현상학과 예술』, 서광사, 1983, 51~52쪽.

71 "추측은 감각작용과 기억하고 궁구하는 신기가 있다 하여도 物我를 참작하여 임기응변하는 변통이 없다면 옛것에만 얽매이는 폐단이 생긴다. … 인간의 습속이 신기의 변통과 준적을 막는다."(『명남루 전집』, 신기통); "추측은 모름지기 공심을 지키고 공의를 잡아야 한다."(『명남루 전집』, 추측록, 권2).

주체사상적 입장에서 혜강의 사유를 소극적이라 비판하며, 남한에서는 혜강의 '운화기運化氣'를 철저히 유형으로만 보려는 입장[72]이 강한 반면 북한에서는 유·무형의 회통으로 본다는 것에 차이가 있다. 그리고 그 한계점에 대한 지적에 있어서도 남북한은 서로 다른 각도에서 접근하고 있다.

4. 결론: 통일문화교육의 전망

통일문화교육은 북한의 문화 예술 및 주민의 생활과 대중가요, 문화유적 등 다양한 문화를 남한에 소개하여 정서적 교감을 이루어내고 점차적으로 북한 체제에 대한 이해 등 그 내용을 심화해 나가야 하는 과제를 안고 있다. 이를 통하여 궁극적으로 지향하는 것은 남북의 문화를 융합하여 새롭게 창조하는 총체적인 문화 체험에 있다. 따라서 통일문화 형성을 위한 교육은 ①북한의 문화를 다양하게 소개하면서, ②남북이 공유하고 계승해야 할 전통문화를 발굴하여 확산하고, ③통일문화를 창조하는 데 목적을 두고 있다. 그리고 더 나아가 인류가 공유할 수 있는 보편성·세계성을 담지한 문화의 창조를 지향한다.

이렇게 볼 때 전통 사상 가운데 특히 혜강의 사유는 통일문화를 창출할 수 있는 토대이자 매개로서 주목할 만한 충분한 가치를 갖고 있다고 할 수 있다. 남한에서 보는 혜강의 인식론과 주체사상의 인식론,

---

72 최진덕, 위의 책, 131~145쪽.

그리고 주관과 객관을 분리시키지 않는 탈근대적 인식론은 여러 측면에서 공유점을 형성하고 있다. 이는 남북의 사유나 정서가 공유되고 융합될 수 있는 가능성을 말해 주는 동시에 통일문화 형성의 단서를 제공한다고 볼 수 있다. 혜강의 인식론이 향후의 통일문화교육에 기여할 수 있는 측면은 크게 세 가지로 전망할 수 있다.

첫째, 혜강의 인식론은 전통 사유로서 남북이 공유할 수 있는 사유의 토대를 제공한다고 할 때 여기에서 우리는 통일문화 형성의 가능성을 발견할 수 있다.

둘째, 혜강의 인식론이 말해 주듯이, 통일문화교육은 감성적 인식에 해당하는 북한 문화 체험에서 시작하여 점차로 북한 체제 이해와 통일 의식을 형성하고, 이를 현실에서 경험하는 것으로 나아가야 한다. 즉, 통일문화교육은 감성과 이성의 통합을 구현한 문화교육이 되어야 하는 것이다.

셋째, 통일문화교육은 혜강의 인식론에서 제시된 인간 인식의 발전 원리에 따라, 개개인의 다양한 문화적 관심과 의사소통을 통하여 작은 부분에서 출발하여 큰 부분의 융합을 이루어 나가야 할 것이다. 남한과 북한의 서로 다른 감각 경험의 지평이 만나 보다 커다란 하나로 융합되어 가는 문화 창조 작업이 바로 통일문화교육이다.

제10장 동학과 주체사상

1. 머리말

해방 이후 북한은 주체사상을 체계화하여 수령 중심의 민족국가를 이루고 있다. 김일성을 중심으로 중앙권력화된 북한 체제의 억압성과 폐쇄성은 남한에 있어서 비판의 대상이다. 북한 또한 민족 주체성과 정통성을 주장해 남한의 친미 군부 독재 권력에 대해 끊임없는 비판을 가해 왔다. 그러나 2001년 6·15남북공동선언을 기점으로 남북화해가 시작되고 있는 이 시점에서 남북 서로가 권력의 정통성과 체제를 문제 삼는 것은 더 이상 생산적이지 않다. 본 장에서는 탈 분단 시대의 교육 이념을 모색함에 있어 북한과 남한이 공유할 수 있는 토대를 동학과 주체사상의 비교 속에서 찾아보고자 한다. 동학에는 북한의 집단주의적 교육을 수용할 수 있는 사유 틀이 존재하고 동시에 남한의 개인주의적 교육도 담아내며, 동시에 개인과 전체를 아우르는 사상을 제시하고 있다. 혹자는 북한의 교육적 기초가 되고 있는 주체사상을 파시즘으로 지칭하기도 하고, 주체사상이 해체되어야 통일을 논의할 수 있다[1]는 주장을 한다. 하지만 북한 주민들의 정서 기반이 되고 있는 주체사상을 권력 강화의 도구로서 배제하기보다는 그 논리 자체를 이해하는 것도 필요하다. 통일이후 남북한의 내면적 문화에 대한 상호 이해와 통합을 이루기 위해서도 이러한 작업은 유용할 것이다.

2. 김일성과 동학 · 천도교

1) 화성의숙 · 길림 시절과 조국광복회에 있어서 동학 · 천도교

김일성은 어렸을 때, 기독교 신자였던 어머니와 함께 예배당에 갔던 기억도 있지만 창덕학교 시절에 천도교 방정환의 어린이운동을 기억한다. "우리나라 력사에서 '어린이'라는 낱말을 처음으로 만들어냈고, 어린이들에 대한 애정이 각별했던 사람"으로 그는 방정환을 평가한다.[2] 그리고 김일성이 동학 · 천도교[3]를 깊이 인식한 것은 화성의숙 시절이다. 그는 화성의숙[4] 시절부터 최동오나 강제하를 비롯한 천도

---

1 이종석, 「북한의 정치와 사상」, 윤정석 편, 『통일환경론』, 도서출판 오름, (1996), 40쪽.

2 김일성, 『세기와 더불어』, 4권, 평양:조선로동당출판사, (1992), 367쪽.(이하 권수만 표시)

3 수운이 창도한 동학은 1905년 제3대 교주 손병희에 와서 천도교로 개칭되었다.

4 화성의숙은 正義府에서 설립한 교육기관이었다. 숙장 최동오, 숙감 강제하

교도들의 청수淸水 의식[5]을 보아 왔고[6] 주위의 천도교 학우들과 토론하였으며 천도교 강제하의 아들인 강병선[7]은 자신의 <ㅌ·ㄷ(타도일본제국주의)> 동맹원이 되었다.

숙장 최동오는 천도교 3대 교조 손병희의 제자였고, 숙감 강제하와 그의 아들 강병선 역시 독실한 천도교인[8]들로 의숙에는 천도교 신자들이 많았다. 길림 시절 김일성이 천도교를 연구하는 데 안내자 역할을 한 것은 잡지 『개벽』이었다.

> <개벽>이라는 제명은 천도교의 주요 교리인 <후천개벽>이였다. <개벽>이라는 제명은 천도교의 주요교리인 <후천개벽>이라는 글귀에서 따온 것이다. <개벽>은 창간으로부터 시작하여 수십호를 발행하는 전기간 종합적인 정치시사잡지로서의 체모를 잃지 않고 민족의 계몽을 위해 많

모두 천도교인이었던 관계로 동학 이념에 입각한 교육을 전개하였다.

5 천도교에서는 모든 의식을 행할 때 청수를 봉행하고 마음의 한울님을 모신다. 가정에서는 매일 저녁 9시에 淸水를 봉전하고 기도를 하는데 이것을 매일기도라고 한다. 절차는 온 가족이 도장을 정결히 하고 청수상을 중심으로 둥글게 모여 앉아 心告 및 21字 주문(至氣今至 願爲待降 侍天主 造化定 永世不忘 萬事知)을 외운다.

6 위의 책, 5권, 365쪽.

7 회고록에 의하면 강병선은 1930년대 후반기 북만에서 김일성 자신의 정치공작원으로 활약하다가 경찰에 피검되어 감옥에서 최후를 마친다.

8 해방 이후 최동오의 아들 최덕신은 남한에서 천도교 교령을 지내다 월북해 천도교 활동을 재개했고 강제하의 손자인 강남철은 북한 청우당 간부를 지내고 있으며, 김일성의 조국광복회 결성시 함께 했던 천도교 도정 박인진의 손자 박문철 역시 현재 북한에서 천도교 활동을 하고 있다.

> 은 기여를 하였다. 민족주의 색채가 농후한 잡지였지만 사회주의리념을 소개하는 글도 실었다. 당시로서는 독자들의 인기를 많이 끈 참신하고 혁신적인 대중잡지였다.[9]

잡지 『개벽』은 민족주의적 색채가 농후하지만 사회주의 이념을 소개하는 참신하고 혁신적인 대중잡지라고 김일성은 평가한다. 특히 『개벽』에 실린 여러 가지 기사들 중에서 독자들의 구미를 제일 강하게 자극한 것은 애국주의를 고취하는 내용의 글들이다. 여기에는 '조선 민족만이 가진 우월성', '고구려국민의 기상과 노력', '천혜가 특다한 조선의 지리' 등 조선의 역사와 지리, 자연환경과 지방별 특성이며 물산을 자랑하는 글들이 자주 실렸다고 김일성은 말한다.

기본적으로 김일성에게 있어 동학·천도교는 그 기본 사상과 이념에서 애국적이고 진보적인 종교로 인식된다. 천도교가 내세운 '보국안민'과 '광제창생'의 구호만 보아도 그것을 충분히 알 수 있다는 것이다. 김일성은 자신이 조국광복회[10]를 결성할 때, 이러한 인식 속에서 천도교와의 통일전선을 이루어 내었다. 그때 그는 천도교인 이창선을 천도교 방면 담당 정치공작원으로 파견할 때, 다음과 같이 말하면서 천도교 도정 박인진에게로 떠나보냈다 한다.

---

9 앞의 책, 5권, 383쪽.

10 이에 대한 자세한 연구로는 "성주현, 「1930년대 천도교의 반일민족통일전선운동에 관한 연구:갑산·삼수·풍산·장백현 지역의 조국광복회를 중심으로」, 한국민족운동사학회편, 『한국 독립운동과 종교활동』, 서울: 국학자료원, (2000), 167~219쪽" 참고.

> 우리와 천도교인들은 다같이 나라와 민족을 사랑하는 조선사람들이며 <척왜>, <보국안민>을 최우선의 목표로 삼고 투쟁해 온 빈천민중의 벗들인 것만큼 서로 손을 잡고 합세하여 단합된 힘으로 일제와 맞서 싸워야 한다.

김일성은 식민지 나라들에서의 진정한 민족주의와 진정한 공산주의 사이에는 사실상 깊은 심연도 차이도 없다고 하였다.[11] 한편에서는 민족성에 대하여 좀 더 역점을 두고 다른 편에서는 계급성에 대하여 좀 더 강조하고 있을 따름이지 사실은 이념도, 지향도, 애국애족의

---

11 기존 연구에 의하면 북한의 종교에 대한 입장을 다음과 같이 제시하고 있음도 볼 수 있다. "해방 이후 월남한 종교인들은 북한 정권으로부터 받은 '종교적' 박해에 대해 많은 증언들을 남겼다. 이런 증언들은 공통적으로 공산주의자들의 무신론적 세계관과 종교가 공존할 수 없었음을 강조한다. 그러나 여러 가지 상황을 고려할 때 적어도 이 시기에 북한 종교인들이 겪었던 어려움은 종교 자체에 대한 북한 정권의 적대감만으로는 해석되지 않는 면이 있다. 반제반봉건 시기에는 제국주의적, 봉건적 요소가 아닌 것은 모두 통일전선의 형태로 결합될 수 있었다. 이 점은 종교에서도 마찬가지여서 반제반봉건에 동참하는 종교인, 즉 부일·친미 세력이 아니고 지주계급이 아니었던 종교인은 체제 내에서 존재할 수 있었을 것이다."(김흥수·류대영, 『북한종교의 새로운 이해』, 서울: 다산글방, (2002), 60쪽). "특히 천도교 청우당의 경우 하부당원은 빈농 민중들이 많았기에 북로당의 정책과 겹쳐지는 부분이 많았고 소유제도에 대한 생각도 공산주의와 유사하였으며, 무엇보다 민족통일을 외치고 있었기에 북로당은 드러내놓고 통제와 간섭을 행하지 않았다. 현재도 청우당은 노동당 외에 가장 많은 실세를 갖고 있다. 그러나 청우당은 해방 당시 북로당과 협력은 수용하면서도 그 독주에 대해 불만을 토로하였다."(이주철, 앞의 논문, 232쪽)

감정도 같다고 보아야 한다는 것이다.[12]

2) 김일성의 동학 이해와 비판

김일성은 동학의 교리가 "하늘을 맹목적으로 숭배하는 것을 반대하고 사람 자체를 믿어야 한다는 것을 주장하고 있는 점과 봉건적 사회제도를 반대하는 점에서 인간존중과 평등을 주장하는 진보적인 종교"로 보았다. 그리고 그는 애국애민성이 강한 민족종교로서의 천도교의 위치와 역할에 대해서 전적으로 긍정하였다.[13] 그러나 동학에 의지해야만 만사를 다 해결할 수 있다고 주장하는 입장과 태도에 대해서 그는 동조하지 않았다고 한다.

> 나는 길림시절 강병선과 함께 <개벽>에 실린 글들을 읽고 독후감을 자주 나누었으며 동학의 지위와 교리에 대한 문제를 걸고 론쟁도 하군하였다. 강병선은 <ㅌ.ㄷ> 성원들 가운데서 천도교에 제일 정통한 사람이였다. 그는 공산주의를 열렬히 신봉하면서도 자기가 숭상하던 동학사상과 천도교조직에 상당한 애정을 품고 있었다. 강병선의 고향인 창성과 의주, 벽동, 삭주 지방에는 천도교도들이 많았다. 강제하, 최동오, 공영 등은 모두 그 평북도지방의 천도교사회에서 주역을 담당한 애국지사들이였다. 강병선은 천도교 줄을 타고 1930년대 후반기 평안북도지방에 조국광복

---

12 위의 책, 4권, 462쪽.

13 위의 책, 5권, 391쪽.

회 하부조직들을 많이 늘이였다. 천도교 소장파혁신세력이 대체로 그러하듯이 그도 처음에는 동학당란으로부터 시작하여 우리나라의 반침략 반봉건 투쟁에서 천도교가 논 역할을 거의 절대시하면서 민족의 운명개척에서 제기되는 모든 대소사가 천도교를 통해서만이 해결될 수 있는 것처럼 생각하였다. 천도교문제를 놓고 우리들 사이에 벌어진 주되는 론쟁점은 이것이 기본이였다고 할 수 있다."[14]

김일성의 의식 형성에는 동학과 같은 민족주의가 한 부분을 차지한다고 볼 수 있지만 천도교인들과 같이 동학만을 절대시할 수 없었음을 나타내고 있다. 또한 그는 무장 투쟁과 사회주의 계급성을 조국해방 투쟁에 수용하면서 동학의 비폭력, 범신론적 성향을 비판한다.[15] '인내천'사상은 유물론에 기초하지 못하고 유신론에 기초한 사상으로 그 계급적 제한과 이론적·실천적 미숙성을 갖고 있고, 반일민족 해방 투쟁에서 주도적 역할을 감당하지 못하며, 민중들의 힘을 하나로 끌어내지 못했다는 것이 동학 만능을 지지하지 않는 주된 이유라고 그는 말했다.[16] 그러나 김일성은 동학만으로 민족 해방을 이룰 수 없다는 인식을 하면서도 동학의 민중성과 변혁성을 전적으로 지지하였고 "민족 위에 신이 없고 민족 위에 어떤 계급이나 당파적 이익이 있을 수 없으며 민족을 위해서라면 그 어떤 심연도 장벽도 뛰

---

14 앞의 책, 5권, 387쪽.

15 위의 책, 5권, 387쪽.

16 위의 책, 5권, 390쪽.

어넘지 못할 것이 없다."는 전제를 주장하고 있다.[17]

> 원래 천도교는 농민을 기본으로 하는 농민운동으로 시작되였고 그 리념도 농민적인 것이였다. … 그러나 동학운동은 농민만을 위한 운동이 아니였다. 그것은 도시빈민들과 소상인들을 포함한 모든 빈천자들의 지향과 리해관계를 대변한 광폭적인 대중운동이였으며 외래침략자들을 철저히 반대배격하고 나라의 근대화를 강렬하게 지향한 거족적인 반침략 애국운동이었다.[18] 천도교의 운동을 나라의 다른 혁명력량과 련결시키며 국제혁명과의 제휴를 모색하여 동분서주하던 이 운동의 혁신적지도자들은 천도교를 <빈천민중의 충복>, <이규모 동질성의 공산당>이라고 표현하면서 국제당과의 련계를 희망하였다. 1925년 10월말에 조선농민사 리사회의 명의로 리돈화가 적색농민인터나쇼날에 가맹청원을 낸 사실은 그에 대한 하나의 례증으로 된다고 생각한다.[19]

---

17 김일성은 민족을 계급보다 우위에 놓고 있고 후계자인 김정일도 현재 민족주의를 말하고 있다. 그러나 이종석은 김정일이 말한 '조선민족제일주의'가 북한인민만을 지칭하는 개념으로 초체제적 의미가 아니라는 것을 강조하고 있다(이종석, 「주체사상과 민족주의」, 『통일문제연구』6-1, 평화문제연구소, (1994), 82쪽). 그러나 북한은 조선민족 제일주의가 자신의 민족뿐만 아니라 다른 민족의 자주권을 존중하고 그들의 이익을 귀중히 여기며 다른 나라 인민들과의 국제주의적 연대성과 친선의 감정을 다 같이 담고 있는 것이라 주장한다(리승철, 「조선민족제일주의 정신의 본질과 특징」, 『철학연구』1, 루계80호, (2002.2), 45쪽).

18 앞의 책, 5권, 397쪽.

19 위의 책, 5권, 397쪽.

김일성은 사망하기 전 "나는 지금도 우리 공산주의자들이 민족을 위해 한 생을 바쳐 싸운 그 목적과 이상이 실현되고 7천만 겨레가 통일된 조국강토에서 세세년년 복락한다면 그것이 바로 동학 렬사들이 바라던 그런 세상, 그런 지상천국이 아니겠는가고 생각한다."고 말했다.[20] 그리고 김일성이 평생 좌우명으로 삼았다는 '이민위천以民爲天'[21]은 동학의 인내천과 연결되는 인상을 준다.

3. 주체사상의 이해

기존 연구에 의하면 김일성의 주체사상[22]이 초기 마르크스 사상이

---

20 위의 책, 5권, 403쪽.

21 위의 책, 5권, 369쪽.

22 기존 연구에 의하면 주체사상의 형성 발전을 다섯 단계로 나누고 있다. 첫째, 1950년대 김일성 정권에 대한 대내외적 도전을 극복하기 위하여 사대주의를 반대하는 개념으로서의 주체라는 개념이 사용되던 단계, 둘째, 70년대 황장엽이 인간 중심의 사상을 도입하여 이전의 주체의 개념을 전면 개작한 단계, 셋째, 70~80년대, 인간중심주의 주체사상이 수령절대주의의 사상으로 변질되는 단계, 넷째, 80~90년대, 사회주의권 붕괴의 와중에서 정권 위기에 직면하여 앞의 세 단계의 개념들을 혼합하여 사용하던 단계로 우리식 사회주의와 조선민족 제일주의 제창 단계. 끝으로 1998년 강성대국이라는 새로운 구호가 제시되어 주체사상을 대체하는 단계이다(서재진, 『주체사상의 형성과 변화에 대한 새로운 분석』, 통일연구원, (2001), 3~10쪽). 총체적으로 보았을 때, 주체사상은 황장엽에 의한 영향보다는 김일성 자신에 의한 집체적인 권력화의 산물로 볼 수 있다. 황장엽 스

갖고 있는 인간 해방주의의 휴머니즘을 부각시켜 이것을 연장한 것으로 보거나[23] 주체사상의 자주성이 이미 마르크스에게 있었던 것으로 전혀 새로운 것이 아님을 주장한다.[24] 그러나 북한은 주체사상이 인간과 세계, 역사, 인식론을 보는 입장에서 마르크시즘의 계승과 단절을 분명히 한 독창적인 것이라고 주장한다.

김일성의 활동이 다른 사회주의 국가와 달랐던 점을 중국학자들은 세 가지로 제시한다.[25] 첫째, 소련이나 중공의 경우와는 달리 김일성은 처음부터 상층부만의 조선공산당 재건 사업에 주력하지 않았다는 점이다. "혁명 투쟁은 무산계급 정당의 올바른 영도가 없이는 승리할

스로가 주체사상의 아이디어를 천리마운동에서 얻었다고 하지만 황장엽이 주장하는 인본주의는 오히려 서구 개인주의에 가깝다. "황장엽의 인간 중심 철학은 프래그머티즘과 같이 사유능력, 적응력이라는 점에서 더욱 관념론적이다."(위의 책, 57쪽) 북한은 주체사상이 이미 항일유격대의 경험에서 생긴 것으로 나중에 체계화된 것이라고 한다. 김일성은 항일유격대 시절, 동만지방 소비에트 해방구 설치의 교조성과 유격대 내부의 군사민주주의 및 민생단 처형 등에서 빚어졌던 극단성 및 좌경성을 경험하면서 이에 대한 적개심과 경계심을 가졌고 이것이 훗날 주체사상에도 반영되었다는 것이다(『세기와 더불어』, 3권, 57~69쪽, 211~228쪽, 4권 10~22쪽).

23 J.M.Barbalet, Marx'Construction of social Theory, London: Routledge & Kegan Paul, 1983, Chapter5 Human Emancipation., 김부기, 「주체사상의 민족주의와 사회주의 민족국가 건설노선」, 『민족문제연구』4, 경기대학교 민족문제연구소, (1997), 145~150쪽, 재인용.

24 李延·長剛, 「金日成의 主體思想과 北韓의 社會主義」, 『민족문제연구』4, 경기대학교 민족문제연구소, (1997), 234쪽.

25 위의 글, 228~229쪽.

수 없다."는 것이 공산주의 운동의 기본원칙인데, 김일성은 이와 반대로 당의 창립을 혁명 과정에서 진행하는 가운데 '당의 세포조직을 건립 확대하고 가감하는 방법'으로 조선공산당을 재건할 것을 주장해 왔다는 것이다.

둘째, 계급투쟁을 주요 내용으로 한 중공의 노선과는 대조적으로 김일성은 일찍부터 민족 독립의 기치아래 광범한 민족통일전선을 결성하는 데 주력해 왔다.

셋째, 혁명 투쟁의 주 무대를 본국의 도시나 농촌에 두고 있는 것이 아니라 두만강 연안의 동만 교포 사회에 두었다는 점이다.

그러나 중국 학자들은 주체사상의 독창성을 부정한다. 즉, 마르크스가 인간을 '사회관계의 총체'라 결론지었지만, 인간의 능동성(자주성)이 없는 것이 아니고 사회성과 동시에 말해졌음을 강조한다. 아울러 모택동은 실천을 통하여 세계를 인식하고 개조하는 '능동성(주체)'을 지적하여 인간의 본질적 속성인 사회성과 능동성간의 유기적인 연계를 유도해냈고[26] 특히 등소평에 와서는 인민대중의 물질적 이익에 대한 만족을 무시하는 경향을 극복하여 중국 특색의 사회주의의 새로운 방법론을 제시하였으며, 북한의 김일성처럼 등소평이 우상화되지 않는다고 말한다. 반면 북한은 '사회적 존재인 사람'이란 표현으로 인간이 소유한 사회성을 갑자기 승격시켜 주체성이 거의 압도적 지위를 차지하고, 마르크스와 달리 세계의 주인으로서 부각시켰을 뿐 새로운 것이 아니라고 평한다.[27] 한편 이종석은 주체사상이 역사유물론의 역

---

26 위의 글, 231~233쪽.

사 발전을 단순히 자연사적인 것으로 파악하여 역사유물론에서 인간의 실천이 가지는 의의를 축소시키고 있다[28]고 말한다. 그러나 본고에서는 주체사상이 전혀 새로운 것이 아닐지라도, 마르크스의 사상을 일정 부분 계승하면서도 비판하고, 그 독창성을 주장하는 맥락을 살펴보고자 한다.

1) 마르크스주의와 주체사상

(1) 마르크스주의의 계승과 비판

주체철학이 사람 위주의 철학이라 할 때 그 인간의 본질적 특성은 '사회적 존재'라는 말에 집약된다.[29] 그러나 여기서 사회적 존재라는 말은 마르크시즘과 차별성을 두고 있는데 "마르크스가 사람의 본질을 사회관계의 총체로 규정한 것은 역사적 공헌이지만 사람 자체가 가지고 있는 본질적 특성에 대한 전면적 해명은 되지 못한다."는 것이다. 마르크스주의는 사람과 세계와의 관계, 세계에서 차지하는 사람의 지위와 역할을 옳게 밝힐 수 없다[30]고 주체사상에서는 비판한다.

마르크스가 말하는 사회적 재화나 사회적 관계는 주체철학에서 쓰

---

27 위의 글, 236~237쪽.

28 이종석, 『조선로동당연구』, 서울:역사비평사, (1995), 48~49쪽.

29 김정일, 『주체철학은 독창적인 혁명철학이다』, 13~14쪽.

30 심영호, 『주체의 철학적 세계관』, 평양출판사, 2001, 51쪽.

는 사회적 존재의 개념에 포함되지 않는다. 주체철학은 사회적 존재라는 말 자체를 사람의 본질적 특성인 '자주성', '창조성', '의식성'을 규정하는 고유한 의미로 쓴다. 만일 사회적 재부와 사회적 관계를 사회적 존재에 포함시키면 사람과 사회적 재부, 사회적 관계의 근본 차이를 알 수 없게 되고 결국 사람의 본질적 특성을 모호하게 하는 결과를 가져오게 된다는 것이다.[31]

> 맑스주의 철학에서 사회적 존재라는 개념은 객관적으로 존재하고 사회적 의식에 의하여 반영되는 사회생활의 물질적 조건과 경제관계를 의미하는 것이다. 결국 맑스주의 철학은 현실적으로 존재하는 사회적 인간을 사회의 물질적 관계와 사회적 의식 속에 해소시켰다는 것이다. 실재에 있어서 사회적 재부는 인간이 창조하고 리용하는 것이며 사회적 관계도 인간이 주동적으로 맺는 관계이며 인간은 단순한 추상적인 물질적 존재가 아니라 사상의식을 가지고 자기의 요구와 지향에 맞게 자연을 개조하고 사회를 변혁해 나가는 존재이다. 그러므로 주체철학에서 쓰는 사회적 존재라는 말을 기성의 의미에 맞추어 이해해서는 안되며 사람의 본질적 특성을 규정하는 새로운 의미로 이해하여야 한다.[32]

주체사상의 사회적 존재는 자주성, 창조성, 의식성의 인간 본질이다. 이는 경제결정론으로 인간 본질을 규정한 마르크스와 차이가 있

---

31 김정일, 앞의 책. 12~13쪽.

32 심영호, 앞의 책, 24~26쪽.

다. 물론 마르크스도 『경제철학수고』를 발표했던 초기에 자본주의 사회에서의 인간 소외와 자기 창조로서의 노동 상실을 비판했지만 후기 『자본론』 발표 이후에는 경제결정론으로 기운다. 북한은 마르크시즘을 경제결정론으로 본다.

한편 유럽 정통 마르크시스트인 그람시는 마르크스 철학을 조잡하고 우둔한 유물론으로 체계화한 통속적 유물론에 반대하면서, 초기 마르크스의 사상과 후기 마르크스의 사상을 변증법적으로 통일시켜 전체성의 본원적인 실천 철학으로 파악했다.[33] 그람시는 마르크스의 사상이 관념론과 유물론을 이미 통일시킨 것으로 파악한 반면 주체사상은 마르크스사상이 유물론과 관념론을 통일시켰다기보다 상호 모순되는 것으로 보았다고 이해하는 것이다.

주체사상이나 그람시의 경우 양자 모두 세계를 관념론과 유물론의 통일로 보지만 양자의 차이점은 크다. 특히 그 통합의 관점에 있어서 설명방식이 다르다. 주체사상은 사회적 존재에 인간의 선험적 의식으로서 의식성을 포함시켜 설명하고 있고 그람시와 같은 경우는 진지전, 헤게모니의 투쟁 등과 같은 개념으로 접근하고 있기 때문이다.

(2) 주체사상의 사회적 존재

주체사상의 근본 원리는 사람을 위주로 사람이 세계의 주인이고 사람이 모든 것을 결정한다는 것에 기초하고 있다.[34] 모든 것을 사람

---

33 제임스 졸, 이종은 역, 『그람시, 그 비판적 연구』, 까치, 1984, 105~112쪽.

의 이익으로부터 출발해서 인간과 세계를 보는 관점이기에 사람의 자주적 권리와 이익을 옹호하는 것을 최고의 원칙으로 내세운다.[35] 주체사상이 사람의 이익으로부터 출발한다는 것은 사회적 집단과 동떨어진 개인의 치부와 향락, 출세욕과 같은 탐욕적인 이기적 욕망이 아니라 자연의 구속과 사회적 예속에서 벗어나 자주적으로 살며 발전하려는 사회적 인간의 본성적 요구를 실현해 주는 이익이라고 주장한다.[36] 따라서 주체사상에서 사회적 존재로서의 사람 특성으로 '자주성'이란 주위 세계에 예속되지 않고 그것을 적극적으로 개조해 나가는 존재로서의 사람 특성이다. 즉, 자연의 구속과 사회적 예속을 반대하고 자기 운명을 자신의 힘으로 개척해 나가는 사람의 특성을 표현하는 개념이다.

> 사람이 자기 자신의 주인으로 살며 발전하려는 요구는 낡은 사상과 문화의 구속에서 벗어나 보다 아름답고 고상하고 문명하게 풍부한 정신생활을 누리며 정신문화적으로 발전하려는 요구이다.[37]

인간은 사회적 예속과 구속에서 벗어나 사회의 평등한 주인으로서 서로 결합되어 영생하는, 사회 · 정치적 생명을 지니고 살며 발전하고

---

34 『김정일선집』7, 206쪽.

35 편집부, 『세계와 인간-주체의 존재 · 인식 · 실천』, 서울: 한마당(북한자료선1), 1988, 49쪽.

36 심영호, 『주체의 철학적 세계관』, 평양출판사, 2001, 91쪽.

37 위의 책, 32쪽.

자 한다. 그것은 다같이 사회의 평등한 주인이 되어 서로 단결하고 협력하면서 사회적 집단과 더불어 영생하려는 요구라는 것이다.

둘째, 사회적 존재로서 '창조성'이란 목적의식적으로 세계를 개조하고 자기 운명을 개척해 나가는 사회적 인간의 속성이다. 창조성으로 하여 사람은 낡은 것을 변혁하고 새로운 것을 만들어 내면서 자연과 사회를 자기에게 더욱 더 쓸모 있고 이로운 것으로 개변시켜 나간다.[38] 사람이 창조성을 가지고 있다는 것은 자기의 의사와 요구에 맞게 세계를 개조할 수 있는 창조적 능력을 가지고 있다는 것이고[39] 그 창조적 능력에서 기본을 이루는 것은 어디까지나 과학기술 지식이라고 말한다. 과학기술 지식은 객관에 대한 정확한 지식을 말한다.

셋째, 사회적 존재로서 '의식성'이란 사람의 모든 활동을 규제하고 목적의식성을 갖는 사상의식을 말한다. 의식성으로 하여 사람은 세계와 운동 발전의 법칙을 파악하며 세계를 자기의 요구에 맞게 개조하고 발전시켜 나간다.[40] 사상의식은 지식의 형성과 이용 방향을 규정하고 지식이 사람의 요구와 이익을 실현하는 데 이바지하도록 조절·통제한다.

인간은 하부구조에 따른 사회의 의식과 관습 및 제도에 의해 통제된다는 것, 즉 환경이 의식을 결정한다는 것이 마르크스가 강조하는 것이지만 주체사상에서는 이러한 유물론뿐만 아니라 사상의식이 사

38 『김정일선집』7, 151쪽.
39 『김일성저작집』36, 평양: 조선로동당출판사, 1979, 247~248쪽.
40 『김정일선집』7, 152쪽.

람의 활동을 규제하는 기본요인이라는 것을 인간 본성적 존재 기반으로 놓는다. 결국 "생산을 추동하는 결정적 요인이 물질적 관심이 아니라 정치적·도덕적 관심"41이라는 데서 주체사상은 마르크스와 입장을 달리하고 있다. 따라서 선행 세대는 다음 세대들에게 자주성, 창조성, 의식성을 물려주며 다음 세대는 선행 세대로부터 물려받은 자주성, 창조성, 의식성을 세대에 세대를 이어 사회·역사적으로 끊임없이 발전시켜 나간다고 말한다. 그러므로 사람은 사회·정치적 생명체 속에서 불멸하고 영생한다고 주장한다.

2) 주체사상의 역사관에 있어서 사회·정치적 생명체와 수령론

주체사상에서 일관되게 흐르는 입장은 마르크스주의를 배경으로 하면서도 독자적인 철학임을 강조하는 점이다. 역사관에 있어서도 마르크스와 엥겔스는 인류 발전의 역사를 생산력 발전에 의한 계급투쟁의 역사라고 하였는데, 인류 역사는 계급 투쟁의 역사인 동시에 자기 발견의 역사, 자기 창조의 역사, 자기 완성의 역사라고 주체사상은 규정짓는다. 이것이 유물사관과 구별되는 주체사관이다.

---

41 앞의 책, 26쪽.

(1) 역사 주체로서의 인민대중과 비판의식

주체사상은 역사의 주체가 인민대중이고, 사회·역사적 운동은 인민대중의 자주적·창조적 운동이며, 혁명 투쟁에서 인민대중의 자주적인 사상 의식이 결정적 역할을 한다는 사회 역사 원리를 갖고 있다.[42] 여기서 주목해야 할 것은 역사 주체가 인민 개인이나 영웅, 신神이 아니라 인민대중이라는 점이다.

> 인민대중이란 역사발전의 각이한 모든 시기에 사회적 예속과 구속을 반대하고 자주성을 옹호하는 데 이해관계를 가지며 자기의 노동활동이나 실천투쟁으로 사회생활을 유지하고 사회를 발전시키는 데 이바지하는 계급과 계층으로 이루어진 사회적 집단을 말한다. 인민대중은 부르조아 어용학자들이 주장하는 것처럼 '군중', '대중'과 같은 아무런 규정성도 없는 사람의 집단이 아니며 '시민', '국민'과 같은 것도 아니다. 인민대중은 여러 계급과 계층으로 구성되고 그 계급적 구성은 변화되지만 자주성을 옹호하고 사회적 진보를 이룩하려는 지향을 가지며 또 그에 이바지하는 데서 공통성을 가지고 있다.[43]

역사 주체로서 인민대중은 단순히 대중 집단을 의미하는 것이 아니라 사회적 본성을 가진 사상 주체, 자주적 주체의 개인인 동시에

---

42 사회과학출판사 편, 『주체사상의 사회역사원리』, 백산서당, 1989, 15쪽.
43 위의 책, 109쪽.

조직을 말하는 것으로 곧 사람의 의미이다. 따라서 주체사상에서는 사람과 인민대중이 병칭되고 있다. 또한 인민대중이 세계를 개조하는 역사의 주체라고 할 때 그 발전은 연속적인 것과 불연속적인 것의 통일이다. 기존의 낡은 통일체에 대한 비판 없이는 새로운 통일체의 출현이 불가능하고 또한 선행 단계와의 연계 없이는 새로운 진보된 통일체가 형성될 수 없다. 즉 새로운 통일체는 빈터에서 생겨나는 것이 아니라 선행한 낡은 통일체와의 연계 속에서 생겨나는 것이다. 사물의 질적 발전은 낡은 통일체의 분열·타파와 계승에 기초한 재결합·재통일의 두 측면이 포괄하고 있다. 다시 말해 사물의 질적 발전에서는 혁신과 통일의 두 측면이 통일되어 있음을 주체사상은 말하고 있다.[44]

(2) 사회·정치적 생명체와 수령론

주체사상은 민족과 계급의 지향, 인민대중의 요구와 그 다양성, 그리고 상호 모순과 충돌을 시인하면서도 그 공통된 지향을 인민대중의 자주적 요구에 놓는다. 인민대중은 사회 발전의 이해관계에서 민족의 공통 지향을 가지고 있는 사회의 절대 다수의 성원들이다. 인민대중의 공통된 지향과 요구는 두 가지 경로를 통하여 이루어진다. 하나는 각 성원들의 지향과 요구가 '결합'됨으로써 이루어지고, 둘째는 각 성원들이 '인민대중 전체의 이익'을 자각함으로써 이루어진다.[45] 여기

---

44 편집부, 앞의 『세계와 인간-주체의 존재·인식·실천』 35쪽.

서 사회·정치적 생명체론이 나온다. 각 성원의 자주적 요구와 인민대중 전체의 이익은 하나의 유기체가 되고 공동 운명이 된다. 그러나 인민대중은 올바른 지도를 떠나서는 자기의 요구와 이익을 실현하는 투쟁에서 높은 창발성과 의식성도 발휘할 수 없다고 주체사상에서는 말한다. 특히 노동계급의 혁명운동, 공산주의운동에서 지도문제가 특별히 중요한 것은 공산주의운동이 고도의 '의식적'·'조직적' 운동이기 때문[46]이라 한다.

혁명운동, 공산주의운동에서 지도 문제가 본질에 있어서 인민대중에 대한 당과 수령의 영도 문제로 되는 것은 노동계급의 수령이 혁명의 최고 영도자이고 노동계급의 당이 혁명의 참모부이기 때문이다. 선행한 사회적 운동의 선두에 선 것은 수령이 아니라 걸출한 개인에 지나지 않았다. 그러나 북한에서 의미하는 수령의 의미는 전능자, 영웅, 우상화된 단순한 개인이 아니라 인민대중의 힘을 통일하는 지도자로 인민대중 전체를 대표하고, '인민대중의 이익을 최고로 체현한 자'라는 것이다.[47] 당과 수령의 영도는 조직 동원에서 제기되는 것으로 가장 정확한 지도 사상을 가진 당이 사상 의식을 정체화正體化시키고 당과 수령을 중심으로 인민대중은 단결된다. 당, 수령, 인민대중 모두 자주적 주체로서 인민대중과 당, 수령이 결합되어 인민의 이익과 해방을 이루어낸다는 것이다.

---

45 위의 책, 116쪽.

46 사회과학출판사 편, 앞의 책, 149, 181, 185쪽.

47 위의 책, 189, 191쪽.

그러나 이러한 사회정치 생명체의 수령론[48]을 비판하는 입장은 많다. "주체사상은 인민대중과 그들의 자주성 실현 사이에 수령의 지도를 매개시킴으로써 자주성 실현 주체인 인민대중을 사실상 역사에서 피동적인 위치로 전락시킬 위험성을 내재하고 있다."[49]는 점, 혹은 주체철학의 사회·정치적 생명체론이 서양의 플라톤과 고대 말기의 칼키디우스에 연원을 둔 것으로 국가 인체론에 해당한고도 말한다. 즉, "원로원은 머리에, 병사는 심장에, 수공업자는 하복부에 해당한다는 국가=인체론이 북조선의 유격대 국가에 도입된 것인데 이는 유격대의 존재 방식과는 본질적으로 어울리지 않는 문화이며 사회·정치적 생명체론이라는 국가 디자인은 절충주의와 무원칙적인 편의주의가 뒤섞인 예에 해당한다."[50]고 비판하고 있다.

북한의 입장에서 보면 인민대중과 당, 그리고 수령이 하나로 결합된 사회·정치적 생명체를 주장하는 것은 결국 인민대중의 자주적 요구와 인민 전체의 이익을 지향하는 목적의식이 통일되기 때문이라 한다. 즉 인민 대중, 각 구성원의 자주성과 전체 인민의 이익을 위하는 목적의식성은 분리되지 않는다는 것이다. 따라서 "하나는 전체를 위

---

48 스즈키 마사유키는 북한의 사회·정치적 생명체론이 유교가 혈연 공동체 속에서 효를 중심으로 개인에게 영원한 생명을 보장하는 것과 같은, 유교적인 것과 관계가 있다고 보고 있고, 와다 하루키는 수령, 당, 대중의 삼위일체가 기독교의 삼위일체에서 가져온 것으로 보고 있다.(와다 하루키, 서동만·남기정 역, 『북조선』, 서울:돌베개, 2002, 148쪽).

49 이종석, 『조선로동당연구』, 서울:역사비평사, 1995, 50쪽.

50 와다 하루키, 앞의 책, 149쪽.

해, 전체는 하나를 위해"라는 말이 성립하고 이를 고도의 조직과 추진력으로 끌어올리기 위해 수령의 영도와 당의 명령을 받든다는 것이다. 이는 분명 자유 민주주의가 말하는 '자유'의 개념과는 거리가 있고 수령과 당, 인민의 이익이 일치될 수 있다는 것이 남한의 입장에서는 선뜻 이해가 되지 않는다. 하지만 인간 개인의 개성화와 교육을 항상 전체 속에서 보고자 하는 집단주의의 맥락을 고려해야 한다. 사회주의에서 주장하는 집단주의는 나치와 같은 파시즘과는 구별되어야 한다.

4. 동학과 주체사상의 비교

북한은 최근 천도교 이돈화의 『신인철학』을 들어 "우리 민족을 도덕적으로 완성시켜 새로운 인간으로 만들고 '지상천국' 건설과 그 실현방도를 사상리론적으로 체계화하여 내놓은 우리나라 근대철학사상의 한 조류"라고 하였다. 신인철학이란 사회를 이롭게 하는 도덕이고, 여기서 도덕적 생활이라는 것은 "자기 개인만 위하는 생활이 아니요, 자기가 붙어사는 이 사회를 위하는 생활"이라 하면서 여기에 적극적인 긍정을 부여하고 있다.

도덕의 본질에 대한 신인철학의 견해에 있어서 일정 긍정적인 것은 도덕을 사회를 위한 것으로 본 것이다. 신인철학은 사회를 이룬 사람들의 생명을 유지하고 발전시키는데 이바지하는 것이 도덕의 본질이라고 하였다. … 도덕은 철저히 사회의 존재와 발전을 위한 것이다. 이런 의미에서 도덕이 사회를 위한 것으로 되어야 한다고 본 신인철학의 견해는 긍정적이라고 볼 수 있다.[51]

그러나 북한은 이돈화의 신인철학을 세 가지 관점에서 비판한다. 첫째로 천도교의 신인철학은 계급사회에서의 도덕이 계급적 성격을 띤다는 것을 보지 못하고 초계급적인 것으로 묘사한 것,[52] 둘째, 진화론적이고 자연주의적인 성격을 띤 물활론적인 세계관에 기초하여 사회적 존재로서의 인간 집단과 동물의 무리를 갈라 보지 못하고 사람에게만 고유한 도덕을 그릇되게 이해하였다는 것, 셋째, 사회 구성원의 육체적 생명을 귀중히 여기는 것을 도덕의식으로 보아[53] 이를 우주 전체의 생존적 요구에 두었다고 비판한다.[54]

그럼에도 불구하고 주체사상은 계급보다 민족을 우위에 놓기에 동학·천도교와 접점을 이룰 수 있고, 동학과 주체사상은 인간 개인과 사회(전체)를 둘로 보지 않았다는 점에서 일치된다. 주체사상에 있어

---

51 한분희, 「도덕의 본질에 대한 『신인철학』의 견해」, 『철학연구』4(루계71호), 1997.11, 45쪽.

52 한분희, 위의 글.

53 물론 북한의 입장과 달리 천도교 자체의 철학을 볼 때 천도교가 단지 모두의 육체적 생명을 귀중히 여기는 것에 도덕의식을 둔다고 할 수는 없을 것이다. 동학은 육체적 생명을 필요조건으로 하여 각자에 내재한 한울님의 현존을 귀중히 여긴다고 할 수 있다.

54 한분희, 앞의 글, 42~45쪽.

인간이 사회적 존재라는 것은 사회 집단 전체와 결합되어 자기의 자주적 생명을 지속시키는 통일체이고 동학 역시 우주 전체로서의 한울님과 인간 주체가 결합되어 인간에 의해 세계가 창조되기 때문이다. 북한이 동학·천도교에 대해 이러한 관점을 갖고 있기에 상호 공통적으로 공유할 수 있는 부분이 있다. 인간 도덕을 사회를 위한 것으로 보는 주체사상과 사회뿐만 아니라 우주 전체의 한울을 위한 것을 도덕으로 보는 동학의 입장은 접점을 공유하게 된다. 조동일은 북한의 주체사상이 동학과 사회주의의 결합이라고 말한다.[55]

1) 인간 이해의 비교

동학은 인간 이해를 인내천에서 시작한다.[56] 그리고 주체사상은 사회적 존재에서 시작한다. 동학에서 인내천이라는 것은 자신과 더불어 모든 타자들이 한울님의 표현이요, 인간이 곧 우주 한울 전체가 된다는 의미이다.[57] 즉 동학은 인간을 개별적이고 전체와 독립된 개체가 아니라 인간 자체를 우주 전체의 표현인 '한울적 존재'로 본다. 인간은 곧 한울님의 현현으로 우주를 자신의 생명으로 하고, 땅을 어머니의 살로 보며, 천지를 부모로 하는 '한울 생명체'이다.

---

55 조동일, 『우리 학문의 길』, 서울: 지식산업사, 1993, 183쪽.

56 동학사상에 대한 이해와 교육적 입장 정리가 논지의 전개상 필요하나 지면의 한계상 자세히 다루지 않았다. 자세한 설명은 "정혜정, 『동학·천도교의 교육사상과 실천』, 혜안, 2001"을 참고하기 바람.

57 『해월신사법설』, 天地父母

> 천지가 부모인 이치를 알지못한 것이 오만년이 지나도록 오래되었다 …부모의 포태가 곧 천지의 포태니 사람이 어렸을 때에 그 어머니 젖을 빠는 것은 곧 천지의 젖이요, 자라서 오곡을 먹는 것 또한 천지의 젖이다.[58]

한편 주체사상에서 사람이 '사회적 존재'라는 것은 사람이 세계의 주인이고, 자주성·창조성·의식성을 가진 사회적 존재로서, 사람의 해방과 이익을 위해 세계를 개조하는 주체를 뜻하고, 인민대중의 해방과 자주적 요구를 높이는 가운데 사회의 평등한 주인으로 결합되어 영생하는 '사회·정치적 생명체'를 지향한다. 여기서 사람이 세계의 주인이라는 것은 자연을 정복하는 배타적 의미라기보다 인간을 중심으로 한 목적성에 우선적으로 당면과제를 두는 차원에서의 맥락이다. 그러나 분명한 것은 자연을 인간과 동등하게 보는 생명사상과는 거리가 있다. 따라서 사회적 존재인 사람은 육체적 생명보다 사회·정치적 생명이 중요하고 이러한 사회·정치적 생명체의 영속과 발전을 통해 사람 역시 영생한다고 한다.

> 개인이 자기 생명의 모체인 수령-당-대중에 충성을 다하는 것은 그 누가 시켜서가 아니라 자기자신이 지니고 있는 사회·정치적 생명의 근본요구로부터 출발합니다. 그것은 그 어떤 다른 사람을 위한 것이 아니라 자기 자신을 위한 것입니다.[59]

---

58 『해월신사법설』, 天地父母

한편 동학은 생성과 창조를 이루는 한울 생명체를 통해 인간이 영생한다고 할 수 있고 전체와 개인이 상즉하는 개념을 제시한다. 여기서 동학과 주체사상 모두 전체적 생명체에 영속하고 그것 자체가 자신을 위한 것이 되는 발상을 지니고 있다. 그러나 동학은 생명체 의식이 우주 전체에 확대된 것이기에 생태적인 생명사상을 지니고 아울러 인간을 한울님의 내재 속에서 무한한 개성화와 창조를 제시하기에 집단주의와 인간 개인의 외부에 획일적 기준을 설정하는 주체사상과는 괴리가 있다.

2) 역사 주체의 비교

주체사상에서 사람은 세계의 개조 변혁에 작용하는 요인들 가운데서 결정적 요인이다. 동학 역시 인간이 없으면 한울님도 아무 공로가 없게 되는 보국안민, 후천개벽의 주체로 설정된다.

> 한울님 하신 말씀 개벽 후 오만 년에 네가 또한 첨이로다. 나도 또한 개벽 이후 노이무공 하다가서 너를 만나 성공하니….[60]

---

59 김정일, 「주체사상교양에서 제기되는 몇가지 문제에 대하여」, 『근로자』, 1987.7, 16쪽.

60 『용담유사』, 용담가

동학에서 인간의 본질은 역사의 주체로 부각되고 인간은 기존의 세계를 보다 나은 세계로 바꾸도록 운동하는 것이 삶의 목적이 되고 있는데, 심영호에 의하면 주체철학 역시 세계를 개조·변혁하는 역사적 과정을 통해 주위 세계를 보다 높은 수준으로 끊임없이 개조하고 발전시켜 나가는 것에 인간 본질을 놓는다.[61] 주체사상에서 세계를 사람의 이익으로부터 출발하여 세계를 대하는 관점과 입장이란 인간의 구속과 억압을 제거하고 인간이 물질적·문화적으로 풍부함을 누리면서 자주성을 확산시켜 가는 것을 뜻한다. 동학 역시 보국안민을 위해 천하를 포덕하고 광제창생하여 후천개벽하고자 하는 것이 주체사상에서 목적하는 바와 겹쳐질 수 있는 부분이 있다.

또한, 주체사상에서 말하는 역사 주체로서 인민대중은 단순히 대중집단을 의미하는 것이 아니고 사상 의식으로 무장된 인민대중으로 사상 주체, 자주적 주체의 개인이자 조직을 말한다. 이는 동학에서 누구나가 시천한 인간이 아니라 정성과 공경으로 자신의 한울님을 깨달은 자만이 시천한 인간이고 이러한 시천을 통해서 동귀일체로 나갈 것을 주장하기에 양자는 상통한다.[62] 즉 주체사상이 역사 주체를 인민대중으로 한 점은 동학이 역사 변혁을 독립된 개인에서 찾지 않고 한울적 동귀일체에서 찾는 것과 상통한다. 동귀일체란 각자의 이기적 자아를 전환시켜 모두 한울님으로 돌아가는 것이요, 동귀일체의 공동체란 자연과 사회를 하나의 생명 공동체로 보고 상부상조하며 더불어 살아가는 사회 체제를 말한다.[63] 주체사상

---

61 심영호, 앞의 책, 17쪽.

62 『의암성사법설』, 明理傳

도 개인의 이익과 탐욕이 아닌 인민 전체의 이익을 지향하는 보편아를 나타내고 있다.

> 사람의 이익으로부터 출발한다고 할 때, 그것은 사회적 집단과 동떨어진 개인의 치부와 향락, 출세욕과 같은 탐욕적인 이기적 욕망이 아니라 자연의 구속과 사회적 예속에서 벗어나 자주적으로 살며 발전하려는 사회적 인간의 본성적 요구를 실현해 주는 이익이다.[64]

그러나 주체의 훈련에 있어 양자는 상이하다. 동학은 자기 안의 개별아를 위하는 것이 아닌 한울아我를 위한 삶이 되기 위해서 성경신의 수행을 강조한다. 반면 주체사상은 동학과 같은 수심정기의 방법보다는 탐욕과 이기심을 버리고 인민 전체의 이익을 위한 통제와 혁명의 사상 의식을 강조한다. 즉 동학은 각성의 훈련이 강하고 주체사상은 수령과 당에 의해 지도되는 계몽적 도덕주의가 강하다고 할 때 그 차이점을 드러낸다. 또한 동학이 한울님을 위해 산다 할 때, 그 내용이 구체적으로 명시되지 않고 인간 개인에게 맡겨지지만, 주체사상은 '인민 전체의 이익'이라는 목적의식이 구체적으로 제시되고 객관화 된다.

---

63 표영삼, 「동학과 민주사회주의」, 『민족문제연구』4, 경기대학교 민족문제연구소, 1997, 338쪽.

64 심영호, 앞의 책, 91쪽.

3) 역사 · 세계관의 비교

주체사상에서 사람의 자주적 요구에 의해 개조되고 발전된 새로운 세계는 다시 인간에게 작용하여 새로운 요구를 제기하면서 더욱 높은 단계로 발전해 나가게 된다.[65] 인민대중의 자주적 요구는 그 자체가 일정한 지향성과 상승성을 가지고 발전해 나가는 가동적인 요인이다. 그리고 이 역사 발전은 빈터에서 생겨나는 것이 아니라 기존의 낡은 통일체와의 연계 속에서 생겨난다. 천도교 역시 다음과 같이 말한다.

> 우리 인간을 통해서 계속적으로 지어져 나아가는 역사적 상태의 일체는 낮은 데로부터 높은 데에 이르는 인류 사회의 무궁한 발전상에 놓인 잠시적 단계에 지나지 못한다. 각 단계는 그야말로 필연의 것으로서 그 단계를 발생케 한 그 시대와 그 조건과에 대해서는 존재할 이유를 가지나 그것이 노쇠함으로 말미암아 그 자신의 태내에서 점차 발달해서 나타나는 더높은 더 새로운 조건에 대해서는 그 존재할 이유를 가지지 못하는 것이다. 그리하여 그 전단계는 소폐되고 그보다 더 새로운 단계는 지어지는 것인 바 이것이 그 시대 사람으로서 실천에 의해서 파악할 현실이라는 것이다.[66]

동학 · 천도교와 주체사상 양자는 모두 끊임없는 역사의 생성을 전

---

65 사회과학출판사, 『주체사상의 사회역사원리』, 백산서당, 1989, 113쪽.

66 김기전, 「일상생활의 의식적 건축」, 『別乾坤』7, (1929.12).

제하여 새로운 역사는 기존의 것을 계승하고 혁신하면서 통일되어 가는 세계관을 말하고 있다. 한편, 주체사상은 자연을 인간을 위한 착취의 대상으로 보는 인상을 주는데, 이는 동학의 '이천식천以天食天'과 비교된다. 동학과 같은 생명사상에 있어서 한울로써 한울을 먹는 이천식천은 세계를 창조하는 행위이다. 동학은 인간-자연-한울의 생명공동체를 지향하면서 모든 존재가 한울의 표현이요 단지 인간은 그 중에서 가장 신령한 존재로 인식될 뿐이다. 해월이 이천식천을 말하여 자연을 취해 성장하는 인간을 말하였으나 이는 어디까지나 천지부모의 전제 하에서이다.

한편 주체사상에 있어서 자연을 통제하여 세계를 개조하는 것 역시 창조 행위이다. 주체사상은 세계가 객관적 법칙에 따라 운동 발전하기 때문에 그 법칙을 인식하고, 작용 조건을 조절·통제하여 자기에게 불리한 사물 현상을 사람을 위해 복무하는 사물현상으로 개조할 수 있다고 주장한다.

5. 탈분단시대의 남북 공유 가능한 교육 이념으로서의 통합적 인간

분단 이후 남한은 반공의 역사 속에서 북한에 대한 부정적인 의식을 키워 왔다. 남한은 개인주의와 개방성을 인정하는 사회인데 반하여, 북한은 지나친 집단성과 폐쇄성을 추구하는 사회로 인식되거나 주체사상에 대한 부정을 전제로 일당 독재체제, 편협한 폐쇄적 민족

〈동학과 주체사상의 비교〉

		동학 · 천도교	주체사상
인간관	접점	①인간이 곧 사회 역사를 포함한 우주 전체(인내천의 한울생명체) ②인간의 본질을 후천개벽, 보국안민의 역사창조자에 둠 ③인간은 한울님을 내재한 존재로서 무한한 개성과 한울의 창조자	①사람이 사회적 본성과 환경에 의해 규정되는 인간이면서 사회 전체를 대표하는 자주성, 창조성, 의식성의 사회적 존재(사회 · 정치적 생명체) ②인간본질을 세계를 개조하는 역사변혁자에 둠 ③인간은 인간 외부에 설정된 집단전체의 이익과 관련하여 자기를 규정하는 사회의 창조자
	차이	①인간과 자연, 우주를 통일한 전체적 생명체	①인간과 사회를 중심으로 놓는 집단적, 그리고 사회 · 정치적 생명체
역사관	접점	①인간이 역사 주체 ②각각의 역사단계는 낮은 데로부터 높은 단계로 이르는 계승과 비판의 일시적 단계	①사람(인민대중)이 역사 주체 ②각각의 역사단계는 기존 것의 계승과 혁신 속에서 발전하는 가동적 단계
	차이	①성경신의 수행으로 한울님을 모셔 동귀일체하는 보국안민, 광제창생하는 인간(인간, 민족, 자연 모두의 이익 지향) ②실천의 준거: 한울님을 위해 사는 것으로 그 내용은 구체적으로 규정되지 않고 개인에게 맡겨짐	①욕망의 일상의식이 아닌 인민을 위한 사상의식으로 무장된 계급적(민족을 우위에 놓는 계급적) 인민대중(인민 전체의 이익을 지향) ②실천의 준거: 인민전체의 이익과 과학적 지식으로 그 목적내용이 구체적으로 명시되고 객관화됨.
세계관	접점	①관념과 물질의 통일 ②인간 개체와 우주 전체 통일	①관념과 물질의 통일 ②인간 개체와 사회의 통일
	차이	①인간과 자연을 통일	①인간과 자연을 분리하고 자연을 인간을 위한 수단으로 봄

주의, 수령론에 따른 인간의 몰주체를 비판했다.67 또한 남한의 교육이념은 교육법에 명시된 대로 홍익인간, 민주주의, 다원주의(개성중시),

67 권성아, 『홍익인간사상과 통일교육』, 집문당, 1999, 20, 85쪽.

자유주의라 할 수 있고 북한의 교육 이념은 공산주의, 주체사상, 집단주의, 평등주의, 획일주의로 갈라 말했다.68

최근의 한 연구는 상호작용적 보편주의를 실현할 수 있는 교육적 덕목으로 신뢰·돌봄과 협력, 갈등의 고려와 다름에 대한 존중, 보편성의 재개념화를 제시하고 이를 통해 남북 상호 이해의 통일적 기초를 제안하고 있다.69 이 외에도 시민 윤리의 향상, 민주화, 다원주의, 공동체주의, 평화교육 등의 교육 덕목으로 남북 통합을 시도하고자 하는 움직임도 있다. 동학과 주체사상의 비교를 통해 남북이 공유할 수 있는 교육 이념으로서 '통합적 인간'을 모색하는 것 역시 그 중 하나의 시도가 된다. 남북이 민족 화해와 자주를 이루기 위해서는 상호 체제를 인정하고 북한 내부의 정서와 논리를 이해하여 대화할 필요가 있다. 어떤 것도 절대악, 절대선은 없다. 이제 우리는 북한 체제에의 적대감과 비판에만 그칠 것이 아니라 긍정적인 면과 선善도 함께 찾아가야 한다. 그리고 그 선을 갖고 북한에 요구하고 대화해야 한다.

북한의 교육은 주체사상에 기초하고 있고, 그 목적을 사회와 인민 전체를 위해 사는 집단주의에 두면서 인간 개체의 자주성과 창조성 발휘를 강조한다. 일찍이 루소는 국가적 교육이 시민 개개인의 본성과 조화를 이루기 위해서는 시민이 국가를 개인으로서의 자신의 삶의 전체라고 생각할 수 있어야 한다고 했다. 즉 국가는 근본적으로 하나

---

68 유영옥, 『남북교육론』, 학문사, 2002, 117, 247쪽.

69 이기범, 「남북한 상호이해와 상호작용적 보편주의」, 『교육철학』25, 2002.2, 104~116쪽.

의 거대한 가족이며 통치자와 피치자의 관계는 아버지와 아들의 관계가 더욱 발전된 것에 지나지 않는다[70]는 것이다. 이러한 맥락을 북한 체제에도 순수하게 적용한다면 북한이 교육에서 지향하는 "하나는 전체를 위하여, 전체는 하나를 위하여"[71]라는 공산주의적 원칙과 이를 실현하기 위한 공산주의적 새 인간[72]은 개인을 희생하는 것이 아니라 사회 전체와 개인의 이익이 분명 일치할 수 있다는 것을 전제한다고 볼 수 있다. 이는 서구 개인주의와 달리 인간 개인의 형성과 자유를 전체와 관련하여 이해하고 있는 것이다. 주체사상에 있어 자유는 인민 전체를 위한 자주적 요구로부터 얻어지는 것이고 이를 위한

---

70 William Boyd, The History of Western Education, Adam & Charles Black: London, 1950, p.296.("Again, the State is fundamentally one great family, the relation of ruler and subject being but a further development of the relation of father and child.").

71 위의 책, 27쪽.

72 북한 사회주의 헌법 제43조에는 "사회주의 교육학의 원리를 구현하여 후대들을 사회와 인민을 위하여 투쟁하는 견결한 혁명가로, 지덕체를 갖춘 공산주의적 새 인간으로 키운다."(사회과학원, 앞의 책, 22쪽.)고 명시하고 있다. 북한 교육의 특징은 한마디로 혁명의 원리와 혁명가적 인간상에 의하여 규정된다는 점에 있다. 혁명적 인간은 수령·당·인민에 대한 충성과 주체사상을 중심으로 사고하고 투쟁하는 인간유형이라 할 수 있는데 이는 남한사회의 눈으로 볼 때, 사상의 획일성과 폐쇄성을 우려하게 하는 대목이다. 그러나 한 민족의 발전이 자신들이 역사적으로 추구해 온 맥락과 이상을 버팀목으로 자신 외의 사상을 환류시키는 것이라면 북한은 그 중심을 주체사상에 놓고 다른 여타의 사상을 검토해 가는 입장으로 볼 수 있다.

각자의 다양한 역할이 개성화이다. 인간의 개성화와 자유의 실천은 전체와 동등한 입장, 그리고 전체적 입장에서의 행위이므로 개성화와 집단주의가 맞물릴 수 있다는 것이다.

한편 남한은 개인주의 교육에 중점을 두어 미국의 경우처럼 전체와 관련시키기보다는 능력과 자유 경쟁의 선발에 입각해 사회 발전을 의도하고 있다. 해방 후 남한은 미국의 교육을 모델로 하여 6-3-3-4 제의 교육제도를 실시하고, 이념적으로 진보주의의 새 교육운동, 행동과학연구소의 설립과 완전학습, 구성주의적 자율교육 등으로 점철되어 왔다. 이는 크게 보면 미국적 개인주의 교육의 이식사라 할 수 있다. 또한 북한도 소련을 모델로 하여 사회주의 건설과 자력갱생을 위한 집단주의 교육에 초점 맞추고, 일찍부터 무상 의무교육을 실시하였으며 이념적으로 주체사상에 기초하고 있다.

탈분단시대를 향한 현 시점에서 남북한이 교육 이념을 공유하고 내면적 사유와 문화의 유대감을 갖기 위해서는 남북한 서로가 개인주의 교육과 집단주의 교육에 대해 이해하려는 노력이 필요하다. 자유주의와 개인주의를 표방하는 미국 프래그머티즘은 현재 신실용주의로 발전하여 인간의 사적 영역을 공적 영역으로부터 분리시키고 보다 더 무한한 자유를 요구하고 있다. 여기에는 사회에 대한 책임의식이 원천적으로 부재하다.[73] 이는 미국의 프론티어 문화에 걸맞는 이념이다. 특히 오늘날 반정초주의와 지식 교육에 대한 비판이 일상화된 현

---

73 곽덕주, 「로티의 포스트모던적 교육이상인 자유주의적 아이러니스트 개념에 대한 재고찰」, 『교육철학』25, 2000, 3쪽.

실에 있어서 이는 우리에게 더욱 친근하다. 그러나 이러한 지나친 개인주의 교육은 오히려 역사적으로 제국주의자들에 이용당해 왔음을 간과해서는 안 된다. 무솔리니 파시스트 정권 하에서 진행된 교육 개혁의 주된 모토가 아동의 흥미와 실용이었고[74], 일제 식민지 말기, 지식 교육을 비판하면서 그림연극과 동화를 통한 교육을 주장한 것 역시 아동의 흥미를 주장한 것이었다는 것을 상기할 때, 미국식 아동중심의 자유주의 교육은 탈역사화, 정치에의 무관심, 형이상학의 부재를 낳는다[75]는 것이다. 이는 또한 지배자들이 대중을 쉽게 조종하고 여론을 조작할 수 있게 해 준다.

따라서 강자의 입장이 아닌 약자의 입장에서 그리고 역사적으로 부여된 시대적 과제가 선명할수록 교육은 사회에 대한 책임과 목적이 강조된다. 북한의 집단주의 교육은 이러한 측면에서 일부분 이해될 수 있다. 물론 집단주의 교육이 정당성을 얻으려면 그것을 추진하는 정부 권력이 전체를 위한다는 보증이 있을 때 가능할 것이다. 이러한 보증이 없다면 파시즘으로 전락한다. 그리고 그 보증이 있다고 할지라도 인간 교육의 목적을 획일적으로 객관화하여 설정한다는 것 자체가 인간성에 맞지 않는다. 그러나 집단주의가 갖는 그 정당성을 비판하기에 앞서 미국의 프래그머티즘에 기초하여 북한 교육을 평가하는

---

74 오성철, 「그람시의 교육론」, 『논문집』37, 청주교육대학교, 2000, 326쪽.

75 梅根悟, 심임섭 역, 『근대교육사상 비판』, 남녘, 1988, 78~96쪽, 참고.(우메네 사또루는 유럽의 아동 중심 교육이 미국으로 건너가면서 변질된 그 왜소성을 흥미 이용의 자본주의 문맥, 교수 학습의 측정운동, 정치의 도구화로 특징지었다.)

것은 북한에 대한 이해를 축소시키게 된다. 구소련의 교육학자 마카렌코는 집단주의 교육의 의미를 다음과 같이 말한다.

> 집단이란 인간이 자각적으로 목적 지향적인 활동을 한 결과로서 만들어진 사회의 세포로서 사회의 성원은 서로 의존하고, 전인민에 의한 공통된 목표를 추구하며, 전체와 개인의 행복을 공동의 노력에 의해 보장받는 것이다. 따라서 인민전체의 목적과 개인의 목적은 조화하고 집단은 집단전체의 주권을 확립하고 있다. 그리고 집단의 전체적 목표가 설정되어 학습자의 내면적 지평을 형성하기 시작한다. 우리들은 우리들의 사회에 의해 필요한 인간을 육성하는 의무가 있다. 집단은 사회에 의해 분명히 유용한 제 과제를 기초로 사람들을 단결시킨다고 하는 조건이 있는 경우에만 존재 가능하다. 교육학적 논리의 전개는 사회가 제기한 과제로부터 출발하지 않으면 안되고 또한 이 과제는 집단 안에 이미 표명되어 있다. 교육의 과제는 집단주의자를 육성한다고 하는 것에 귀착한다. 동료에 대하여 복종할 수 있는 것은 同權을 가진 집단 멤버에 의한 대한 복종이기 때문이다. 그리고 인간의 다양성을 무시한 교육은 피상적이 된다. 그리고 교육하는 것은 교육자 자신이 아니고 환경이다.[76]

구소련이나 북한의 집단주의 교육의 공통성은 교육의 목적을 사회전체 인민의 공통된 목표에 놓고, 개인의 목적과 집단의 목적을 일치

---

76 A.C.Makapehko、海老原遙・橋迫和幸 譯, 『集團主義と個人の教育』新讀書社, (1977), 13~16쪽.

시키면서 개인의 다양성을 발휘하도록 하는 환경 교육에 있다.

그러나 개인주의적 교육의 입장에서 볼 때, 집단주의 교육이 갖는 "개인과 집단의 이익에 있어 조화 혹은 일치"는 분명 곤혹스런 부분이다. 반정초주의 교육에 기초한 교육 목적의 자기 생성과 교육 과정 및 학습의 자율은 집단주의 교육과 팽팽히 맞서는 듯하다. 따라서 바로 여기에 북한과 같은 집단주의 교육이 성찰해야 할 과제가 주어진다. 즉, 집단주의 교육이 개인의 이익과 목적을 집단 전체의 것과 조화시키기 위해서는 교육 목적의 대전제를 두더라도 폭넓게 열린 구조를 만들어야 하고, 결과는 학습자 개인에게 맡겨 통제하지 말아야 할 것이다. 어떠한 목적과 규범을 설정하더라도 그것이 명시적이고 객관화되어 있는 한 전체 인민의 개성화를 포괄할 수 없다.

아동 중심의 개인주의 교육과 목적 지향의 집단주의 교육 양자 모두는 기존 사회 구조를 떠나서 이해될 수 없다. 일단 학습자는 어떠한 경우이든 기존 사회구조라는 맥락 속에서 교육된다. 인간은 태어나면서부터 사회화가 되고, 자연스럽게 이를 자신의 정체성으로 삼는다. 개인주의 교육은 인간이 사회로부터 자유로울 수 있고, 인간의 개성과 다양성이 무한히 확장될 수 있음을 중시하며 이를 자유민주주의 사회가 보장해 준다고 믿는다. 그러나 개인은 먼저 사회에 태어나고 그 사회 구조의 지배를 받는다는 것을 이들은 망각한다. 인간의 개성과 자유는 그 구조 속에서의 개성이고 자유이며, 사회를 보면 그 개인을 아는 것이다. 개인주의 교육이 정치의 도구화가 되는 것은 집단주의 교육만의 경우에 못지않다. 개인주의 교육에 있어서 개인은 모든 것이 자신의 흥미와 관심 속에서 이루어지는 행위이기에 독립적이라고 생각하지만 그 행위는 사회 구조에서 이탈되지 않는다. 개인주의 교육은 힘의 분산과 파편화로 오히려 사회 적응은 가능할지 몰라도 사회 구조를 개혁하는 것은 어렵고 기존의 구조를 강화하는 것은 쉽다.

이에 탈분단시대의 교육 이념으로 제시될 수 있는 것은 '통합적 인간' 형성의 교육이다. 이는 집단주의 교육과 개인주의적 교육의 양 극단적 편향을 지양하여 인간의 개성화를 전체와 관련짓되, 개인의 형성이 자율적으로 실천되는 것을 지향한다. 개인과 전체를 아우르는 '통합적 인간' 형성의 교육은 전체와 관련한 개성화 교육이다. 다시 말해서 인간은 전체로서의 존재 기반을 가지면서 개성을 실현하는 개체이다. 이는 지극히 전통적인 사유이기도 하고 동학과 같이 관념론(주관)과 유물론(객관)을 통일시키는 교육으로서 남북이 서로 이해하고 대화하려는 노력이 있다면 상호 공유가 가능할 것이라 생각한다. 또한 '통합적 인간' 형성의 교육 이념은 관념과 물질 어느 하나에 편향하지 않고 몸과 마음, 대상과 주관을 분리시키지 않는다는 점에서 탈근대적 사유에 기초하는데 이러한 반정초주의적 교육은 자유주의 교육에 기초한 남한만이 가능한 것이 아니라 북한의 집단주의 교육 내에서도 가능하다고 본다. 특히 주체사상의 인식론을 보면 인간은 객관 대상과의 관련 속에서 감성적 인식을 이루고, 이 이성적 인식이 다시 감성적 인식에 영향을 주면서 이론과 실천을 통일시키고 있다. 다시 말해서 주체사상의 사유에도 탈근대적 요소가 없는 것이 아니기 때문에 공유가 불가능하지 않다.

> 현실세계에 대한 사람들의 인식은 감성적 인식에로부터 시작된다. 이 감성적 인식은 사물의 외적 측면인 현상에 대한 인식이다. 즉 사람들의 감각기관이 사물현상에 직접 작용해서 이루어진 생동하는 인식이다. 감성적 인식에는 감각·지각·표상과 같은 인식 형태들이 있다.[77]

끝으로 '통합적 인간' 형성의 교육은 자연 생명을 착취 대상으로 보는 것이 아니라 자연을 인간과 같이 동등히 여기는 생명 교육과 결부된다.[78] 근대의 이성 주체로서 인간 중심의 자연관은 과학기술에 대한 맹신과 환경 폐해를 낳아 인간 삶을 황폐화시키고 있다. 북한의 주체사상에서 주장하는 것처럼 자연을 인간을 위한 착취와 수단으로만 파악하는 것이어서는 안 되고 한울 생명체라는 사유 속에서 인간도 하나의 자연일 뿐임을 인식해야 한다. 이 역시 남북한이 공유해야 할 과제일 것이다. 탈분단시대의 교육 이념으로서 '통합적 인간'은 인간 이해의 존재 기반을 한울 전체와의 관계망에 둔다. 북한이 갖는 집단주의 교육의 맥락과 남한이 갖는 개인주의 교육의 맥락이 서로의 성찰을 통해 서로를 이해하여 상호 대화한다면 우리는 더 큰 하나가 될 것이다.

---

77 편집부, 앞의 『세계와 인간–주체의 존재·인식·실천』 72쪽.

78 개체주의 교육과 집단(계급)주의 교육의 저변에 흐르는 인간 중심주의는 환경 위기에 적절히 대응할 수 없음을 주장한 논문으로 "노상우, 「천·지·인(天·地·人)의 일원론에서 본 환경교육의 철학적 기초: 동학사상을 중심으로」, 『교육학연구』32, 1994."가 있다.

6. 맺는 말

본 연구는 남북 교육 이념의 '공유점 찾아가기'의 한 시도였다. 북한은 주체사상에 입각하여 집단주의 교육을 실시해 왔고 남한은 미국식 자유주의에 기초하여 능력별 개인주의 교육에 비중을 두어 왔다. 주체사상은 북한 주민의 내면을 형성하는 중심축이고 아울러 교육에 그대로 반영되는 것이기에 정치적 맥락을 떠나 그 철학 자체가 남북 통일을 위한 교육 이념 모색에 포함된다. 또한 김일성과 동학·천도교는 항일 투쟁 시기부터 깊은 관련을 맺고 있고, 이민위천以民爲天을 말하는 김일성의 주체사상에는 분명 동학적 영향이 있기에 동학을 매개로 북한의 집단주의적 교육과 남한의 개인주의적 교육의 통합을 모색할 수 있다. 즉 동학과 주체사상의 접점의 측면은 인간을 사회와 한울 전체 속에서 관련지어 이해하고, 사람 주체에 의한 세계 변화를 말하며 인간 개체와 전체를 통일시키고 있다는 점이다. 또한 남한에 편만한 개인주의적 교육에서 개인의 자유와 인간 형성을 전체와 관련하여 성찰할 수 있는 길을 동학이 설명하고 있고, 또한 북한의 집단 편향의 규범적 교육을 비판하는 역할로 동학을 주목한다. 이에 남북이 공유할 수 있는 교육 이념으로서 '개인과 전체를 통합하는 인간' 제시할 수 있다. 이는 개인과 전체가 인간 안에서 공존하는 새로운 통일교육의 사유라 할 수 있다. 개인주의와 집단주의 교육을 통섭할 수 있는 교육 이념으로 통합적 인간을 제시하며 이를 위한 방법론적 문제는 후속 과제로 남겨 두고자 한다.

제11장 북한 집단주의 교육과 J. Dewey의 개인주의 교육 비교

1. 머리말

북한의 집단주의 교육은 주체사상을 기초로 사회주의 인간을 만드는 것에 목표를 두고 있고, 여기에는 서구 근대의 발전과 속성이 계승되어 있다.* 주체사상의 김일성 우상화론이나 최근에 연구되는 탈근대성을 부인하는 것은 아니지만 집단주의 교육의 근본적 바탕을 깔고 있는 근대성 또한 간과할 수 없다. 한편 남한을 지배해 왔던 대표적인 교육 사조는 듀이즘이라 할 것이다. 해방 이후 남한의 교육은 듀이에 대한 소개와 아울러 새 교육이라는 이름 아래 미국 교육을 이식해 왔다.

듀이에 대한 연구 역시 다양한 입장에서 전개되고 있다. 실용주의에서부터 서구 근대 계몽주의의 미국 판으로 규정하기도 하고 어떤 연구자는 기독교적 입장에서 듀이를 현상학적으로 해석하고 있다. 그러나 듀이에게 나타나는 근대성 또한 간과할 수 없을 것이다. 듀이는 집단주의를 비판했고 북한 또한 듀이 및 로티의 사상을 가장 힘주어

비난한다. 그럼에도 불구하고 서로의 그 차이만큼 양자는 닮아 있다. 그것은 서구 근대의 산물인 집단주의와 개인주의를 각기 자국의 방식대로 계승하면서 새로운 변형을 가하였기 때문이다.

본 연구에서 분석하고자 하는 근대성의 개념은 교육에 결합된 서구 근대사상과 정치·사회체제 이념, 그리고 이것이 공교육으로 발전되면서 형성되었던 근대교육 조직의 특성을 포함한다. 그리고 그 비교분석 틀로서 사회 진보의 법칙, 루소를 중심한 개인주의와 집단주의적 전통, 이성 주체, 과학 중시 등의 측면에서 양자를 비교하고자 한다. 북한의 집단주의는 근대에 형성된 노동자 자기 교육의 집단 교육과 사고교육에 있어 노동 기술의 결합을 계승하고 있다. 한편 듀이의 개인주의는 아동의 자연 발달과 개인의 특이성을 사회 진보의 수단으로 강화하는데, 양자 모두 과학기술의 진보와 사회법칙의 객관화를 존속시킨다.

본 연구는 탈근대를 지향하는 현 시점에서 탈분단의 교육은 탈식민, 탈근대의 교육과 무관할 수 없다는 인식 하에, 남북한이 지속시키고 있는 근대성의 교육을 분석하여 새로운 전망을 갖는 데 목적이 있다. 일제 강점기 이래로 진행되어온 식민지 근대교육으로서 교화 교육이 해방 후 청산되지 못했고, 주체적인 교육 전통을 세우기보다 북한과 남한에 의해 집단주의와 개인주의로 양극화되어 가는 현실이다. 이에 양자가 갖는 근대성과 그 한계점을 검토하는 가운데 사고교육을 비교하여 탈분단시대의 사고교육을 전망해 보고자 한다.

2. 근대교육의 성격과 개인주의와 집단주의적 전통

1) 근대교육에서의 집단주의 교육의 원류와 발전

서구 근대교육에 있어서 집단주의와 개인주의 교육의 전통은 자본주의와 사회주의의 근대 체제에서 태어난 쌍생아이다. 그리고 그 근대교육사상의 핵심에는 루소가 서 있다. 근대교육학의 원류이자 최초로 아동의 발견을 이룩한 것은 루소였다. 그의 소극적 교육은 지식을 주기 전에 그 도구인 모든 기관을 완성하도록 하고, 감관의 훈련에 의해 이성을 준비하는 것을 말한다. 그리고 이는 단지 어린이들의 인권을 지키거나 어린이의 발달 원리를 이용하여 교육 효과를 기대하는 것과 함께 보다 중점적으로는 현실의 기성 문화를 변혁하는 것에 교육 목적이 있다. 루소는 인간 교육에 의해 사회개혁론을 함께 본 것이었다.[1] 결국 루소는 일반의지로서 이기적 개별의지를 지배하는 사회 체제를 구상하였다. 그의 사상에는 개인주의와 집단주의가 공존한다. 개인주의가 갖는 자연적 발달의 원리와 전체의 이익을 구현하는 일반의지 및 노동의 강조는 개인과 사회를 결부시킴이다.

---

1 世界教育史研究會 編, 『フランス教育史Ⅱ』, 世界教育史大系10, (東京:講談社, 1975), pp.287~289, 302.

> 나는 국가 기관의 활동이 공통된 행복 이외의 방향으로는 향하지 않게 하기 위해서 주권자와 민중이 오로지 단 하나의 이해밖에 갖지 않을 수 없는 나라에 태어나기를 바랐을 것입니다.[2]

개인의 개성화도 궁극적으로 전체 인민의 이익과 타당성을 대변하는 일반의지를 실현하는 것을 목적하여 개인주의와 집단주의의 단초를 만들었던 것이다. 루소의 『에밀』은 자연인적 자유인의 형성을 직접적 목적으로 한 논문이었지만 이는 동시에 근면한 생산자에 의한 자유한 사회와 그 실현을 지향하는 시민적 인간 형성을 과제로 한 시책이었다고 말할 수 있다. 자연인의 개인 형성은 공공적이고 공통적인 교육의 형태로 이루어지는 조국의 시민, 즉 국민 형성의 문제와 긴밀한 관계를 가지는 것이 된다. 합법적 혹은 민중적 정부는 민중의 행복을 목적하는 정부이고 그 의무의 지침은 "공公의 이성=법"이 아니면 안 된다.[3] 루소는 결코 편협한 개인주의자는 아니었다. 개인은 무엇보다도 우선 그 국가를 사랑하는 공민이 될 것을 그는 주장했던 것이다.[4]

루소에서 볼 수 있는 집단주의 교육의 단초는 전체의 이익을 개인과 결부시키고 교육에 노동을 결합한 것에 있다. 루소는 『에밀』에서

---

2 루소, 『학문・예술론』, 세계사상대전집8, 서울: 대양서적, 1975, 89쪽.

3 世界教育史研究會 編, 『フランス教育史I』, 世界教育史大系9, 東京: 講談社, 1975, 108~110쪽.

4 長田新, 『近世西洋教育史』, (東京: 岩波書店, 1933), pp.122~124.

"사회 속에 있는 한 인간은 필연적으로 남에게 의존해서 생활하고 있기 때문에 그는 그 생활의 대가를 노동에 의해서 갚아야 한다."[5]고 하여 노동을 강조하고 있다.

한편 루소 이후로 근대 사회의 이념과 현실이 착종되어 생겨난 근대교육 조직은 집단주의와 개인주의 교육의 특성을 형성하는 데 중요한 요인이 된다. 근대교육 조직의 성격은 크게 4가지의 형태로 정리된다. 하나는 제3계급(시민계급)의 사사성私事性[6]의 원칙에 의한 공교육이고, 다른 하나는 대중교육 조직으로 이는 3분된다. 집단이라는 개념 그 자체로 시작되었던 코메니우스의 '대량 집단 교수', 지배계급에 의한 '노동자 대중의 교화 조직', 그리고 노동자의 계급적 자각을 전제로 한 '노동자의 자기 교육 조직'이 그것이다.[7] 여기서 '대량 집단 교수'란 공장에서 상품을 대량 생산하는 것과 같이 한 명의 교사가 백 명의 학생을 가르치는 교육의 새로운 형태를 말한다. 코메니우스가 제창한 학급 조직의 집단화가 그 대표적인 예이다. 둘째 '노동자 교화 조직'은 영국의 산업혁명 과정에서 대량 교육이 요구되면서 도

---

5 루소, 『에밀』, 세계사상대전집8, 서울: 대양서적, 1975, 396쪽.

6 근대교육의 특징으로서 교육의 사사성(私事性)이란 국가가 기술, 과학 등 객관적 지식을 가르치고 아동의 내면적인 도덕이나 종교에서는 불간섭한다는 원칙을 말한다.

7 엄밀히 말해 집단 교육 조직의 성격은 넷으로 나눌 수 있다. 본문에서 제시한 것 외에, 지배자 가운데 민중에게 자유를 주고자 한 소수를 포함시킬 수 있다.(世界教育史研究會 編, 『イギリス教育史 I』, 世界教育史大系7, (東京: 講談社, 1974), pp.223, 267).

시에 살고 있는 노동자, 하층 시민의 자녀들에게 읽기, 쓰기, 셈하기와 성서의 초보 등을 가르치는 학교로서 사회 불안의 방지와 질 좋은 노동력을 확보하기 위한 조직이다. 일요 교회 학교에서 랭카스터나 벨 등이 만들어낸 집단 교육은 빈민 노동자들을 약간 가르쳐서 복종의 습관과 태도를 만들어내는 교육이었다.[8] 18세기 전형적인 귀족주의적 사회 체제를 가지면서 교육에 대한 이러한 복선적 태도가 현저하게 나타난 국가는 영국이었다. 그 당시 영국에 있어서 교육은 모두 상류계급이 독점하고 있었고, 상류계급 이외의 사람에 대하여는 교육이 불필요하다고 생각했다. 하층계급은 생각하는 것이 아니고 단지 일하는 것이 그 임무이며 명령에 복종하고, 지배계급이 지운 임무에 종사하는 것이 좋다고 여겼기 때문이다.[9]

셋째는 '노동자의 자기 교육 조직'으로 R. 오웬과 같은 사회주의적 집단 교육의 성립이다. 오웬에 따르면 국민의 배움과 가르침의 본질은 개인과 국가의 장래의 행복에 공헌하는 태도와 습관을 아이들에게 심어 주는 것이다. 오웬의 교육이 사회주의 교육이라고 불리는 것은 그가 모든 아이의 인간적 능력의 전면적인 발달을 도모했다는 것뿐만 아니라 개인의 성장과 행복을 주변 동료나 폭넓은 사회 전체의 행복과 결합에서 생각한 데서이다.[10] 이러한 입장은 노동자 계급의 단결과 자기 계급의 이익을 반영한 학교 교육의 성립을 낳게 된다. 노동

---

8 梅根悟, 심임섭 역, 『근대교육사상 비판』, 서울: 남녘, 1988, 101쪽.

9 細谷俊夫, 『近代社會の教育』, (東京:朝倉書店, 1947), p.22.

10 梅根悟, 앞의 책, 106~109쪽.

자들의 의식이 깨이고 세력화되면서 노동자 자신들의 계급을 위한 자유 교육이 주장된 것이다. 이는 개인의 이익을 노동자계급 및 인류의 이익과 결합하고 단결하여 행동하는 노동자 계급의 집단주의로서 그 행동을 지도하는 과학적 인식의 발아이기도 하다. 이는 다음과 같은 특성을 지닌다.

> 첫째, 한 가지 기술에 얽매어 있던 인간 소외로부터 벗어나 종합적인 기술을 소유하는 것.
>
> 둘째, 지적 노동과 육체적 노동과의 분리 극복.
>
> 셋째, 공장노동과 학교 교육을 결합하는 것에 의해, 노동자의 집단주의를 몸에 익힘.[11]

서구 근대 시기에 생겨난 종합 기술 교육과 육체 노동과 사고교육의 결합, 그리고 공장 노동과 교육의 결합과 같은 특징은 마르크스-엥겔스의 기본적인 사상에 근거하여 크루프스카야에게서, 마카렌코에게서 그리고 북한 집단주의 교육에서 인정되었다.

2) 서구 근대 개인주의 교육의 원칙과 전개

집단주의뿐만 아니라 개인주의 교육 전통 역시 근대교육 이념에서 잉태되었다. 근대의 교육 이념[12]은 첫째, 인권 사상의 맥락에서 나온

---

11 위의 책, 116~117쪽.

아동의 권리와 학습권 보호, 둘째, 자연적 발달 원리에 입각한 아동의 성장과 개성 존중, 셋째, 인간의 내면 형성에 관계된 문제는 국가 권력이 간섭해서는 안 되는 사사성私事性의 원칙, 넷째, 이성의 개발, 과학적 지식의 중시, 사물 교육과 자연 발달의 원리 중시, 언어 교육 등을 전제한다. 정치적 자유주의 국가 체제에 있어서 교육의 기본적 원칙은 자유주의의 개념으로 변화되어 교육은 개인 아동의 자연과 조화

---

12 서구 근대교육 이념에 영향을 준 계몽주의의 핵심적인 사상은 자연, 이성, 진보라는 세 가지 개념으로 요약될 수 있다. 자연이라는 개념은 보편적인 법칙에 지배되는 뉴턴의 인과관계로서의 합리적 질서를 암시한다. 이러한 자연은 과학적 세계관으로부터 빌려온 것이며, 경험 세계에 적용된 표준이었다. 그리고 그것은 당시의 개혁가들이 절대주의에 대한 그들의 반항을 정당화하기 위하여 자연법칙이라는 개념으로 공식화시킨 것이다. 세계를 수학법칙에 따라 규칙적으로 작용하는 하나의 거대한 기계로 보았던 것이다. 이처럼 자연법칙은 계몽주의 시대의 모든 학문 분야에 있어서 과학적이고 자연적인 설명의 기준이 되었다. 또한 이성이라는 개념은 자연법칙이라는 기준을 적용하기 위한 도구로 인식되었다. 계몽주의자들은 이성을 모든 사물이나 현상의 표면적인 차이, 고착된 전통과 편견, 그리고 잘 드러나지 않는 실체의 핵심 속에 침투시켰다. 결국 이성이 인간을 지배하면 자연적인 관계와 합리적인 제도나 원리 등을 발견하게 되며, 그럼으로써 인간은 행복하게 된다고 계몽주의자들은 믿었다.(주영흠, 『자연주의 교육사상』, 서울:학지사, 2003, 26~ 28쪽) "우리는 이성을 통해서만 진리를 파악한다. 그리고 우리의 이성은 우리의 감각을 통해서만 계몽된다. 이성이 말하지 않는 것을 우리는 알 수 없으며 그것을 알려고 하는 것은 시간을 낭비하는 어리석은 짓일 뿐이다. 초자연적인 계시나 영감을 열망하는 자들은 사기꾼이며, 그런 것을 믿는 자들은 멍청한 사람들이다."(Frederick Eby, The development Education, New Delhi: Prentice-Hall of India PVT, Ltd., 1964, p.305, 주영흠, 위의 책, 재인용).

를 이루어야 하고 충분한 개인의 능력을 발달시키는 것이어야 했다. 이 가운데 근대교육에 있어서 인간이 세계를 재편성하기 위한 방법으로서 가장 강조된 것은 주술적·미신적 교육을 거부하고 실물 교육과 더불어 명석, 판명한 것을 주된 내용으로 삼는 것에 있다. 실물 교육과 명석·판명한 과학적 지식의 교육은 어린이들을 올바른 이성의 개발로 인도할 것이라는 생각이 반영되어 있다. 근대 프랑스의 라 샤로테는 교육에 의한 과학적 지식의 습득이 곧 인간이성의 연마[13]로서 이를 높이 평가했다. 헉슬리도 말하기를 교육이란 '자연법칙 안에서의 지성(intellect)의 수업'[14]이라 했다. 이는 집단주의와 개인주의 교육 맥락에 공통적으로 확산되었다.

그러나 개인주의 교육에 모아지는 근대교육의 특징은 아동 중심과 자연 발달의 원리에 있을 것이다. 루소는 교육 방법의 기본 원리를 '자연의 걸음을 존중하는 것'에 두었다. 그는 자연의 교육을 주축으로 해서 여기에 인간의 교육과 사물의 교육을 합치시켰고, 교육은 심신의 성장 발달 과정에 맞추어 적절한 시기에 적절히 행해져야 한다는 자연주의 교육사상을 제시했다. 인간의 성장 발달 과정 나름의 고유한 의의와 가치를 인정하고 각 단계마다 충실히 생활하게 하는 것이 저절로 인간을 형성시키는 것이라는 입장이었던 것이다.[15] 루소는 『에

13 世界教育史研究會 編, 『フランス教育史 I』, 世界教育史大系9, (東京:講談社, 1975), p.89.

14 Ulich, History of Educational Thought, (American Book Company, 1945), p.209.

15 平野一郎·松島鈞 編, 『西歐民衆教育史』, 서울:탐구당, 1985, 44쪽.

밀』에서 "조물주의 손을 벗어난 때는 모든 사물이 선하지만 인간의 손으로 옮겨지면 모든 사물이 악해져 버린다. 인간은 어떤 토지에 다른 토지의 산물을 생산하도록 강요하며, 어떤 나무에 다른 나무의 열매를 맺도록 강요한다."고 분노하면서 인간은 다른 사람에게 쓸모가 있도록 훈련되어야 함과 동시에 아동의 자연성과 자연성의 창조적 표현을 실현하기 위해 교육되어야 함을 강조했다.

> 나의 정신은 내게 알맞는 템포로 진행하려고 한다. 타인의 그것에 따를 수가 없다.[16]

또한 자연의 원리가 교수 방법의 기초가 되어야 한다는 근대교육의 특성은 인간의 마음속에 자연의 세계를 직접 소개하는 데 활용될 수 있다. 인간이 자연의 질서와 접촉하게 될 때, 광대한 주위의 모든 환경에서 관찰을 위해 산재되어 있는 모든 사물들을 알며, 행할 바 올바른 일들을 실천하도록 훈련 받을 수 있다. 자연적인 것은 강제력이 없이 발생하고 동시에 내면적인 모든 것은 순조롭고 손쉽게 진행하기 때문에 어떠한 억압이나 제재가 있을 수 없다. 자연은 신의 합리적인 계획과 일치하며 모든 사물들의 조화 속에 심오한 의미가 담겨 있다. 따라서 자연이 의미하는 것을 해석하여 이해해야 하는 것이다. 자연의 질서를 인간은 실천하고 이론을 만들고 실험과 관찰을 한 다음에야 이해할 수 있다. 이러한 것 없이는 인간은 지식도, 힘도 있을

---

16 루소, 『에밀』, 서울: 대양서적, 1975, 23, 34쪽.

수 없다. 듀이의 교육 사상에는 이러한 근대의 법칙을 내재한 자연과 자연적 발달 원리, 그리고 이성과 경험의 강조가 변형·계승되면서 새로운 설정이 가해짐을 볼 수 있다.

3. 듀이의 개인주의 교육과 근대성

1) 듀이의 사회적 성향과 사회 진보

인간을 둘러싼 환경으로서 듀이는 자연과 사회를 드는데 자연 환경에는 자연법칙이 있듯이 사회 환경 역시 사회법칙이 있고 이 또한 개인의 사회적 성향 속에서 드러나는 법칙이다. 이는 마치 자연을 관찰·실험·분석하여 검증된 객관적이고 과학적 지식을 법칙으로서 얻듯이 사회법칙도 개인의 의사소통의 참여와 사회 활동 속에서 가능하다. 그리고 그 법칙은 자연법칙이 그러한 것처럼 끊임없이 새롭게 발견되고 수정되며 확대되는 주체의 앎이다. 듀이에 의하면 사람들의 활동과 경험은 공동의 공적 세계 안에서 이루어진다. 그러므로 교육은 사회적 의식을 공유하게 되는 과정을 조정하는 일이며, 이 사회적 의식을 기초로 하여 개인의 활동을 조절하는 것이야말로 사회 진보의 방법이 된다.17

듀이는 마르크스가 말한 사회 발전 법칙 가운데서 적어도 두 가지

---

17 죤 듀이, 「나의 교육신조」, 5조.

점에 대해서는 반대할 뜻이 없다는 것을 밝히고 있다. 첫째로, 사회가 발전 내지 변천해 가는 과정에 있어서, 경제적 요인이 매우 중요한 비중을 차지한다는 견해에 그는 반대하지 않는다. 둘째로, 현대의 경제제도가 민주주의적 자유에 위배되는 결과들을 빚어내는 경향이 있다는 주장에도 그는 반대하지 않는다[18] 그러나 듀이가 마르크스를 비판하는 요점은 사회 현상을 결정하는 여러 요인들 가운데서 마르크스는 오직 경제적 요인만을 절대적인 것으로 강조했다는 점에 있다. 듀이에 따르면 인간 사회의 역사적 발전을 좌우하는 요인들은 크게 두 가지 계열로 나누어진다. 하나는 인간성 속에 근원을 둔 인간적 요인들이요, 또 하나는 인간의 환경을 구성하는 외적 요인들이다. 그런데 마르크스는 이 인간적 요인은 도외시하고 오직 외적 요인에 속하는 경제적 요인만을 강조하여 마치 경제적 요인이 역사를 움직이는 요인의 전부인 것같이 과장했다는 것이다.[19]

사회 현상을 결정하는 요인들 가운데서 밖으로 물질적인 것과 안으로 심리적인 것을 모두 중요시해야 한다고 언명한 듀이는 양극으로 대립하는 두 사회 사상의 옳은 점을 변증법적으로 종합할 것으로 암시하였다. 사회 현실의 객관적 조건을 고치는 일과 인간들 자신의 마음가짐을 바로 잡는 일을 동시에 추진하는 것만이 현실을 개조하는

---

18 죤 듀이, 이해영 역, 『자유와 문화』, 서울:을유문화사, 1955, 88~ 89쪽.

19 김태길, 죤듀이의 사회사상: 그의 사회개혁론을 중심으로, 죤 듀우이 30주기 기념논문집, 한국철학회/한국교육학회/한국 죤듀이 연구회, 『존 듀우이와 프라그마티즘』, 서울: 삼일당, 1982, 95~96쪽.

올바른 길이라고 절충하는 입장을 취한 듀이였다. 그러나 결국에 가서 그는 외면적인 물질의 요소보다도 내면적인 심리 내지 인간의 요소를 더욱 중요시하는 방향으로 기울었다. 듀이는 참된 민주주의의 실현을 이상으로 삼았지만, 그것은 자연 환경이나 생산력 같은 외적 요인의 변동을 따라서 자동적으로 실현될 목표가 아니라, "개인의 창의에 가득찬 노력과 개척적인 활동에 의해서만 달성될 수 있는 과업"[20]이라고 그는 믿었다.

2) 듀이의 진정한 개인주의 교육과 근대성

서구 근대교육의 특징이라 할 개인주의와 집단주의 교육이 싹튼 것은 앞에서 살펴본 바와 같이 루소에게서 시작된다. 루소는 자연의 원리에 따라 개인 능력의 다양성과 다양한 자질들을 자유롭게 개발할 필요를 역설하였다. 즉 자연적 발달 원리에 입각한 교육은 아동의 내재적 활동과 필요에 기초를 두어야 하고[21] 몸을 움직이는 것의 존중이 있으며 아동의 개인 차 존중이라는 목적을 시사한다. 그러나 듀이는 루소의 개인주의를 비판하면서 그가 자연을 맹목적으로 떠받들었음을 다음과 같이 비판했다.

18세기에 나타난 극단적인 개인주의는 인간의 무한한 완성 가능성, 그

20 김태길, 위의 책, 99쪽, 재인용.

21 죤듀이, 이홍우 역, 『민주주의와 교육』, 서울:서울과학사, 1987, 169쪽.

> 리고 인간성 그 자체의 범위만큼 확대된 사회 조직이라는 이상의 이면 또는 대응을 나타내는 것이다. … 과거의 봉건 체제에 의하여 권력을 부여받았던 계급에만 이익으로 작용하는 외적인 제약으로부터 삶을 해방시켜야 한다는 이상에 대하여 그들은 전적으로 헌신했다. 그러나 이 열렬한 헌신이 이제 '자연'을 맹목적으로 떠받드는 사상 체계로 되고 자연의 이상을 완벽하게 실현하는 것이 새롭고 보다 나은 사회 질서를 건설하는 것으로 대체되었다.[22]

루소의 개인주의 교육은 인간의 무한한 완성 가능성과 자연의 이상을 사회 건설로 확대하려는 것이었지만 자연을 맹목적으로 떠받들고 그 이상의 실현을 자연에 맡겨 버렸다는 데에 듀이는 비판을 가한다. 그리고 듀이는 계몽주의자들이 말한 추상적 능력을 구체적인 본능과 충동, 생리적 능력으로 대치하였고, 이러한 본능, 충동, 능력은 개인마다 다르다고 보았다. 루소가 말한 것처럼 사악한 제도와 풍속은 교육을 그르치며 아무리 조심스럽게 학교 교육을 하더라도 그 폐단을 상쇄相殺할 수 없다는 것을 듀이는 인정하지만 그러나 여기서 듀이가 내리는 결론은 인위적 환경을 떠나서 교육해야 한다는 것이 아니라, 타고난 힘이 더 잘 사용될 수 있는 환경을 마련해야 한다는 것이다.[23] 따라서 듀이는 진정한 개인주의 교육으로서 개성의 존중을 두 가지 측면에서 다시 강조한다. 첫째, 인간은 자기 자신의 목적과

---

22 죤 듀이, 위의 책, 145쪽.

23 죤 듀이, 위의 책, 184쪽.

문제를 가지고 있고 자기 자신의 사고를 할 때, 정신적인 면에서 개인이라고 말한다. 생각은 혼자서 하는 것이고 소화가 그렇듯이 개인의 일이며 이를 존중하는 것이 개성의 존중이라는 것이다. 개성의 또 하나의 의미는 관점, 관심의 대상, 접근 방법 등은 사람에 따라 차이가 있다는 것을 의미한다. 이른바 통일성이라는 명목으로 이 차이를 억압한다든지 공부의 방법을 한 틀 속에 밀어 넣으려고 한다면 지적 혼란과 가식이 필연적으로 따라나온다는 것이다. 독창성은 점차 파괴되고 자기 자신의 지적 작용에 대한 신뢰가 무너지며, 다른 사람의 의견에 고분고분 복종하는 태도가 길러지거나 아니면 황당무계한 생각을 멋대로 하게 된다[24]고 듀이는 말했다.

듀이가 말하는 '진정한 개인주의'는 관습과 전통의 권위가 신념의 표준으로 강하게 군림하는 상태에서 벗어날 때에 가능하다. 듀이가 말하는 자유라는 것도 외적인 동작에 제약을 가하지 않는 것이라기보다는 정신적 태도를 가리킨다. 이 정신적 태도는 탐색, 실험, 적용 등 등을 하는 동작의 상당한 정도의 융통성이 없이는 발달할 수 없다. 관습에 기초를 둔 사회는 관례에의 동화에 저촉이 되지 않는 범위 내에서만 개인의 특이성을 활용하고자 할 것이다. 여기서는 그 내용의 획일성을 유지하는 것을 주된 이상으로 삼는다. 그러나 진보적인 사회는 개인의 특이성을 자체 성장의 수단으로 생각하는 만큼 개인의 특이성을 대단히 소중히 여긴다. 이 점에서 민주사회는 그 이상에 부합되게, 지적 자유와 다양한 재질과 관심의 발현을 고려한 교육적 방

---

24 DE., p.460.

안을 강구한다[25]는 주장이다.

3) 근대 이성의 개념과 듀이의 그 변형

근대의 철학적 특징인 이성 주체의 계몽주의는 듀이에게서 새롭게 비판·해석된다. 먼저 듀이는 이성의 계보를 다음과 같이 훑어 내린다. 전통적 실재론자들에게 있어 이성을 충실히 따른다는 것은 곧 풍습의 제약을 깨트리고 사물을 있는 그대로 파악하는 것을 의미하였다. 그러나 베이컨이나 로크와 같은 근대 경험론자들에 있어서는 상황이 그 반대로 진행된다. 즉 이성, 보편적 원리, 선험적 관념 등은 경험, 즉 감각적 관찰로 내용을 채워 넣어야 의미와 타당성을 가지게 되는 공허한 형식이다. 이는 거창한 이름으로 가장하고 그 비호 밑에서 행세하는 경직된 편견, 권위 의존적인 독단에 불과할 수도 있다. 따라서 듀이가 보기에 가장 필요한 것은 베이컨이 그랬던 것처럼 자연을 앞질러서 자연에다가 순전히 인간의 머리에서 나온 의견을 뒤집어씌우는 것이 아니라 그 관념의 유수幽囚 상태에서 벗어나는 것이다. 그리고 그 경험의 힘으로 자연이 참으로 어떻게 되어 있는가를 알아내려고 하는 노력이다. 경험의 힘을 빈다는 것은 곧 권위와 결별하는 것을 의미하였다. 그것은 새로운 인상에 대하여 개방된 태도를 가지는 것, 그리고 과거로부터 물려받은 아이디어를 정리하고 체계화하며 새로운 것을 발견하고 발명하는 데에 열중하는 것을 의미하였다.

---

25 DE., p.463.

듀이에게 있어 경험은 근대 경험론자들[26]과는 달리 일차적으로 인간과 그의 자연 및 사회 환경 사이에 존재하는 능동적 관계를 말한다. 이러한 관계로 인도될 때에 발휘되는 것이 이성이고 반성적 사고이며 지성으로서 이는 근대 이성의 개념이 변형된 것이다. 이제 듀이에게 있어 이성은 멀리 있는 관념상의 정신 능력이 아니라, 활동이 풍부한 의미를 가질 수 있게 하는 일체의 자원을 가리킨다.[27] 즉 로크가 감각에 의해 받아들여진 수동적인 단순 관념을 기저로 그 이외의 모든 수동적인 관념을 통일시키는 가운데 이성의 획득을 말하는[28] 반면 듀이는 내부뿐만 아니라 외부와의 상호작용 속에서 끊임없이 경험을 통일시켜 나가는 능동성에 이성의 획득을 두었던 것이다. 그러므로 듀이에게 있어서 이성의 의미는 "이전의 경험의 내용이 새로운 경험에 대해서 가지는 의의를 지각하는 것에 관련을 맺도록 하는 능력"을 뜻한다. 사리에 밝은 사람, 즉 이성을 따르는 사람은 즉각적으로 그의 감각에 들어오는 사건을 고립된 것으로 보는 것이 아니라 그것을 인

---

26 예를 들어 로크에 있어 경험에 의존한다는 것은 사물을 덮고 있는 편견의 베일을 벗기고 사물을 있는 그대로 마음속에 받아들이는 것을 뜻하게 된다. 이는 듀이에게 있어 두 가지 의미로 해석된다. 첫째로 플라톤 때부터 가지고 있었던 실제적 의미를 잃어버린 것이고, 둘째로, 진리의 기초를 구체적인 사물 또는 자연에서 구하는 수단으로서 경험이 강조되었기 때문에 그 결과, 마음을 순전히 수동적인 것으로 보게 되었다는 것이다. 마음이 수동적이면 수동적일수록 사물은 마음에 더욱 참된 인상을 만들어 낼 것이라는 비판이다. (DE., pp.410~411).

27 DE., p.423.

28 로크, 『인간지성론』, 세계사상대전집34, 서울:대양서적, 1975, 129쪽.

류의 공동 경험과 관련지어서 보는 데에 언제나 개방된 마음을 가지고 있는 사람이다.

4) 듀이의 과학적 방법과 교육의 근대성

듀이가 지향하는 사회 진보는 민주사회이고 이는 결국 과학에 의존한다.[29] 과학은 적절한 조건에서 사고하기 위하여 인류가 장기간 발전시켜 온 특별한 장치와 방법으로 이루어져 있다. 과학은 자생적인 것이 아니라 인위적인 것(획득된 기술)이며 생득적인 것이 아니라 학습되는 것이다. 과학은 탐구와 검증의 방법으로 정의된다.[30] 과학의 확실성은 합리적 확실성, 다시 말하면 논리적 근거에 의하여 보장되는 확실성이다.[31]

듀이에 의하면 교육 과정에서 과학이 수행해야 할 기능은 바로 과학이 인류 전체를 위하여 수행해 온 기능과 동일하다. 즉 그것은 좁은 범위에 걸쳐 일시적으로 일어나는 경험에서 인간을 해방시키는 것, 그리고 개인적 습관이나 편벽된 성향 등의 우연적인 요인에 차단되지 않은 지적 조망을 열어 주는 것이다. 추상, 일반화, 명확한 언어적 규정 등의 논리적 특성은 모두 과학의 이러한 기능과 관련되어 있다. 그것은 아이디어를 그것이 생겨난 특정한 맥락에서 해방시켜서

---

29 DE., p.189.
30 DE., p.301.
31 DE., p.302.

보다 넓은 범위에 적용될 수 있게 해 주며 그로 말미암아, 한 개인의 경험의 결과가 모든 인간의 손에 들어오도록 해 준다. 그러므로 궁극적으로 말하여, 과학은 듀이에게 있어 일반적인 사회 진보의 기관이라고 말할 수 있다.

사고교육의 올바른 원리는 학생들로 하여금 사회에서 생겨난, 또 사회에 유용한 활동에 능동적으로 참여하도록 하여 그것과 관련된 자료와 법칙에 대하여 과학적인 통찰을 가지도록 하고, 학생이 가진 것보다 더 넓은 경험을 가진 다른 사람들이 전달해 주는 아이디어와 사실을 배워서 자신의 직접적이고 일상적인 경험 속에 그것을 무한히 갱신해 가는 것이다. 그러므로 교과로서의 과학은 새로운 교과로서 가르칠 것이 아니라, 이전의 경험에 이미 들어 있었던 요인들을 드러내어 보여주는 것으로서 그리고 그 경험을 더 쉽게 더 효과적으로 조정하는 도구를 제공하는 것으로서 가르쳐야 한다. 이러한 듀이의 입장은 과학 중시를 근본으로 했던 근대교육의 연장이라고 볼 수밖에 없다. 듀이가 과학을 사고와 사회 진보의 중심에 놓는다는 것은 근대 이성 주체의 지배에 의한 과학의 발달과 자연 정복의 연장에 지나지 않는다. 단지 근대 경험론의 정태적인 이성 대신 역동적이고 변화하는 이성으로 바꾸었을 뿐이다.

4. 북한의 집단주의 교육과 근대성

1) 근대성의 변형으로서의 사회 발전 법칙과 사상 의식

북한의 주체사상에 입각한 집단주의는 기존의 사회·역사관을 관념론과 유물론으로 양분하고 이를 각기 비판하면서 새로운 변형을 가하여 사회 발전 법칙을 제시한다. 합리론적 역사관은 사회생활의 물질적 조건을 떠난 신神이나 절대 이념 등 어떤 정신적인 것을 사회 발전의 결정적 요인으로 보았고, 유물사관은 사회적 존재가 사회적 의식을 규정한다고 보았기에[32] 양자 모두 결함을 지닌다는 것이다. 근대 이성의 계몽에 의한 진보사관이나 마르크스의 유물사관은 북한의 집단주의 안에서 인간의 능동성과 사상의식에 의한 사회 발전 법칙으로 각색된다.

> 사람은 환경과 조건에 그저 순응하지 않습니다. 사람은 자기의 자주적이며 창조적이며 의식적인 활동을 통하여 자신의 요구에 맞지 않는 것은 그에 맞게 개변하며 낡고 반동적인 것은 새롭고 진보적인 것으로 바꾸면서 자연과 사회를 끊임없이 개조해 나갑니다.[33]

---

32 사회과학출판사 편, 『주체사상의 사회역사원리』, 서울:백산서당, 19 89, 20쪽.

이는 북한의 집단주의가 서구 근대철학과 달라지는 단초라 할 수 있다. 즉 근대 합리론과 유물론 양자는 인간을 수동적 존재로 묘사함으로써 자연과 사회를 개조하고 지배하는 사람의 능력을 부정했다[34]고 비판한다. 마르크스가 말한 사회적 존재는 경제적 생산양식과 생산력에 핵심이 있다면 주체사상의 핵심은 인간의 주체성과 환경과의 상호작용을 제기한다는 점에 있다. 이는 듀이가 다윈의 진화론을 수용하면서 능동성을 가한 '변형'을 떠올리게 하는데, 즉 인간은 동물처럼 환경에 수동적인 존재로 활동하는 것이 아니라 능동적 주체라는 것이 듀이의 주장이다. 따라서 북한의 집단주의나 듀이의 사상은 기계적 세계관과 이성 중심의 변형으로 볼 수 있다. 상부구조와 하부구조와의 관계에 있어 인간의 능동성은 북한에 있어서는 사상 의식으로, 그리고 듀이는 주체와 환경의 교변 작용과 상호 개조에 있어 반성적 사고에 초점이 맞추어지고 있기 때문이다.

> 사회적 운동의 주체는 객관적 조건의 영향과 그 발전의 합법칙성을 무시하고 주관적 욕망대로 행동할 수 없다. 이로부터 사회발전의 주체적 과정은 객관적, 합법칙적 성과를 띠게 된다.[35]

---

33 사회과학출판사 편, 위의 책, 24쪽.

34 리성준, 『주체사상이 기초하고 있는 철학적 원리』, 평양: 사회과학출판사, 1977, 55쪽.

35 리성준, 위의 책, 101쪽.

> 생활이란 한마디로 말하여 자연을 정복하고 사회를 개조하는 사람들의 창조적 활동이며 투쟁이다.(김정일, 영화예술론, 49~50)[36]

한편 북한 집단주의자들이 자연주의적 이론가들을 비판하는 것은 자연적 현상과 사회적 현상, 즉 자연법칙과 사회법칙을 동일시한 점에 있다. 예를 들면 자연법칙을 사회관계에 적용한 사회 진화론과 같은 것에 대한 비판이 그것이다.

> 사회다윈주의는 사람도 동물과 같이 사회생활에서 환경에 적응한 개체는 살아남고 적응하지 못한 개체는 사멸한다고 하면서 강자의 생존과 약자의 사멸이 사회생활의 영원한 필연적 법칙이라고 설교한다. 이것은 생물학의 법칙을 밝힌 다윈의 자연도태설과 생존경쟁이론을 사회현상의 해석에 그대로 끌어들여 자본주의를 자연적이며 영원한 것으로 합리화하려는 비과학적이며 반동적인 이론이다.[37]

듀이도 일정 부분 다윈의 생물학적 충동과 욕구를 인간에게 그대로 적용시킨 면이 없지 않다. 북한에서 말하는 합법칙성은 듀이가 자연법칙을 사회에 적용·변형한 것처럼 자연법칙의 연장은 아니다. 그러나 자연법칙과는 달리 적용할지라도 사회법칙을 설정하는 객관주의는 근대성의 연장이라 할 것이다. 자연과 사회 자체가 갖는 객관적

---

36 사회과학사출판 편, 『주체사상의 사회역사원리』, 49쪽.

37 사회과학출판사 편, 위의 책, 103쪽.

법칙의 전제는 결국 정초적이고 계몽적인 성격을 가지기 때문이다.

2) 사회 · 역사 발전의 주체로서 인민대중과 전체의 이익

북한 집단주의에 있어서 사회운동의 주체는 인간 개인이나 집단 일반이 아니라 사회의 존립과 진보를 보장하는 특정한 사회적 집단만이 될 수 있다. 이 사회적 집단은 바로 인민대중이다. 듀이에게 있어서 모든 활동의 주체는 행동 주체인 개인에 있었다. 그러나 북한의 경우 운동 주체는 인민대중의 집단에 있는 것이다. 인민대중이란 역사 발전의 각이한 모든 시기에 사회적 예속과 구속을 반대하고 자주성을 옹호하는 데 이해관계를 가지며 자기의 노동 활동이나 실천 투쟁으로 사회생활을 유지하고 사회를 발전시키는 데 이바지하는 사회적 집단을 말한다. 인민대중은 결국 사람의 속성인 자주성과 창조성, 의식성을 체현한 사회적 집단이다.

> 인민대중을 이루는 사회의 절대다수의 성원들은 사회적 처지와 지위에서의 공통성으로 하여 공통된 지향을 가지게 된다. 인민대중의 공통된 지향과 요구는 두 가지 경로를 통하여 이루어진다. 그것은 우선 각 <성원들의 자주적인 지향과 요구가 결합>됨으로써 이루어진다. … 또한 <매개 성원들이 인민대중 전체의 이익을 자각>함으로써 이루어진다. 인민대중의 각 성원들은 전체의 이익을 옹호하고 실현하는 데 근본적인 이해관계를 가진다. 그렇기 때문에 인민대중을 이루는 사회의 절대다수의 성원들

은 자기의 공동의 이익과 요구를 실현하기 위한 투쟁에 힘을 집중하게 된다.[38]

사회운동에 있어 인민대중이 주체가 되는 것은 객관적인 환경 조건이나 개별적인 사람들의 목적과 관련되어 있는 것이 아니라 인민대중의 자주적인 요구와 관련되어 있기 때문이다. 다시 말해서 인민대중의 사회적 처지와 지위의 공통성으로부터 공통 지향을 갖게 되고, 여기에 자주적인 지향과 요구가 결합되며, 각 구성원이 인민대중 전체의 이익을 자각함으로써 인민대중의 주체가 이루어진다. 이는 루소의 교육 목적에서도 그 단초를 발견할 수 있다. 루소의 교육 목적은 자연인과 사회인을 통합한 존재에 있다. 즉 개인의 이익과 사회 전체의 이익을 양립시킬 수 있는 주권 사회의 시민으로서 인간을 형성시키는 데 그 목적이 있었던 것이다.[39] 이는 개인에서 시작하여 전체에 이르는 일반 의지의 실현이기도 하다. 서구 근대 학교 설립 과정에 있어서도 보면, 노동자 계급을 위한 교육을 개인의 이익과 전체의 이익을 결합시켰듯이 북한의 집단주의 교육 역시 집단의 이익과 자신의 이익을 통일시켜 나간다. 그러나 북한의 집단주의 교육에서 지향하는 교육은 처음부터 교육에서 개인의 이익을 집단의 이익과 일치하도록 집단에서 시작하여 개인에 이르고자 하는 교육이라 할 것이다.

---

38 사회과학출판사 편, 위의 책, 116쪽.

39 平野一郎·松島鈞 編, 『西歐民衆教育史』, 서울: 탐구당, 1985, 44쪽.

3) 과학 기술의 강조와 인민대중에 대한 지도

북한 집단주의는 세계의 발전을 이성에 맞게 개조된 과학과 기술의 적용에 둔다. 이 역시 듀이가 환경의 개조에 있어서 반성적 사고와 과학적 방법을 강조한 것과 맥락이 유사하다. 즉 북한은 사회의 상승 발전을 담보하는 생산력의 역할을 시인하면서 인민대중의 자주적인 요구와 과학적 지식과 기술, 경험, 그리고 그것을 활용할 수 있는 능력에 핵심을 두고 있는 것이다.

> 기계의 발전에 따라 기계를 다루는 사람의 기술기능이 또한 발전하며 이리하여 생산력, 다시 말하여 자연을 정복하는 사람의 힘이 발전하는 것입니다.(김일성, 「사회주의 경제 관리 문제에 대하여」 1권, 231~232)[40]

자연을 개조하는 힘은 자연을 정복하는 기계 기술의 발전에 의한다. 즉 사회 발전은 사회적 요인, 특히 사회제도의 성격과 생산력의 발전, 사상과 문화, 과학과 기술 등에 의존된다.[41] 듀이가 과학적 지식과 관찰, 실험, 검증의 방법을 통해 문제 해결 능력과 공동 경험을 갱신·확대해 가듯이 북한의 사회 발전 원리에도 과학적 기술과 생산력의 발전, 사상과 문화 등, 모든 제반적 요소가 동원된다. 이는 곧 자연에 대한 지배와 정복, 그리고 환경의 개조를 수반하는 근대성의

---

40 사회과학출판사 편, 『주체사상의 사회역사원리』, 121쪽, 재인용.

41 사회과학출판사 편, 위의 책, 137쪽.

논리이다.

한편 역사 운동의 주체인 인민대중은 올바른 지도를 떠나서는 자기의 요구와 이익을 실현할 창조성과 의식성을 발휘할 수 없다고 북한은 말한다. 이 올바른 지도는 역사의 주체인 인민대중의 집단으로서의 전일성과 조직성을 확고히 보장하기 위한 필수적인 요구이다.[42] 이와 관련하여 루소는 그의 『사회계약론』에서 다음과 같이 말했다.

> 가족은 말하자면 정치사회의 최초의 전형이다. 즉 통치자는 아비에 해당하고 인민은 자식들에 해당한다. 또 모두가 평등하고 자유롭게 태어났기 때문에 그들의 자유는 그들 자신의 이익을 위해서만이 양도되고 있다. 가족과 국가와의 차이는 가족에 있어서는 자식에 대한 아비의 사랑이 양육으로서 보상되지만 국가에 있어서는 통치자가 자기의 인민에 대해서 가지지 아니한 이 사랑을 지배의 희열이 대신하고 있다는 점이다.[43]

루소가 가족을 국가로 확대하여 국가의 지배를 말하듯이 북한도 유사한 구도를 보이고 있다. 즉 어버이 수령과 어머니 당, 그리고 자녀로서 인민의 관계는 가족을 정치 사회로 확대한 것이라 할 수 있고 수령은 국가의 수뇌로서 인민의 전체 이익을 위해 인민을 지배한다는

---

42 사회과학출판사편, 위의 책, 181쪽.

43 Jean Jacques Rousseau, Trans. by G.D.H.Cole, The Social Contract and Discourses, New York: E.P.Dutton and Company, ING, 1950, pp.4~5, 이하 SCD로 표기; 루소, 『사회계약론』, 세계사상대전집8, 서울: 대양서적, 1975, 201쪽.

논리가 루소로부터 읽혀질 수 있다. 또한 루소는 '일반의지는 항상 올바르고 항상 공동의 이익을 지향하고 있으나 그렇다고 인민의 결의가 항상 공정한 것은 아니[44]라고 했다. 법을 따르는 인민이 법의 제정자가 아니면 안 되지만[45] 맹목의 군중은 무엇이 자기들에게 이익이 되는 것인지를 알지 못하는 까닭에, 공중이나 개인이 다 같이 지도를 필요로 한다는 것이다. 개개인에 대해서는 그들의 의지를 이성에 합치시키도록 강요해야 하며, 공중에 대해서는 무엇을 요망하는가를 알도록 가르치지 않으면 안 된다.[46] 이러한 입법자의 역할을 근대 이전에는 신이 행했다.[47] 그런데 근대에 있어서는 신을 대신하여 인민이 입법자가 되지만 인민이 만든 법에 의해 지배되는 정부로부터 인민이 지도 받아야 한다는 것이다. 근대에 있어 그 입법에 의해 지배되는

---

44 SCD., p.26.

45 SCD., p.36.

46 SCD., p.37.

47 입법자는 힘이나 추론에 호소할 수가 없는 까닭에 필연적으로 다른 종류의 권위, 즉 폭력을 사용하지 않고도 세론을 지도할 수 있고 설득하지 않고도 동의시킬 수 있는 권위에 의뢰하게 된다. 모든 시대를 통해서 國父들이 천국의 간섭에 의뢰하고 그들 자신의 지혜로서 신들의 영광을 떠받들지 않을 수 없었던 것은 바로 이 때문이었다. 그것은 인민이 자연법칙과 마찬가지로 국가의 법률에 복종하고 인간의 창조와 도시 국가의 설립에 똑같은 힘이 작용한다는 것을 깨달아서 자유의지로부터 복종하고 공공의 복지라는 형틀을 얌전하게 참도록 하기 위한 것이었다. 이 숭고한 이성은 세속적 인간의 이해 능력을 초월한 것이다. 입법자는 인간적인 사려 분별로는 마음을 움직일 수 없는 사람들을 신의 권위를 가지고 통솔하기 위하여, 신들의 입을 빌어서 이 이성의 결정을 전했다(SCD, pp.40~41).

모든 국가는 공화국으로 불린다.[48] 오로지 이 경우에서만 공공의 이익이 우위를 점하기 때문이다. 국가가 잘 조직되어 있으면 있을수록 시민의 마음속에 국가의 일이 점하는 비율은 개인일보다 커져 간다. 그뿐만이 아니라 사사私事는 점점 적어져 가는 것이다. 왜냐하면 공동행복의 총화가 각 개인의 행복에 한층 커다란 할당을 가져오기 때문에 각 개인이 각자 열심히 행복을 추구하는 필요성이 적어지기 때문이다.[49]

북한은 루소가 입법자를 인민에 두었듯이 모든 정치적 기초를 인민대중에 놓지만 그 인민을 지배하는 정치 기구는 인민의 이익을 대변한다는 당과 수령으로 바뀐다. 북한이 인민의 올바른 당의 지도를 떠나서는 사회 발전의 주체가 될 수 없음을 말하는 것도 이러한 맥락에서 이해될 수 있다. 그러나 이는 탈근대적 시각에서 비판될 수 있는 요소이다. 당과 수령의 지배와 지도, 그리고 명문화되고 고착된 행동 강령의 설정이 공통의 지향과 창발성을 발휘하는 것으로 북한은 주장하지만 오히려 그 창발성을 막는 것이 분명할 것이기 때문이다. 북한이 갖는 집단주의와 당의 지도는 듀이가 자발성과 사고의 활동에 있어 국가의 최소한의 간섭과 자유를 제시한 것과는 상반되는 특징이 된다.

---

48 루소는 입법에 따르지 않는 국가권력은 당연히 물러나야 함을 강조하고 있다.

49 SCD, p.93.

4) 근대 집단주의 교육의 계승과 교수 방법

북한 사회주의 사회에서 교육의 목적은 주체사상에 기초하여 "하나는 전체를 위하여, 전체는 하나를 위하여"라는 집단주의 교육을 표방하고 있다. 따라서 학생들이 공부하고 과학·기술을 배우는 목적은 조국과 인민에 봉사하기 위해서임을 깨닫도록 하는 것에 북한 집단주의 교육의 목적이 있다.[50] 아동들이 어렸을 때부터 "노동하기를 즐기고 공동 재산을 사랑하고 집단 생활을 좋아하며 개인의 이익보다 전체의 이익을 더 귀중히 여기고 사회와 국가를 위하여 복무하며 전체의 이익 가운데 자기 개인의 몫도 있고 모든 사람이 행복하게 잘 살아야 자기도 행복할 수 있다는 정신을 가지도록 교양"[51]하는데 북한은 교육의 목표를 둔다. 이는 루소나 앞에서 살펴본 서구 근대교육의 집단주의가 갖는 근본 입장이기도 하다.

또한 루소는 직업 전문 교육에 앞서 인간으로서의 직업을 수행하기 위해 일반 보통 교육을 행할 필요성을 그는 역설했고, 그 내용으로 생산 활동의 중시와 교육과 노동·작업의 결합[52]을 역설했다.[53] 그는 일찍이 수공업 가운데서 아동의 지력知力을 발달시키는 수단을

---

50 『社會主義教育テーゼ』, 東京: 白峰文庫3, 1979, pp.45~46.

51 『교육학』, 평양: 교육도서출판사, 1969, 49쪽.

52 학습과 생산노동을 결합해야 한다고 최초로 주장한 사람은 17세기 영국인 존 베라즈였다. 생산 노동과 지능의 발달을 결합시키려는 견해는 대공업이 광범하게 노동력을 고용하여 착취하기 시작했을 때 생겨난 것이다.

53 平野一郎·松島鈞 編, 『西歐民衆教育史』, 서울:탐구당, 1985, 45쪽.

찾았던 것이고, 노동을 각 개인의 사회적인 의무로 생각했다. 루소를 계승한 페스탈로찌는 국민교육에 생산 노동을 도입하는 문제를 실천하였다. 그는 "인간은 그가 일상적으로 종사하고 있는 노동 과정에서 그의 세계관의 기초를 구해야만 한다. 그러므로 모든 아이들에게 교육되는 지식은 그의 노동을 중심으로 집약되어야 한다."고 했다. 학교는 아동 노동을 이해시켜서, 아동 노동을 노동에 대한 전면적인 발달의 수단이 되게 아동에게 각종 노동의 유형을 가르쳐야만 한다. 생산 전반에 걸쳐서 아는 것, 인간의 모든 노동 분야에 대해서 아는 것, 그것도 책에 의해서가 아니라 실천과 행동으로 알 필요가 있다는 생각은 페스탈로찌에게서 뚜렷이 나타난다.[54] 마르크스와 엥겔스는 이 사상을 새롭게 제기하고 발전시켜 과학적인 기초를 수립했다.[55] 북한이 제시하는 집단주의 학교 교수 내용에도 이러한 입장이 다소 반영되었음을 확인할 수 있다.[56] 북한은 교수 내용에 있어서 과학성과 노동기술의 습득을 명시하고 있다.[57] 이는 근대교육의 전형적 특성을 나타내는 것일 것이다.

그리고 루소는 독서나 설교에 의한 추상적 방법을 대신해서 학습자의 생활 경험과 구체적인 사물이나 실례에 의한 경험주의·직관주의의 지도 원리를 제창하고 교사의 다져넣기식 주입 교육을 물리쳐

---

54 크루프스카야, 『국민교육과 민주주의』, 29, 46~47쪽.

55 크루프스카야, 편집부 역, 『국민교육과 민주주의』, 서울: 한울림, 1989, 9쪽.

56 『교육학』, 160쪽.

57 위의 책, 122~125쪽.

학습자 중심의 자주적·자발적 학습의 중요성을 강조했다. 북한 역시 루소처럼 주지주의적 주입 교육을 비판한다. 주지교육의 교수는 교원이 일방적으로 활동하고 학생들을 수동적이며 소극적인 존재로 만들며 교수자가 사전에 준비한 결론을 학생들에게 해설과 논증도 없이 억지로 주입시킴으로써 그들로 하여금 교재를 통째로 삼키게 한다는 것이다. 이는 학생들의 자각성과 창의성을 억제하고 혁명적으로 사고하며 행동하는 기풍을 마비시킴으로써 굴종의 사상, 노예적 근성을 부식시킨다고 비판한다. 그리고 이론과 실천, 교육과 생산 노동을 분리시킴으로써 학습을 교조적이고 형식적인 것으로 만들며 학생들을 자연과 사회를 변혁하는데 쓸모없는 글뒤주로 만든다는 것이다. 이러한 모든 입장은 서구 근대교육의 전통을 집단주의 교육 속에 담아낸 하나의 예라 할 수 있다.

5. 북한 집단주의 교육과 J. Dewey 개인주의 교육의 근대성과 사고교육 비교

1) 근대성 비교

북한 집단주의가 기초하고 있는 주체사상의 사회 발전 법칙은 유물론과 관념론을 비판하면서 마르크시즘이 갖고 있던 생산력과 생산관계 발전의 합법칙성뿐만 아니라, 인간의 능동성과 사상의식을 결합시키는 사회 법칙이다. 북한은 사회 발전을 이성에 맞게 개조된 과학과 기술의 적용에 둔다. 사회의 상승 발전을 담보하는 생산력의 역할을 시인하면서 인민대중의 자주적인 요구와 과학적 지식과 기술, 경험, 그것을 활용할 수 있는 능력에 핵심을 두고 있다. 이는 이성 지배에 의한 사회 진보를 설정했던 근대에 변형을 가한 것으로서 인간과 환경의 상호관계를 강조한 것이고 인간의 능동적인 사상 의식의 역할과 자연에의 정복, 그리고 사회 개조에 초점 맞춘 것이다. 듀이가 과학적 지식과 관찰, 실험, 검증의 방법을 통해 문제 해결 능력과 공동경험을 갱신·확대해 가듯이 북한의 사회 발전 원리에도 과학적 기술과 생산력의 발전, 사상과 문화 모든 제반적 요소가 동원되어 인민의 자주권과 사회 발전을 만들어 가는 것이다. 그러면서도 북한은 자연법칙과 사회 법칙을 동일시하지 않는다. 자연법칙을 사회관계에 적용한 사회진화론에 대한 북한의 비판은 그 대표적인 예이다. 듀이가 다윈의 진화론을 인간에게도 적용시켜 인간의 생물학적인 충동과 습관형성으로부터 이성을 도출한 것과 상이한 입장을 갖는 것이기도 하다. 듀이는 다윈의 진화론을 수용했지만, 이에 수정을 가하여 인간 자체가 다윈의 동물처럼 환경에 수동적인 존재로 활동하는 것이 아니라 능동적 주체라는 것을 강조했다. 그 능동적 주체가 환경을 개조하고 경험을 갱신하는 데에 있어서 결정적인 역할을 하는 것은 과학적 방법과 과학적 지식을 이용하는 반성적 사고이다. 사회가 축적한 과학적 지식을 기초로 개인의 활동을 조정·개조·추진해 가는 것에 사회적 진보를 두었다. 북한의 집단주의 교육에 있어서도 아동을 자주성, 창조성, 의식성의 인민 주체를 기르는 것과 더불어 사회 발전을 이루는 결정적 요소는 과학적 기술과 사상 의식이다. 이는 서구 근대의 과학 중시와 이성 개발이 새롭게 변형·계승된 측면이라 생각된다.

둘째, 북한의 집단주의에 있어 사회·역사 발전의 주체는 인민대중에 있고, 그 교육의 목적도 전체의 이익을 위한 것에 있다. 각 성원들의 자주적인 지향과 요구가 결합되고 이를 통해 인민대중 전체의 이익을 자각함에 교육의 목적을 두어 집단 교육을 실시한다. 반면 듀이의 개인주의 교육에 있어서는 사회 진보의 주체는 개인이고 개인의 무한한 경험의 갱신과 특이성이 사회 진보를 성장시키는 수단이 된다. 즉 개인 단위를 사회 진보의 주체로 설정하기에 개인의 충동과 욕구가 사회 진보의 요소가 된다. 따라서 모든 권위와 통제를 될 수 있는 한 배격하고자 한다.

셋째, 일찍이 루소가 가족을 국가로 확대하여 국가의 지배를 말하듯이 북한도 어버이 수령과 어머니 당, 그리고 자녀로서 인민의 관계를 설정하여 가족을 정치사회로 확대시켰다. 수령은 국가의 수뇌로서 인민의 전체 이익을 위해 인민을 지배한다는 북한의 논리가 루소로부터 읽혀질 수 있다. 또한 루소가 입법자를 인민에 두었듯이 북한도 모든 정치적 기초를 인민대중에 놓는다. 그리고 루소는 입법에 의해 지배받는 정부의 인민에 대한 지도와 지배를 말했는데, 북한이 인민이 올바른 당의 지도를 떠나서는 사회 발전의 주체가 될 수 없음을 말하는 것도 이러한 맥락에서 이해될 수 있다.[58] 그러나 이는 탈근대적 시각에서 비판될 수 있는 요소이다. 국가의 지배와 지도, 그리고 개성의 집단화와 강요된 행동 강령의 설정은 비록 그것이 인민 전체

58 『교육학』, 244쪽.

의 요구를 결합한 것이라 할지라도 인민 개개인의 창발성을 막는 것이 분명할 것이기 때문이다. 북한에서 인민대중에 대한 당의 지도는 듀이가 자발성과 사고의 활동에 있어 국가의 최소한의 간섭과 무한한 자유를 제시한 것과는 상반되는 특징이 된다. 그러나 듀이의 개인주의 역시 공동체를 위한 통제 시스템이 결여된다는 측면에서 비판될 것이다.

넷째, 듀이나 북한 모두 교육에서 주입식 교육을 비판하고 있고 과학성을 강조한다. 그러면서도 북한은 특히 교육과 노동 기술의 결합을 제기한 측면에서 듀이와 차이를 보인다. 북한 집단주의 교육에 있어 노동과 교육의 결합은 곧 지력을 발전시키는 사고교육이다. 한편 듀이의 사고교육은 반성적 사고의 촉구이다. 습관의 연속이 통제될 때 비로소 반성적 사유가 생긴다. 따라서 듀이에게 있어 사고의 발달은 근대 경험론자들이 말한 것처럼 논리적 형식과 일치하는 사고의 형식 도야가 아니라 오히려 최선의 효과를 발휘하게 하는 통로로서의 사고 태도에 있다.[59] 그 사고 태도란 개방된 심의의 태도, 성심성의의 사고 태도, 책임감 등을 뜻한다. 여기서 책임감은 충동에 의한 기존 습관에 고착되지 않고 새로운 견해나 새로운 관념에 욕구를 갖는 개방적 태도이다. 따라서 북한이나 듀이 모두 자연법칙의 경험 인식에서 이성을 획득하고 과학을 중시했던 근대성이 일정 부분 자국自國의 입장에서 변형된 또 하나의 계승이라 할 수 있다.[60]

---

59 존 듀이, 임한영 역, 『사고하는 방법』, (서울:법문사, 1979), p.41.

60 물론 양자 모두 근대 사유와 달리 이성적 인식이 감성적 인식에 기초함을

2) 사고교육의 비교

듀이는 교육의 근본 문제를 사고의 훈련에 두었다.61 그의 사고교육은 경험을 통일하고 개조하는 것에 초점 두는 것이었고, 이를 위해서 개방적 사고 태도와 도구적 지식의 활용, 그리고 과학적 방법을 이용할 수 있는 능력을 기르는 것이었다. 습관을 개조하지 않는 나태와 안주에 머무르는 것이 아니라, 환경과의 상호작용 속에서 끊임없는 갱신을 촉구하는 것이 사고교육의 임무가 된다. 그러므로 감성이 이성보다 선행하고, 그 이성은 경험에 의해 끊임없이 수정되고 변화하는 과정이다. 우리가 보는 대상은 사고에 선행하는 실재가 아니라 경험의 혼란, 모순, 충돌에 대하여 통일을 기하고자 탐구하는 '사고 조작'에 의하여 결정되는 것이다. 사고교육은 지성이 충동의 고분고분한 하인으로서가 아니라 충동을 밝히는 자, 충동을 해방하는 자로서 행동하게 하는 것이다. 여기에 동원되는 것이 반성적 사고와 과학적 방법인데 듀이는 이러한 과학적·실험적 사고 방법을 체계화하고 발전시켜 이를 반성적 사고라 하고, 그 논리를 사고교육의 이론으로

인정하고 있다. 듀이의 이러한 입장은 익히 상식적으로 알려진 바이고 북한의 경우도 이러한 인식을 분명히 갖고 있다. 이에 대해서는 정혜정, 「남북이 공유하는 전통사유와 통일문화교육에의 전망: 혜강 최한기의 인식론을 중심으로」, 『한국교육사학』, 제25권 1호, 한국교육사학회, (2003); 정혜정, 「소파 방정환의 종교교육사상: J. Dewey와의 대화를 위한 시론」, 『종교교육학연구』, 18, 한국종교교육학회, (2004), 참고.

61 DE., p.116.

정립하였던 것이다. 반성적 사고[62]가 취하는 과학적 방법이란 자료를 관찰하고 축적하는 일이 설명적 개념 및 설명적 이론의 성립을 용이하게 한다는 목적에 의해 통제되는 전 과정을 포함한다. 그러나 듀이가 과학적 방법의 검증 작용을 기본 핵심으로 취하는 것은 인간 내면의 변화와 깊이를 간과하기 쉽다. 다시 말해서 듀이의 사고교육에서 나타나는 문제점은 반성적 사고의 과정 가운데 과학적 방법을 취함에 따라 실증주의적으로 통제된 경험만을 초점 두게 된다는 점이다. 미국인들이 가시적 성과에 대해 관심을 갖고 경험 개념을 공학화하며 통계적 수량화의 경향을 강화시키는 것은 이와 무관하지 않다. 이런 태도는 그 계량적 조작에 선행하는 보다 보편적이고 근본적인 가치판단에 의해 핵심을 보는 통찰을 상실하게 할 우려가 있다. 현상학이나 동양철학에서 말하는 것처럼 내면의 깊이와 변화에는 관심을 두지 않게 된다는 것이다. 이러한 경향은 도구주의에 나타난 바와 같이 이성의 도구화, 수단 지향적인 도구적 이성으로 퇴행함으로써 진정한 이성이 부식된다는 프랑크푸르트 학파의 문제제기와 깊은 관련을 가질 것이다.

한편 북한의 집단주의 교육에 있어서 사고교육은 사고의 집단주의에서 시작한다. 각 개인은 자신들의 지향을 집단 전체 및 기초 집단의 제 목적과 조화시키지 않으면 안 된다. '전체적 목적과 개인적 목

---

62 반성적 사유의 기능이란 애매한 것과 의혹스러운 것, 충돌과 혼란 등의 경험 상황을 명료하고 전후 일관되고 안정되고 조화 있는 다른 상황으로 전환시키는 것이다.

적과의 조화'가 집단주의 교육의 특징이고 아동 집단을 이러한 환경 속에서 조직하는 것이 일차적인 교육이다. 북한은 집단 안에서의 의존과 복종이라고 하는 사고 태도와 행동의 원리를 취해 아동 교육 집단을 조직한다. 항상 기초적인 집단을 아동에게 부여하여 개인적인 이익을 집단의 이익과 융합시켜 인민 주권의 원리를 실현하는 원리이다. 하나의 기초적인 집단이 존재한다고 하는 것은 집단 전체를 자기 자신 1인과 동일시할 수 있도록 하는 것이고, 이는 아동의 훈육에 있어서 개성 무시의 위험을 완전히 배제하는 것이라고 말한다. 집단, 그것은 똑같은 목적, 똑같은 행동에 의해 통일된 학습자로부터 이루어지고, 조직되고, 관리, 규율, 책임을 맡는 제 기관을 가리키는 자유로운 그룹이다. 따라서 집단주의 교육에서 성실함이란 항상 '욕심이 없다'라는 말로 시작한다. 이는 자기에 대하여도 또한 타인에 대하여서도 공동의 이익에 대한 충분한 배려, 자기의 일에 대한 충분한 능력, 역량의 충분한 발달, 충분한 지식을 욕구하는 요구이다. 가장 완성되고 가장 올바른 행위를 욕구하는 요구이다. 집단주의 교육은 사회에 의해 필요한 인간을 육성하는 것에 의무가 있다. 이는 정치·사상의 교육으로 이어지는데 학생들을 과학적이고 혁명적인 세계관인 주체사상으로 무장시키는 것이다.[63] 북한의 집단주의 사고교육에 있어서 중요한 것은 과학·노동 기술의 교육과의 결합이다. 과학·기술 교육은 학생들에게 인류가 달성한 선진 과학과 기술의 성과를 가르쳐 그 활용 능력을 기르는 것이다. 이것이 사고교육인데 이는 듀이가 과학

---

63 『社會主義教育テーゼ』, 東京: 白峰文庫3, 1979, p.86.

의 중시와 과학적 방법의 적용 등 경험의 갱신과 사고의 활용에 있어 중요한 요소가 되었던 것과 같은 맥락이다. 따라서 북한의 사고교육은 3대 혁명, 즉 문화·과학 기술·사상 혁명을 교육과 밀접하게 관련시키고 있다.

6. 맺는 말

이상과 같이 집단주의 교육과 듀이의 개인주의 교육을 비교해 볼 때 탈분단시대에 전망되는 사고교육은 양자가 갖고 있는 근대성과 양극적 현상을 지양하는 교차점에서 가능할 것이다. 현재 북한이나 남한 모두 교육의 방향은 서구 근대의 지속이라 할 수 있다. 북한은 마카렌코 이후로 지속된 사회주의 교육학과 주체사상을 가미하여 독자적인 집단주의 교육으로 발전했고, 남한 역시 듀이의 지속적인 영향 아래 테크놀로지 사회를 구가해 왔다. 듀이의 개인주의 교육은 한 개인의 사상으로 제한되기보다 미국 문화를 주도한 프래그머티즘의 핵심 사상이다. 그리고 미국에 종속되어 있고 미국 문화에 길들여져 있는 남한 역시 듀이로부터 자유로울 수 없을 것이다. 북한의 집단주의이든 듀이의 개인주의이든 양자가 갖는 공통점은 끊임없이 외부 대상으로 관심을 돌려 과학과 기술의 중시, 자연과 세계의 개조에 중점을 두어 각기 집단과 개인으로 치닫고 있다는 것이다. 향후 교육은 외부와 내면을 통합시키고 내면의 변화에도 관심을 가져야 하며 듀이가 말한 개인의 특이성을 전체와 결합시켜 공동체를 지향하는 시스템을 보완해야 할 것이다. 또한 북한의 규율과 계몽성의 집단 교육도 재고되어야 할 것이다. 다시 말해서 공동체를 위한 공통 지향성이 외부적 장치로 설정될 것이 아니라 개인에게 전적으로 맡겨지는 시스템을 고안해 갈 필요가 있을 것이다. 이는 어쩌면 집단 규율과 집단 전체의 이익을 우선하는 집단주의 교육과 개인의 특이성과 경험의 갱신을 가장 우위에 두는 개인주의의 양자 입장을 통합시키는 일이 될 것이다.

과학문명의 발달은 분명 중요하지만 민족모순을 풀어야만 하는 분단의 현실과 문명 전환의 시점에서 우리는 개인주의와 집단주의의 양극을 지양하고 다양한 입장과 사고교육의 전망을 통해 다시금 자리매김하지 않으면 안 될 것이다. 예를 들면 개인의 경험을 사회와 전체로 변통시켜나가는 혜강 최한기의 통전적通全的 사고교육이나 자연과 예술로부터 정신 성장을 얻는 소파 방정환의 전일적全一的 사고교육과 같은 전통적 교육 이론도 통일 교육에 많은 시사점을 줄 수 있을 것이다. 끝으로 북한 집단주의 교육에는 정치 이데올로기가 결합되어 있고 수령에 대한 충성은 애국·애족의 정서를 빚어내는 사상 교육의 중심이 되고 있다. 본고에서는 정치 이데올로기 측면은 다루지 않았지만 분단 역사의 인식 과제와 함께 후속 연구로 남겨 두고자 한다.

제12장 동학 사유와 통일문화 교육의 이념적 기초

1. 머리말

해방 이후 북한은 집단주의 체제와 사회주의를 지향해 왔고 남쪽은 자유민주주의를 표방해 왔다. 서로 다른 체제와 이념의 발전은 북한의 경우 '강대국의 억압에 대한 저항'으로서, 남쪽은 '종속을 통한 부富와 안정'이라는 상이한 적응 방식 속에서 이루어진 것이라 할 수 있다. 그러나 그 가운데는 남북의 공통분모를 이루는 사유가 있고 탈분단을 위한 통일교육을 위해서는 남북을 포괄할 수 있는 교육 이념과 문화교육이 필요하다고 본다. 동학의 사유는 바로 남북을 아우를 수 있는 공통분모와 문화를 담지하고 있다. 즉 동학 사유가 갖는 인내천의 인간 이해는 한국 민족주의의 시발로서 인간이 한울되는 전일성, 한울을 위하고 한울을 기르는 주재성, 그리고 무한히 인간과 세계를 변화·생성시키는 변혁성을 제시하고 있다.

민족성이라는 말은 다소 애매모호할 수 있고, 또 하나의 이데올로기의 염증을 자아낼 수 있다. 더구나 민족주의가 근대의 산물로서 배타성을 수반한다는 비판을 고려할 때, 통일문화교육으로서 민족주의적인 동학을 든다는 것은 부담스러운 일일 수 있다. 그러나 교육은 언어 · 역사 · 문화 공동체 속에서의 교육이라는 의미에서 민족 자체를 벗어날 수 없고, 시대와 민족이 풀어야 할 과제를 교육에 반영시키지 않고는 보다 나은 세계를 만드는 것은 어려운 일이다. 현재 비판 대상이 되는 민족주의는 서구 근대 자본 제국주의와 맞물려 형성된 것으로 배타성을 수반하는 것이라 할 수 있지만, 한국의 민족주의로서 동학은 저항적 성격과 범인류적 개방적 성격을 지니기에 서구 근대 민족주의가 갖는 결함을 지니지 않으며, 민족성의 교육을 과감하게 채택할 수 있다.

동학은 보국안민 · 광제창생 · 후천개벽의 한국 민족주의의 출발점이자 3 · 1운동, 4 · 19혁명으로 이어진 민족 · 민중 정신이라 할 것이다. 또한 동학사상은 집단주의와 개인주의를 아우를 수 있는 통전적 사유와 역사 창조의 주체성과 변혁성을 지니고 있다. 이는 탈근대의 시대적 요구와 탈분단의 민족 과제를 수행하는 데 유용한 교육 이념으로 작용할 수 있다. 더구나 북한 사회에 있어서 동학 · 천도교는 민족사상으로서 높이 평가되고 있고 김일성의 성장 과정과 항일 투쟁에 있어서도 동학 · 천도교는 친숙한 존재이다. 남북이 모두 동학을 조선 민족주의의 시발로 설정하고 있는 타당성도 고려될 수 있는 만큼[1] 동

1 북한은 '자주독립', '척양척왜', '보국안민'의 구호 하에 개화의 횃불을 추켜 든 동학이 바로 조선 민족주의의 시발임을 말한다. 봉건제도의 근대적 개혁을 모색하고 대외적으로는 외래침략에 대항하여 국가의 자주권을 유지하려는 사상이 조선의 근세에서의 민족주의의 발생이었다는 것이다.(정성철, "민족주의에 대한 주체적 리해」, 『철학연구』루계69, 1887, 33-36쪽) 남한

학은 남북이 공유할 수 있는 전통 사유이자 통일 교육의 이념적 기초로 역할이 가능할 것이다.

본 연구는 동학 사유를 통일문화교육의 이념적 기초로 삼는 타당성을 논의하고 이를 구체적으로 실천해 나감에 있어 남북한의 공유 가능성을 모색해 보는 데 목적이 있다. 이에 이질화된 남북한을 '하나의 민족 역사', '상호 공유하는 사유', '북한 문화 이해를 통한 상호 이해 모색'을 지향하여 통일문화교육을 윤곽지어 보고자 한다.

2. 동학 사유와 민족성의 교육

1) 민족주의의 개념과 동학

흔히 남북 문화를 구분할 때 남한은 서구화된 개인주의적 문화가 강하고 북한은 민족주의적 집단 문화가 강하다고 말한다. 남한은 교육에서 전통문화를 배제해 왔지만 북한은 전통 가운데 민족성과 인민

역시 최초의 민족주의의 등장으로서 동학농민혁명을 꼽고 있다. 그리고 근대지향과 반외세 논리, 대중참여 속에 전개된 3·1운동을 거치면서 한국 민족주의는 전민중적 기반 위에 서게 되었다고 말한다.(김혜승, 「동학정치사상과 갑오동학농민운동: 한국민족주의의 민중화」, 『정치사상연구』11-1, 2005 봄; M. 로빈슨, 김민환역, 『일제하 문화적 민족주의』, 서울: 나남, 1990; 박명림, 「근대화프로젝트와 한국민족주의」, 역사문제연구소 편, 『한국의 근대와 근대성 비판』, 서울: 역사비평사, 1996.)

적 대중성을 살려서 계승해 온 측면이 크다. 통일 교육에 있어 한국 민족이 이상으로 추구해 왔고 남북이 공유할 수 있는 사유 틀을 포착하는 것은 중요하다. 남북한이 하나의 민족이고 분단은 외세에 의한 민족모순에서 비롯된 것이기에 분단된 허리를 잇는 작업은 민족성의 기초에서 가능하다.

현재 민족의 개념은 보는 관점에 따라서 달라지지만 근대 자본주의의 산물로 보거나 종족적 차원에서 오랜 역사를 갖는 영속적인 것으로 본다.[2] 탈근대화론자들은 민족의 배타성을 비판하면서 민족이 국제 정치의 구심력을 억제하고 평화와 번영을 위협해 왔다고 말한다.[3] 그리고 근대의 산물인 민족국가는 더 이상 국제사회의 문제 해결의 주체가 되거나 평화와 번영을 보장할 수는 없는 것이라 강조한다.[4] 민족 집단이 갖는 이기주의의 횡포와 민족주의가 갖는 배타성은 필연적일 수밖에 없다는 것이다. 이렇게 볼 때 민족주의는 인류적 기준에서 볼 때 반윤리적이다.[5]

이와 반대로 헤르더는 민족의 문화적 단결을 강조하면서 모든 개별 민족을 포괄하는 보편적 공동체의 가능성을 시사하고 있다. 다양

---

2 에르네스트 르낭, 신행선 역, 『민족이란 무엇인가』, 서울: 책세상, 2002, 78-134쪽, 참고.

3 조민, 『한국민족주의 연구』, 서울: 민족통일연구원, 1994, 2쪽.

4 Mark Hoffman, Restructuring, Reconstruction, Reinscription, Rearticulation: Four Voices in Critical International Theory, Millennium, vol.21, no3, Winter 1992, pp.407-410.

5 권혁범, 『민족주의와 발전의 환상』, 서울: 솔, 2000, 6-8쪽.

성과 단일성의 문제를 역설적으로 풀어 냄으로써 전 인류의 동포애라는 단일성은 각 민족의 문화 민족주의의 확립을 통하여 오히려 가능하다는 것이다.[6]

또한 S.아민은 서구 중심적 민족 개념에 대하여 비판을 가하면서[7] 민족과 자본주의의 동시적 탄생이라는 유럽적 상황을 비 유럽 지역에 그대로 적용시키는 것은 민족 개념에 대한 서구 중심적 왜곡에 불과할 뿐이라고 하였다.[8]

일찍이 루쉰은 타국을 침략하고 약자를 억압하는 서구 근대 민족주의를 '수성獸性'이라고 규정하여 백인 문명의 야수성을 '수성애국'이라고 비난한 바 있다. "단지 군대나 군비의 정예화에 힘입어 땅을 많이 빼앗고 사람을 많이 살육한 것을 가지고 조국의 영광이라고 재잘거리고 살육이나 약탈을 좋아하면서 그것으로 천하에 국위를 떨치려고 생각하는 것, 이것이 수성獸性의 애국이라는 것이다."[9] 따라서

---

6 박의경, 「헤르더의 문화민족주의: 열린 민족주의를 위한 시론」, 『한국정치학회보』29-1, 1995, 331쪽, 재인용.

7 S. 아민, 『계급과 민족』, 서울: 미래사, 1986, 164-178쪽. ; S. 아민, 김용규역, 『유럽중심주의』, 서울: 세종출판사, 2000, 159쪽.

8 앞에서 말한 권혁범의 입장 또한 이러한 관점에서 반론이 제기될 수 있다. 그가 탈민족주의를 주장하는 것은 비록 탈근대적 생태론을 지향한다 해도 여전히 근대성의 논리에 함몰된 입장에서의 탈민족주의이고, 민족주의의 대항마로 제시한 보편적 이성도 사실은 서구 중심주의의 반영으로 제국주의·환경파괴의 논리를 뒷받침하는 것이라는 점이다.(권혁범, 「근대와 탈근대-충돌과 접점」, 『녹색평론』56, 2001, 52-53쪽.)

9 현대중국문학학회, 『노신의 문학과사상』, 서울: 백산서당, 1996, 참고.

그는 인간 내면의 빛(內曜)과 정신이 구체적 역사 공간에서 저항과 행동으로 실천되는 민족주의를 주창했다.

현재 우리에게 필요한 것은 민족주의 자체의 폐기가 아니라 오히려 우리 역사가 만들어 온 우리 민족주의에 대한 성찰과 새로운 방향 설정이라고 할 것이다. 중국에는 루쉰이 말한 '각성적 민족주의'가 있듯이 조선에도 동학의 인내천 민족주의가 있다. 이는 생태학적 민족주의이고 범인류적 민족주의이며 각 개체가 한울인 민족주의이다. 민족의 개념 속에 이미 인류를 담아내고 있고 '파헤쳐지는 흙에도 아픔을 느끼는' 생명 사랑을 담지하고 있다. 일찍이 동학·천도교는 일제하에서부터 '범인간적 민족주의'를 제창했고[10] 개인의 자유와 집단의 공공성을 결합시킨 공화 정치체를 주장한 바 있다. 또한 "조선민족의 사상으로 이 범인간적 민족주의를 통해 다른 모든 민족과 선의의 도덕으로 악수하고, 민족 공동의 행복을 도모하며, 한편으로는 민족적 단결력을 공고히 하여 타민족의 무리한 침해를 정의의 수단으로 막아 민족적 창조력에 의한 세계 최선의 문화에 노력할 것"[11]이라 했다. 분명 동학의 범인류적 민족주의는 각 민족의 공동의 행복을 추구하고 타민족의 침략에 저항하며 민족적 창조력에 의한 최선의 문화 건설을 지향하기에 통일 교육에서 민족주의는 재생되어야 한다.

---

10 「범인간민족주의」, 『개벽』31, 1923월 1월 3면.

11 위의 글.

2) 민족성의 교육 이념과 통일교육의 방향

현재 통일교육의 가장 큰 문제점은 체계화된 기본 철학 정립의 부족과 목표의 혼란이라 지적되고 있다. 현행 7차 중등교육 과정에 나타난 통일교육의 주된 방향은 민족공동체 의식 형성, 민주시민 양성, 열린 민족주의와 국제주의의 조화, 자유 민주주의와 시장 자본주의 체제 이념의 견지, 통일과 안보의 균형 등으로 설정하고 있다. 현재 통일교육 지원법에 따른 통일교육의 정의는 “자유민주주의에 대한 신념과 민족공동체 의식 및 건전한 안보관을 바탕으로 남북한의 평화 정착을 실현하고 나아가 통일을 이룩하는 데 필요한 가치관과 태도를 함양하는 것을 목적으로 하는 제반 교육”(통일교육지원법 제2조)이라 개념 짓고 있다. 이는 남북한의 상호 대화라는 측면보다 우리 입장의 고수를 강조하는 측면이 전제되어 있음을 엿볼 수 있다.

한편 일반 연구자들이 설정한 통일교육의 방향을 살펴보면 오기성은 통일교육을 체제 통합을 위한 민족 통합 교육과 사회 통합을 위한 민족 화해 교육으로 구분하여 설명하였고[12] 유영옥은 사회의 구성원이 상징체계를 공유함으로써 구성원으로서의 일체감과 동질성을 확보할 수 있기에 통일교육은 한민족으로서의 상징 통일에 초점을 맞춰야 한다고 주장한 바 있다.[13] 특히 한만길은 평화 공존 모델을 제시하였는데 이는 많은 공감을 불러일으키면서도 역사적 맥락이 희석되

---

12 오기성, 「학교 통일 교육의 신 패러다임 연구」, 『국민윤리연구』46, 2001.

13 유영옥, 『남북교육론』, 서울: 학문사, 2002.

어 탈민족화하게 되며 통일교육의 초점이 흐려질 수 있다는 비판도 제기하였다.[14] 또한 통일교육 연구자들이 가장 많이 주장하는 것 가운데 하나는 시민 사회 교육일 것이다. 남과 북의 자본주의와 사회주의는 결과적으로 상이한 근대인을 탄생시키게 되는 태생적 특성을 가지고 있고, 분단으로 인한 근대화의 왜곡을 극복하는 정상성의 회복 과정으로 통일을 이해할 경우 통일교육은 시민 사회 교육의 일환이어야 함을 주장하는 것이다.[15] 그러나 남쪽을 개방, 사교성, 개인적 권리의 중요시, 등으로 특징 짓고 북쪽을 폐쇄성, 개인 권리 무시, 무조건적 복종[16]이라 평가하는 이분법적 맥락 속에서 시민 사회 교육으로 통일교육의 방향을 제시함은 북한의 집단적 문화 가치는 무시되고 남한의 개인주의만 강조하는 폐쇄성을 야기할 것이다.

---

14 차우규는 통일교육과 관련된 유사한 학문적 동향(평화교육, 민주시민교육 등)에 있어서 그 의미와 성격을 분명히 해야함을 지적한다. 예를 들어 평화교육은 통일교육의 외연을 지나치게 확대함으로써 통일교육의 초점이 흐려지게 하는 문제점을 초래하고 있다고 주장한다. 평화교육으로 통일교육을 대체하자고 주장하는 것은 평화가 이루어질 수 있다면 통일이 꼭 되지 않아도 된다는 생각에서 통일교육보다는 더 보편적 가치이고 상위 개념으로 평화교육을 주장하는 것이라는 점이다. 여기에는 한반도에서 통일이 곧 평화의 보장이며 출발점이란 점이 사상되어 있고 평화교육은 결국 이데올로기 문제를 극복하지 못하고 다른 이데올로기로 화해졌다는 문제점을 제기했다. (차우규, 「통일교육활성화를 위한 통일교육지침 및 교육방법개선연구」, 미간행물, 40쪽.)

15 고정식 외, 『통일지향 교육패러다임 정립과 추진방안』, 서울: 통일연구원, 2004, 220-223쪽.

16 위의 글.

한편 북한은 민족 공동 이념으로서 '우리 민족끼리'를 주장하는데 이는 "민족자주통일 지향과 의지가 집약된 것으로 자주통일 · 반전평화 · 민족대단합의 기치가 된다."[17]고 하였다. 여기서 '자주통일'은 곧 민족 자주로서 민족의 존엄과 이익을 첫 자리에 놓고 민족 문제, 통일 문제를 풀어나가자는 것을 의미하고[18] '반전평화'는 시대의 절박한 과제로서 침략과 전쟁이 없고 예속과 억압이 없는 세계에서 평화롭게 살려는 인민들의 한결같은 염원이라 북한은 말한다.[19] 특히 '민족대단합'을 실현하는 것은 현 시기 조국 통일 운동에서 그 어느 때보다 절박한 요구로 조국 통일 운동은 전 민족적인 애국운동으로 사상과 이념, 제도와 당파 소속에 관계없이 온 겨레가 함께 손잡고 떠밀고 나가야 할 전 민족적인 운동[20]이라 주장한다.

이렇게 다양한 기존 연구를 검토해 보면 민족공동체 의식 형성, 열린 민족주의, 민족적 상징 체계와 문화의 공유, 민족 동질성 회복, 민족 대단합 등이 핵심어로 떠오르고 있음을 볼 수 있는데 동학의 사유는 앞의 연구자들이 제기한 민족 단합의 방향들을 담지할 수 있는 틀로 여겨진다.[21] 무엇보다도 분단의 현실에서 자본주의와 사회주의를 통합시켜 낼 이념적 대안이라 할 민족주의적 사유 틀로서 동학 · 천도

---

17 『로동신문』, 2006년 3월 27일 5면.

18 위의 신문, 2006년 1월 26일 5면.

19 위의 신문, 2006년 1월 26일 6면.

20 위의 신문, 2006년 1월 15일 5면, 공동사설.

21 정혜정, 「동학과 주체사상의 비교를 통한 탈분단시대의 교육이념」, 『정신문화연구』94, 한국학중앙연구원, 2004, 참고.

교를 주목할 필요가 있다. 일제하에서 천도교는 민중·민족을 중심으로 사회주의와 자유주의 어느 운동과도 결합할 수 있다는 입장을 취했고 이념을 넘어서 한편으로는 자유주의의 개량주의적 성향을 지양하고 사회주의의 계급 편향을 반대한 공산제를 제시하기도 했다. 천도교는 사회주의자들이 계급적 도당으로 자본 계급에 대한 투쟁 관념에만 갇혀 진실한 만민동포의 관념에 기초하는 공산사회의 실현을 설정하지 않는다고 비판을 가하면서도 장래 사회는 진실한 인류 동포 형제적 관념의 공산적 사회가 아니면 불가능하다는 입장에서 무계급적 민중주의를 주장했다.[22] 북쪽과 남쪽 모두 동학에 대해서는 긍정적으로 보고 있는 편이고 특히 북한은 동학을 조국과 민족의 운명을 구원하려는 애국적이고 민족적인 사상으로 인식하고 있다. 동학이 광범한 민중 속에 급속히 전파될 수 있었던 것은 그들의 주장이 당시 위기에 처한 민족적 자주권을 수호하고 농민 대중의 반봉건적인 지향과 요구를 반영하고 있었다는 평가이다.[23]

---

22 정혜정, 『동학·천도교의 교육사상과 실천』, 서울: 혜안, 2001, 392, 429~433쪽.

23 원종규 외, 『갑오농민전쟁100돌기념논문집』, 서울: 집문당, 1994, 29~31쪽(이 책은 북한의 과학백과사전종합출판사에서 낸 것을 집문당 출판사에서 김일성, 김정일의 교시를 제외하고 영인한 것이다).

3. 통일교육의 문화적 접근

통일교육에 있어서 문화적 접근은 폐쇄적인 개인적 체험의 영역을 넘어서 초개인적인 성격을 지니는 공통감을 형성한다. 공통감이란 체험의 공유이다. 이는 문화 체험 그 자체 속에 사회적 성질이 담겨 있음을 인정하는 것이고 문화 체험을 통하여 어떤 대상에 대하여 내리는 판정은 개인적인 성격을 넘어 사회적이고 집단적인 성격을 띠게 된다.[24] 우리가 타민족을 알기 위해서 무엇보다도 문화에 의한다는 중요한 사실을 비추어 보면 진정한 의미에서의 남북의 상호 이해는 문화에 의한 상호 이해의 통일교육에 있음을 알 수 있다. 더구나 남북에는 언어와 민족 정서의 역사가 공유되기에 문화적 공통감이 쉽게 형성될 수 있다. 이러한 문화적 체험은 인간을 상호적인 존재로 만들고 보다 큰 성장을 이루게 한다.

통일교육에 있어 문화적 접근은 민족이 체험하고 표현해 온 정서와 공감 세계를 바탕으로 북한 문화가 갖는 구조성을 체험·이해하는 데 목적이 있고, 또한 그 이해의 새로운 지평을 창조적으로 표현하여 정서적 유대감을 넓혀 가는 데 있다.

한만길은 건전한 통일관 형성을 위한 통일교육의 일반 원칙으로서 일상생활에서 통일 문제를 이해할 수 있는 통일문화 형성을 첫째로 꼽고 있다. 일상생활 속에서 쉽게 접근하고 이해할 수 있는 생활 문

---

24 김광명, 『삶의 해석과 미학』, 서울: 문화수랑, 1966, 233쪽.

화를 중심으로 접근하는 것이 바람직하다는 것이다. 그러나 그는 체험 학습 장소로서 통일전망대, 임진각, 땅굴, 철의 삼각전적지, 전쟁기념관 등을 학생들에게 견학하게 함으로써 분단의 고통을 경험하고 나아가 통일의지를 함양시킬 수 있다고 하는데[25] 이는 남북 상호 이해로서 문화교육과는 거리가 있어 보인다. 통일문화교육은 북한 주민들의 삶을 이루는 주체 세계와 그 문화 구조를 감성적으로 이해시키는 것이 필요하고, 그러한 인식의 기초 하에서만이 북한의 다양한 생활상과 문화를 소개하는 것이 의미가 있을 것이다. 즉 북한 문화의 이해를 위한 근원적인 체험 학습은 북한 내부의 세계관적 구조와 그 문화적 표현을 이해하는 것에 있다. 문화와 이념적 세계관이란 것은 서로 다른 것이 아니다. 서로 영향을 미치며 서로 관련 지어 문화가 이념을 배양하고 이념(세계관 혹은 사상)이 다시 문화를 양육하는 인과관계가 있다. 북한의 문화세계 자체를 인정하고 자신의 지평 속에서 이를 이해·융합하여 창조적인 통일문화 표현으로 가는 것이 통일문화교육의 관건이 될 것이다. 한 사회의 이해는 문화적 이해에서 비롯되고 특히 북한을 이해함에 있어서는 북한 문화의 민족성과 주체성, 집단성을 이해하는 것이 중요하다. 그러므로 본고에서 다루고자 하는 통일 교육의 문화적 접근은 민족 문화와 북한 문화가 공통으로 지니는 세계를 문화적 양식 속에서 객관적으로 진실되게 포착하여 드러내어 주고 학습자들로 하여금 북한을 체험·이해하도록 돕는 데 초점을 두었다.

---

25 한만길, 『통일교육의 이론과 실천』, 서울: 교육과학사, 2001, 276쪽.

4. 동학 사유를 통해서 본 통일문화교육의 이념적 기초

1) '민족성'의 통일문화교육

동학·천도교 교육에서는 일찍이 민족문화가 교육의 중요한 요소임을 말해 왔다. 인간은 언어·역사·문화의 민족공동체를 조건으로 하는 문화 공동체에서 태어난다. 민족문화는 곧 인간 자아 정체성을 형성하는 주된 요인이 된다. 즉 각 민족공동체는 각 지리적, 역사적 문화를 조건으로 자신의 생명을 키우고 이로부터 나(自我)라는 정체감을 형성한다. 이 문화는 민족을 단위로 이루어진다. 민족성의 존재 가치는 문화에 있다고 해도 과언이 아니다. 그러므로 민족문화를 사회화시키는 교육이란 한국 사람의 사상, 정서, 실제 사회, 실제 삶에 접촉하여 있는 것이고 이를 더욱 발전시킬 것을 목적으로 한다. 그렇다고 이는 외래 문화를 배제하는 것이 아니라 다만 외래문화도 본바탕에 세워져야 함을 강조하는 것이다. 현실과 괴리된 모방적 문명을 맹목적으로 추종해서는 안 된다는 것이다.

일제하 동학의 민족교육에 있어서 주된 내용을 이루는 것도 현재까지 공유된 조선의 문화를 속속들이 소개하는 것에서부터 세계를 알도록 하는 것이었다. 동요와 전설에서부터 지리와 역사, 언어, 자랑거리, 발명품 등 전체를 망라하여 조선을 알려 주고 조선을 깨닫게 하여 그들이 조선인을 위해 살아갈 수 있도록 하였다. 조선 사람에게 조선 공부란 것은 밥과 같은 것이다. 민족의 역사는 개인의 성장에 정체성을 부여하기 때문이다. 그리고 온 세계와 인류를 열심히 알라 했다. 어린이에게 있어 조선 공부란 조선을 공부하여 조선을 보다 발전적으로 변화시키는 것인데 이는 곧 자신의 삶을 보다 크게 만들고 인류에게로 이르는 길이다.[26]

민족은 운명적인 것이기에 인간 개인의 정체성과 인격형성은 민족문화와 분리해 생각할 수 없다. 개인이 갖고 있는 다양한 정체성, 예를 들어 성적性的·지역적·계급적·계층적 취향이나 정체성 등은 개인이 갖고 태어나는 본유적인 것이 아니라 민족의 사회문화적인 것으로 채워지기 때문이다. 문제는 민족주의 자체가 아니라 어떤 민족주의냐인 것이다. 민족을 넘어서는 것처럼 보이는 세계화마저도 민족주의의 동력에 불과한 동전의 양면인 것처럼[27] 역사적으로 개인은 민족에 의해 운명지어진다. 더구나 통일교육은 민족성을 수반하지 않을 수 없고, 민족의 역사·문화·언어 속에서 태어나 인류 보편으로 가기 위해서는 민족문화, 전통문화교육이 전제되어야 한다. 민족교육은 곧 민족이 지향해 온 이상과 민족의 역사, 언어, 예술 등 총체적인 민족문화를 자양분으로 민족 구성원을 교육시키는 것을 의미하고 이를 중심으로 세계 문화와 공존하는 세계화로 보편 교육을 지향한다.

현재 남한 교육에서 민족교육 혹은 전통문화교육은 북한보다 강도가 약한 것이 사실이다. 우리의 현실이 모두 서구화된 것이 사실이지

---

26 정혜정, 『동학·천도교의 교육사상과 실천』, 앞의 책, 476쪽.

27 권혁범, 『민족주의와 발전의 환상』, 앞의 책, 12쪽.

만 서구 자체가 될 수 없는 것은 우리에게 민족이라는 특수성이 부여되어 있기 때문이다. 따라서 향후 통일 교육은 우리 민족문화에 대한 이해 노력이 필요하고 또한 남북이 함께 할 수 있는 교육의 공통분모 역시 민족 교육에서 찾을 수 있을 것이지만 이는 문화적인 접근에서 시작해야 할 것이다. 즉 '민족성'의 통일문화교육을 통해 문화 공동체로서 공감을 넓혀가고, 북한에서도 강조되는 민족교육을 이해하는 것이 필요하다 하겠다.

2) '전일성'의 통일문화교육

오늘날의 교육 기반은 근대에 형성된 구조 체계이다. 전체 세계로부터 분리되고 독립된 자아실현과 기계적 자연관을 통해 주·객 이분에 따른 감성과 이성의 대립, 인간과 자연의 대립, 개체와 전체의 대립은 교육 시스템에 암묵적으로 잔존하고 있다.

이에 반해 전통문화로서 동학은 인간 자체가 우주 중심의 근원으로서 만물과 하나 되고 세계를 생성하는 인내천人乃天주의를 표방하고 있다. 즉 개인과 전체가 통합되어 있다는 것은 인간 개인이 전체와 분리되어 있지 않는 동시적 존재임을 말하는 것이고 전체와의 합일 속에서 이미 한울 자아의 주재성이 작용되고 있음을 말한다. 인간은 더 이상 개별적 자아로 규정지을 수 없다. 인간은 타자와 그물망으로 연결되어 있고 전체와의 관련 속에서 자신을 의미 지을 수 있다. 동학의 사유가 인간을 한울이라고 하는 것은 처음부터 인간은 천지의 모든 이치를 담아 내고 모든 만물을 자신의 몸으로 하는 한울이[28]임

을 의미한다. 인간은 끊임없이 생성 · 변화하는 무궁한 한울이다.[29]

동학에 있어서 인간 개성은 우주만물을 한 몸으로 하여 자신을 위하는 데서 확보된다. 우주의 이치와 생명의 힘은 하나이지만 이것이 모든 개체 속에서 드러날 때 달리 표현될 뿐이다. 모든 존재는 한울님의 표현이다. 각자의 한울님이 각자의 개성 속에서 드러남이다. 그러므로 인간과 자연 모든 개체에 공경을 다하고 우주를 한 몸으로 하는 공심公心을 통해 공행公行을 실천하는 것이 개성화의 길이라고 동학은 말한다. 천도교 이돈화는 개체적 세계관과 전일적 세계관을 다음과 같이 비교하여 말하였다.

> 생의 뿌리를 개적의 이기주의 개인주의에 세운 사회에 잇어서는 저들의 소위 양심이라는 것은 거개가 침략주의 착취주의의 변태성을 일러하는 말이 된다. 소위 정의인도라하는 가명을 버러서 상대자를 속히고 세상의 이목을 속혀가면서 외면조케 남의 것을 빼라먹는 방략이 곳 그들의 양심이 되어 잇다. 사회적 질병이라는 말은 사회를 전적 유기체로 생각하야 가지고 개인을 소아로 보고 사회를 대아로 보는데서 니러나는 생각이다. 사람이 만일 진심으로 사회라하는 대아가 자아의 개체를 나게하고 살게한다는 眞感이 잇고 보면 사회의 엇더한 부분의 고통일지라도 그것이 유

---

28 '한울아'라는 말은 한울님을 말하는 것으로 일제하 때 천도교이론가들이 즐겨 쓴 표현임을 밝혀 둔다.

29 『동경대전』, 몽중노소문답가, "무궁한 이치 무궁히 살펴내면 무궁한 나 무궁한 한울 아닌가."

> 기적으로 직접자아의 고통화가 되얏질수잇슬것이다. … 개인이 생겨가지고 사회가 생긴 것이 아니오 사회가 생겻슴으로 개인이 생긴 것이라 함이 가장 명백한 理諦가 되는 것이다. 본래 사회라하는 것을 우주존재의 원리로 붓처보면 생명의 전적대단을 일러하는 말인고로 생명의 전적대단은 어느때에든지 개적생명의 원산지가 되고 잇다.[30]

오늘날 시스템 이론에서 말하는 것처럼 모든 존재를 전체 관련과 분리시켜서 개별 독립적 실체로 볼 때 약탈과 지배가 횡행할 수밖에 없지만, 사회라는 전체가 인간 개체를 이루는 것임을 느낀다면 전체를 자기 한 몸으로 하는 진정한 정의·인도가 형성된다는 것이다. 따라서 진정한 개성화는 전일성(We-self)의 구현자이다. 이제 교육은 개체 위주의 분리 담론이 아닌 모든 존재가 하나로 연결된 한울 담론으로 바뀔 필요가 있다.[31]

동학의 전일성의 사유는 근대가 가졌던 세계 전체로부터의 독립과 분리의 자아가 아닌 자신과 세계를 전일체로 사유하는 세계관을 제시한다. 북한의 사회와 북한의 세계가 우리 자신의 삶과 분리될 수 없다는 것, 동시에 그들의 사회와 세계가 나 자신의 세계 안에 편입될 수밖에 없음을 이해하게 된다. 이는 북한과 남한 역시 하나의 역사를 짊어진 공동 존재임을 환기시켜 줄 것이다. 또한 동학의 전일성의 세계관과 북한의 집단주의는 상호 공유할 수 있는 공통점이 있기에[32]

---

30 이돈화, 「생의 개적가치와 전적가치」, 『개벽』63, 1925.11.

31 정혜정, 「동학의 탈근대성과 교육철학적 전망」, 앞의 글, 참고.

북한의 문화를 비교하고 이해하는 하나의 통로를 제공할 것이다.

3) 주체성의 민족교육 이념과 통일문화교육

동학의 한울로서의 인간 이해에서 보면 이천식천以天食天의 양천주養天主로서 천지가 주는 곡식으로 인간은 생명을 유지하고 우주만물은 인간에 의지하여 자신을 생성・변화시키기에 인간은 이 세계를 기르는 주재자가 된다. 즉 인간은 자신의 한울 천지 만물을 무궁히 기르는 양천자養天者이다. 따라서 동학 사유의 주체성은 동시에 변혁성을 지닌다. 동학의 '후천개벽사상'은 보다 나은 세계를 만드는 무궁한

---

32 김일성은 동학사상이 '하늘을 맹목적으로 숭배하는 것을 반대하고 사람 자체를 믿어야 한다는 것을 주장하고 있는 점과 봉건적 사회제도를 반대하는 점에서 인간존중과 평등을 주장하는 진보적인 종교'로 평가했다. 그리고 그는 애국애민성이 강한 민족종교로서의 천도교의 위치와 역할에 대해서 전적으로 긍정하였다.(『세기와 더불어』, 5권, 391쪽.) 주체사상은 계급보다 민족을 우위에 놓기에 동학・천도교와 접점을 이룰 수 있고, 동학과 주체사상은 인간 개인과 사회(전체)를 둘로 보지 않는다는 점에서 일치된다. 주체사상에 있어 인간이 사회적 존재라는 것은 사회집단 전체와 결합되어 자기의 자주적 생명을 지속시키는 통일체이고 동학 역시 우주전체로서의 한울님과 인간 주체가 결합되어 인간에 의해 세계가 창조되기 때문이다. 북한이 동학・천도교에 대해 이러한 관점을 갖고 있기에 상호 공통적으로 공유할 수 있는 부분이 있다. 동학과 주체사상은 다양한 측면에서 공유점을 보이고 있는데 그 접점의 측면은 인간을 사회와 한울 전체 속에서 관련지어 이해하고, 사람 주체에 의한 세계변화를 말하며 인간 개체와 전체를 통일시키고 있다는 점 등을 꼽을 수 있을 것이다.

세계, 무궁한 인간 이해를 전제하고 있다. 민족교육 이념으로서 주체성(변혁성)의 교육은 인간이 왜 보다 나은 세상을 위해 노력해야 하는지, 왜 민족 과제가 자신의 과제가 되는지를 이해시켜 역사와 사회에 책임적인 존재로 서게 하는 교육이다. 따라서 동학·천도교에 있어서 주체적 변혁성의 교육은 역사의식을 바탕으로 현재를 보다 낫게 하는 후천개벽의 주체로서 자신과 세계를 포함한 총체적인 변혁을 목적한다. 이는 동학과 북한 문화가 공통적으로 드러내는 특징이라 할 수 있다. 특히 역사 발전의 인식은 민족의 정체성을 인식하는 근간이기에 '남북이 하나 된 역사 읽기'를 통해 역사적 과제를 인식하고 통일문화를 창출하도록 하는 것이 필요하다. 여기에는 일제하와 해방 이후 전개된 사회주의와 민족주의를 하나 된 역사 속에서 다루는 역사교육이 필요하다.[33] 백남운은 일찍이 조선 역사에서 민족주의와 사회주의가 상호 보완적임을 말한 바 있다.

> 민족주의자로 자인하는 사람으로서 만일에 조선민족의 생활문제를 근본적으로 해결하랴는 열의에 불탄다면 필연적으로 사회생활문제의 본질적 해결을 본령으로 삼는 공산주의를 이해할 임무를 가진 것이라고 생각된다. 그와 마찬가지로 조선의 공산주의자는 조선민족의 사회해방을 담당할 뿐 아니라 조선민족의 정치적 해방을 위한 투사인 이상에 그 민족해방을 유일한 정치적 이념으로 삼는 민족주의를 이해할 임무가 있다고 생

33 진덕규, 「한국에서의 사회주의 지식인과 농민·노동자문제: 식민지 사회에서의 사회주의의 존재양식」, 『동아연구』13, 1988.

> 각하는 동시에 조선민족의 공통목표인 민족해방을 위하여는 상호이해와 연합활동의 가능성이 충분히 있다고 생각된다. … 민족혁명을 위한 민족주의자는 그 盟友인 공산주의자를 발견하였든 것이다[34].

그는 공산주의가 민족과 결합될 수밖에 없음을 말하면서 약소민족의 경우 민족운동과 사회운동은 상호적인 맹우로서 민족자결권을 강조하는 것이라 말한 바 있다.[35] 민족주의와 사회주의 결합은 조선역사에 있어서 유별스럽지 않다. 여운형도 해방공간 당시 '인민공화국 정부는 붉다'고 공격하는 말에 대해 다음과 같이 말한다.

> 抱腹絶倒할 일이다. 일본으로부터 해방된 오늘날 민주주의의 조선을 건설하는 데 있어서 조선에 적색이 어데 있느냐. 도대체 공산주의자를 배격할 필요가 어디 있느냐 … 노동자 농민 및 일반 노동대중을 위하는 것

---

34 백남운, 『朝鮮民族의 進路』, 서울: 신건설사, 1946, 24-27쪽. (비서구 사회의 지식인들은 그들의 사회가 제국주의의 침탈 하에 놓여 있었기 때문에 지배세력으로서의 부르주아 계급에 속했으면서도 반제민족운동의 이념을 모색하게 되었고, 이것에 대한 대응적 논리로서 사회주의가 고려될 수밖에 없었다. 조선의 지식인 가운데서도 사회주의를 반제민족운동의 가능성으로 파악했으며 그 당시 민족주의가 보여주었던 이념적 한계를 그것에 의하여 대치할 수 있을 것으로 생각하였다. 또한 사회주의는 반자본주의적인 국제연대의 이론적 가능성을 주장하고 있었기 때문에 식민지 해방의 현실적인 논리라는 확신을 가져다주었고, 단순히 가능성의 이념이기보다는 당위적인 논리라는 평가가 행해지고 있었다.)

35 백남운, 위의 책, 59쪽.

> 이 공산주의이냐. 만일 그러면 나는 공산주의자도 되겠다. 근로대중을 위하여 여생을 바치겠다. 우익이 만약 반동적 탄압을 한다면 오히려 공산주의 혁명을 촉진시킬 뿐이다. 나는 공산주의자를 겁내지 않는다. 그러나 급진적 좌익 이론에는 나는 정당하다고 안본다. 인민이라면 적색이라고 함은 소학교 1년생과 같은 사람이라 하겠다.[36]

여운형은 일제 식민지하에서 9할이 농민이요 절대다수가 빈민층이었기에 노동 인민대중을 위하는 것은 곧 민주주의의 조선을 건설하는 것과 같다고 했다. 좌익은 일제하의 혁명 세력이었고 근로대중을 무시한 조선의 통일과 국가 건설은 있을 수 없다는 것이다. 북한 사회의 문화를 아는 것과 그들의 역사성을 이해하는 것은 이러한 역사 인식에서 하나의 길로 만날 수 있다. 요컨대 변혁성의 통일문화교육은 남북의 역사를 한 민족, 하나의 역사로 인식하여 통일의 변혁 의지를 고취하는 데 있다. 이러한 접근에서 현재의 북한 문화를 이루는 과거가 무엇이었으며 북한 대중들의 의식 속에 살아 있는 문화적 가치가 무엇인가를 이해하는 길이 열릴 것이다.

---

36 『每日新報』, 1945년 10월 2일.

5. 통일문화교육의 이념과 북한 문화 이해

1) 북한 문화의 민족성

북한은 "우리 겨레가 사는 모든 곳에 민족중시·민족제일의 기상이 나래치게 하고 자주 통일의 열풍이 휘몰아치게 하여야 한다."고 하면서 미풍양속을 비롯한 민족적 전통을 잘 살려 나가는 것이 조국통일을 위한 단계에서 중요한 문제라 말한다.[37] 주강현은 이러한 북한 문화를 한마디로 '우리식 문화'라 명명하면서 이는 민족적이라고 말하기에 충분하다[38]고 하였다. 북한의 우리식 문화는 주체사상의 민족문화 건설 방략에서 출발한다. 민족성은 민족이 계승하는 전통에 체현되며 이에 기초하여 높이 발양되는 것이고 따라서 전통을 무시하는 것은 결국 민족성을 무시하는 것이 된다.[39] 또한 "선조들이 창조하고 대를 이어오면서 지켜온 민속 전통에는 우리 인민의 고상한 사상 감정과 예의 도덕, 조선 사람의 독특한 생활양식과 우리 민족의 고유한 기호와 특성이 반영되어 있기에 높은 긍지를 간직하고 우리 인민의 민족적 특성을 빛내어 나가야 한다."고 말한다.[40] 우리 선조

37 『로동신문』, 2006년 1월 14일 5면.

38 주강현, 『북한의 우리식문화: '우리식 문화'를 알아야 북한이 보인다』, 서울: 당대, 2000, 5쪽.

39 김정일, 『친애하는 지도자 김정일동지의 문헌집』, 평양: 조선로동당출판사, 1992, 251쪽.(주강현, 앞의 책, 136쪽, 재인용).

40 『로동신문』, 2006년 3월 26일 2면.

들은 어릴 때서부터 온갖 비도덕적인 현상을 용서하지 않았으며 재물이나 권력보다도 정의와 의리를 귀중히 여기도록 하였음을 강조하여 이를 민족 전통의 하나로 제시하고 있다는 것이다. 즉 의리를 중시하는 민족문화교육을 통하여 사람들은 어릴 때부터 자기 부모를 아끼고 위하려는 마음이 깊어지고 자기가 나서 자란 고향과 다정한 이웃들, 나아가서 자기 조국을 열렬히 사랑하는 정신도 지니게 될 수 있음을 말하고 있다.

또한 북한은 "우리 인민들 속에서 널리 불리워지고 있는 민요들과 민족적 정서가 넘치는 민속무용들, 풍요한 가을을 안아오는 농장 벌의 농악무와 창조적 로동의 희열과 랑만 속에 펼치는 봉산탈춤 그 하나하나에도 우리 민족의 우수한 전통을 적극 살려 나가도록 유도할 것"[41]을 주장한다. 북한에서는 역사적으로 형성·발전되어 온 인민의 민족적 생활 풍습을 잘 아는 것이 문화에서 중요한 문제로 제기된다.

조국의 역사, 지리와 함께 인민이 창조하고 발전시켜 온 민족적 생활 풍습을 잘 아는 것은 당원들과 근로자들, 특히 자라나는 새 세대들이 높은 민족적 긍지와 자부심을 가지는 데서 매우 중요한 의의를 가진다.[42]

북한은 과거 문학을 평가함에 있어서도 민족성의 세계관 속에서 문화를 평가·계승하고 이를 바탕으로 문화 창조를 의도하고 있다. 예를 들어 북한은 소월의 시를 평가하면서 그의 민족성을 보다 높이

---

41 『로동신문』, 2006년 4월 4일 5면.

42 박순재 외, 『조선민속학』, 평양: 교육도서출판사, 2002, 2~4쪽.

부각시킨다.

> 소월의 시에 나타난 민족생활에 대한 묘사는 많은 경우에 예로부터 내려오는 우리 농민들의 민족적 풍습과 풍속, 인정세태에 대한 형상 속에 주어지고 있으며, 그러한 민족생활의 모든 것이 시어와 표현 등에서의 강한 민족적, 향토적 색채와 결합되어 있는 것이 특징이다. 우리 인민에게 널리 알려진 전설의 소재에 기초한 이러한 시작품의 창작은 그의 시의 민족성과 함께 그 민족생활 묘사에 정서적으로 관통되어 있는 그의 인도주의적 열정을 뜨겁게 느끼게 된다.43

이러한 북한 문화를 남한은 일종의 수구주의 혹은 '구닥다리'로 평가하고 남한의 현재를 중심 잣대로 놓고 있는데 이러한 입장에서는 북한 문화의 정당한 평가가 이루어지지 않는다. 민족 분단 이후 50년 이상을 격리된 조건 속에서도 전통문화가 어느 정도 전승되고 있는가 하는 문제는 바로 향후 내부 통합의 공통분모 확보란 측면에서도 중요한 기준치가 될 것이다.44

해방 당시 북한 조선노동당상무위원회는 "찬란한 민주주의 조선민족문화 수립을 위하여 조선 민족의 우수한 문화적 전통을 존중하며

---

43 류희정 편찬, 『1920년대 시선(2)』, 평양: 문예출판사, 1992, 13, 18~19쪽.

44 주강현, 『북한의 우리식문화: '우리식 문화'를 알아야 북한이 보인다』, 앞의 책, 20, 109쪽.

그것을 정당히 계승 발전시키며 우리 민족의 고전 문학과 고전 예술을 비롯한 가치 있는 문화유산들에 대하여 보다 높은 관심을 가지고 연구하며 고상한 민족적 특성과 민족적 향기가 발향된 새롭고 우수한 민족 형식을 창조하라."[45]고 당 문화 건설자들에게 호소했다.

현재 남한 문화는 서구 문화, 미국 문화, 다양성 등의 이름으로 불릴 수 있을 것인데 향후 통일 교육은 민족성의 교육이 가미되어야 하고 문화 역시 민족문화의 중심 잡기가 이루어져야 할 것이다. 이는 북한의 우리식 문화를 이해하고 통일을 이루는데 열린 사고를 가져다 줄 것이다. 남한은 그동안 북한 문화를 도외시했지만 북한 문화도 현실적으로 존재하는 한민족이 이룩한 근대 문화라고 할 수 있고 북한이 이룩한 문화적 성과가 남측 문화에 건전한 자극을 줄 수 있다.[46] 상업주의적이고 지나치게 개인화된 남쪽 문화를 성찰할 계기도 되는 것이다.

2) 북한 문화의 집단성(전체성)

북한에서는 주체사상을 기초로 개인의 이익을 전체의 이익과 합치시키는 집단 문화를 근간으로 하고 있다. 북한은 자신의 문화를 민족적 주체 문화로서 표현하면서 주체사상은 집단적 이익의 구현자로서

---

45 백남운, 위의 책, 15쪽.

46 김누리·노영돈 편, 『통일과 문화: 통일독일의 현실과 한반도 통일 전망』, 서울: 역사비평사, 2003, 78~79쪽.

혁명가적 풍모라 할 높은 도덕과 인격을 요구한다고 강조한다. 즉 주체사상에 있어서 돈이나 지위, 혹은 육체적 생명을 위한 향락 추구는 조국과 민족, 사회 앞에 아무런 유익이 없고 인간의 가치와 품격은 오직 근로 민중의 이익과 혁명의 이익에 봉사하는 고상한 사상 의식을 가질 때 인간은 더없이 숭고하고 고귀하다[47]는 것이다.

> 인간은 개인적 존재인 동시에 집단적 존재이며 개인과 집단은 운명공동체이며 개인적 생명의 모체는 집단적 생명에 있다는 것, 그렇기에 인간은 집단의 사랑과 믿음 속에서 집단을 위하여 헌신·분투하는 생활 속에서만이 고상한 정치적 욕망을 충족시킬 수 있으며, 또한 개인적 생명은 집단적 생명과 연결되고 결합되고 합치될 때 비로소 사회적 존재로서의 의미를 갖게 된다.[48]

북한 사회주의 헌법에 나타난 '공민公民'으로서의 인간상 역시 집단주의 정신을 높이 발양하고 조국과 혁명의 이익을 위하여 몸바쳐 일하는 혁명적 기풍을 세워야 할 것을 명시하고 있다(제68조). 또한 제31조에서는 "하나는 전체를 위하여, 전체는 하나를 위하여"라는 집단주의 정신으로 교양할 것을 지시하고 있다.[49] 이러한 공산주의적 도덕문화는 '전국 공산

47 『로동신문』, 2006년 4월 16일 2면.

48 홍정자, 『하나를 전체를 위하여 전체는 하나를 위하여』, 평양: 평양출판사, 2004, 311쪽.

49 전용선, 『북한사회주의 교육이론 연구』, 서울: 한누리, 1993, 40~41쪽, 재인용.

주의 미풍 선구자 대회'라는 것을 정책적으로 열어 집단주의적 인간 도덕을 선도하고 있다.[50] 즉 북한이 추구하는 문화는 집단 문화를 기초로 타자를 위해 헌신하는 공산주의 도덕을 강조하고 민족적 형식에 사회주의적 내용을 담는다는 원칙에 있다.

특히 북한은 민족 전통과 풍습 가운데서도 집단적 문화 정서나 생활 기풍을 지속적으로 강조해 왔다. 따라서 북한 문화 정책은 인민대중 집단에 기초한 '주체성'과 '인민성'을 중요시한다. 주체성과 인민에 기초한 이러한 문화 정책은 해방 당시 백남운도 제창한 바가 있다. 백남운은 민주문화를 제창하면서 협애한 계급적 특권문화가 아니고 민주적인 대중문화, 자본주의적인 도시문화가 아니라 민주적인 농촌문화, 잉여가치의 반영 형태인 계급문화가 아니라 대중 자신의 창의적 노동의 결정인 민주적 해방문화, 귀족 문화처럼 자기 도취의 외적 장식이 아니고 대중운동의 실천 과정에서 창성되는 필연적 형태로서 민주문화를 제창한 바 있다.[51]

8·15해방 직후 북한 조선로동당의 정치 노선이자 김일성의 문학·예술에 관한 지침 역시 민주주의 민족문화 건설에 있다[52]고 명시하였다. 여기서도 북한 문화가 갖는 인민성은 백남운의 입장과 유사한 맥락임을 엿볼 수 있다.

따라서 문화의 인민대중화는 창작에서의 '통속성 구현'과 관련이

---

50 홍정자, 『하나를 전체를 위하여 전체는 하나를 위하여』, 8쪽.

51 백남운, 『朝鮮民族의 進路』, 앞의 책, 51~53쪽.

52 백남운, 위의 책, 18쪽.

있게 된다. 예를 들어 북한에서 집단주의에 기초한 민족성과 통속성은 음악 예술의 사상 미학적 교양의 기능을 높이기 위한 중요한 요인이다. 노래는 민족적 정서가 흐르면서도 현대적 미감에 맞으며 통속적으로 되어야 대중교양에 적극 이바지할 수 있다는 것이다. 노래에 담긴 사상적 내용이 아무리 좋더라도 인민들에게 어렵고 까다로운 노래는 사람들을 교양시킬 수가 없다.[53] 남한에서 이러한 통속성은 '고급스런 예술성'과 대치되는 것으로 판단하는 경향이 강하다. 대중소설과 순수소설을 분리시켜 내고 이발소 그림과 예술 작품은 엄격히 구분된다.[54] 그러나 북한은 인민대중성을 위해 통속성을 지향한다. 그리고 더 나아가 인민대중이 문학 예술의 진정한 창조자, 향유자로 주장되면서 북한의 문화 예술은 세계와 자기 운명의 주인이 되어 자주성을 지향하는 인민대중의 요구를 반영하여야 하고 철학적 깊이를 보장하는 것으로 강조된다.[55]

3) 북한 문화의 주체성(변혁성)

북한에 있어서 주체성(변혁성)의 문화교육은 민족 유산의 비판적 계승을 통해 끊임없는 변혁을 시도하고 있다. 민족문화의 발전은 역사

---

53 『근로자』, 1998년 10월호.

54 주강현, 『북한의 우리식문화: '우리식 문화'를 알아야 북한이 보인다』, 앞의 책, 165쪽.

55 김용부, 『철학적 심오성과 문학예술작품』, 평양: 문학예술출판사, 2002, 9쪽.

발전의 주체인 인민대중을 중심으로 집단 사회에서 실현되어 왔고 인민 대중의 이익을 대표하는 자주적인 사회를 건설할 때만이 자주적인 민족문화가 가능하다[56]고 말한다. 따라서 북한은 "지난 날의 민속 유산을 허무주의적으로 대하는 현상을 경계하는 동시에 복고주의를 철저히 반대하여야 하며 민속 유산을 비판적으로 계승·발전시키는 원칙적 입장을 견지하여야 한다."[57]고 말하면서 전통을 계승함에 있어서 민족의 발전 역사와 연관시키고 있다. 특히 일제하 동요, 예술가요, 신민요, 대중가요 등을 계승하면서 역사 의식을 불어 넣고 있다. 또한 인민학습당에 걸어 놓은「애국은 조국통일의 투쟁에 있다」는 말처럼 현재 그들의 역사적 과제 중 가장 중요시되는 것은 자주성 확립과 조국통일임이다. 북한은 모든 전통유산을 자주와 통일이라는 민족의 발전 역사와 연관 짓고 있는 측면이 강하다.

> 우리는 지난 날의 문화예술이 혁명적인 것이 못되고 봉건적이며 자본주의적인 요소가 있다고 하여 그것을 덮어 놓고 부정하지 말아야 하며 우리 민족의 발전력사와 련관시켜 보아야 합니다. 특히 우리 나라 근대 및 현대 음악 발전력사만 놓고 보아도 일제식민지 통치를 반대하는 인민의 반일애국사상이 높아가던 시기에 계몽가요와 아동가요, 서정가요와 신민요와 같은 음악 종류와 형식이 발생 발전하였으며 그것은 애국적인 인

56 김정일,「주체사상에 대하여」,『전국주체사상토론회에 보낸 논문』, 1982.3.31.

57 박순재 외,『조선민속학』, 평양: 교육도서출판사, 2002, 2~4쪽.

> 민들과 청년학생들 속에서 반일애국사상 감정을 불러일으키는 데 기여하였습니다.[58]

북한은 우리 과거의 문화가 비록 봉건적이고 자본주의적인 요소가 있다고 하더라도 민족의 역사 발전과 연관하여 기여한 바가 있으면 긍정되어야 함을 주장한다. 예를 들어 1920년대~1930년대 초 양심적인 음악가들에 의하여 동요 창작이 활발하게 진행된 것은 무엇보다도 어린이들에 대한 애국주의 교양 문제가 조국의 장래 운명과 관련된 중요한 사회적 문제로 나서고 있었기 때문이라든가 진보적인 음악가들은 일제의 눈길이 어느 정도 덜 미치고 있는 아동 음악 작품들을 통해 애국의 사상 감정을 고취하려고 하였던 것이라는 표현들은 북한이 민족문화를 민족 발전 역사와 연관 지으려는 대표적인 태도라 보여진다. 특히 '고향의 봄'[59], '그리운 강남'을 비롯한 수많은 동요들은

---

58 황룡욱 편집, 『계몽기가요선곡집』, 평양: 문학예술종합출판사, 200 1, 1~2쪽.

59 당시 이국 땅에서 살고 있던 홍란파는 친구의 초청을 받게 되었다. 친구는 조선인부락 사립학교 교원을 하고 있었는데 그 친구를 찾아 학교로 간 그는 수업을 참관하게 되었다. 마침 작문시간이었는데 교원은 '고향'이라는 제목으로 학생들이 글을 짓고 발표하도록 하였다. 학생들은 한명씩 자기가 쓴 글을 발표하였는데 그 중 한 학생이 「…맑은 시내물이 졸졸 흐르는 고향마을은 봄이면 복숭아꽃, 살구꽃, 진달래 꽃이 피여나 하나의 꽃동네를 이루는 고장이라고 합니다. 그러나 지금은 왜놈의 구두발에 짓밟혀…」 하고는 더 읽지를 못하였다. 그 학생의 설음이 옮겨와 다른 학생들도 모두 울었다. 이 광경을 목격한 작곡가 홍란파는 고향을 그리는 어린 동심의 넋

미래의 조선을 꽃피우기 위한 큰 뜻 품고 씩씩하게 자라는 어린이들의 모습을 주제로 한 것, 민족적이며 애국적인 것, 부모형제들에 대한 애정과 가난한 사람들에 대한 동정을 반영한 것, 어린이들의 천진한 유희생활을 반영한 것, 자연을 통하여 지능을 계발시켜 주기 위한 것 등 그 주제들이 다양한데 이 모두를 긍정적 문화로 평가하여 역사 발전적 맥락 위에 놓고 있다.

따라서 어느 예술 작품이 더 철학적 심오성을 가지고 있는가 하는 것은 그것이 얼마나 크고 요란한 사건, 심각한 생활, 첨예한 갈등을 취급했는가 하는 것과 같은 외적인 표징에 의해서가 아니라 그것이 얼마나 세계 개척의 근본 문제에 육박해 들어가는 심오한 인간 문제를 제기하고 깊이 있는 사상적 해명을 주었는가 하는 내적인 표징에 의해 규정된다.60 요컨대 북한 예술 문화론은 인민 생활을 생동적이

을 그대로 오선지에 적어 넣어 이 노래를 창작하였다. 당시 해외교포들은 이 노래를 부르면서 눈물을 흘리며 두고 온 고향을 그리워하였다고 한다. 기록들에 의하면 홍란파는 1936년에 흥사단 단가를 작곡했다는 리유로 일제경찰에 투옥된 바 있는데 혹독한 고문의 후유증으로 1941년에 사망하였다고 한다.'(황룡욱 편집, 위의 책, 59, 133쪽.)

60 류희정 편찬, 『1920년대 시선(2)』, 평양: 문예출판사, 1992, 13쪽.(따라서 북한은 소월을 높이평가하면서도 그 한계를 다음과 같이 지적한다. '소월은 자기의 시작품들에서 조국의 자연과 민족적 풍습, 고향과 향토에 대한 사랑, 잃어진 것에 대한 애모, 사랑과 이별, 그리움 등 인생의 많은 사연을 정서적으로 깊이 파고들어 노력하는데 자기의 시창작을 바쳤으나 그는 그 모든 경우에 현실의 어둡고 답답한 일면에 파묻혀 있었으므로 그의 시세계는 현실부정과 항거의 시대정신의 경지에 올라설 수 없었다.'는 것이다. - 류희정, 같은 글)

면서도 진실하게 생활적 화폭으로 그려 내고 세계 개척의 길을 형상화시켜 그 길을 밝혀주는 것에 가치를 둔다.

6. 맺는 말

통일교육의 방향을 가늠할 통일교육 이념으로서 본 연구는 동학이 담고 있는 민족적·전일적 주체적(변혁적) 특성에 주목하여 그 교육이념을 제시했다. 그리고 이는 북한 문화의 민족적·집단적·혁명적 특성을 이해하여 문화 통합을 이루는 데 중요한 통로가 될 수 있음을 아울러 제시하였다. 어떠한 형태이든 남북한의 상호적인 문화 이해가 시도되어야 하고 언젠가 하나 된 조국으로 존재하기 위해 통일교육을 활성화해야 한다는 고민에서 이론적 연구를 시도하였다. 특히 필자가 동학의 사유를 통해 통일문화교육의 이념에 기초를 놓은 것은 통일교육에 있어 민족의 정서적 유대감이 유효하다고 생각했기 때문이다. 또한 동학·천도교는 개인주의와 집단주의를 아우를 수 있는 사상으로서 기능할 수 있고 분단의 현실에서 자본주의와 사회주의를 통일시켜 낼 이념적 대안이 될 수 있다고 보았기 때문이다. 남한과 북한 모두 동학을 민족주의의 시발로 놓고 있고 동학이 주장하는 것처럼 북한도 계급보다 민족을 우선하는 맥락이 존재하기에 탈분단시대의 통일교육 이념은 남북이 공유하는 민족 사유, 즉 동학의 민족교육 이념의 기초 위에서 시도될 수 있다. 그러므로 동학 사유가 갖는 민족성·전일성·주체성은 남한의 개인주의를 보존하면서도 개별체에 국한시키지 않는 대아적 인간 형성과 세상을 위하고 세상을 기르는 활동성을 통해 남북 통합의 활력을 가져다 줄 수 있을 것으로 기대된다. 특히 이는 북한의 주체 문화를 포용하고 집단적 문화, 민족적 문화와 대화할 수 있는 가능성도 가지고 있다. 즉 동학의 민족교육 이념이 담지하고 있는 민족성의 문화교육은 북한이 강조하는 우리식 문화를 이해하는 통로가 될 수 있고, 전일성과 변혁성의 문화교육 역시 북한의 인민성·집단성·통속성 그리고 자주성·창조성의 문화를 이해하는 연결고리가 될 수 있을 것이다.

찾아보기

<용어편>

【ㄱ】

【ㅁ】

【ㅅ】

【ㅈ】

【ㅊ】

【기타】

<인명편>

【ㄱ】

【ㄴ】

【ㄷ】

【ㄹ】

【ㅁ】

동학의 한울 교육사상

인쇄일 2007년 11월 10일
발행일 2007년 11월 20일

지은이 정혜정
펴낸이 박길수
펴낸곳 도서출판 모시는사람들(1994.7.1 제1-1071)
110-775 서울시 종로구 경운동 88 수운회관 1303호
전화 02-735-7173 팩스 02-730-7173
http://www.donghakbook.net | sichunju@hanmail.net
편집디자인 이주향
출력 삼영그래픽스(02-2277-1694)
인쇄제본 (주)상지피엔비(031-955-3636)

값은 뒷표지에 있습니다.

ISBN 978-90699-53-4